AF355943

DICTIONNAIRE

PROVENÇAL ET FRANÇOIS

DANS LEQUEL ON TROUVERA LES MOTS

Provençaux & quelques Phrases & Proverbes
expliquez en François.

AVEC LES TERMES DES ARTS LIBERAUX
& mecaniques.

Le tout pour l'instruction des Provençaux qui n'ont pas une entiere intelligence
ni l'usage parfait de la langue Françoise, & pour la satisfaction des personnes
des autres Provinces de France qui desirent d'aprendre l'explication des mots
& des Phrases Provençales.

Par le Pere SAUVEUR-ANDRE' PELLAS *Religieux Minime,*

A AVIGNON,

Chez FRANÇOIS-SEBASTIEN OFFRAY, Imprimeur & Libraire
à la Place de Saint Didier.

M. DCC. XXIII.

AVEC PRIVILEGE.

PREFACE

E titre feul de cet ouvrage, & les avantages qu'il promet, doivent arrêter les jugemens precipitez & peu équitables, que les efprits critiques en pourroient faire. Tout le monde convient que les Dictionaires étant des repertoires univerfels, font d'un grand ufage, atendu le befoin qu'on en a pour toute forte de travail literaire, & pour la jufte locution. Par leur fecours & par la veritable fignification des mots on évite de paroître barbare à celui à qui on parle ; & celui qui nous parle ne nous le paroît pas non plus, fuivant les paroles de l'Apôtre, *Si ergo nefciero virtutem vocis ero ei cui loquor barbarus : & qui loquitur mihi barbarus* 1. Cor. 14. v. 11. C'eft auffi ce qui a porté tant de fçavans hommes à donner au public, foit en François, en Latin, en Grec & en d'autres langues, tous ces beaux Dictionaires, qui font aujourd'hui le fecours ordinaire des gens de lettres, le directoire pour le langage de tout le monde, & un des plus riches ornemens de nos Biblioteques.

Comme la nouveauté d'un Dictionaire Provençal & François, pourroit en faire concevoir une idée peu avantageufe, par rapport à l'utilité ; on a crû qu'on en devoit faire connoître les avantages, qui n'en font pas moins grands que ceux des autres livres de cette efpece. Quoi qu'à proprement parler, la langue Provença'e ne foit qu'un compofé de la Françoife, de l'Italienne & de l'Efpagnole, à caufe de la fituation limitrophe de la Province, dont les mots, pour la plûpart, ainfi que ceux des autres contrées en pareilles fituations, tirent leur fource ; les originaires n'ont pas moins befoin d'une traduction de leurs dictions en ces langues voifines. Cette neceffité eft, fur tout, pour les termes des Sciences, des arts liberaux & mecaniques, & des choses familieres & commerçables, qui ordinairement, sont propres & singulieres à chaque pays. Comme aujourd'hui, & depuis plus de deux siecles, la langue Françoise est devenuë la dominante en ce pays : c'est d'elle dont les Provençaux ont plus besoin, & pour l'acquisition de laquelle, aussi, cet ouvrage a esté composé. Qu'on ne se flate point, ceux d'entre eux qui croyent la mieux posseder, se trouvent trés-souvent embarrassez, principalement lorsqu'il faut s'énoncer sur des termes de commerce, de Science, on de métier. C'est l'habitude qui donne l'intelligence de ces propres choses, & qui, pour ainsi parler, la met à la main : & cette habitude ne peut s'acquerir que parmi les gens qui l'acquierent avec l'âge. Trois termes sufiront pour rendre la chose sensible & incontestable. On hesitera, si même on n'est pas arrêté, lorsqu'il sera question de tourner en François *Lou Cadaï*, *la Langasto*, *un Res de Sebos* ; ce sont de pareils mots qui verifient ce que l'Apôtre dit, qu'il n'y a point de peuple, qui n'ait sa langue ; c'est-à-dire, certaines dictions qui lui sont absolument propres & singulieres, & qui, par consequent, ne peuvent, pour ainsi dire, s'acquerir qu'avec le lait & la nourriture. *Tam multa ut putà genera linguarum sunt in hoc mundo : & nihil sine voce est.* 1. *Cor.* 14. *v.* 10.

L'utilité de cet ouvrage passera même aux François. Il se trouve souvent des occasions, sur tout lorsqu'ils sont en Provence, où il leur convient de parler Provençal ou de l'entendre. Combien d'incongruitez ne font-ils pas ? & combien de termes absurdes ne forgent-ils pas pour s'énoncer ? La chose est d'un usage journalier. On ne peut exprimer ici le ridicule de leurs locutions. C'est bien en ces occasions que les discoureurs se font voir respectivement barbares. Mais ce défaut de langage Provençal devient veritablement serieux & de consequence dans l'administration du Sacrement de penitence, particulierement quand celui qui fait la fonction de juge n'a pas l'intelligence parfaite de la langue de celui qui s'accuse. On voit par cette simple exposition les consequences dangereuses de l'ignorance de cette langue, tant pour l'administration du Sacrement, que pour la direction spirituelle à l'égal de laquelle on ne sçauroit aporter trop d'attention.

C'eſt donc pour remedier à tous ces inconveniens qu'on a compoſé ce Dictionnaire, qui à l'imitation des mieux aſſortis, outre la traduction des mots, donne encore la maniere de s'en ſervir, lorſque l'emploi pourroit faire quelque peine, ou eſtre pris à gauche. Au reſte, on s'aſſurera de ſa rectitude, quand on ſçaura que ſa compoſition a été tirée des quatre principaux Dictionnaires, qui aujourd'hui, ſont les plus eſtimez; ſçavoir, ceux de Richelet, de Fureticre, de l'Academie Françoiſe & de Trevoux. Et pour ce qui eſt des ſimples, on a conſulté de ſçavans Botaniſtes, ſur tout le fameux M. Garidel aſſez connu par ſes beaux ouvrages.

Cependant comme les ouvrages humains ſont bornez, quelque étenduë qu'on leur donne, il s'eſt preſenté des mots & des locutions dont ces Dictionnaires, quelque vaſtes qu'ils ſoient, ne faiſant aucune mention, il a fallu recourir aux témoignages vivans. Pour cela on a conſulté diverſes perſonnes qu'on a cruës les plus capables pour en determiner les expreſſions. Mais comme ces determinations ne peuvent avoir la même cerritude que celles qui viennent des ouvrages publics, on les diſtingue des autres par une Croix, qu'on y a mis à côté. De plus, comme il ſe trouve pluſieurs locutions Françoiſes qui n'ont point de termes particuliers Provençaux qui y repondent on a crû devoir les mettre ſur les mots qui y ont le plus de raport. Par exemple, le cri de l'Elephant, on l'a touché ſous le nom Provençal d'*alephant*. On trouvera auſſi par lettre Alphabetique ſous les noms *D'arre*, *D'auſſeou*, *& de Caſſo*, pluſieurs termes de chaſſe & noms d'oiſeaux & de filets que nous ne ſçavons ny en François, ni en Provençal.

On ne s'eſt point arrété à la traduction de toutes les locutions propres de chaque lieu de la Province, comme à un choſe peu neceſſaire, à cauſe de leur analogie avec l'idiome de la capitale, qui eſt Aix, auquel on s'eſt fixé; outre qu'il auroit fallu donner une trop grande extenſion à cet ouvrage. On eſpere pourtant qu'il n'en ſera pas moins utile, pout être un petit eſſai de Dictionnaire, dont l'idée toute recente promet déja de grandes augmentations, qui avec le temps, pourront le porter à cette perfection, qu'on n'a pû lui donner dans ſon commencement. On prie le lec-

teur de notifier les fautes qu'il remarquera à l'auteur de cet
ouvrage. On ne se flate pas de le donner sans defaut ; on
sçait que les Dictionnaires les plus corrects n'en sont pas
exempts. Il sufit en le mettant au jour d'en avoir donné
l'idée , & de le rendre de quelque utilité à ceux de cette Province qui voudront acquerir quelque connoissance de
la langue Françoise , & à ceux du reste du Royaume qui
auront besoin de l'intelligence de la langue Provençale.

Explication des Abréviations dont on se sert
dans ce Dictionnaire.

m. Masculin.	*Pron.* Prononcez.
f. Feminim.	*Asp.* Aspirez.
Adj. adjectif ou patticipe.	Aux Verbes il n'y a rien.
Sub. Substantif.	

DICTIONNAIRE
PROVENÇAL ET FRANÇOIS

A

 *Maſculin. A Remarquez qu'il eſt long, quand il eſt ſubſtantif. Et qu'il eſt bref, quand* eſt propoſition.

A B A.

A B A, *m. Abé.*

ABADIE, *feminin, Abaïe, prononcez, Abeïe.*

ABANDOUNA, *abandonner.*

A B E.

ABEILLO, *f. Abeille, ou Mouche à miel.*

ABEISSA, *abaiſſer, ou baiſſer.*

ABEISSA feïs raubos per pareiſſe plus en ceremounie, *ſe détrouſſer.*

Lou Bla a abeiſſa, *le Blé a amendé ou a ramandé, ou a abaiſſé.*

ABELAN, *amendo abelano, amende à la coque tendre.* †

A leïs mans abelanos. *Les mains lui demangent de batre.*

ABEOURA. *Abreuver.*

ABEOURA qu'auqu'un mot burleſque. *Faire à croire à quelqu'un quelque choſe.*

ABEURADOU. *m. abreuvoir.*

ABEOURAGI, terme de Manechau. *m. abreuvage.*

ABEOURAGI, terme de Maçon. *m. coulis. Remarquez que coulis eſt le mortier clair ; & le trou où il coule, s'apelle abreuvoir.*

ABEQUA un auſſeau, *Abequer, ou abecher, ou apater un oiſeau*

A B I. A L B.

ABIME. *m. abime.*

ABITUDO. *f. Habitude.*

ABLEIGA. *adj. acablé, acablée ou abatu, abatuë.*

ABLEUR. *adj. Hableur, hableuſe, aſpirez l'h. Ou emboiſeur, emboiſeuſe.*

ABOULI. *abolir.*

ABOUMINACIEN. *f. abo-mination.*

ABOUNDA. *abonder , ou foi-fonner.*

ABOURDA. *aborder.*

ABOURDAGI. *m. abordage.*

ABOURRA. *abborrer prononcé aborré.*

A B R.

ABRA. *alumer.*

ABRAGUI , mau abragui. *Playe remplie de pus. Quand elle fuppure, elle commence à fe guérir.*

ABRASAMA. *adj. Avide.*

ABRASSAC. *m. Havrefac. afp. l'b.*

ABRI. *m. Abri.*

ABRIOU *m. Avril.*

ABRIVA quauqu'un. *Tromper plaifamment quelqu'un.*

S'ABRIVA fur quauqu'un. *Se jetter à corps perdu fur quel-qu'un.*

ABRIVACIEN. *f. abreviation.*

A B U   A C A.

ABUSA. *abufer.*

ACABA. *achever ou parfaire.*

ACABAMEN. *m. paracheve-ment ou achevement.*

ACABLA. *acabler.*

ACABLAMEN. *m. acablement.*

ACAMPA. *amaffer ou ramaffer.*

ACANA un aubre. *Gauler , ou abatre, ou batre un arbre.*

ACANADOUEIRO. *f. Gaule.*

ACARA de temoins. *confron-ter des temoins.*

ACARAMEN. *confrontation.*

ACARNA. *acharner.*

A C C.

ACCE'S de febre. *m. accés de fievre.*

ACCOUBLA. *accoupler , ou acoupler.*

ACCOUIDA. *vozez acoüeida*

ACCOUMPLI. *accomplir , ou acomplir.*

ACCOUSTUMA. *accoûtumer ou acoûtumer.*

ACCOUSTUMA mai. *Ra-coutumer.*

ACCOUSTUMA quauqu'un à la bouenno chiero. *afrian-der quelqu'un.*

ACCOUSTUMADO. *f. ac-coutumée.*

ACCURNI. *f. Cornoüille.*

ACCURNIE. *m. Cornoüiller , ou Cornilier , ou Cornier.*

ACCUSA. *accufer , ou acufer.*

ACCUSAIRE. *acufateur , au fem. acufatrice.*

ACCUSACIEN. *f. acufation , accnfa, acenfer.*

A C H.

ACHA de cher. *Hacher. afp. l'h. Voyez hacha.*

ACHA peffo. *Une piece après l'autre.*

ACHET. *m. achat.*

ACHETA. *acheter.*

ACHETA maï. *Racheter. Ce qu'on achete eft apellé adj. ve-nal , venale.*

ACHETAIRE. *adj. acheteur , acheteufe.*

ACHIS. *m. Hacbis. afp. l'h.*

A C I.   A C L.

ACIE. *m. Acier.*

METRI

Metre d'Acie à un autis. *acerer un outil.*

Acien. *f. action. prononcés accion.*

Aclapa. *couvrir.*

Aco. *Cela.*

Acoubla. *accoüpler, ou acoüpler.*

S'Acoucha. *acoucher d'un enfant.*

Acoucha une fremo. *acoucher une femme.*

Acouchado. *f. acouchée.*

Acouchado que va à la Messo. *relevée de couche.*

Sourti de Coucho. *Relever, ou relever de Couche.*

La Messo d'uno acouchado. *f. Relevailles.*

S'Acoueida. *S'apuyer, ou s'acouder.*

Acoueidoir. *m. acoydoir.*

Acoueidoir d'uno cadiero à pourteur, ou d'un counfectiounar. *m. acotoir.*

Acoulito. *m. acolite.*

Acoumouda. *acommoder, prononcez acommodé.*

Acoumouda mai. *Racommoder, prononcez racommodé.*

Acoumouda de bas. *Ravoder des bas, ou racommoder, ou racoustrer. Ce dernier est vieux.*

Acoumouda de peissons, ou d'ausseou per leis faire coüeire. *Habiller de poissons, ou d'Oiseaux.*

Acoumouda uno fricas-

seillo. *assaisonner une fricassée,*

Acoumouda d'hous en plusiers manieres. *Déguiser des œufs.*

Acoumouda lou fuec, en l'y poussan lou boüesc. *atiser ou tisonner le feu.*

Acoumoudagi *m. acommodage.*

Acoumoudagi de bas. *m. Ravodage, ou racoustrement de bas.*

Acoumoudagi d'uno Dindo, &c. *m. Habillage d'un Coq-Dinde.*

Acoumoudaire de bas. *adj. Ravaudeur, Ravaudeuse.*

Acoumoudamen. *m. acommodement.*

Acoumpagna un aveugle. *Conduire, ou acompagner un aveugle.*

Accompagnamen. *m. acompagnement.*

Acoumpli. *acomplir.*

Acoumplissomen *m. acomplissement.*

Acourchi de camin. *acourcir le chemin.*

Acourcissomen. *m. acourcissement.*

Accourda quauquoren a quau qu'un. *acorder, ou octroyer quelque chose à quelqu'un.*

S'Acourda. *S'acorder.*

Acourdaire que meto leis gens d'acor. *m. mediateur au fem. mediatrice.*

Acoussegre quauqu'un. *ateindre, ou atraper quelqu'un.*

B

ACOUSTUMA. *voyez* ac-
coustuma.

A C R.   A C U.

ACREDITA. *acrediter.*

ACURNI. *voyez* accurni.

ACUSAÏRE. *m. acufateur au*
feminin, acufatrice.

ACUSATI. *m. acufatif, pronon-*
cez l'f.

ACUSA, *voyez* accufa.

ADÈS. *Tantôt remarquez qu'ordi-*
nairement, tantôt fignifie le futur
& quelque fois le Preteritif comme
vous pouvez le voir dans Pomey

A D E   A D I.

ADICIEN. *f. addition.*

FAIRE l'adicien. *additionner,*
ou faire l'adition.

ADIOUSSIAS. *Adieu, au plu-*
rier adieux.

A D O.

ADOUBA. *acommoder.*

ADOUBA un Vaiffeou. *Ra-*
douber un Vaiffeau.

ADOUBA un aubre de Veif-
feou. *Reclamper un arbre, &c.*

ADOUBA uno dindo, &c.
Habiller un Coq-Dinde.

ADOUBAGI. *m. acommodage.*

ADOUBAGI d'uno dindo,
&c. *m. Habillage d'un Coq-*
Dinde.

ADOUN. *pour lors.*

ADOUPTA. *adopter.*

ADOURA. *adorer.*

ADOURACIEN. *f. adoration.*

A D R.   A D U.

ADREISSA. *adreffer.*

ADREISSA vous. *tenez vous*
debout.

ADRESSO. *f. adreffe.*

ADRECO. *terme de Cour-*
droufe. f. hauffe, afp. l'h.

ADRET. *adj. adroit, adroite.*

ADUERRE *amener, ou apor-*
ter.

ADUERRE maj. *Ramener, ou*
raporter.

ADVITAM *à vie.*

A E R.   A F A.

AERA uno chambro. *Aerier,*
ou airier une Chambre; il fera en-
core mieux de dire. Il faut brûler
quelque chofe pour en chaffer le
mauvais air.

AQUEOU houftau es ben
aëra. *Cette maifon eft bien aërée,*
il fera encore mieux de dire,
cette maifon eft en bel air.

AFAMA. *afamer.*

S'AFANA. *Travailler avec ar-*
deur.

AFEBLI. *afoiblir prononcez afe-*
blir.

A F E.   A F L.

AFEGI. pan afegi. *Pain avachi.*

AFENA lou Beftiari. *Terme de*
Paftre. *affourager, ou affour-*
rer le Betail.

AFERA. *adj. afairé, afairée, ou*
empreffé, empreffée.

ESTRE afilia à un ordre. *avoir*
des lettres de participation.

S'AFLATA. *S'aprocher.*

AFLOURA. Vigno qu'à afloura. *Vigne qui a coulé.*

A F O.   A F R.   A F U.

AFOURIME. *m. aphorifme.*

AFRON. *m. afront. ou f. injure.*

AFROUNTA. *afronter.*

A FRUNTA. *adj. éfronté, éfrontée.*

AFRONTEUR. *afronteur, au femenin afronteuſe.*

AFUSTAGI. Terme de Fuſtié. *m. afutage.*

A G A.

AGACHA. *Regarder.*

AGACIN. *m. cors au pié, ou agacin, ou Poireau.*

AGANTA. *Agriſer, ou prendre, ou agriper.*

AGARANCIE. *m. Roſier Sauvage.*

AGARI. Terme de Bouticari. *m. agaric.*

AGAS. Aubre. *m. érable.*

AGASSO. *f. Pie.*

L'AGASSO canto. *la Pie cauſe, ou, caquette. Il y a une eſpece de Pie qu'on apelle, Agace. f.*

AGAVON, planto. *f. arrête Bœuf.*

A G I. A G L.

AGI d'un homme. *m. age, l'a eſt long.*

AGI de raſin. *m. grain de raiſin.*

S'AGINOUILLA. *Se mettre à genou, ou s'agenouiller, ou flecbir les genoux.*

AGLAN. *m. Gland, la Recolte des Glands s'apelle la Glandée.*

AGLAN, Peiſſon. *m. Gland de Mer.*

A G N. A G O.

AGNEOU. *m. Agneau.*

LA Fedo fara leou l'agneou. *La Brebis agnelera bien tôt.*

AGNUS nom de fillo. *f. Agnês.*

AGNUS que fan leis mounjos. *m. Agnus.*

AGOUN, planto. *f. arrête Bœuf.*

AGOUNIE. *f. Agonie.*

AGOUTA un Pous, &c. *épuiſer ou tarir un Puis.*

AGOUTA terme deis Patrons d'Arles. *f. écope ou m. écoup.*

SE pou pas agouta. *il eſt inepuiſable.*

A G R.

AGRADA. *Agréer.*

AGRENAS. *m. Prunier Sauvage ou Prunellier.*

AGRENIE. *m. Prunier Sauvage, ou Prunellier.*

AGRENO. *f. Prunelle.*

AGREOUGE. *m. Sujet de plainte.*

AGRICO. *m. Agricole.*

AGRIMOINO, planto. *m. Aigremoine.*

AGROUA. *adj. accouvé, accouvée, ou acroupi, acroupie.*

ESTRE agroupa au ſou. *Etre à croupetons.*

ESTRE agroupa din ſon manteou. *Etre envelopé dans ſon manteau.*

S'AGROUPI. *S'acroupir.*

AGRUETO, groſſo agrüeto. *f. Griote, ſon arbre s'apelle Griotier m.*

PICHOTO agruetto. *f. Ceriſe, ſon arbre s'apelle Ceriſier, m.*

AGRUFIEN. *f. Meriſe, ſon arbre s'apelle Meriſier, m.*

AGRUFIEN duran. *m. Bigarreau, ſon arbre s'apelle, Bigarreautier, m.*

A G U.

AGUDO. *f. Obtention.*

AGUETO. *f. agathe.*

AGUILLA, peiſſon. *m. Sanglier.*

AGUILLADO de ſedo. *f. éguillée de Soye.*

AGUILLADO, terme de bou-hié. *m. éguillon, ou aiguillon.*

AGUILLETO. *f. éguillette.*

AGUILLIE. *m. Peloton, ou Plo-ton.*

AGUILLIE, que leis Damos meton ſur la Teleto. *f. Pelote.*

AGUILLIE, eſtuei d'aguillos. *m. éguillier.*

AGUILLO. *f. éguille. L'Ouvrier qui les fait s'apelle éguilletier.*

AGUILLO d'uno moueſtro. *f. éguille ou le ſtile, ou gromon d'une montre.*

AGUILLO, peiſſon, *f. éguille, ou aiguille.*

AGUILLO deis Tabletos. *m. Stile.*

ACUILLO per faire de bas. *f. éguille ou broche.*

FAIRE de bas à l'aguillo. *Tri-coter. Ceux qui les font, s'apel-lent, Tricoteurs, Tricoteuſe: adj.*

AGUILLOS, herbo. *m. Bec de grüe.*

AGUILLON. *m. éguillon.*

AGUILLON, herbo. *m. Peigne de venus.*

A J A.　A I G.

AJASSA. *adj. gité, gitée.*

AIGASSOUS. *adj. aqueux, aqueuſe.*

AIGLO. *m. ou f. Aigle ſes petis s'apellent aiglons, m.*

AIGO. *f. Eau, l'è ſe prononce un peu, bien que ce mot ne ſoit que d'una Sillabe.*

AIGO arden, *Eeau de vie.*

AIGO per leis hueils. *m. Colire.*

AIGO de la Reino d'Hongrie. *Eau de la Reine de Hongrie.*

AIGO naſro. *Eeau de Naſe, ou eau de fleur d'Orange.*

AIGO ſaumaſtro, terme de marino. *Eau, ſaumache.*

AIGO de Marluſſo. *m. Trempis de Merluche.*

AIGO Signado. *Eau benite.*

METRE quauquoren din l'ai-go. *Plonger quelque choſe dans l'eau.*

FAIRE prouviſien d'aigo per leis Galeros. *Faire éguade, prononcez égade, ou faire de l'eau, le dernier eſt le meilleur.*

FAIRE ſourti l'aigo d'un rou-quas. *Faire ſourdre l'eau d'un Rocher.*

DOUNA l'aigo eis pichos en-fáns. *Ondoyer un enfant. Tout ce qui ſe nourrit dans l'eau s'apel-le, Aquatique. adj. prononcez Acoüatique.*

La ſcience de conduire les eaux s'apelle l'hydraulique. f. On dit auſſi machine hydraulique, une machine qui agit par le moyen de l'eau.

GARDA vous deis aigos que-tos. *Il n'y a pire eau que celle qui dort.*

Les ordures qui ſe trouvent au fond d'un Vaiſſeau, où il y a eu de l'eau trouble, qui s'eſt repoſée s'apellent, effrondrilles. f.

AIGOS pounchos, planto. *m. Nerprum, ou bourg-épine.*

AIGRE

Aï GRE. *adj. aigre.*

Aï GROUR. *f. aigreur.*

A I L. A I M.

Aï LASSO. *Helas.*

Aï LHET. *m. ail au plurier , aux ou aulx.*

Aï LHET FER. *ail fauvage.*

Aï LHOLI. *en France on n'ufe point de cette forte de Ragout.*

Aï man. *m. aiman.*

A I O. A I S.

S'AJOUCA. *Se percher , ou fe jucher.*

AJOUCADOU. *m. Perchoir , ou Juc. ou juchoir.*

AJOURNA. *ajourner.*

AJOURNA mai. *Reajourner.*

AJOURNAMEN. *m. ajournement.*

Aï s *m. Aix.*

Aï se. *f. aife ,* aiffable *, adj.* haiffable *, ou odieux odieufe.*

A J U.

AJUDA. *aider prononcez èdè.*

AJUDO. *f. aide prononcez éde.*

Es vengu d'ajudos. *Il eft venu du fecours , ou du renfort.*

AJUS per alounga. *f. alonge , m. aboutiffement.*

AJUSTA unAuta. *ajufter un Autel.*

AJUSTA, metre encaro. *ajoûter.*

AJUSTA leis filabos. *Epeler les Lettres.*

A L A.

ALABARDO. *voyez* Halabardo.

ALABASTE. *m. albatre.*

ALABRE *adj. Goulu , gouluë.*

ALACHA. *alaiter*

ALAMBI. *m. Alambic.*

S'ALAMBISQUA. *S'alambiquer.*

ALAMOUN d'un Araire. *m. Cep de Charruë.*

ALAN. *adj. afronteur, afronteufe.*

ALANTA. *Charlataner.*

ALAPEDO. *m. yeux* †

ALARGI. *Elargir.*

ALARGI un trau de muraillo eme un marteou. *Embrafer , ou ébrafer.*

ALARMA. *alarmer.*

ALAÜja. *Aleger.*

ALAUSO. *f. Alofe.*

A L B. A L E.

ALBESTON. *m. alum de plume.*

ALEFAN. *m. Elefant, le cri de l'élefant s'apelle, le Baret, ou Barrit, fes petis fe nomment fans. m.*

ALEGAN. *adj. élegant , élegante.*

ALEGAN, mot injuriou. *adj. arrogant , arrogante.*

ALEGANSO. *f. élegance.*

ALEïO. *f. alée. Remarquez que, quand il manque quelque arbre à une alée, ces vuides font apellez des clairieres , l'inftrument pour netoyer les alées , s'apelle un racloir , ou une ratiffoire.*

ALELUYA , herbo. *m. Alleluya, ou pain de Cocu.*

ALEN. *Voyez* halen.

ALENO d'un Courdounié. *f. Aléne.*

ALENO d'un home. *Voyez* haleno.

ALEOUGE. *f. alége.*

ALEOUJA. *débarraffer.*

ALERTO. *Alerte.*

ALESTI. *Preparer.*

FAIRE l'alerto. *Planer.*

ALETTO , terme de Courdounier. *f. Ailette.*

ALEVOS d'un Bast. *f. Aubes.*

A L I.   A L K.

ALIAGI, terme d'argentie. *m. aliage.*

ALIBI. *m. Alibi. Il n'a point d's. au pluriel.*

ALIBOUFIE. *m. Storax.*

ALICORNO, animau. *f. Licorne.*

ALIELA uno Roumano, &c. *ajuster une Romaine.*

ALIELA uno panau, *étaloner une panal.*

ALIGNA. *Aligner.*

ALIGNA lou boues, terme de Fustié. *Tringler du bois.*

ALIGOUFIE. *m. Storax.*

ALKEKENGI. *m. Coqueret, ou AlKeKengi.*

A L L.   A L O.

ALLEGUA. *aleguer.*

ALO. *f. Aile, en terme de Chasse, les grosses Plumes des ailes, s'apelleut, Pennes, ou Pannes. f.*

ALO d'un peisson. *f. Nageoire d'un Poisson.*

ALO d'uno Egliso. *m. Porche, ou Portique.*

ALO ounte se vendo lou Bla. *f. Hale, aspirez l'h.*

ALO d'un Capeou. *m. Bords d'un Chapeau.*

ALOFI *f. Vesse.*

FAIRE d'Alofi. *Vesser, ou vessir.*

ALOI. *m. Eloi.*

ALONGUI, faire d'alongui. *diferer ou prolonger.*

ALOUE. *m. Aloé.*

ALOUNGA. *Alonger.*

ALOUNGA mai. *Ralonger.*

ALOUNGA lou ten. *Alonger, ou diferer, ou prolonger le tems.*

ALOUYEOU d'un Buou. *m. Aloyau, on dit Aloyau de la premiere piece, & Aloyau de la seconde piece.*

A L P.   A L T.

ALPHABET, terme de Reliaire. *m. Alphabet.*

ALTERA. *alterer.*

A L U.

-ALUBA. *ad. Ombragé ombragée.*

-ALUCA. *Regarder.*

ALUMA. *alumer.*

ALUMA mai. *Ralumer.*

ALUN. *m. Alun.*

A M A.

AMA. *aimer.*

-S'AMAGA. *Se blotir, ou se tapir.*

S'AMAGA en terme de Casso. *Se raser, la Perdrix se rase.*

AMAR. *adj. amer, amere.*

AMARANTO. *f. amaranthe, ou m. passe velours.*

AMASSA. *amasser, ou cueillir, ou entasser.*

A M B.

AMBLEUR. *voyez ableur.*

AMBOUTISSOIR, terme de Sarrahié. *m. amboutissoir.*

AMBRE. *m. ambre.*

AMBRETO. *f. ambrete.*

AMBRICO. *m. Abricot.*

AMBRICO counfi. *Abricot confit, & quand il n'y en a que la moitié, on dit, oreille d'Abricot.*

AMBRICOUTIE. *m. abricotie.*

AMBROISO, herbo, *f. ambroisie.*

AMBROSI nom d'home. *m.* *ambroise.*

S'AMEIGRI. *S'amaigrir.*

A M E.

AMELANCHIE. *amelanchier.* †

AMELANGHO. *amelanche.* †

AMENDIE. *m. amandier.*

AMENDO. *f. amande.*

AMENDO de Peccegui, d'am-brico, de Prune, &c. *m. Noyau.*

AMENDO dou palai. *amende.*

AMENDO hounourablo. *amende honorable.*

AMENDO d'Escrituro. *m. aste-risque, ou renvoi, ou f. amende.*

AMENDOUN. *f. amande verte.*

AMENDRI. *diminuer, ou amoin-drir.*

Lou Bla a amendri. *Le Blé a a amendé, ou ramandé, ou abaissé.*

AMERMA. *décroitre, ou diminuer.*

A M I.

AMI. *m. ami, au feminin, amie*

AMI d'un aubo. *m. amit.*

AMIDOUN. *m. amidon.*

AMIGO. *f. amie.*

AMIRA a quauquoren. *Mirer, ou viser quelque chose.*

AMIRA per amiracien. *admirer.*

AMIRAI. *m. amiral, au plurier amiraux.*

AMIRAI deis Tuecrs. *m. Ba-cha de la Mer, ou bassa.*

AMO. *voyez* armo.

A M O.

AMOULA. *éguiser, ou émoundre.*

AMOULAIRE de boutiguo. *m. émouleur.*

AMOULAIRE que va per leis Carrieros. *m. gagne petit.*

JUGA à l'amoulaire. *jouer à la charruë.*

AMOULOUNA lou Bla. *Entasser le Blé, ou amonceller.*

S'AMOULOUNA dins lou liech. *Se metre en peloton dans le lit.*

AMOULOUNA de fen. *envelioter du foin.*

AMOULUUNA son Coulé, sa Gravato, seis habits. *Chifon-ner, ou froisser, ou bouchonner, ou ratatiner, ou foupir son Colet, sa Cravate, &c.*

S'AMOURACHA. *S'amouracher.*

AMOURETO. *f. amourette.*

AMOURIE. *m. Meurier, pro-noncez Murier.*

AMOURIE sauvagi tout espi-nous. *f. Ronce.*

AMOURO. *f. Meure, pronon-cez Mure.*

AMOURO de Roumi. *f. Meu-re Sauvage, ou Mure de Re-nard.*

AMOUROUS. *adj. amoureux, amoureuse.*

LA maladie deis amourous. *m. délire erotique.*

S'AMOURRA au canoun d'uno bouto. *Buffeter. Celui qui fait cette action, s'appelle, Buffeteur.*

AMOURTI. *amortir.*

AMOUSSA. *éteindre.*

AMOUSSOIR. *m. éteignoir.*

AMOUSSOIR, terme de Char-ron. *m. amorçoir.*

A M P.

AMPANOUN, terme de Charron. *m. Empanon.*

AMPERI, faire l'amperi, *faire le diable à quatre.*

AMPEROUR. *voyez* Emperour

AMPLE. *adj. ample.*

AMPOULO deis pes. *f. ampoule, ou cloche, ou vessie.*

AMU. AN. ANA.

AMUSA. *amuser.*

AMUSAIRE. *adj. amuseur, amuseuse.*

AMUSAMEN. *m. amusement.*

AN. *m. an. f. année.*

ANA. *aler.*

ANA. d'un cousta a l'autre senso se determina. *Errer.*

ANA eme la man au saumié. *ateindre à la poutre.*

LEIS anados, & leis vengudos. *Les alées, & les venuës.*

L'AI couneissu à son anado. *Je l'ay connu à son marcher, ou à son alûre.*

L'ESPRIT d'aqueou vin s'es anana. *L'esprit de ce vin s'est évaporé.*

ANAGRAMO. *f. anagramme. Celui qui les fait s'apelle un anagrammatiste.*

ANATOUMIE. *f. anatomie. On dit anatomiser, ou dissequer, ou faire dissection d'un corps.*

A N C.

ANCHOIO *m. anchois.*

ANCOULO. *m. contrefort, s'il est fait en arc, on l'apellera un arcboutant.*

ANCRO. *f. ancre, ou encre, le vase, ou on la tient, s'apelle, un ancrier.*

ANCRO roujo. *ancre rouge, ou Rosette.*

ANCRO d'un Veisseou. *f. ancre, la petite ancre que l'on mouille au devant d'une grosse, s'apelle une empenelle.*

AND. ANE.

ANDANO, terme de dayayre. *m. andain.*

ANDIVO. *f. chicorée.*

ANDROUNO. *f. ruelle, ou petite rue.*

ANDUECHO. *f. Andoüille.*

ANELA leis peous. *Boucler, ou anneler les cheveux.*

ANELE de peou. *f. boucle, ou m. anneau de cheveux.*

ANEMOUNO. *f. anemone, ou passefleur.*

ANEOU. *m. anneau.*

ANEOU senso diaman. *f. verge.*

ANEOU per teni une vergo de ferri. *m. Piton.*

ANEOU per teni lou rascle au fusiou. *m. porte baguette.*

ANEOU per teni leis farrous. *f. verte-velle.*

ANEOU d'uno entravo. *m. entravon.*

ANEOU que ten lou marteou d'uno Campano. *f. beliere.*

ANEOU d'uno manivello d'un Timoun. *m. Gousset.*

ANEOU d'uno cadeno. *m. chainon.*

ANEOU per conserva leis claus *m. clavier.*

ANET, planto. *m. anet, ou aneth.*

ANGELIQUO forto de vin. *f. angelique.*

ANGELIQUO. Planto. *f. angelique.*

ANGELUS. *m. Angelus, ou pardon.*

ANGI. *m. Ange.*

AMGI peiffon. *m. Ange.*

ANGLE. *m. angle, voyez* bout.

ANGLES. *adj. anglois, prononcez* 'anglais.

ANGOUSTIN. *m. augustin.*

ANGUIELLO. *f. anguille.*

ANGUIELLON. *f. bife tranchante.*

A N I. A N N.

ANIMAU. *m. animal, au plurier, animaux. Les animaux qui vivent tantôt dans l'eau, tantôt sur la terre font apellez animaux amphibies.*

ANIS. *m. anis.*

ANNADO. *f. année.*

ANNALOS. *f. anales.*

ANNEMI. *m. Enemi.*

ANNUEL. *adj. annuel, annuele.*

ANNUEL, terme d'Eglifo. *m. annuel.*

ANO. ANQ. ANR.

ANO terme de Reliaire. *m. âne, ou porte preffe.*

ANOUGE terme de Paftre. *m. antenet.*

ANOUI, Bla anoüi. *Blé maigre.*

ANQUO. *f. Hanche, afpirez l'h.*

ANRI. *m. Henri afpirez l'h.*

ANS. ANT.

ANSO de Cadaulo. *f. Poignée*

de loquet.

ANTAN. *L'année paffée.*

ANTIQUITA. *f. antiquité, l'homme qui a bien étudié les antiquez, s'apelle, un antiquaire.*

ANTORCHO. *f. Torche.*

A P A A P E.

APANAGI. *m. apanage.*

S'APARA. *Se défendre.*

APARA lou faudau. *Tendre le Tablier.*

APARIA. *aparier.*

APEL terme de Palai. *m. apel.*

APEL per fe batre. *m. apel.*

APEL, terme de Caffaire d'arre. *apellant.*

A P E L L A, terme de Palai. *apeller.*

APESANTI. *apefantir.*

APETI. *m. apetit.*

Faire veni l'apeti. *apetiffer.*

APETICEN. *adj. apetiffant, apetiffante.*

API. *m. Celeri.*

API FER. *f. ache.*

APLANA. *aplanir.*

APLANA, terme de peiroulie. *planer.*

S'APLANTA. *S'arrêter.*

APLATI. *aplatir.*

APLOUN. *aplomb.*

A P O.

APOLONI. *f. apollonie.*

APOTIQUERO, la fœur apotiquero. *La fœur Apoticaireffe.*

APOUINTA, terme de Palai. *apointer.*

APOUINTA un Canoun. *Pointer un Canon.*

APOUINTA, une Boulo. *Pointer une Boule.*

FAIRE l'apointamen. *Faire l'acord.*

S'APOUNTELA. *Se camper sur ses jambes.*

S'APOUSTEMI. *apostumer ou se remplir de Pus. Suppurer, ou venir à supuration, c'est jetter le Pus.*

APR.

APREDINA. *aprés dîné.*

APREDINADO. *f. aprés dinée.*

APRENDIS. *m. aprenti, au feminin aprentisse.*

APRENDISSAGI. *m. aprentissage.*

APRENDRE. *aprendre.*

APRESOUPA. *aprés soupé.*

APRESOUPADO. *f. apres soupée.*

APRESTA. *apréter.*

APRESTAGI. *m. acommodage.*

APRIVADA. *aprivoiser.*

APRIVADA leis ausseous sauvagis per la faucounerie. *afaiter les Oiseaux.*

APRIVADA. *adj. privé, privée, ou aprivoisé, aprivoisée.*

APRIVADAMEN. *m. aprivoisement.*

APRIVADAMEN deis ausseous de fauconnerie. *m. afaitage.*

APROUBA. *aprouver.*

APROUBACI EN. *f. aprobation.*

APROUBAIRE. *m. aprobateur.*

APROUCHA. *aprocher.*

APROUPRIA. *apoprier.*

APU. AQU. AR.

APUYA. *apuyer.*

AQUEOU. *Celui là, au feminin* celle là.

AR. *m. arc.*

AR d'aubaresto, terme de Masson. *f. Remenée.*

ARA.

ARAIGNADO. *f. Toile d'araignee.*

ARAIGNO. *f. araignée.*

GROSSO araigno que marcho sur leis herbos m. *Faucheux.*

ARAIGNO, peisson. *f. vive, ou araignée de Mer, ou m. Dragon.*

ARAIGNOUS. *adj. Hargneux, hargneuse, aspirez l'h.*

ARAIRE. *f. Charrue. Elle est composée d'un Sep, d'un Soc, d'un Coutre, d'un Ecu, d'une Haye, de deux Mancherons, de deux Roüelles, &c.*

ARAIRE, partido d'un araire *f. Haye aspirez l'h.*

ARAMON, terme de Charron. *m. armons.*

ARAN. *m. Cuivre, ou érain, en Provençal c'est la méme chose, mais en François ce sont deux especes diferentes.*

FIOU d'aran. *m. Fil d'archal, ou fil de fer.*

ARAN qués a une fenestro per empacha de roumpre leis vitros. *m. Treillis de fil d'archal.*

ARANGI. *f. Orange.*

ARANGIE. *m. Oranger, l'endroit, ou l'on ferme les Orangers, s'apelle une Serre, ou Orangerie.*

ARANJA. *f. Orangeade.*

ARANJA au sec. *m. Orangeat.*

A R B.

ARBOURISA. *Herboriser.*

ARBOURISTO. *m. Botaniste, ou herboriste, l'art de connoitre les plantes s'apelle, la Botanique.*

ARBOUTAN. *m. arc-boutant.*

ARBOUTAN d'uno Carosso. *m. arc-boutant d'un Carosse.*

ARBOUTAN fourchu, terme de Sarrahié. *m. pié de biche.*

A R C.

ARCADO. *f. arcade.*

ARCANCIE. *m. arc en-Ciel, ou f. Iris, au plurier, arc-en-Ciels.*

ARCHEDIACRE. *m. archidiacre.*

ARCHEVESQUA. *m. Archeveché.*

ARCHEVESQUE. *m. Archevêque.*

ARCANGI. *m. arcange, ou archange, prononcez arcange.*

ARCHIE. *m. archer.*

ARÇON, terme de Sellié, & de Capelié. *m. arçon.*

ARÇON, terme de Sarrahié. *m. archet, ou arçon.*

ARÇON d'un Bast. *m. Courbet.*

ARÇOUNA. *Terme de Capelié, arçonner.*

ARCOVO. *f. Alcove, le grand marche pié de bois, ou de carreaux, qui est dans l'alcove, & qui est couvert d'un tapis, s'apelle une Estrade, prononcez l'f.*

A R E.

AREN. *Voyez* haren.

ARENO. *f. arene, ou m. sable.*

LEIS arenos. *m. Colisee, ou am-*

phitheatre.

ARESTO. *f. arête.*

ARET. *m. Bélier.*

ARETIF, Chivau aretif. *Cheval retif.*

A R G.

ARGEN. *m. argent.*

ARGEN que l'on meto sur la taulo quan l'on juego. *m. Enjeu.*

Çu à d'argen, à de Capeous. *Qui a de l'argent à de Pirouettes.*

ARGENVIOU. *m. vif-argent prononcez vivarjan, ou Mercure*

ARGEN daura. *m. vermeil, ou vermeil doré.*

ARGENTA. *argenter.*

ARGENTIE. *m. Orfévre, sa femme, Orfévresse.*

ARGEROLO. *f. Azerole. Son arbre est apellé un azerolier.*

ARGIELAS. *m. Genet.*

ARGIERO. *f. argile, ou glaise, ou terre glaise, ou terre grasse, ou m. Corroy.*

ARGOUSIN. *m. argousin.*

ARGUE, terme de Marino. *m. Cabestan, les trous ou on passe les barres du Cabestan s'apellent, amolettes. f.*

A R I. A R L.

ARIGUIE. *m. alizier.*

ARIGUO. *f. alize.*

ARJOU, mau deis fremmos grossos. *f. vessie orgueilleuse.*

ARLERI, terme de marchan. *m. fretin.*

A R M.

ARLEZ villo. *m. Arles, prononcez Arlo.* †

ARMADO. *f. armée.*

ARMANA. *m. almanac. prononcez almana.*

ARMARI. *m. armoire.*

ARMARIE. *f. armoiries, ou armes, un receuil d'armes s'apelle, un armorial.*

ARMENTELLO. *f. pimpinelle, ou pimprenelle.*

ARMINETO, *terme de Fustié. f. erminette, ou herminette.*

ARMINO. *f. Hermine.*

ARMITAGI. *m. Hermitage.*

ARMITO. *m. Hermite.*

ARMO *d'un homme. f. ame. Le passage d'une ame dans une autre corps, s'apelle la métempsicose.*

ARMO *per se batre. f. arme.*

ARMO *froidito. adj. Hermaphrodite, ou androgine.*

ARMOS *d'un houstau. f. armoiries, ou armes, un Receuil d'armes s'apelle un armorial.*

ARMOOU, *planto. f. arroche, ou bonnes Dames, ou folletes.*

ARMOUN, *terme de Charron. m. armons.*

ARN.

ARNA. *adj. Rongé des tignes.*

BOÜES *arna. Bois vermoulu, ou mouliné.*

ARNAVEOU. *m. Paliure, ou Paliurus.*

ARNESQUA *un Chivau. Harnacher un Cheval, asp. l'h.*

ARNO. *f. Tigne, ou Teigne, ou Gerce, ou Gerse.*

ARO. ARP.

ARO. *à l'heure qu'il est.*

AROMATO. *m. aromat, ou aromate.*

ARPANTA. *arpanter.*

ARPANTAGI. *m. arpantage.*

ARPANTAGI *deis superficies, & deis figures planos. f. Geodesie.*

ARPIC, *terme de batelié, m. arpin.*

ARPO *d'un Cat, d'un Lien, &c. f. pâte d'un Chat, &c.*

ARQ. ARR.

ARQUEMI. *f. alquemie, ou alquimie.*

ARQUET. *m. archet, le petit morceau de bois qui est sous l'archet, s'apelle, la hausse, asp. l'h.*

ARRAMBA. *aramber.*

ARRANJA. *arranger.*

ARRANJA *de Gaveous. Entasser de fagots de Sarment.*

ARRAPA *quauquoren de quauqu'un per foüerso. Ravir quelque chose à quelqu'un.*

S'ARRAPA *à uno Couerdo. Se retenir à une Corde.*

ARRAPA *mé la man. Donnez moi la main.*

LEIS *Lesquos dou poutagi se soun arrapados. Les tranches de pain se sont atachées, les petis morceaux qui restent dans le plat, & que l'on à peine de tirer avec la Cuilier, s'apellent le Gratin.*

ARRAPOMAN. *m. Grateron, ou Glouteron.*

ARRE *deis pescaires. m. Filets, ou Retz.*

ARRE *per prendre d'auseous. m. Filet.*

Voicy

*Voici les Noms de plusieurs sorte
de Filets.*

ALLIER, ou Trimallier, est un grand filet, qu'on étend sur le Ble dans la campagne, pour prendre de Cailles ; il est tendu sur deux bâtons.

Le Cerceau est, une sorte de filet, avec lequel on prend des Oiseaux aux abreuvoirs.

Le Colet est un petit filet de corde tendu dans des hayes, ou passages étroits avec un nœud coulant, dans lequel les Lievres, Lapins, &c. se prenent, & s'étranglent.

La Nape est une sorte de filet de mailles à Losange, faite de bon fil delié, & retors en deux brins, servant à prendre les Cailles, Aloüettes, Ortolans, & même les Canards. Quand on va à la chasse des Aloüettes, on pose le miroir entre deux Napes.

Le Pan de Rets, est un filet pour prendre de grandes bêtes.

Le Paneau est une sorte de filet, qui paroit comme un Pan de muraille, lorsqu'il est tendu On l'apelle aussi un pan ; on s'en sert à prendre les Lapins, Lievres, Renards, Blereaux, & même les Loups.

La Pantiere est une sorte de filet, qui est fait de maille à Losanges, ou quarrées, & dont on se sert a prendre les Bécasses. Pantiere simple, Pan-

tiere volante, Pantiere à Bouclettes, Pantiere entre mail, ou contremaillée.

La Poche est un filet, en forme de sac, ou de Bourse, qu'on tend pour y prendre des Lapins, & des Oiseaux.

La Rafle est un filet triple, ou contremaillé, pour prendre des petis Oiseaux.

La Tente, ce sont certains filets, qu'on tend pour prendre des Bécasses, & autres Oiseaux de passage.

La Tirasse est un grand filet de mailles quarrées, & ordinairement en Losange, qu'on traine par la campagne, qui sert à prendre le menu Gibier, comme Cailles, Perdrix, &c.

La Tonelle est une espece de filet pour prendre les Perdrix. Cette chasse se fait avec un Bœuf, ou Cheval de bois peint, que le Chasseur pousse devant lui vers les Perdrix, pour les faire entrer dans la Tonelle. Ce filet doit avoir 15 piés de queuë, ou de longueur, ou d'ouverture par l'entrée. Son Verbe est toneller, ou chasser à la tonelle.

Le Traineau est un filent pour prendre de Perdrix, Cailles, Vaneaux, Becasses, & autre Gibier. Il à deux aîles fort longues, que deux hommes trainent à la campagne, qui est cependant batuë par des Chasseurs.

E

Trimallier. *voyez* allier.

Arreiragi, *m. arrerage.*

Arreirouge. *adj. tardif, tar-
dive.*

Arrenta. *arenter.*

Arrentamen. *m. arrente-
ment.*

Arres dau Parlamen. *m. Arrét.*

Arresta, *arrêter.*

Arresta lou sang. *Etancher le
le sang.*

— Arri. *marche donc.*

Arriba. *arriver.*

Ce que ven d'arriba. *S'apelle
recent, recente, adj.*

Arribado. *f, arrivée.*

Arriero faix. *m. arriere faix,
ou secondine.*

Arriero faix deis Vaquos. *f.
delivrés.*

Arriero point. *m. arriere point.*

Arriero selon. *f. arriere saison,
ou fin de l'automne.*

Arros. *f. Erres pour le propre,
mais au figuré, il faut dire Arres.*

Arougan *adj. arrogant, arrogante.*

Arrouganso. *f. Arrogance.*

Arroundi. *arrondir.*

Arrousa. *arroser.*

Arrousoir. *m. arrosoir.*

Arsena. *Arcenal, ou m, arcenac,
pronoucez arcena au plurier ar-
cenaux.*

Arseni. *m. Arsenic.*

Arson, *voyez* arçon.

Artemiso planto. *f. armoise.*

Arteou. *m. Orteil, ou doigt du pié*

Artichau. *m. artichant.*

Manja d'artichau crus, eme

de sau, & de pebre. *Manger
des Artichaux à la poivrade.*

Artifici. *m. artifice.*

Fuec d'artifice. *Feu d'artifice,
celui qui le fait, s'apelle un Py-
roboliste.*

Artisan. *m. artisan.*

Artisan que traballo en chambro. *m. Chambrelan.*

Artisano. *Femme d'un artisan;
au figuré on peut dire artisanne.*

Arvietan. *m. Orvietan.*

As de piquo. *m. As de pique.*

Asani, habit d'asani. *Habit
bile-barré.*

Asar. *m. Hazard, ou hasard,
aspirez l'h.*

Asarda. *Hazarder. aspirez l'h.*

Asarda mai. *Rehazarder.*

Asie. *f. Asie. Ses habitans s'apellent, les Asiatiques.*

Asinie. *m. anier, au feminin
Aniere.*

Asme maladie. *m. asme, ou
coulte haleine.*

Asperges per douna l'aigo signado. *m. aspersoir, ou, goupillon, ou f. aspergez, le premier
est le meilleur.*

Asperges, ceremounie que fan
touts les Dimenches, devant
la grando Messo. *Eau benite.*

Asperges, herbo. *m. asperges.*

Aspetro. *m. Spectre, ou, Fan-
tome.*

Aspic. *m. Aspic, ou f. Lavande.
Remarquez que l'aspic est le mâle,
& la Lavande est la Femelle.*

Aspre. *adj. âpre, ou, acerbe.*

Aspre, mounedo. *m. apre.*

Aspreta. *f. aprété.*

ASSADOULA. *Souler , ou raf-faſſier , le premier eſt pour ceux qui mangent trop, & le dernier, pour ceux qui ne mangent que ce qu'il faut.*

ASSAJA. *Eſſayer , ou éprouver.*

ASSEGURA. *aſſurer.*

ASSEMBLA. *aſſembler.*

ASSEMBLA un habit, terme de Tailleur. *Bâtir un habit.*

ASSEMBLADO. *f. aſſemblée. Remarquez que l'aſſemblée du Languedoc , de la Bretagne , de la Bourgogne , &c. s'apelle Etats , celle de toute la France Etats Generaux , celle de tout l'Empire , Diete de l'Empire , celle de Suede , de Pologne , de la Suiſſe , Diete generale ; celle d'Angleterre , d'Ecoſſe , & d'Irlande, Parlement. En Hollande on l'apelle auſſi Etats Generaux.*

ASSEMBLAGI. *m. aſſemblage.*

ASSEMBLAGI a den, terme de Fuſtié. *m. aſſemblage en adent.*

S'ASSETA. *S'aſſoir.*

S'ASSETA mai. *Se raſſoir.*

ASSETA la Bugado. *Encuver le linge de Leſſive , ſon ſubſtantif eſt encuvement. m.*

ASSIGNA. *aſſigner , prononcés , aſſiner.*

ASSIGNA mai. *Reaſſigner.*

S'ASSIPA lou pé contro uno peyro. *Trebucher , ou broncher , ou chopper.*

ASSIPADO. *Bronchement , ou trebuchement , ou f. bronchade.*

ASSOUCIA. *aſſocier.*

ASSOULA quauqu'un. *apaiſer quelqu'un.*

S'ASSOULA. *Se taire.*

ASSOUMA. *aſſommer.*

S'ASSOUPI. *S'aſſoupir.*

ASSOURTISSOMEN. *m. aſſortiment.*

S'ASSOUSTA. *Se metre à couvert.*

ASSURA. *aſſurer.*

ASSURA mai. *Raſſurer.*

Es uno cauſo aſſurado. *C'eſt une choſe ſure.*

ASSURAIRE. *m. aſſureur.*

ASTE. *f. Broche.*

BROQUO, per faire teni uno dindo à l'aſte. *f. brochette.*

ASTELADO. *f. brochée.*

ASTRE. *m. aſtre.*

ATAQUA. *ataquer.*

ATE. *m. Acte.*

ATELADOÜIRO , terme de Charron. *f. Ateloire.*

ATENDRE. *attendre.*

ATIQ. *adj. Etique.*

ATIRAI. *m. atirail, au plurier, atirails , il eſt peu en uſage au pluriel.*

ATOUS, faire a tous. *Faire à tout.*

ATRAPA. *tromper.*

ATRAPA. *avoir , ou atraper.*

Atrapa mai. *Ravoir , ou ratraper.*

Atrapatori. *f. atrapatoire.*

AU de lano. *f, toiſon.*

Avala. *avaler.*

Avala mai. *Ravaler.*

Avala ſenſo ſaboura. *Gober.*

Avalaire. *m. avaleur. , ou femi-*

nin *avaleuſe.*

AVALOIR, terme de Cape-
lié. *m. Choc.*

AVALOIRO. terme de Sellie *f.
avaloire.*

AVAN, metre tout avan. *Metre tout par écuelles.*

AVANTAGI. *m. avantage.*

AVANTHIER. *avant-hier, prononcez le T.*

AVANTVEILLO. *f. avant-veille
ou ſurveille.*

AVARISSIOU. *adj. avaricieux,
avaricieuſe.*

AVAUX planto. *Ilex aculeata.*

AUBADO. *f. aubade.*

AUBARESTIE *m. arbalétrier.*

AUBARESTO. *f. arbaléte.*

AUBARESTO per leis d'arbous.
f. taupiere.

AUBARESTO per gita de Bal-
los, ou de Poumes. *m. Ar-
cangelet, ou arc-à-jalet.*

AUBEI. *Obèir.*

AUBEISSEN. *adj. obéiſſant, obéiſ-
ſante.*

AUBEISSENSO, que lon deou
au Rei, au Pero, à la mero,
&c. s'apello. *f. Obéiſſence, mais
quand par ce mot d'obéiſſance,
on entend parler du vœu, que
font les Religieux, ou de ce papier qu'on leur donne pour aler
d'un Couvent à un autre, alors
on doit dire. Obédience. f.*

AUBEQUO, terme de Fuſtié.
*m. aubier, ou aubour, ou lard
de bois.*

AUBERGIE. *m. albergier.*

AUBERIO. *f. Alberge.*

AUBERON, terme de Serrahié.
m. Obron, ou Auberon.

AUBLIDA. *Oublier.*

AUBLIGACIEN. *f. Obligation.*

AUBLIGEN. *adj. obligeant, obli-
geante, ou oficieux, oficieuſe.*

AUBLIJA. *Obliger, ou rendre
ſervice.*

AUBLIJA. *Obliger, ou contrain-
dre.*

AUBO dou jour. *f. aube, ou
aurore.*

AUBO deis Capelans. *f. aube.*

AUBO, aubre. *m. Peuplier blanc
ou tremble.*

AUBOIS. *m. aubois. Le petit Tuyau plat, par lequel on ſoufle les
haubois, s'apelle une anche.*

AUBRE. *m. arbre.*

AUBRE d'un Veiſſcou. *m. Maſt.
prononcez Mat. Les principaux
Maſts ſont, le grand Maſt, la
Miẓaine, ou borcet, ou trinquet;
le beaupré, & l'artimon. On
ajoute quelque fois un cinquiéme
Mat à ces quatres, & c'eſt un
double artimon. Tous ces Mats
ſont compoſez de pluſieurs parties
ou briſeures, auxquelles on donne
pareillement le nom de Mat.
Le grand Mat ne garde ſon nom
de grand Mat, que depuis la
Carlingue, juſque à la premiere
Hune. La partie compriſe entre
cette premiere Hune, & la ſeconde, qui eſt un arbre tout d'u-
ne piece aſſemblée avec l'autre
s'apelle grand Hunier, & la partie qui s'eleve au deſſus du grand
Hunier, eſt nommée Mat du
grand*

grand Perroquet. *Le Mat de Mifaine fe divife de même, en trois parties, ou brifeures, dont chacune a auffi le nom de Mat. Ceux d'Artimon, & de Beaupré, n'ont qu'une brifeure, qu'on apelle de Perroquet, & non pas de Hune.*

AUBRE de Gabi dau grand Maft. *Grand Hunier afp. l'h.*

AUBRE de Gabi dau trinquet. *Petit Hunier afp. l'h.*

AUBRE que n'es pas encaro de coupo. *m. Baliveau.*

CAUQUA un aubre, terme de Jardinié. *Plomber un arbre.*

AUBRE encoumbrilla. *arbre encroüé*

ENTOURA un aubre d'efpino, ou de poües, afin que leis Befti lou vengoun pas roüiga *Encager, ou entourer un arbre. Le jarret d'un arbre eft une branche fort longue, & dépoüillée d'autres branches, a droit, & à gauche fur l'arbre.*

AUBRE efpin. *f. Aubépine, ou épine blanche, ou m. Buiffon ardent: On dit une fepée d'arbres, quand plufieurs arbres fe tiennent à la même racine.*

AUBRE d'uno Caroffo. *f. Quenoüille, ou m. Corniers d'un Caroffe.*

FAIRE l'aubre drech. *Faire cu par deffus téte.*

MARCHA en fafen l'aubre drech. *Marcher fur les mains les piez contre mont.*

AUCASIEN. *f. ocafion.*

AUCIPRES. *m. Ciprés.*

AUCUPA. *Ocuper.*

AUCUPACIEN. *f. Ocupation.*

AUDASSO. *f. audace.*

AUDASSO d'un Capeou, *f. audace.*

AUDITORY. *m. auditoire.*

AUDOUR. *f. Odeur.*

MARRIDO audour que foüerto deis pes. *m. Efcafignon.*

MARRIDO audour deis Efpitaus. *m. Faguenas, ou Faguena.*

AUDOURA. *m. odorat.*

AUDOURIFEREN. *adj. Odoriferant, odoriferante.*

AVE. *avoir.*

AVE mai. *Recouvrer, ou ravoir.*

AVE. *m. moutons.*

AVELANIE. *m. Noifettier, ou Noifillier, ou Coudrier.*

AVELANO. *f. Noifette.*

GROSSO avelano. *f. aveline.*

AVE Maria. *m. Avé, ou Avé Maria.*

AVENA. *m. Grüau d'aveine.*

AVENGU. *adj. avancé avancée.*

AVENGUDO. *f. avenuë.*

AVENI. *ateindre.*

LOU tens aveni. *Le tems à venir.*

AVENTIS, bens aventis. *Biens aventices.*

BENS aventis d'uno fremo. *Biens adventifs, ou paraphernaux.*

AVERNO, aubre. *m. aulne. prononcez aûne.*

AVESQUA. *m. Eveché.*

AVESQUE. *Evéque. Ceux qui*

aspirent aux Evechez, sont apellez, Episcopisants. Il y a beaucoup des Abés Episcopisants.

AVEUGLE. adj. aveugle.

AUFENSO. f. ofense.

AUFO. Espece de Chien dent.

AUFUSQUA. ofusquer.

AUGIAS. m. Elzear.

AUGO, herbo de la Mer. f.
Algue.

AUJA. Oser, ou avoir la hardiesse. asp. l'h.

AUJE. m. objet.

AULIVA. Cueillir les Olives.

AULIVADOS. f. Olivaison.

AULIVASTRE. m. Olivier sauvage, ou Ethiopique.

AULIVASTRE sauvagi. m. Troé-
ne.

AULIVEIRETO. m. Olivet.

AULIVIE. m. Olivier. La Gomme des Oliviers s'apelle, Elemi. m.

AULIVO. f. Olive.

AUMAGI. m. hommage.

AUMARINO. m. Ozier.

FAI d'aumarino. f. Gerbe d'Ozier
Lieu planté d'Osiers. f. Oseraye.

AUMENTA. augmenter.

AUMENTA un conte per faire
rire. exagerer un conte.

AUMENTACIEN. f. augmenta-
tion, ou m. surcroit.

AUMOÜERNO. f. aumône.

AVOUCA. m. Advôcat, le d. ne
se prononce pas.

AVOUCA de septanto nou. Advôcat à simple tonsure.

AVOUS. m. Août, prononcez ou.

AUPERATOUR. m. operateur.

AUPILA, estre aupila. Avoir

les pâles couleurs, on la jauniffe.

AUPINA. opiner.

S'AUPINIASTRA. S'opiniatrer, ou
s'obstiner, ou se roidir.

AUPINIASTRE. adj. opiniâtre, ou
ou obstiné, obstinée.

AUPINIEN. f. opinion.

AUPISANA. au-pis-aler.

S'AUPOUSA. S'oposer.

AUPRESSIEN. f. opression.

AUQUETON. m. Hoqueton, aspirez l'h.

AUQUIELI, san auquieli. Saint
Eucher.

AUQUO. f. oye, le mâle s'apelle,
un Jar, ou Jars.

PICHOTO Auquo. m. oison.

AURADO. f. Dorade.

GROSSO aurado. f. Dorade, ou
brame de mer, ou bréme.

AURATORI deis Camins. m.
Oratoire.

AURATORI deis Chambros.
m. Prie-Dieu.

AUREILLETO, planto. f. éclaire
ou Felonque, ou grande Chelidoine.

AUREILLO. oreille. Remarquez
que le haut de l'oreille s'apelle une
aîle, ou un aileron; & l'endroit
ou on met la bouche s'apelle un
Lobe.

AUREILLO d'une pienchi. f.
oreille d'un peigne.

AUREILLO d'ay herbo. grande
consoude.

AUREILLON d'un Peirou. f.
oreille.

AURESON. f. oraison.

AURIPEOU. m. oripeau.

Auro. *m. Vent prononcez* Van.

Aurous. *adj. ventueux , venteuse , prononcez vanteux.*

Aurrias. *m. Elzear.*

Aurvelo , planto. *m. Chardon Etoilé.*

Aufi. *oüir.*

Aufi dire. *m. oui-dire.*

Aufido. *f. ouïe.*

Auſſa. *Hauſſer , aspirés l'h. ou élever.*

Auſſa la queüo à uno Damo. *Porter la queuë à une Dame.*

Auſſa ſa raubo per non pas la gaſta. *Trouſſer ſa Robe.*

Auſſeoù. *m. oiſeau.*

Liſte de pluſieurs ſorte d'Oiſeaux.

Agace , *f.* eſpece de Pie , qui à les plumes plus noires que les autres.

Aigrette , *f.* Oiſeau , eſpece de petit Heron blanc , qui à une voix aigre , & qui frequente les bords des Rivieres ; il a le bec long, droit, & pointu , les jambes longues , de couleur cendrée , les piés noirs & grands , le cou long & courbé. Sur le dos, & à côté des aïles , il à de plumes blanches , fines , & déliées , qui ſont fort recherchées, & fort cheres. Sa chair eſt tendre, & délicate, Il à ſur ſa tête une plume fort blanche, fort haute , & fort droite.

Alcion. *m.* grand oiſeau de Mer , qui fait ſon nid parmi

les Roſeaux , il à le corps de couleur rouſſe , & enfumée , le bec tranchant , avec les jambes , & les piés cendrez.

Autour , *m.* grand oiſeau de proye , qui eſt le plus grand , aprés le Gerfaut , qui ſert à la baſſe volerie ſur les Faiſans, & les Perdrix , il à les aïles courtes , la tête petite , le bec long , les ſerres noires , les jambes hautes , & la queuë longue, & large ; il eſt de couleur fauve , & ſemé de tâches jaunes , les yeux profonds , ayant une rondeur noire , il fait ſon nid dans les forêts, & dans les montagnes ; ſon mâle s'apelle Tierc elet d'autour.

Bergeronnete , *f.* petit oiſeau fort joli , qui vit trois ou quatre ans , qui a le corps noir & blanc ; le bec noir , & bien fait , qui remuë toûjours la queuë, & qui frequente le bord des Rivieres ; on l'apelle auſſi. *m.* Hoche-queuë aſpirez l'h.

Biévre , *m.* Oiſeau de Riviere , gros comme une moiene Oye ſauvage, il à le bec menu, dentelé, & crochu par le bout, il à une crete ſur le cou , la tête groſſe , & de couleur fauve , le deſſus du dos cendré, tirant ſur la couleur plombée, le ventre preſque blanc ; & les piés rougeatres.

Biſet , *m.* Oiſeau de paſſage, ou Pigeon ſauvage plus petit que le Ramier , qui a les piez

& le bec rouges , la plume de couleur de plomb , & prefque noire.

Bondrée , *f.* Oifeau de Rapine , qui a le bec court , la tête plate , & groffe , le cou fort court , garni de beaucoup de plumes ; tout le deffus de cet Oifeau eft d'une couleur affez obfcure , le ventre eft blanc , marqueté de plufieurs taches longues,& d'une couleur brune ; fa queuë eft fort large.

Bruant , ou Breant *m.* petit oifeau , qu'on enferme dans les cages , il à le bec court , & affez gros , il eft d'un verd brun , avec quelques marques jaunes fur l'extremité des gros tuyaux de fes aîles , il eft de la groffeur d'un moineau.

Brutier , ou Butor. *m.* oifeau de la grandeur d'un Heron ; il eft marqueté de tâches rouffes en forme d'étoiles , fon cou eft long d'un pié & demi , entouré de plumes pâles , diftinguées de taches noires , il a les plumes du haut de la tête noires , le bec droit , & long de quatre doigts , de couleur entre cendrée & plombée , tranchant par les bords , gros comme le doigt , & pointu par le bout ; il à les aîles grandes , chacunes de 24. plumes groffes , la queuë courte , les jambes d'un demi pié de long, qui participent du jaune & du plombé. Il à de gros doigts

aux piez , les ongles noirs & grands , & principalement l'ergot , qui eft le plus long. Lorfqu'il aproche de quelqu'un il effaye de lui crever les yeux , & metant le bec dans l'eau , il fait plus de bruit qu'un Bœuf qui mugit ; on l'entend de demi lieu.

Cane , *f.* oifeau bon a manger , qui fe nourrit prés des moulins , des étangs , & des marais qui marchent en troupe , & en inclinant le corps deça , delà.

Cane-petiere , *f.* oifeau de campagne,qui reffemble à une Outarde , finon qu'il eft plus petit, & qui eft delicat à manger comme le Faifan.

Cardinal , *m.* oifeau gros comme un petit Perroquet , qui à le bec & le corps rouges.

Caffe - Noix , *m.* efpece de Geay.

Cigne. *m.* Oifeau aquatique agreable à voir , qui a le cou long , & fort droit, & qui eft fort blanc , excepté quand il eft jeune.

Cicogne. *f.* Oifeau qui a le bec rouge & long , les jambes rouges & longues. Elle eft blanche , hormis qu'elle à le bout des aîles noir avec quelque peu des cuiffes , & la tête de même couleur , elle à la queuë courte , & reffemble au Heron.

Cochevis , ou Cochenis , *m.*
petit

petit oiſeau, qui eſt gros comme une Aloüette , qui a une
hupe ſur la tête, & qui chante agreablement.

Corlieu , ou Corlis , ou
Courlis. *m.* oiſeau de Riviere,
du genre de ceux , qui n'ont
pas le pié plat, lequel à le bec
fort long , & courbé , en forme de faucille , & eſt haut en
jambes , de couleur griſe, marqueté de taches rouges , &
noires. Eſpeces de Macruſe.

Cormoran , ou Corbeau pé-
cheur , ou Corbeau Marin. *m.*
Oiſeau aquatique , qui aproche de la figure du Corbeau.

Cuilier. *f.* Oiſeau ſemblable
au Heron, hormis qu'il a le bec
fait en cuilier.

Emerillon. *m.* le plus petit
des oiſeaux de fauconerie, le
plus vif , & le plus bigarré de
tous , & celui dont le mâle &
la femelle ſe reſſemblent , il
ſert à voler la Caille, & le menu Gibier, il eſt de la couleur
du Faucon, de la taille du Pigeon ; il eſt fort plaiſant au
vol de la Corneille , & de
l'Aloüette hupée.

Fauvet. *m.* petit oiſeau éveillé , qui eſt beau, qui a le chant
doux & charmant, il connoit
particulierement celui qui luy
donne à manger.

Fauvette. *f.* C'eſt la femelle
du Fauvet ; elle eſt de couleur
fauve , & chante agréable-
ment.

Faux Perdrieu. *m.* oiſeau de
Rapine , qui prend les Perdrix.

Foulque. *f.* oiſeau de Riviere, que quelques uns apellent , diable , ou movete , ou
Poule d'eau, il y en a de blanches, de noires & de cendrées.

Francolin. *m.* oiſeau un peu
plus gros que la Perdrix , il à
la tête , le cou, & le croupion
tirant ſur le rouge, avec un peu
de violet & de noir. Il a l'eſtomac & le ventre marquez de
blanc , & de noir , le bec &
les jambes noires, avec les extremitez des aîles , & de la
queuë noires. Il eſt excellent à
manger , il ne chante point.

Freus, ſorte de Corneille ,
qui vit de graine.

Friquet. *m.* eſpece de petit
moineau, fou des Noyers,
qui ne fait que fretiller ſur
l'arbre , becquetrant les Noix.

Gelinote de bois, Poule ſauvage, qui reſſemble à la Perdrix , elle ſe tient dans les Forêts , elle à le deſſus du dos
gris , les groſſes plumes des aîles marquetées , le deſſous de
la gorge , & du ventre blanc ;
le cou ſemblable à celuy d'une
Perdrix , les jambes courtes &
couvertes de plumes , juſques
à la moitié , & ſa chair délicate.

Gerfaut , *m.* oiſeau de proye,
& de leurre , qui à le plus de
force, aprés l'Aigle ; il eſt de

moindre taille, mais il eſt plus grand que l'Autour, il eſt fier, hardi , c'eſt le plus dépiteux de tous les oiſeaux, & qui étant manié rudement perira plûtôt, que de fléchir ; il à ſes jambes , & le bec bleus ou verts, les grifes ouvertes , il eſt de couleur fauve , il eſt gaillard à la montée , comme on le voit au vol du Milan , & du Heron.

Grimpereau, *m.* oiſeau , qui ne vole guere , mais qui grimpe ſur les arbres , de branche en branche.

Gros-bec. *m.* petit oiſeau , qui eſt une eſpece de Pinçon, il caſſe les noyaux des fruits.

Guignar. *m.* petit oiſeau fort gras , & fort délicat, qui aproche de la groſſeur d'un Merle. C'eſt un oiſeau de paſſage, il vient vers les vendanges , & mange de raiſins, quand on en tuë un, tous les autres s'aprochent auprés , & donnent loiſir au chaſſeur de recharger.

Heron. *m.* aſpirez l'h. oiſeau grandet , cendrè ou blanc , qui à le bec & les jambes longues, la queuë courte , qui mange force poiſſons , il eſt en bute a tous les oiſeaux de proye , il eſt bon à manger.

Heronneau. *m.* petit héron.

Hobreau , ou Hobereau. *m.* aſpirez l'h. ou falquet, ou Aubrier, oiſeau de leurre , qui vole fort haut , qui prend de pe-

tis oiſeaux , il a le bec bleu , les jambes , & les doigts jaunes ; il eſt marqueté ſous le ventre , il a le dos & la queuë noiratres , les plumes de deſſus les yeux noires , & le haut de la tête noir & fauve, il eſt le plus petit, aprés l'Emerillon.

Hupe. *f.* aſpirez l'h. oiſeau de la grandeur d'un Merle, il a la tête pointuë , le bec en forme de faux , noir , rond , & un bouquet ſur la tête compoſé de 26. plumes inégales en longueur. Le cou proche de la tête eſt un peu roux ; enſuite vers le dos, il eſt cendré, juſques à la queuë ; ayant de tems en tems de taches blanches , ſa queuë eſt longue de 6. doigts , coupée de travers par une ligne blanche large, elle eſt compoſée de dix plumes , ſes cuiſſes ſont courtes , de couleur de plomb ; ſes ailes noires , ayant de travers de lignes blanches , il fait ſon nid avec l'excrement humain.

Lanier. *m.* oiſeau de proye, eſpece de Faucon de leurre , il a le bec & les piez bleus , & les plumes mêlées de noir & de blanc, il eſt pour la Perdrix, & pour le Lievre.

Laneret. *m.* oiſeau de proye , qui eſt plus petit que le Faucon, & qui eſt le mâle du Lanier.

Lardere, ou Meſange. *f.* petit oiſeau, qui à un chant délagréable , c'eſt une eſpece de Pinçon , il y en a de pluſieurs ſorte. Meſange bleuë a longue queuë , il y a de Meſange de montagne , de Marêts , de Forêts , de Meſanges hupées , Chaperonnées ; il y en a de noiratres , qu'on apelle Charboniers , & en quelque lieux, on les apelle Nonnettes.

Martin pécheur. *m*, petit oiſeau , qui vit quatre ou cinq ans , qui a le bec long , fort , & aigu , la tête couverte de plumes bleuës , claires , les aîles bleuës, & ſemées de blanc, & le corps blanc , & un peu verd , & l'eſtomac couleur de Roüille.

Mauvis, *m*. oiſeau gros comme un Pigeon , qui ſe plaît à voler ſur les eaux.

Mauvis eſt encore une eſpece de Grive, qui eſt de la troiſième grandeur moindre que la Grive commune, en Latin on la nomme *Turdus Ruber*.

Milan. *m*. oiſeau de proye fort leger , qui vole haut,qui eſt de couleur fauve, & noire, il à pour enemi le Duc & le Sacre , on l'apelle auſſi Ecoufle. f. il fait ſon vol ſans bruit, & entre coupe l'air quaſi ſans batre l'aîle , & ne ſe branche preſque jamais, n'ayant nulle peine à voler entre deux airs , ſon cri eſt. Huir.

Onocrotale. *m*. oiſeau de Marais , qui à le pié d'Oye, &

eſt de la taille d'un Cigne , il a une bourſe tenant à la partie inferieure du bec , qui deſcend en poche,où il ſerre tout ce qu'il chaſſe , & qu'il retire enſuite pour le manger à loiſir. Son cri imite en quelque maniere , le braire de l'âne.

Orfraye,ou Effraye, *f*. oiſeau nocturne , & de mauvaiſe augure , qui eſt une eſpece d'Aigle , qui hante les eaux , de couleur brune ; qui a les jambes courtes , & couvertes d'écailles , & les ongles ronds ; qui mange les poiſſons d'étang , & de mer , & qui a le cri fort lugubre.

Outarde , *f*. C'eſt le plus grand oiſeau , qui vive ſur la terre aprés l'Autruche, elle à le bec fort , la tête, & le cou de couleur cendrée , juſques au deſſus de l'eſtomac, le deſſus des aîles blanc , les jambes , & le cou long ; elle eſt de couleur tanée, & noire ſur le dos, blanche ſous le ventre , & ſous les aîles , ſinon que les extremitez ſont noires ; elle à les jambes groſſes comme le pouce ,longues d'un pié , & toutes couvertes d'écailles ; elle a trois doigts a chaque pié , & a les ongles courts , elle vit à la campagne & fuit l'eau.

Périer. *m*. oiſeau de la couleur , & de la grandeur d'une Aloüete commune.

Pic , ou Picver. *m*. oiſeau ,

qui a le bec long, & dur, qui perce l'écorce des arbres ; on l'apelle aussi Loriot, il y en a de plusieurs sortes, tant pour la grosseur, que pour le plumage ; il y en a de rouge, de jaune, de gris, & de noir.

Pié de Lievre. *m.* oiseau ainsi apellé parce qu'il a les piez velus.

Pie, ou Becasse de mer. Oiseau plus gros qu'un Canard, qui a le bec long de 4. doigts, la tête, le cou, le dessus de l'estomac, & le bout de la queuë noirs, le dessus du corps & des aîles de couleur fumée, les côtez, le milieu des aîles, & la queuë blancs, les jambes grosses, & rougeâtres, & trois doigts à chaque pié.

Pie-Grieche. *f.* oiseau, qui a un cri facheux, & qui n'est guere plus gros qu'un Merle. Il a la tête un peu grosse & un peu large, le bec dur, noir, & gros, un peu courbé par le bout. Il a la tête & le dos gris avec le dessous de la gorge, du ventre, & de la queuë blanche. Sa queuë est longue, ses aîles noirâtres, & ses jambes, & ses piez noirs. La petite Pie-Grieche & celle, qui mange les Mulots, & les souris des champs.

Pivoine. *f.* oiseau de la grandeur d'un pinçon. Il a la gorge, & le ventre rouge, les aîles blanches & noires, la tête

& les piez noirs, la queuë jaune & rouge, le bec court & large, noir, & luisant, & un peu crochu.

Pluvier. *m.* oiseau semblable au vanneau, il est brun, marquetté de jaune, de la grandeur d'un Pigeon, il a le bec noir, rond, & court, & n'a que trois doigt aux piez, il est fort bon, quand il est gras.

Râle. *m.* oiseau de la grosseur d'un petit pigeon, qui a le bec & le cou long. Il y a des Râles noirs, & de Râles rouges, ou de Genet ; le Râle est un bon gibier, il y en a d'autres aquatiques.

Roitelet. *m.* oiseau fort petit, vif, & plein du feu, qui niche dans les murs, qui chante presque toute l'année.

Rouge. *m.* oiseau de Riviere, qui ressemble au Canard, qui a les piez rouges.

Rouge-Gorge. *f.* petit oiseau, qui a la gorge rouge, qui tire sur l'Orangé, le ventre blanc, la tête & le cou du gris, tirant sur le verd, il haït la Choüette, & aime le Merle.

Rouge-Queuë. *f.* petit oiseau qui chante, qui a la tête, & cou noirâtre, avec quelques marques de couleur de terre, l'estomac & le ventre de couleur de Roüille, & la queuë d'un rouge plus vif.

Roussete. *f.* petit oiseau brun, semé de plusieurs petites taches

ches, qui à le bec pointu, & noirâtre, les jambes, & les piez tirant fur le blanc.

Sacre. *m.* oifeau de proye, il à les plumes d'un Roux enfumé, le bec, les jambes, & les doigts bleus. Il eft hardi, & on ne fçait pas, ou il fait fes petis, il eft le troifiéme des oifeaux de proye.

Sacret. *m.* C'eft le Tircelet, ou le mâle du facre, il eft propre à voler les Perdrix.

Sarcelle, ou Cercelle. *f.* oifeau aquatique, qui tient du Canard, mais de plus petite taille, c'eft un Mets délicat.

Terin, ou Tarin. oifeaux qu'on tient en cage, à caufe qu'il chante fort bien, il a le plumage gris jaune, tïrant fur le verd, avec une petite tache noire fur la tête.

Tiers. *m.* Oifeau qui vient fur les étangs & dans les Marécages, il s'apelle Tiers, parce qu'il tient le milieu entre le gros Canard, & la Sarcelle.

Vaneau. *m.* oifeau qui eft de la groffeur d'un pluvier, qui à les plumes vertes, noires, blanches, rouges, & bluës, qui a le ventre blanc, une houpe ou crete noire fur la tête, recourbée en arriere en corne de Chevre, il eft fort bon à manger, on l'apelle auffi dix & huit, parce qu'il exprima ce mot én chantant.

Vautour. *m.* gros oifeau de

proye qui a le bec crochu, qui eft de couleur brune, ou fauve, qui a les jambes courtes, & couvertes de plumes jufques au deffus des doigts, & les ongles crochus ; il fait fon aire fur quelque falaife, & a de dificiles accez. Il aime la charogne.

Verdier. *m.* oifeau qu'on tient en cage, un peu plus gros qu'un Moineau, on l'apelle ainfi, à caufe qu'il à le plumage verd ; il a le bec aigu, court, gros, & rond, le dos verd, & le ventre tirant fur le jaune.

Verdier à la fonnette. Oifeau qui a la tête verte, les côtez des yeux jaunes, l'échine & les aîles d'une couleur, qui tient du rouge, avec une queuë qui a quelque chofe du gris, & du verd, le verdier tombe du haut mal, & vit fix ans.

Ver-Montant. *m.* petit Oifeau, qui a prefque la tête toute noire, la gorge de même couleur, l'eftomac verd, & l'échine tirant fur le violet, avec quelque mélange de verd.

Si vous en voulez d'avantage, voyez l'Hiftoire des Oifeaux.

Le bruit que font les Oifeaux s'apelle le Gazoüillis, ou Gazoüillement.

Cette menuë corroye qu'on met au tour de la jambe de l'Oifeau, s'apelle le jet.

L'art de prendre les Oiseaux s'apelle , Art ixeutique , ou Oiselerie. *f.*

AUSSEOU que chanjo de plumos. *Oiseau qui muë.*

AUSSERVA. *observer.*

AUSSET , terme de Couturiero. *m. Troussis.*

AUSSETO , terme de Sarrahie. *f. Houssettes aspirés l'h.*

AUSSO, terme de Courdounie. *f. Hausse , aspirés l'h.*

AUTA. *m. Autel.*

GRAN auta. *Maitre Autel.*

AUTA que l'on fa per leis Carrieros à la Feste de Diou. *m. Reposoir , ou Paradis.*

AUTAMBEN. *aussi.*

AUTAVO. *f. Octave , voyez utavo.*

AUTENI . *obtenir.*

AUTIS. *m. outil tous les outils ensemble , qui sont necessaires à un Ouvrier , s'apellent un asutage.*

AUTO. *courage.*

AUTOBRE. *m. Octobre.*

AUTOUNO. *m. ou f. automne , prononcés automne.*

AUTOUR d'un Libre. *m. Auteur d'un Livre.*

AUTOUR d'uno Tourre. *f. Hauteur , aspirez l'h.*

AUTOUR proposicien. *autour.*

AUTOUR, Ausseou. *m. Autour son mâle s'apelle Tircelet d'Autour , ses pâtes s'apellent . piés. L'art de dresser & de faire voler les Autours , s'apelle Autourserie , f. & celui qui les dresse*

& les fait voler , se nomme un Autoursier.

AUTRUCHO. *f. Autruche.*

AY. *m. Ane.*

FAIRE lou repas de l'ay. *Faire un repas de Brebis.*

JUGA à meni mon ay. *Jouer à Colin-Maillard.*

AZAR. *m. Hazard , aspirez l'h.*

AZE. *m. Ane.*

LAZE te quille. *L'ase vous quille.*

AZENADO. *f. ratelée.*

B *Masculin. B. prononcés Bé.*

BABI. *m. Babylas.*

BABI, *mot injuriou. Petit morveux.*

BABOU , terme enfantin. *m. Bobo.*

BACAILLAU. *f moruë.*

BACESSO. *f. Bassesse.*

FAIRE de bacessos. *Se ravaler , ou faire de bassesses.*

BACHACON. *m. Goujat.*

BACHOQUO. *f. bosse, ou Bigne.*

BACHOQUO d'un Aubre. *f. loupe de bois.*

BACILLO. *f. Bacille , ou fenoüil marin , ou herbe de Saint Pierre.*

BADA per admiracien. *Beer.*

BADA per ennuïomen. *bailler , ou baailler.*

LA pouerto bado. *La porte baille.*

BADAFO de Coucouns. *m. Rameau.*

BADAILLA. *bailler , ou baailler.*

BADAILLON. *m. Baillon.*

BADAILLON, terme de Capouchin. *f. Mordache , ou m. Baillon.*

BADAILLON , terme de Manechau. *m. Cavesson.*

BADAIRE. *m. Bailleur.*

BADASSO , *herbe aux Puces , ou annuelle.*

BADAU per ennuïomen. *m. baillement.*

BADAU que la mouer nous fa faire. *m. hoquet aspirez l'h.*

BADAU. *adj. badaut , badaute.*

FAIRE lou badau. *badauder.*

FAIRE de badau per admiracien. *Bécr.*

BADUCA. *Croquer le marmot , ou garder le Mulet.*

BAFRA. *baufrer , ou biffrer.*

BAFRAIRE. *m. baufreur.*

BAGA un habit. *baguer un habit.*

BAGASSO , mot injuriou. *f. bagasse , ou Putain.*

BAGATELLO. *f. bagatelle.*

BAGNA. *mouiller.*

BAGNA , terme de Candeliaire, *plunger.*

ESTRE tout bagna , siegue per la plueio , ou per la susour. *Etre en nage.*

ANA se bagna. *aler se baigner.*

LUECH propre per se bagna din la Ribiero. *m. baignoir.*

TINEOU per se bagna. *f. baignoire , ou m. bain.*

BAGNADURO. *f. moüillure.*

BAGNIE. *m. Messier , ou Gastier, le dernier est vieux.*

BAGNOIR per fiela. *m. moüilloir.*

BAGUIE , terme d'argentie. *m. baguier , ou Ecrin.*

BAGUIE , aubre. *m. Laurier.*

BAGUO. *f. bague.*

JUGA à la baguo. *jouer a cache-cache mitoulas.*

BAJANO. *f. Saugrenée.*

BAÏLE d'un Vilagi. *m. Lieutenant de juge.*

BAÏLE deis Pastres. *Maitre Berger , ou berger en Chef.*

BAÏLO. *f. nourisse.*

BAÏLO , terme de Marino. *f. baille.*

BAÏOUNETO. *f. baïonette.*

BAJOUR , terme de Masson. *m. abat-jour.*

BAL. *m. bal , au plurier ba's.*

BALA. *danser.*

BALAFRO. *f. balafre , ou taillade.*

FAIRE de balafros. *balafrer.*

BALAN. *f. agitation , ou secousse.*

BALANCIE. *m. balancier.*

BALANSO. *f. balance.*

PICHOTO balanso per pesa la mounedo. *m. Trébuchet.*

BALAUSTIE. *espece de Grenadier sauvage.*

BALCOUN. *m. balcon.*

BALENO. *f. baleine , le petit de la baleine s'apelle le baleinon , elle l'enfante , & le nourrit comme une femme.*

BALICOT , herbo. *m. basilic.*

BALO d'un Fusiou. *f. bâle.*

BALO d'estofo. *f. bâle. Remarquez que les Oreilles, qu'on laisse aux bouts d'une bâle , s'apellent les poignées.*

BALOTO de Nejo. *f. Pelote, ou Plote, & si elle a grossi beaucoup en roulant d'une montagne en bas, elle s'apellera une lavange.*

BALOTO de chair, ou de peisson, per manja. *f. andoüillette.*

BALOÜAR. *f. Gamache, ou guette, ou guetre.*

Baloüar, terme de fourtificacien. *m. bastion.*

Balouta. *baloter.*

Balustrado. *f. balustrade.*

Baluste. *m. baluste.*

Baluste d'un Candelie. *m. baluste, ou f. Tige.*

Baluste d'une Cadiero de paillo. *m. Chevillon.*

BAN. *m. banc, prononcez ban, son dossier est ce qui sert à apuyer le dos.*

Ban long & estre, coumo soun aquelles deis marris Lougis. *f. bancelle.*

Ban d'une Chaloupo. *Toste.*

Ban d'un Fustié, ou autre artisan. *m. établi.*

Ban per sousteni quauquo ren. *m. Tréteau prononcez Treto.*

Ban, terme d'Egliso per se marida. *m. ban.*

Ban de vapour, terme de Bouticari. *m. bain marié.*

Ban, espeço de Tineou per se bagna. *m. bain ou f. baignoire.*

BANAREOU, Seignour banareou. *Seigneur baneret.*

MOULIN, Four, &c. banareou. *adj. banal, banale.*

Banasto per lou frui, qués hauto, & redouno. *m. manequin.*

Banasto per lou Peisson. *f. Manne à Marée.*

Banasto en ouvalo. *f. Manne.*

Bandi. *Exiler ou banir.*

Bandiero. *f. baniere. Cette espece de ceinturon qui a une poche pour y metre le manche de la baniere, quand on la porte aux processions, s'apelle le brayer.*

Bandinello, terme de Marchan. *f. Toilete.*

Bandissamen. *m. exil, ou banissement.*

Bando. *f. bande. La bande peinte de noir dans un Eglise, qui en fait tout le tour, chargée des armes d'un Fondateur, s'apelle un, ou une Litre, ou ceinture de dueil, ou ceinture funebre.*

BANDO Auberouniero d'un Cofre. *f. Auberonniere.*

BANDOULIE. *m. bandoulier.*

BANDOULIERO. *f. bandouliere.*

BANESTIE. *m. Vanier. Le Vanier, qui ne fait que de la besogne batuë, s'apelle cloturier.*

BANESTON. *m. Panier.*

BANETOS. *m. Haricots en cosse, ou en gousses aspirés l'h.*

BANNI, terme de Sarrahie. *brunir.*

BANO. *f. Corne.*

PICHOTO bano. *m. Cornichon.*

BANO d'une Biche. *m. bois d'un Cerf. Remarquez que quand le bois est coupé de la tête du Cerf,*

on

on dit pour lors Corne , & non pas bois.

BANO , jucc. *m. Here aspirés l'h.*

BANQUETO. *m. Chaufe-Pié, ou f. Chaufrette. L'ouvrier qui les fait , s'apelle un Layettier.*

BANQUO.de Veniso , de Lion, &c. *f. Banque.*

BANQUO d'uno Egliso. *f. œuvre.*

BANQUOROUTO. *f. Banque-route.*

BAQUENAUDO. *f. Baquenaude fruit qui est envelopé dans de petites bourses , & pleines de vent, que les enfans font claquer en les crevant entre les mains.*

BAR , terme de Tailleur de Pierro. *m. Rabot , ou pavé, ou f. Cadette.*

BAR d'uno Tombo. *f. Tombe.*

BARA. *f. Tromperie, ou baratterie, ou m. barat.*

FAIRE de bara. *Tromper , ou décevoir.*

BARAIGNO. *f. Haïe, prononcés Hêe, & aspirez l'h. Remarquez qu'on dit Haye , quand elle est faite avec des arbrisseaux vifs ; mais quand elle est faite avec du bois mort , il faut dire éhalier.*

BARBAROUS, Rasin , *m. bar-barons , ou marroquin.*

BARBE, *m. Barbet, ou Canard.*

BARBEOU peisson. *m. Barbeau.*

BARBETO, sorte de guimpo. *f. barbette.*

BARBO. *f. barbe.*

BARBO deis peissons. *m. barbillon.*

BARBO de touto sorto de plantos , & racinos de Jardin. *f. Chevelure.*

LA Santo Barbo , terme de Marino. *La Sainte Barbe, ou la Gardiennerie.*

FAIRE la barbo. *Raser.*

BARBOBOU , herbe. *f. barbe de bouc , ou barbe-bouc.*

BARBOCANO , terme de Masson. *m. Corbeau.*

BARBOÜILLADO d'Artichaus, de Favos, de Peses , &c. *f. Fricassée d'Artichaux , &c.*

BARBOÜILLADO d'huous. *Oeufs broullés.*

BARBOUTIA. *balbutier.*

BARBOUTINO. *f. barbotine , ou poudre aux vers.*

BARDA uno Egliso. *Paver , ou Cadetter une Eglise.*

BARDA un Ay. *barder un âne.*

BARDA d'un houstau. *m. Vestibule d'une maison.*

BARDANO, herbo. *f. bardane , ou grappelle , ou m. glouteron , ou grateron , ou gloteron.*

BARDAQUO. *m. Flacon de terre.*

BARDELLO. *f. bardelle.*

BARDO per un Aze. *f. barde.*

BARDO , Animau. *m. bardet , ou bardot.*

BARGEIRETO , ausseou. *f. bergeronnette , ou m. Hoche-queuë aspirez l'h.*

BARGELADO. *m. Tremois.*

BARJA. *Caqueter , ou babiller , ou deviser , ou jaser.*

BARJAIRE. adj. *babillard , babillarde , ou caqueteur , caqueteuse.*

ou jaseur , jaseuse , ou grand parleur, grande parleuse.

BARJOS d'un home. *f. Lévres d'un homme.*

BARJOS d'un Chivau. *f. babines d'un Cheval.*

BARIOTO, terme de Masson. *f. broüette.*

BARJOULADO. *m. Tremois.*

BARLAN , juec. *m. breland , ou berlan.*

BARLAN de Rei , de Damos , &c. *m. Tricon , ou Fredon , ou berlan.*

BARLANDIE. *m. brélandier.*

BARLINGAU. *m. Osselet.*

BARNA quauqu'un. *berner quelqu'un.*

BARNA, nom d'home. *m. bernard.*

BARNABEOU. *m. barnabé.*

BARNAGI. *m. désordre , ou bissétre. Ce dernier est bas.*

BARNIGAU , terme de Vendumi. *f. Sebille.*

BARNISSOIR , terme de Sarrahie. *m. brunissoir.*

SE barouneja. *Se Panader.*

BARQUEJA. *Nager entre deux eaux.*

BARQUIE. *m. batelier.*

BARQUETO per beoüre. *m. Monaco.*

BARQUIOU d'uno foüen. *m. bassin d'une Fontaine.*

BARQUIOU per de peissons. *m. Vivier , ou reservoir.*

BARQUO. *f. barque. La levée d'une barque est l'endroit de la barque , qui est plus élevé que*

le reste , & ou on passe pour descendre dans la barque. Voyez Batcou.

Barra de lignos, ou faire de barros soutos de lignos. *batonner de lignes.*

Barracan. *m. barracan , ou bourracan.*

Barrado , faire la barrado d'au bla d'uno Villo. *Prohiber ou défendre la traite du blé d'une Ville.*

HOLI de la premiero, ou segoundo barrado. *Huile de la premiere, ou seconde Serre.*

BARRALET, herbo. *Muscari.* †

BARRAQUO. *f. barraque.*

BARREOU de bouech , que farmo un Cloüatro , &c. *m. palis.*

BARRETO per curbi la testo. *f. Calote.*

BARRETO deis Ridellos d'uno careto. *m. Roulon.*

SE barrica din uno chambro. *Se barricader dans une chambre.*

BARRICADO. *f. barricade.*

BARRIELO. *f. barique.*

BARRIELO per faire lou buerri. *f. barate.*

BARRIOU. *m. Bari.*

GROS barriou d'Arens. *m. Caque. Quelques uns le font fem.*

BARRO. *f. barre.*

BARRO per faire teni dous mos ensemble. *m. Tiret , ou f. division.*

BARRO per faire veire , qu'un mo est pet abrivacien. *m. Titre.*

BaRRo d'un Galinie. *m. Juchoir, ou perchoir, prononcez perchoi.*

BaRRo deis boufes d'un Manechau. *f. branloire.*

BaRRo de ferri per roüa, terme de Bourreou. *m. Fétu.*

BaRRo per leva un fardeou. *m. levier.*

Juga à la barro. *joüer aux barres.*

BaRRUGO. *f. Verruë, ou m. Poireau.*

—Bartalai. *m. Chardon.*

Bas. *m. bas, ou f. chauffes, ou choffes.*

Bas d'eftriou. *bas à étrier.*

Bafana. *adj. bafané, bafanée.*

Bafano. *m. bafane.*

Bafilic, animau. *m. bafilic.*

Bafilic, planto. *m. bafilic.*

Baffaque. *petit fac.*

Baffaquo. *f. Paillaffe.*

Baffaquo, mot injuriou. *adj. dormeur, dormeufe, ou dormant, dormante.*

Pourta la baffaquo. *avoir le deffous.*

Baffegue d'uno Campano. *m. Mouton.*

Bassela. *battre, ou batre.*

Basseou de bugadiero. *m. batoir de leffive.*

Basses. *m. bas. Voyez bas.*

Bassiaire. *m. Faifeur de bas.*

Bassiaire à l'aguillo. *m. brocheur, ou Tricoteur, au feminin Tricoteufe.*

Bassin. *m. baffin.*

Bassin per faire de baftimen, terme de marino. *f. Forme.*

Bassin, terme de Capelie. *m. baffin.*

Bassina uno plago. *baffiner une plaïe.*

Bassine. *m. baffinet.*

Bassine d'un Candelie. *m. baffinet.*

Bassine d'uno goüergo. *f. Culiere.*

Bassino. *f. Baffine.*

Bassino d'uno Salo baffo, ounte lon manjo. *f. Cuvette.*

Bassino per faire de Counfituro. *f. Poéle à Confitures.*

Bast. *m. Bât prononcez bien long.*

Favo qu'a lou baft. *Féve en coffe.*

Pourta lou baft, terme de jugadou. *Payer l'acquit.*

Bastar. *adj. Bâtard, Bâtarde, ou enfant naturel.*

Bastar, terme de marino. *Bâtard.*

Basti. *bâtir.*

Basti un habi, terme de Tailleur. *bâtir un habit.*

Basti mai. *Rebatir, ou batir de nouveau.*

Basti eme de terro, & de fango. *boüfiller.*

Basti brutomen. *Hourder. La maniere comme eft batie une maifon, s'apelle, la Structure.*

Bastian. *m. Sebaftien.*

Bastidan. *m. Campagnard, ou Granger, ou Grangier.*

Bastido. *f. Baftide, ou Grange.*

Bastido per fe diverti. *f. maifon de Campagne. Et quand elle eft proche de la Ville. Maifon de*

Bouteille. Ce dernier est bas.

BASTIDON. *f. Cassine.*

BASTIE. *m. batier.*

BASTIMEN. *m. Bâtiment.*

BASTISSEIRE , home qu'amo a faire basti. *m. batisseur.*

BASTISSO. *f. batisse.*

BASTISSO facho eme de terro, & de fango. *m. boüsillage. L'ouvrier s'apelle , un bousilleur.*

BASTISSO bruto. *f. Hourdage. aspirés l'h.*

BASTISSO facho eme de terro, de fen, ou de paillo. *m. Torchis.*

BASTOUN, *m. bâton.*

BASTOUN per faire teni uno Dindo a l'aste. *f. brochette.*

BASTOUN per batre un buou moüer , terme de Bouchie. *f. Bate à Bœuf.*

BASTOUN de gabi ounte se meto l'ausseou. *m. perchoir , prononcez perchoi.*

BASTOUN que lou Rei ten à la man per marquo de sa Souvereneta. *m. Septre.*

BASTOUN de Bacus. *m. Thyrse de Bacchus , prononcez Bacus.*

BASTOUN de Neptuno. *m. Trident de Neptune.*

BASTOUN d'Herculo. *f. massuë.*

BASTOUN de Mercuro. *m. Caducée de Mercure.*

BASTOUNA. *bastonner , prononcez l'ʃ.*

BASTOUNADO. *f. bastonnade , prononcez l'ʃ.*

BASTOUNEJA. *bastonner , prononcez l'ʃ.*

BASTOUNIE. *m. batonnier.*

BATADOU, terme de Bouchie. *f. Bate à Bœuf.*

BATADOU , terme de Tapicie. *f. bate.*

BATADOU, terme de Caladaire. *f. Hie , aspirés l'h. ou Demoiselle.*

BATAREOU , terme de Maunie. *m. Claquet , ou Cliquet , ou Craquet.*

BATEJA. *batiser.*

BATEJA senso faire leis ceremounies de la Gleiso. *Ondoyer.*

BATEJA. *m. batême.*

BATELADO. *f. batelée.*

BATEN d'une pouerto , ou feneſtro. *m. batant. La feuillure, font de bords de porte , & de fenétre qui s'emboitent dans les Chassis.*

BATEN de Cadaulo. *m. batant de Loquet , ou f. Clenche.*

BATEOU. *m. bateau. Les hommes qui tirent un bateau sur les Rivieres, s'apellent haleurs , aspirés l'h. Et la grande voile que l'on met sur un bateau pour empecher le Soleil , ou la pluïe, s'apelle une bane. Le bateau vuide qu'on attache à la queuë d'un autre plus grand , afin d'y metre une partie de sa charge, s'il arrivoit que son trop grand poids le mit en quelque danger , s'apelle , une Alege.*

BATERIE de couzino. *f. baterie de Cuisine.*

BATERIE d'un Fusiou. *f. baterie d'un Fusil.*

BATISTERI

Batisteri d'uno Eglizo . *m. Fonts , ou Fonts batifmaux.*

Batisteri d'uno perfouno. *m. batiftere.*

Bato d'un Chivau, Ay , &c. *m. Sabot.*

Batoir , efpeffo de Paumo. *f. bale ; & quand elle n'eft pas couverte d'Etofe , on l'apelle un Peloton , ou éteuf , prononcez éteu.*

Batre. *batre.*

Lou Pavaillon bate , terme de Marino. *Le Pavillon déjoüé.*

Se batre per fe gita au fou. *Se Luter.*

Batre d'huous. *batre , ou délayer , ou broüiller des Oeufs.*

Batto, terme de Sellie. *f. bate, ou m. Liege.*

Batus. *m. Penitens.*

Bau , terme de Marino. *f. Falaife.*

Bava. *baver.*

Bavaire. *m. baveur , au feminin. baveufe.*

Bavaire mot injuriou. *adj. bavard , bavarde.*

Bavan, ana à bavan. *aller à vuide.*

Bavarderie. *f. bavarderie , ou baliverne.*

Bavareou. *m. baveret , ou bavolet.* †

Baubino. *f. bobine.*

A baudre. *à foifon , ou à bauge, ou à méme.*

Baudric. *m. baudrier.*

Baudroun , terme de Maffon.

m. boulin.

Baudufo de grame. *f. Toupie.*

Baudufo de foüei. *m. Sabot, ou Corniche. Le coup qu'une Toupie donne à une autre en joüant , s'apelle une Gniole.*

Juga à la baudufo de foüei. *Saboter.*

Baveto. *f. bavete.*

Baujo , efpeffo de biaffos. *m. biffac , ou baugette , ou fauconniere.*

Baujos d'uno Forjo. *m. fouflets.*

Baüme. *m. baume.*

Baumian. *adj. boemien , boemienne.*

Baumo. *f. Caverne , ou grote , ou m. antre.*

Bavo. *f. bave.*

Bavo de buou , terme d'Arles. *f. Freluche.*

Bavo deis Maignans, *f. Ouate.*

Bautasar. *m. Balthafar.*

Bayetto , eftofo. *f. Bayette.*

Bayo. *f. baye.*

Beat. *adj. beat , beate.*

Bec. *m. bec. prononcez le C.*

N'ave que de bec. *N'avoir que du babil.*

Bec d'Ano , terme de Fuftie. *Bec d'Ane.*

Becado. *f. Bechée , ou Bequée.*

Douna la becado. *abéquer un Oifeau , ou abecher , ou apater.*

Becaru. *adj. Raifonneur , raifonneufe.*

Becassino. *f. Becaffine.*

Becasso. *f. Becaffe , fes petis s'apellent Becaffeaux. m.*

Becasso de Mar. *f. Becaffe de*

Mer , ou Pie , c'est un Oiseau plus gros qu'un Canard.

BECHE , peisson. *m. Brochet.*

PICHO beche. *m. Brocheton.*

BECOFIGO. *f. Becfigue , ou becafigue. Furetiere le fait Masculin.*

BEDIGAS, mo injuriou. *m. Niais.*

BEGNO , terme de Meissounie. *f. échelette.*

BEGUDO. *f. buvette.*

BEGUDO , fauto. *f. bévüë.*

BEGUETA. *voyez , bequeta.*

BEISA. *baiser.*

BEISA souven. *baisoter.*

BEISA patin. *baiser le baboüin.*

MARQUO que resto sur la gauto, quan lon a fa un gros beisa à quauquun. *m. Suçon.*

BEISADURO d'un pan, *f. baiseure , ou m. biseau.*

BEISSAIRE, Artisan. *m. Aplaneur.*

BEISSIERO. *f. Bessiere.*

BELEMAN. *doucement.*

BELEOU, *peut-être.*

BELICLES. *f. Lunettes. Le chassis qui tient les verres , s'apelle la chasse.*

BELITRE. *adj. belitre.*

BELLO de Nuech. *f. belle de nuit.*

FAIRE la bello. *Se requinquer , ou faire la belle.*

N'AY que de bellos, terme de jugaire de Cartos. *Je n'ay que de Peintures.*

BELLOS Viandos. *f. Vesse.*

BELOUSO. *f. Belouse , ou blouse.*

BELOYOS deis fremos. *m. asiquets.*

BELOYO deis enfans. *m. Bimbelot. Le Marchand qui les vend s'apelle , un Bimbelotier.*

BELUGO de fuec. *f. étincelle , ou bluette , ou m. Gendárme.*

BELUGO de fuec d'une Candelo, ou d'un Calen. *f. Flamme-che.*

LEIS hueils l'y beluguejoun. *Il à de berlües aux yeux.*

BENDA. *bander.*

BENDEOU. *m. bandeau.*

BENDO, *f. bande.*

BENDOS de ferri , que soun autour d'uno rodo , terme de Charron. *m. bandage. Celui qui ne fait pas tout le tour , s'apelle une bande.*

BENECHIE. *m. Benitier , ou benetier , le premier est le meilleur.*

BENEDICITE. *m. Benédicité.*

BENEDUC, herbo. *m. Orpin.*

BENEFICIA. *m. Bénéficier.*

BENEFICI. *m. Bénéfice.*

BENEZI. *benir.*

BENFACTOUR. *m. Bienfaiteur, ou bienfacteur, au feminin, bienfaitrice , ou bienfactrice.*

BENHUROUS. *adj. bienheureux, bienheureuse.*

BENO , bouesc de beno. *f. Ebene. Son arbre s'apelle un Ebenier, & celui qui le travaille un Ebeniste.*

BENTIBOUNETTES , herbo. *f. Gantelée , ou Campanule ; ou Verge dorée, ou Gand de Nôtre Dame.*

BENTIPOUNETES. *voyez Bentibounettes.*

BENVENGUDO. *f. bien-venuë*, *ou m. acueil.*

FAIRE la benvengudo. *Faire la bien-venuë, ou acueillir gracieusement.*

BEOU. *adj. béau, ou bel, au feminin, belle.*

BEOULAIGO. *Hydropote, ou absteme, ou buveur d'eau.*

BEOULHOLI, Aufscou. *m. Chathuant, afpirés l'h.*

LOU beou l'holi canto. *Le chatuant huë.*

BEOUPRA, terme de Marino. *m. beaupré.*

BEOÜRC. *boire.*

BEOÜRE à la maniero deis Chins, deis Cats, deis Loups, &c. *Laper.*

BEOÜRE a picho co, poulidamen, &, eme plefi. *Syroter.*

BEOÜRE pau, & fouven. *Bavoter.*

PAPIE que beou. *Papier qui boit.*

BEOUTA. *f. beauté.*

Beouver. *m. berveder.*

BEQUETA. *bequeter.*

FRUI bequeta. *adj. Fruit cauterifé, cauterifée.*

BERBI d'un home. *f. Dartre.*

BERBI d'un aubre. *m. chancre.*

BERENGUIERO. *m. Baffin de chaife percée, ou baffin de chambre, ou vafe de Siege, il y a encore le baffin à queuë, qui eft pour metre dans le lit, quand le malade ne peut pas fe lever.*

BERLO, herbo. *f. berle.*

BERRI, terme de païfan. *m. crochet.*

BESAS., terme de jugadous. *m. ambefas, ou befas ou bezet.*

BESCUET. *m. Bifcuit.*

BESCUET qu'eft tout en mouceau. *m. Grignon.*

BESOCHE. *f. bafoche.*

BESON. *m. befoin.*

BESOUGNO. *f. befogne.*

BESSAI. *peut-étre.*

BESSON. *adj. jumeau, jumelle.*

BESSOUNADO d'un home. *f. bourfes.*

BESSOUNADO d'un BUOU. *f. Franche. Mule.*

BESSOUNADO d'un Vedeou. *f. Mulette de Veau.*

BESSOUNADO d'un Mouton. *f. Caillette.*

FAIRE une beffounado. *Faire deux Jumeaux.*

BESTI. *f. béte.*

BESTI, jucc. *f. béte.*

FAIRE veni befti quauqu'un. *Hebeter, ou Abétir quelqu'un.*

LEIS gens dou Rei foun ti de befti ? *Les Gens du Roy font-ils des Maroufles.*

BESTIALITA, crime. *f. beftialité.*

BESTIALITA ignorenfo. *f. anerie.*

BESTIARI. *m. bétail, ce mot n'a point de pluriel.*

BETOINO, herbo. *f. betoine.*

BETORABO. *f. beterave.*

BEVADOU, d'uno gabi. *m. Auget d'une Cage.*

Beveire. *adj. Buveur, buveufe, & non pas beuveur.*

BEZON. *m. befoin.*

BIAIS. *m. biais, ou fens.*

A QUO va de biais. *Cela est obli-*
que , ou va de biais.

BIASSOS. *f. besace.*

BIASSOS d'un Pastre. *f. Gibecie-*
re de Berger , ou Panetiere.

BICHO. *m. Cerf. Sa Femelle s'a-*
pelle une Biche. Le Cerf brame ,
ou Ret. Le dernier est le meilleur,
son infinitif est Récr , ou Rere.

BICHO d'un an. *m. broquart.*

BICHO de dous an. *m. Da-*
guet.

BICHO de tres ans. *Cerf à sa*
premiere tête.

BICHO de quatr'ans. *Cerf à sa*
seconde tête.

BICHO de cinq ans. *Cerf à sa*
troisième tête.

BICHO de siei ans. *Cerf de dix*
Cors jeunement.

BICHO de sept ans. *Cerf de dix*
Cors.

BICHO de huec ans. *Grand*
Cerf.

BICHO de nou ans. *Grand*
vieux Cerf.

LOU picho d'uno bicho. *m.*
Fan.

LA bicho a fa son picho. *La*
Biche a faonné , le lieu , ou les
bêtes fauves se mettent sur le
ventre pour y demeurer , & y
dormir tout le jour , s'apelle la
reposée.

SE bidaussa. *Se brandiller , ou*
se balancer , l'invention pour se
brandiller , s'apelle une brandil-
loire , ou Bascule , ou balançoire
ou escarpolette , ou escarpoulette ,
prononcez l's. Remarquez qu'on

dit Escarpoulette, quand l'inven-
tion est en l'air.

BIDE. *m. Bidet.*

BIEISA. *biaiser , ou palier.*

BIERRO per beoûre. *f. biere.*

BIERRO per enterra leis moüers
f. biere.

BIEVRE. *m. Bievre. Oiseau de*
Riviere , gros comme une mo-
ïene Oye , voyez Ausseou.

BIFRA , *terme de Masson.*
Rifler.

BIFRA , *terme de goulu. bau-*
frer , ou biffrer.

BIGARRA. *bigarrer.*

ARANGI bigarra. *f. bigarrade.*

BIGNE. *m. bignet.*

BIGUO, per faire d'estagieros.
f. échasses.

BIJON. *m. bijon.*

BILLA la cargo d'uno besti.
biller , ou garotter.

BILLA une pouerto. *baillonner*
une porte.

BILLAR. *m. billard.*

BILLE. *m. billet.*

BILLETO per louja leis Sourdas. *m. Billet ou buletin.*

BILLO per juga. *f. bille.*

BILLO per billa uno besti. *f.*
bille , ou m. Garrot.

BILLO d'un tour , *terme de*
Carretie. *m. Moulinet.*

BILLOÜIRE , per freta quauqu'un. *m. Tricot.*

BILO. *f. bile.*

BINJOIN. *m. benjoin.*

BIOU. *voyez* buou.

BISCOÜI , *terme de bouchie.*
m. bout Seigneux.

BISC.

BISE. *m. bifet, ou Pigeon fauvage.*

BISEOU , terme de Coutelie. *m. bifeau.*

BISNAGUO, planto. *vifnague.* †

BISO. *f. bife.*

BISOIR. *f. bife tranchante.*

BISSA , terme de Congreaire. *Corrompre.*

BISSES. *m. Biffexte.*

AN biffextiou. *adj. An biffextil, année biffextile.*

BISTORTE , planto , *biftorte.*

BISTOURIN , terme de Cirurgien. *m. biftouri.*

BISTOURNA. *biftourner.*

BISTOURTIE , terme de Pafticie. *m. Rouleau.*

BLA. *m. blé. Cette petite paille , qui couvre un grain de blé, comme dans une boîte , s'apelle , la balle , ou bourfe, ou menuë paille. Et cette efpece d'herbe plate en forme de petit Ruban qui vient au Tuïau du blé & autre graine, lorfqu'il eft pendant par les Racines , & qu'il fe forme en épi s'apelle la Pampe de blé , d'Orge , d'Avoine , &c.*

BLA anoüi. *blé maigre.*

BLA de barbarie. *blé de Turquie, ou blé d'Inde , ou Mays.*

BLA Sarrafin. *Blé Sarrafin , ou blé noir.*

BLA de Couguou. *Efpece de chien dent.*

BLADIE. *m. Marchand de blé, ou blatier. Ce dernier eft bas.*

BLAMA. *blamer.*

BLAÏ. *m. blaife.*

BLAME. *m. blame.*

BLAN. *m. blanc.*

BLAN , terme de blafon. *m. argent.*

LA blancado. *m. Frimas , ou gelée blanche.*

BLANCHE , terme de BOUTICARI. *m. blanchet.*

BLANCHI. *blanchir.*

BLANCHIER , Artifan. *m. megiffier.*

BLANCHIMEN fa eme de gravello , & de Sau , terme d'argentie. *f. bouture.*

BLANCHIMEN fa eme l'aigo fort , terme d'argentie. *m. blanchiment.*

BLANCHISSAGI dou linge. *m. blanchiffage.*

BLANCHISSAGI de la Telo crufo. *m. blanchiment. Remarquez que le lieu, ou on blanchit la Toile crue , s'apelle la blanchifferie , & le lieu ou on blanchit la Cire , fe nomme , la blancherie.*

BLANCOUR. *f. blancheur.*

BLANQUE. *m. blanc-rhafis.*

BLANQUETTO. *f. Turquette , ou herbe des Turcs , ou Herniole.*

BLANQUINCOU. *adj. blanchatre.*

BLANQUO , juec. *f. blanque.*

BLAN-SEIG. *m. blanc-figné , ou blanc feing. Ce dernier ne plait pas à tout le monde ; mais puifque le Dictionnaire de l'Academie Françoife le met, il fera mon garant.*

BLASOUNA. *blafonner.*

BLASOUNAIRE. *m. blafonneur , ou armorifte.*

L

BLASTEMA. *blafphemer.*

BLAVEIROU. *f. Elevure , ou enlevure.*

BLAZE. *m. blaife.*

Ble d'un Calen , d'un Cierge, ou d'uno Candelo. *f méche.*

Ble. *adj. mol , ou mou , mole. On dit une Poire mole , ou blette.*

VENI ble. *molir.*

BLEME. *adj. pâle , ou bleme.*

VENI bleme. *Pâlir , ou blémir.*

BLESI. *adj. Elimé , ou ufé.*

BLESTOUN. *f. Quenoüillée de Chanvre.* †

BLETO. *f. Gaule.*

BLETO , herbe. *f. blette.*

BLETO rabo. *f. bete rave.*

BLOUQUO. *f. Boucle. Elle eft compofee d'une chape , du corps de la Boucle , & d'un ardillon.*

BLOUQUO d'uno Parruquo. *m. agrément.*

BLUER. *adj. bleu , bleuë.*

BLUER , coulour. *m. bleu.*

BLUER , terme de blafon. *m. Azur.*

BLUER que ven per un cop de peiro , ou de poun. *adj. Livide.*

BLURE , flous. *m. bluet , ou blevet , ou blavet,*

BLUTEOU. *m. Bluteau , ou blutoir.*

BOCHO. *m. boule.*

BOFFO. *f. enlevure , ou élevure.*

BOGOU , peiffon. *m. bogue.*

BOLI. *f. Craie.*

BOLUS. *m. Bolus , ou bol.*

BONO , terme enfantin. *m. bon-bon.*

BOR. *m. bord.*

BOR d'un Pous. *Bord d'un Puis, ou f. Mardelle , ou Margelle.*

BOR efcarpa d'uno Ribiero. *f. Berge.*

BOR efcarpa de la Mar , fiegue de terro , ou de peiro. *f. Dune.*

BOR d'un bouefc , ou d'uno Foures. *f. Orée.*

BOR d'uno Campano. *f. pince.*

BORNI. *adj. Borgne.*

BORNI deis doux hueils. *adj. Aveugle.*

BORNO , terme de Vitrie. *f. borne.*

BOSSO d'un aubre. *f. Loupe de bois.*

BOTO. *f. Bote. La tige de la bote eft, ce qui eft entre la Genoüillere , & le Talon.*

BOÜARDO. *f. Immondifes , ou balieures , ou ordures. Cette invention d'Ais , dont on fe fert pour tirer les balieures , quand on balie , s'apelle un Ordurier , ou un porte-immondice.*

BOUBECHO , terme d'argentie. *f. bobeche.*

BOUBOS , maladie. *m. Bubon.*

BOUC. *m. bouc.*

Bouc fauvagi. *m. bouquetin.*

Bouc d'holi. *m. bouc , ou outre.*

BOUCARAN , terme de Marchand. *m. bougran.*

BOUCASSIN , terme de Marchand. *m. boucaffin.*

BOUCHARIE. *f. boucherie.*

La boucharie luencho. *f. tuerie, ou boucherie , ou m. échaudoir.*

BOUCHIE. *m. boucher.*

BOUCHIE de cher ſ de Pouerc. *m. Charcutier.*

AQUEOU bouchie à tua proun de beſti aqueſtan. *Ce boucher a fait un grand abatis cette année.*

Bouchon , marri lougis. *m. bouchon , ou Cabaret borgne.*

BOUCHON , terme de jugaire. *m. Cochonnet , ou Cornichon.*

BOUDIN. *m. Boudin.*

SE faire de boudins , terme d'enfant. *Se tapoter.*

BOUDINO , terme de Vitrie. *f. Boudine , ou m. Oeil de Bœuf. prononcez æ vil.*

BOÜEN. *adj. bon , bonne.*

LOU plus boüen. *Le meilleur.*

FAIRE veni boüen. *Abonnir.*

BOUENNO bruiſſo , planto. *f. crapaudine.*

BOUENNOS herbos. *m. Perſil, prononcez Perſi , ou f. ache de Jardin.*

Es en bouennos. *Il eſt en ſes bonnes.*

BOÜENNOVOÏO. *m. Bonavoglie.*

BOÜENRUBI ,planto. *f. marrube , ou ballote.*

BOUENSEDI. *f. herbe du ſiege.*

BOUENSHOMES , planto. *m. Ormin.*

BOUESC. *m. bois.*

BOUESC d'un Fuſiou. *m. Fut. prononcez fu.*

BOUESC d'uno Caroſſo. *m. bateau de Caroſſe.*

BOUESC de Santo Lucio. *Bois*

de Sainte Lucie. Son arbre s'apelle , Mahaleb , ou Magalep , m. & ſon fruit ſe nomme auſſi Magalep.

BOUESC , ou foures , eſpes. *adj. toufu , toufuë.*

BOUESC coupadis. *bois taillis.*

DRECH de coupa de boueſc per ſa familio. *m. afoüage.*

BOUFA *Soufler.*

TELLO , Tafatas , ou Eſtofo que boufo. *Toile qui boufe.*

BOUFA de rire. *Se boufer de rire.*

BOUFADO de ven. *f. fouflée , ou boufée de vent.*

BOUFAREOU , mo injuriou. *adj. Jouflu , jouflue , ou maflé , maflée, ou bourfouflé , bourfoufflée.*

BOUFES. *m. Jouflets.*

BOUFI , eſtre boufi. *Etre enflé , ou être enfle.*

ESTRE boufi à cauſo d'uno maladie paſſado. *Etre boufi, ou bourfouflé.*

BOUFIGO. *f. veſſie.*

BOUFIGO per neda. *f. Nageoire.*

BOUFIGO que fan lcis enfan eme de Saboun. *f. bouteille de Savon.*

BOUFIGO que fa l'aigo en toumban fur d'autro aigo. *f. bouteille d'eau , ou ampoule.*

BOUFICO que ven eis bouquos *f. élevure.*

BOUFIGO que ven eis pes, per ave trop marcha. *f. Cloche , ou ampoule.*

BOUFIGO de Loup , herbo. *veſſie de loup.*

BOUFIN. *f. poche.*

FAIRE de boufin. *Faire de po-ches en mangeant , comme les Singes.*

BOUFO trule. *m. Soufleur de boudin.*

BOUFOUN. *adj. boufon , bou-fonne.*

BOUFOUNA. *Boufonner, ou plai-fanter.*

BOUFOUNADO. *f. boufonnerie.*

BOUGIE. *m. pain de bougie.*

BOUGIE, tarraillo. *f. Faïance. Celui qui la vend, ou qui la fait, s'apelle un Faïancier.*

BOUHIE. *m. Laboureur.*

BOÜI , arbriffcou. *m. boüis, ou buis.*

BOÜI , terme de Courdounie. *m. Bouis. Les figures que l'on fait fur le buis d'un parterre , s'a-pellent. La broderie.*

BOÜIEOU. *m. boüiau.*

BOÜILLI. *boüillir.*

BOÜILLI. *m. boüilli.*

FAIRE boüilli lou vin dins la Tino. *Faire cuver le vin.*

LEIS mans me boüillon dau fre, *mes mains grelotent de froid.*

BOÜILLON. *m. boüillon.*

BOÜILLON d'uno vargueto , ou d'un briquet. *f. maffe, ou boülon , ou pefon.*

BOUISSOUN. *m. buiffon.*

BOUISSOUNADO. *f. Haïe , pronon-cez Hée , afpirez l'h. voyez Ce-biffo.*

BOÜITIE , terme d'argentie. *m. écrin, ou baguier.*

BOÜITIE, terme de Chirurgien.

m. boitier.

bouITO. *f. boite , prononcez la derniere filabe longue.*

BOUITO de terro per li metre de deniers. *f. Tirelire.*

Bouitous. *adj. boiteux , boiteufe.*

ANA bouitous. *boiter , au clo-cher.*

Boula un cop. *mefurer un coup.*

Boula d'herbo. *fouler l'herbe.*

Boulangie. *m. Boulanger. Quand le Boulanger n'a qu'un compa-gnon , on l'apelle Mitron. Mais s'il en a trois ; le fecond s'apelle geindre , & le troifieme ayde.*

BOULE de Canoun. *m. boulet.*

BOULE , forto de bouligoulo. *f. Morille.*

BOULEGA. *Remuer, ou mouvoir.*

BOULEGA toujour coumo fan leis enfan , & leis peiffons. *Fretiller.*

BOULEGA lou fuec lenfo ne-ceffita. *Tifonner le feu.*

PAU pas boulega d'aqui. *Il ne peut pas fe mouvoir, ou fe re-muer , ou il eft immuable.*

PAU pas boulega un bras. *Il eft perclus d'un bras.*

PAU fe boulega. *Il eft mobile.*

Boulegaire. *Remuant, remuante, ou fretillant , ou fretillard.*

BOULEGAIRE de fuec. *adj. Ti-fonneur, tifonneufe.*

BOULET de novau , terme de Manechau. *f. Tigne.*

BOULETIN d'Arangi. *m. Zeft d'Orange.*

BOULIE d'uno bouto. *f. Lie , ou m. fediment. Ce dernier eft un terme*

terme de Medecine.

Bouligoulo. *m. Champignon.*

Bouligoulo de Vigno. *f. Morille.*

Boulon, terme de Sarrahie. *m. boulon.*

Boumbe. *f. Chemifette.*

Bounaſſo. *f. bonace.*

Bound. *m. bond.*

Bounda. *bonder.*

La muraillo d'un juec de Paumo fa bounda la Paumo. *La muraille d'un Tripot fait réflechir la bale.*

Boudoüire mot injuriou. *m. bedon, ou panfard.*

Boundréo. *f. bondrée. Voyés* Auſſcou.

Boune. *m. Bonnet.*

Boune deis pichos enfan. *m. beguin.*

Boune deis Perſiens. *m. mandil.*

Boune de Capelan, planto. *Bonnet de Prêtre, ou bois à l'ardoire.*

Boune blan, ou blan boune. *jus-verd, ou verdjus, ou bonnet blanc, ou blanc bonnet.*

A gaigna dou boune. *Il a gagné à volée de bonnet, ou du bonnet.*

Bounetie. *m. bonnetier.*

Bounifay. *m. Boniface.*

Bounta. *f. bonté.*

Bouqua. *bouquer.*

Bouquado. *f. bouchée.*

Bouque. *m. bouquet.*

Bouquinquan, terme de Voiturin. *m. Tapabor.*

Bouquo. *f. bouche. On dit la bouche d'un cheval.*

Ave bouquo en Cour. *Avoir bouche à Cour.*

Leis bouquos. *f. Les lévres.*

Ave leis bouquos brulados dau ven. *Avoir les lévres gercées par le vent.*

Ave leis bouquos fourtidos. *Avoir les lévres enlevées.*

Bourbouillon. *m. brouillon.*

Bourda. *border.*

Bourdeou. *m. bordel, au pluriel, bordels.*

Bourdiguo. *f. bordigue.*

Bourdo. *f. maſſuë.*

Bourdon. *m. bourdon.*

Bourdoune, terme de Chirurgien. *f. Tente.*

Bourdouniero, terme de Marino. *f. Pantocheres.*

Bourduro. *f. bordure.*

Bourduro deis Vitros d'uno Eglifo. *f. Filotieres.*

Bourgado. *m. Faux-Bourg.*

Bourgeois. *adj. bourgeois, bourgeoife.*

Bourgin, terme de peſcaire. *m. Bregin.*

Bourguinotto. *Ce mot eſt François, il ſignifie une eſpece de pot en téte. Mais les Provençaux par Bourguinotte, entendent parler d'une Calote à Oreilles.*

Bourino, terme de Marino. *f. boulines.*

Bourjoun. *m. Bourgeon, prononcez Bourjon.*

Bourjouna. *Bourgeonner.*

Bourneja uno peiro, terme de Maſſon. *Dégauchir une pierre.*

M

BOURNEOU. *m. Tuyau, ou Canal, au pluriel, Canaux, la pommelle d'un tuyau est cette table de Plomb batue en rond, & pleine de petis trous, qu'on met à l'embouchure d'un tuyau, pour empecher les ordures de passer.*

BOURRA une Cadiero. *embourrer, ou bourrer une chaise.*

BOURRA un home. *bourrer un homme.*

- BOURRACHO. *m. Flacon de terre.*

BOURRACHO, herbo. *f. Asphodelle.*

BOURRADO. *f. bourrade.*

BOURRAGI. *f. bourrache, ou bourroche.*

BOURRAS, Telo. *m. bourras.*

BOURRAS, terme d'argentie. *m. borax.*

BOURRASQUO *f. bourrasque.*

BOURRE, vin bourre. *vin bourru.*

BOURRELE. *m. bourrelet, ou bourlet.*

BOURREOU. *m. Bourreau, ou maître des hautes œuvres, ou exécuteur de la haute Justice. Le droit que le Bourreau leve tous les jours de marché, sur plusieurs sorte de Marchandises, s'apelle, Avage. m.*

BOURRISQUE. *f. bourrisque.*

BOURRO. *f. bourre.*

BOURRO de la Vigno. *f. bourre.*

BOURRO que souerto deis estofes, quan soun au paradou. *m. Laveton, & si l'étofe est*

fine, il faut dire, Bourre lanisse.

BOURTOULAIGO. *m. Pourpier. La côte du pourpier est la tige du Pourpier.*

BOURTOUMIOU. *m. Barthelemi.*

BOUSIA, terme de Tailleur. *Enfoncer.*

BOUSQUE. *m. Bosquet, ou bocage.*

BOUSQUETIE. *m. bucheron, ou bocheron.*

BOUSQUETIERO. *m. bucher.*

BOUSSAGI, terme de Masson. *m. Bossage.*

BOUSSEOU, terme de Marino. *f. Poulie.*

BOUSSETO, terme de Sellie. *f. Bossette.*

BOUSSO. *f. bourse.*

BOUSSO deis Courpouraus, terme d'Egliso. *m. Corporalier, ou bourse de Corporaux.*

BOUSSO, terme d'Anatomio. *f. bourse, ou m. Scroton.*

BOUSSO per leis Sarmons, terme de Capouchin. *f. mallette pronoucez malete.*

BOUSSOLO, *f. Boussole.*

BOUSSOUN deis caussos. *m. Gousset, ou bourson.*

BOUT. *m. bout, ou f. extremité.*

BOUT d'uno mountaigno. *m. sommet, ou bout d'une montagne.*

BOUT, ou angle d'uno taulo, d'uno Cadiero, d'un ban, &c. *f. carne.*

BOUT de Sedo. *m. Pou de Soye.*

BOUT d'uno Courdelo. *m.*

ferret , ou fer d'un Laſſet.

Bout d'un fourreou qués de metai. *f. bouterolle.*

Bout de metai , ou divoiro , qués a un baſtoun , ou a uno Cano. *f. virole , ou bout d'yvoire , ou de métail.*

Bout deis foureſt , ou deis grand boues , terme de Caſſo. *m. aculs , ou acuts.*

Bouta. *metre.*

Boutado. *f. boutade.*

Bouteilla. *entonner le vin.*

Bouteillo. *f. bouteille. Voyez* garni.

Bouteillomen. *m. entonnement du vin.*

Bouteou. *m. gras de jambe.*

Bouticairis. *f. Apoticaireſſe,*

Bouticari. *m. Apoticaire.*

Boutie qu'a ſoüin deis boutos d'un Veiſſeou. *m. barillar.*

Boutie deis Chivaus. *m. Gardeur des Chevaux , ou Pâtre.*

Boutie deis buous. *m. bouvier, ou Pâtre.*

Boutie , terme de Chirurgien. *m. boitier.*

Boutigo. *f. Boutique.*

Boutigo , terme de Maſſon. *m. atelier.*

Boutigoun. *petite boutique , ou échope.*

Boutis, Rabo , ou reiſouer boutiſſo. *adj. cordé , cordée.*

Bouto. *m. Tonneau. On dit un Tonneau aviné , ou enviné , quand il y a eu déja du vin. Le trou qui eſt deſſus le Tonneau, s'apelle le bondon auſſi bien que*

ce qui le bouche.

Boutoun. *m. Bouton. On dit auſſi bouton d'une fleur , les boutons que les Chénes , les Sapins , & quelques autres arbres pouſſent au Printems , & dans l'Automne ſe nomment Cachryſ. f.*

Boutoun , terme de Sarrahie. *m. bouton.*

Boutoun , terme de Charron. *m. Moyeu.*

Boutouna. *boutonner.*

Boutounie. *m. Boutonnier. Celui qui fait les moules des Boutons , s'apelle Patenotrier.*

Boutounicro. *f. boutonniere.*

Bouturo , terme de Jardinie. *f. bouture.*

Bouvet , terme de Fuſtie. *m. bouvet.*

Bouye. *m. Laboureur.*

Bracele. *m. bracelet.*

Bragon , planto. *Globulaire.*

Braguetin. *m. bateleur , ou tabarin.*

Braguo, terme de Marino. *f. brague , ou drague.*

Braguo deu bras , terme de Marino. *m. dormant de bras.*

Brahie. *m. bandage, ou brayer. Celui qui les fait , s'apelle un bandagiſte.*

Brahie . *linge que metoun ſouto un picho enfan. f. braies.*

Braïetto. *f. Fante de haut de Chauſſes, aſpirez l'h. ou brayette. Le dernier eſt bas.*

Braïo. *m. haut de chauſſes, aſpirez l'h.*

BRAMA. *braire.*

BRAMA mo injuriou. *brailler, ou braire.*

BRAMADISSO deis fremos. *f. criaillerie.*

BRAMADISSO deis Saumos. *m. Braïement.*

BRAMAIRE. *adj. Criailleur, criailleuſe, ou braillard, braillarde, ou brailleur, brailleuſe.*

BRAMO, peiſſon. *f. bremme.*

BRAMO-Fan, planto. *m. Creſſon ſauvage.*

BRAMO Pan. *adj. afamé afamée.*

BRANCAI. *m. Pancrace.*

BRANCAN. *m. Brancard.*

BRANDA. *branler, ou remuer.*

BRANDA la teſto. *Hocher la téte, aſpirez l'h. ou branler la tête.*

BRANDA un aubre. *Secoüer un arbre.*

Lou ferri d'un Chivau brando. *Le fer d'un Cheval loche.*

SE branda leis cambos ſur un ban haut. *Gambiller.*

BRANDADO d'un aubre. *f. Secouſſe d'un arbre.*

BRANDADO de teſto. *m. Hochement de téte, aſpirez l'h.*

BRANDOMEN de teſto. *m. branlement, ou hochement de téte, aſpirez l'h.*

BRANDOU. *m. branle.*

BRANDOU d'un Veiſſeou. *m. branle d'un Vaiſſeau.*

SE brandoula eme uno coüerdo. *Se brandiller, ou ſe pandiller, & la corde s'apelle eſcarpolette, ou eſcarpoulette.*

SE brandoula en marchan cou-

---

mo un niais. *Dandiner.*

BRANQUO. *f. branche.*

BRANQUO de Candelie, terme de Poutie. *branche de flambeau.*

BRANQUO de bouecf per brula. *f. buche, quand elle eſt fenduë on l'apelle buche, & quand elle eſt ronde, on la nomme un rondin.*

BRAQUA un couteou. *Ebrecher un Couteau.*

Braqua un Canoun. *Braquer, ou pointer un Canon. Le dernier eſt le meilleur.*

Braquetin. *m. bateleur, ou Tabarin.*

BRAS. *m. bras.*

Bras d'un Chario. *m. Giſant.*

Bras d'un briquet. *f. verge d'un peſon, ou bras.*

Bras, terme de Marino. *m. bras.*

BOulega quauquoren de liquide a forſo de bras. *braſſer.*

Braſie. *m. braſier.*

Braſo. *f. braiſe.*

Braſſodeou. *m. échaudé.*

Braſſado, meſuro. *f. braſſe.*

Braſſado. Ce que l'on pren eme leis doüés man. *f. braſſée.*

Braſſau. *m. braſſar, au pluriel braſſars.*

Braſſos, terme de marino. *m. bras.*

Bravado de la feſto de Diou. *Hommes qui ſont ſous les armes.* †

Bregamo, Tapicerie de bregamo. *Tapiſſerie de bergame.*

Brego. *f. Lévre.*

AVE leis bregos groſſes. *Etre Lipu, Lipuë.*

AVE

Ave boüennos bregos. *Avoir une bonne avaloire.*

Dire quauquoren a quauqu'un deuan seis breguos. *dire quelque chose à quelqu'un a bout portant.*

Bregoun per bregouna lou carbe. *m. brisoir.*

Bregouna de carbe. *Tiller, ou Teiller le Chanvre.*

—Bren. *m. Son gras.*

Brequa. *voyez* braqua.

·· Bres. *m. Berceau.*

Bres d'aumarino. *f. Manne d'enfant.*

Bresquo. *m. Raïon de Miel,* — *prononcez Reïon ou gateau de Miel, ou f. Gauffre.*

Bressa. *bercer.*

Bretoüneja. *Begayer, ou bredoüiller.*

Bretoünejamen. *m. begayement.*

Bri per escura. *f. recoupes.*

Bri tamisa au gros Cruveou. *m. poussier.*

Bricolo. *f. Bricole.*

Brida. *brider.*

Bridissuro, terme de Sellie. *f. Tranchefile.*

Brido. *f. bride. Tout le fer d'une bride, se nomme le Mords, ou Mors. On le dit aussi de l'embouchure. Les deux longues Courroyes qu'on tient à la main, & qui sont atachées aux branches du Mords, s'apellent, Rennes f.*

Brido, terme de Tailleur. *m. Arrêt.*

Bridoun. *m. bridon, ou Filet à l'Angloise.*

Brifa. *briffer, ou bauffrer.*

Briga. *briguer.*

Briga la terro, terme de Poutie de terro. *Vaquer la terre.*

Brigo de pan. *f. Miete. de pain.*

Brigo de besquet. *f. Machemoure.*

Douna me uno brigo d'aquo. *Donné moi un peu de cela.*

Brindaire. *m. Hoteur, aspirez l'h.*

Brindo. *f. Hote poissée, aspirez l'h. Et si elle est de bois Hote de bois, prononcez la premiere silabe breve.*

Briquet. *m. Peson, ou crochet.*

Bro. *m. Broc.*

Ploüre a bro. *Pluvoir a verse.*

Brocho, terme de Sarrahie, & de Courdounie. *f. broche.*

Brocoli. *m. broccoli, ou f. Cymettes.*

Broquo deis entenos d'un Moulin. *f. Late.*

Broquo per faire teni uno Dinde à l'aste. *f. brochette.*

Broquo de vis. *m. Gluau.*

Brou de Flous. *m. bouquet, ou trochet.*

Brou de Fenou, de Cherfeuil, de boüennos herbos. *f. Ombelle.*

Brou de Roumaniou. *m. brin de Romarin.*

Brou de 3. ou 4. Peros, Poumos, &c. *m. Trochet ou bouquet de Poires, Pommes, &c.*

Broucadou, terme de Manechau. *m. brochoir.*

Broucar. *m. brocard, ou brocat.*

Broucatello. *f. brocatelle.*

N

Broucha, terme de Cour- dounie. *brocher.*

Brouche, peiſſon. *m. brochet.*

Gros brouché. *brochet carreau.*

Picho brouche. *m. brocheton.*

Broucheto, terme de Foun- deur. *f. brochete, ou Regle, ou m. baton, ou Diapaſon.*

Brouda. *broder.*

Broudarie. *f. broderie.*

Broudarie relevado. *m. Re- lief.*

Broudeur. *m. Brodeur. Ce morceau de fer, ou de plomb, aſſés gros, & envelopé d'étofe, ou de toille, que les Brodeurs me- tent ſur leur beſogne, pour les te- nir en ſujettion, s'apelle le peſant.*

Broüei. *m. Bouillon.*

Broüia. *broïer.*

Brouillar d'Eſcrituro. *m. broüillon.*

Broüillerie. *f. broüillerie.*

Broüillon. *m. broüillon.*

Brunza. *bronzer.*

Brounze. *m. bronze.*

Brouquetta uno bouto. *metre. le fauſſet à un Tonneau.*

Brouquetto. *f. alumette.*

Brouquetto d'uno bouto. *m. fauſſet d'un tonneau.*

Brouquie. *m. Tonnelier.*

Brouſſa de Chocola. *mouſſer le Chocolate.*

Broüſſaillo. *f. broſailles.*

Brouſſo. *f. Recuite.* †

Brouſſoun d'uno dourgo, bou- teillo, &c. *m. Goulot, ou gou- let. Le P. eſt le meilleur.*

Brouſſoun d'un Vineigrie. *m.*

Buberon.

Broüta. *brouter.*

Broüta, terme de Caſſaire. *Herbeiller. On dit qu'un San- glier herbeille, quand il broute l'herbe. Et du Cerf, on dit, qu'il viande. Son verbe eſt, viander.*

Broutoulaigo. *voyez* bourtou- laigo.

Bru. *m. bruit.*

Bru d'un tron. *m. grondement. Son verbe eſt, gronder.*

Bru deis pichos Auſſeous quan cantoun, & de l'aigo deis pichotes Ribieros, en cou- lan. *m. Gazoüillement. Son ver- be eſt, gazouiller. Des Rivieres, on peut auſſi dire le murmure, & murmure.*

Bru de doües eſpaſos, quan l'on ſe bate. *m. Cliquetis.*

Bru d'uno Caroſſo quan paſſo ſur la Calado. *m. bruiſſement, ou brouiſſement.*

Bru d'un Gardoraubo, d'uno püerto, d'uno feneſtro, &c. en la ferman poulidamen, ou d'uno Charpanto, à cauſo dau ven. *m. Hiement.*

Bru que ſe fa à uno Predica- cien, quan lou Predicatour di quauquoren d'admirable. *m. Brouhaba.*

Vau mai boüen bru, que boüen Vin. *Bonne Renommée vaut mieux que ceinture dorée.*

Bruant. *m. bruant, ou breant, Oiſeau de la groſſeur d'un Moi- neau, qu'on tient en cage.*

voyez Aufleou.

ʙrula. *bruler.*

ʙouquos brulados dou ven. *Lévres gercées par le vent.*

ʙrula la viando d'un Afte, à caufo que lou füec es trop gros. *Havir , ou bruler la viande.*

BRULADURO. *f. brulure.*

BRULADURO d'uno Eglifo , d'un Palay, d'ano Villo,&c. *m. Incendie. L'auteur d'un Incendie s'apelle un Incendiaire.*

BRUN. *adj. brun, brune.*

PAN brun. *Pain bis , prononcez Bi.*

BRUNI. *brunir.*

BRUNISSOIR,terme d'argentie. *m. bruniffoir.*

BRUNO , nom d'home. *m. bruno , prononcez brievement.*

BRUS per faire d'efcoubos. *m. Brufc.*

Brus d'Abeillos. *f. Ruche.*

BRUSQUE, *adj. brufque.*

BRUSTI. *f. broffe.*

BRUSTIA. *broffer,*

BRUT. *adj. Sale , on dit Pierre brute , quand elle n'eft pas polie.*

BRUTALISA. *Brutalifer , ou rudoyer , prononcez rudeïe.*

BRUTALITA. *f. brutalité.*

BRUTAU. *adj. brutal , brutale.*

BRUTISSI. *f. Saleté.*

BRYOUÏNO , planto. *f, couleuvrée , ou vigne blanche.*

BUDEOU. *m. Boïau.*

BUDEOU , mau deis pichos enfans. *f. cheute de fondement.*

BUERRI. *m. Burre.*

FAIRE de lefquos au buerri. *Faire des Burrées.*

BUFE. *m. Bufet.*

METRE leis plas fur lou Bufe. *étaler la vaiffelle.*

PICHO bufe , qués fur la taulo d'un home d'eftudi, garni de pichos tiroirs , per metre feis papiers.*f. Studiole, ou Etudiole.*

BUFRE. *Animau. m. Bufle.*

BUFRE , forte d'habi. *m. bufle, ou coletin de bufle, ou colet de bufle.*

BUGADA. *Leffiver.*

BUGADA un tincou, un cournudoun , &c. *Combuger, ou abreuver.*

BUGADIERO. *f. Lavandiere.*

BUGADO. *f. Leffive. Le lieu ou on fait la Leffive dans un Couvent , s'apelle la buanderie.*

BUGLO. *f. Bugle.*

BUGLOSO. *f. Buglofe.*

BUJE. *f. Cloifon.*

BUIRO , farqua buiro. *Chercher querelle , prononcez Krelle , ou inquieter.*

BULO. *f. Bule.*

BUOU. *m. Bœuf.*

LOU Buou crido. *Le Bœuf mugit , ou meugle , fon fubftantif eft le mugiffement , ou meuglement.*

JOüENNE buou. *m. bouvillon.*

BUPRESTO. *f. Buprefte. C'eft une mouche femblable à la cantaride, laquelle étant mangée avec l'herbe fous laquelle elle eft cachée , par les Bœufs , Moutons,*

& autres, les fait mourir enflés comme un Tambour.

BUQUE per faire de courni-chos. *m. Fenton.*

BUQUE terme de bouchie. *m. manche d'une éclanche.*

BURATO. *f. buratine, ou m. buratin.*

BURBO deis flous. *m. Ognon, ou f. bulbe.*

BURBO deis peissons. *f. Tripaille, ou broüailles.*

BUREOU. *m. bureau. Ce petit bureau qui a beaucoup de tiroirs, que les gens d'étude metent sur une table, s'apelle Studiole, ou Etudiole. f.*

BURETO. *f. burette.*

BURIN. *m. burin.*

BURINA. *buriner.*

BUS per leis cors deis fremos. *m. busc, ou busque, le dernier est le meilleur.*

BUS, Corsan. *m. buste.*

BUSCA fortuno. *busquer fortune.*

BUSCAÏA. *Ramasser des buchettes.*

BUSCAÏO. *f. buchette, ou broutilles.*

BUSQUETO, roumpre busqueto. *Rompre la paille, ou le fetu.*

BUSQUO per legi. *f. Touche.*

BUT. *m. but.*

PARLA de but en barro. *Parler de bute en blanc.*

BUTA la pouerto. *Pousser la Porte.*

BUTEYO, terme de Masson. *m. Contre-fort. Si par le mot de Buteyo vous voulez parler d'an massif de Pierre dure, qui*

aux deux extremitez d'un Pont soutient la chaussee, & resiste à la poussee des arcades, vous l'apellerez. f. butée, ou bute, ou Culée.

BUTOR. *m. butor. Oiseau de Proye, qu'on ne peut dresser ni au poing, ni au Leurre.*

BUTO. *f. bute.*

BUTO, ou butovan, terme de Manechau. *m. paroir, ou butoir.*

BUTO-avan, juec. *longue boule.* †

BUTO-foüerro, terme de Masson. *f. défence.*

BUTO-rodo, terme de Masson. *f. borne.*

 *Masculin. C.*

CA *voyez* cat.

CABALO. *f. cabale.*

CABAN. *m. Caban, ou Capot.*

CABANO. *f. cabane.*

CABANO d'un jardin qués cuberto de verduro. *f. Tonne, ou tonnelle.*

LEIS Cabanos deis Maignans. *m. atelier des vers à Soye.*

CABARE. *m. Cabaret.*

MARRI cabare. *m. Bouchon, ou cabaret borgne, ou pouillier, ce dernier se dit par mépris.*

CABARETIE. *m. cabaretier.*

CABASSUDO. *espece de Chardon.*

CABES. *m. Chevet, ou traversin.*

CABESSO. *f. tête, ou caboche.*

CABISCO. *m. Capiscol.*

CABOÜESSO d'hieli. *m. Ognon de lis.*

CABRA. *cabrer.*

Cabreto.

CABRETO dou füec. *f. Che-vrette.*

CABRETO, terme de Boutica-ri. *f. Chevrette.*

CABRI. *m. Chevreau, ou cabri.*

CABRIDAN, efpeſſo de Mouſ-quo. *m. Frelon.*

CABRIE. *m. Chevrier.*

CABRIME, pourta a Cabrime. *Porter à la chevre morte. , ou à la vache morte.*

CABRIOLO. *f. cabriole, ou ca-priole.*

CABRIOUN, terme de Fuſtie. *m. Chevron.*

DOUBLE Cabrioun. *m. doubleau.*

CABRO. *f. chevre.*

LA Cabro a fa ſeis pichos. *La chevre a mis bas, ou a chevro-té, ou a bicqueté.*

CABRO, terme de Courdie. *m. Sabot.*

CABUDEOU. *m. Peloton, prononcez Ploton.*

GROS Cabudeou. *f. Pelote.*

CABUDEOU d'un d'Eſtrech. *f. vis, ou Clef de preſſoir.*

CABUS de Vigno. *m. provin, ou marcote de Vigne. f.*

CAULE Cabus. *Chou Cabus, ou pommé.*

— CABUSSA la Vigno. *Provigner, ou marcoter la vigne.*

— CABUSSA qu'auqu'un au ſou. *Terraſſer quelqu'un.*

CABUSSELA l'Oulo. *couvrir le pot.*

CABUSSELO. *m. Couvercle. Le trou qui eſt deſſus le couvercle, pour laiſſer paſſer la fumée, s'a-*

pelle la *ventouſe.*

FAIRE de Cabuſſelos, terme de Vigneron. *Becher à demi une vigne.*

CABUSSEOU dou liech. *m. fond de lit, ou Ciel de lit.*

CABUSSEOU de Bres. *m. archet de Berceau.*

CABUSSEOU d'un Maſſapan. *m. couvercle d'une boëte.*

CABUSSEOU, terme de Paſtiſſie, & de Fournie. *m. rondeau.*

CABUSSEOU per faire leis hachis. *m. Hachoir, aſpirez l'h.*

CACAÏ, terme enfantin. *m. Caca.*

CACARACA, lou canta d'un Gau. *m. Coquelicot.*

CACAU, baudufo de foüei. *m. Sabot.*

CACEROLO redouno, terme de Paſticie. *f. caquerolle, ou Caquerolliere.*

CACHA. *cacher.*

CACHA. *adj. caché cachée, ou oculte.*

CACHADURO d'un home, ou d'uno beſti. *f. meurtriſſure.*

CACHE. *m. cachet. Il y a de ca-chets volants, qui ſont de cachets qu'on met ſur une lettre ouverte.*

CACHETA. *cacheter.*

CACHO. *m. cachot.*

CACHOFLE. *m. artichaut.*

CACHOFUEC. *Preſent de Noël. prononcez Noüel.*

CACHOFUEC per brula la veillo de Caleno. *f. ſouche, ou buche de Noël, ou tronche. Ce dernier eſt bas.*

CACHO-Intrado, terme de Sarrahie. *f. cache-entrée.*

CACHOMAILLO. *f. tirelire.*

CACHOMUSEOU. *m. cache-museau, ou chou.*

CACUOÜFLIE. *m. artichaut.*

CACO, terme de moulin d'holi. *Lie des Olives.*

CADAI, terme de Tisseran. *m. chas.*

CADASTRE. *m. Cadastre.*

CADAULO. *m. Loquet, ou Cadole.*

FINO Cadaulo, mot injuriou. *fin matois.*

CADE d'un houstau. *m. Cadet.*

CADE, arbrisseou. *gros genevrier ou genevre. Son fruit s'apelle, genevre, ou genievre. m.*

CADELADO. *f. portée.*

CADELADO, terme de Cassaire. *f. laitée.*

CADENA. *enchainer.*

CADENAU. *m. cadenat, ou cadenas. Les Oreilles d'un cadenat, sont la partie d'un cadenat, ou s'ajuste l'anse.*

CADENELO, frui *m. genevre.*

CADENO. *f. chaine.*

CADENO, terme de Teisseran. *f. chaine.*

CADENO per estaqua dous chins de Casso. *m. couple.*

CADENO d'un Coulas, terme de Carretie. *f. mancelle.*

CADEOU. *petit chien, & en terme de chasse. m. cheaus.*

FAIRE de cadeous, terme d'yvrogne. *Dégobiller, ou dégueuler.*

CADIERO per precha. *f. chaire.*

CADIERO per s'asseta. *f. chaise. La partie de la chaise, qui sert a apuyer les épaules, s'apelle le dossier.*

CADIERO que se plego, & qu'a un dos. *m. Perroquet.*

CADIEROS d'un Cüer. *f. Formes.*

CADIS, estofo. *m. Cadis.*

CADRA. *Quadrer.*

CADRE. *m. Quadre.*

CADUN. *adj. chacun, chacune.*

CAFE. *m. Café. Le lieu ou on vend, & ou on prend du café, s'apelle la Cavehane.*

CAGA. *chier. Remarquez qu'en parlant des Oiseaux de Rapine, on dit emeutir ou mutir, ou croller, & des petis Oiseaux, fienter. Selon Richelet, on doit dire, fienter pour toute sorte d'Oiseaux.*

Cagado, au propre. *f. cacade, & au figuré f. cagade, ou cacade.*

Cagaire. *adj. chieur, chieuse.*

Cagandre. *m. culot.*

Caganis. *m. culot.*

Cagarelo, herbo. *f. merculiale.*

Cagarello, mo injuriou. *f. chieuse.*

Cago-sango. *m. Flus de sang, ou f. cague-sangue.*

Cago troües de Caule, de Poumo, Pero, &c. *m. Trognon, ou tronc. Le mot de Tronc n'est que pour les chous.*

Caguigno, ave caguigno. *avoir besoin de venir du corps.*

Caïer. *m. caïer.*

Caignar. *m. abri.*

Cailla. *m. caillé. La femme qui
vend le caillé, ou le lait, s'a-
pelle la Laitiere.*

Se cailla. *Se cailler, en parlant
de la graiße, on dit, se figer.*

Caillaftroun de fang, ou de
cailla. *m. grumeau de fang, &c.*

Caillau. *m. caillou.*

Caillo. *f. caille. Le cris de la caille
s'apelle le courcaillet. La caille
carcaille, on dit qu'elle margo-
te, quand elle va commencer
à chanter avec un cris enroué.*

Pichoto caillo. *m. cailleteau.*

Caire. *m. côté.*

Caiſſo. *f. caiſſe, prononcez Keſſe.*

Caiſſo de moüer, de boucch.
f. biere, ou m. cofre.

Caiſſo de moüer de ploumb.
m. cercueil.

Caiſſo de ploumb qués souto
uno Tauliſſo per ramaſſa leis
aigos deis goüergos. *f. cuvette.*

Caiſſo de Tambour deis pichos enfans. *f. Ecliſſe.*

Caiſſo per leis Candelhos, terme de Candeliaire. *f. evente.*

Cala. *Ralentir, en terme de
Marino. Caler.*

Cala un soufle. *Donner un fouflet.*

Calabaſſo, jüec. *m. bilboquet.*

Calada. *Paver.*

Caladagi. *m. Pavage*

Caladaire. *Paveur. Le marteau
d'aſſiette, dont se sert le Paveur, est un marteau pour fouiller la terre, & le marteau à*

*deux pannes, est celui qui est
mince des deux côtez. La pince
est une barre de fer ronde, &
groſſe comme le bras, grande
d'environ trois piez, & pointuë par le bout, dont on se sert
pour arracher le Pavé. La Hie,
ou Demoiſelle est une piece de
bois, de cinq, ou six piez de
haut, ronde, & ferrée par les
deux bouts; ayant comme deux
anſes au milieu; on dit hier,
pour dire enfoncer le pavé avec
la Hie.*

Calado. *m. Pavé.*

Calado deſcaladado, ou en-
founſado, à cauſo deis Carretos, ou autre cauſo. *f. Flache.*

Calafar. *m. calfateur. Son valet
s'apelle le calfatin.*

Calafata un Vaiſſeou. *calfater
un Vaiſſeau.*

Calafata leis parcs. *Rejointoyer
les murailles.*

Calaman, terme de Maſſon.
f. Poutre.

Calaman, herbo. *m. calamant.*

Calamandrie, herbo. *f. Germandrée.*

Calamue facho eme de Paſquie.
m. chalumeau.

Calandro, Auſſeou. *f. Aloüette. Remarquez qu'il y a une eſpece d'Aloüette, apellée Calandre, mais plus groſſe que l'A-
loüette.*

La Calandro canto. *L'Aloüette
tirelire.*

Calandro, meſtie. *f. calandre.*

Calapito. *espece de Iuette.*

Calecho. *f. caleche , ou chaise roulante.*

Calegna. *Faire l'amour.*

Calegnaire. *adj. amant, amante.*

Calegnairis. *adj. nubile , ou mariable.*

Calen. *f. Lampe.*

Calen, espesso d'arre-per-pesca. *m. ableret , ou carré, ou trable , ou Etiquette.*

Calen de Papie. *Tourtiere quarrée de Papier.* †

Caleno. *m. Noël, prononcés Noüel.*

Calenos , Aubre. *Petit Houx , ou Housson , ou fragon, ou bouis piquant , ou Houx Frelon. Son fruit s'apelle , cenelle. f.*

Calibre. *m. calibre.*

Calici. *m. calice.*

Calivie. *f. Viorne.*

Cala leis velos. *amener les voiles.*

Calo , foun de calo. *Fond de cale.*

ESTRE à la calo. *Etre à l'abri.*

Caloto, terme de Bounetie. *f. calote.*

Caloto, terme d'Armurie. *f. calote.*

Calour. *f. chaleur.*

ESTRE en calour. *Etre en chaleur , cela s'entent d'une chienne, chate , cavale , élephant , &c. Mais quand on parle d'une Vache , il faut dire , en Chas , & quand on parle des bétes fauves, il faut dire , en Rut.*

Calouren. *adj. chaleureux , ou chaloureux.*

Calson. *m. caleçon , ou calçon.*

Caluc. *adj. Louche.*

Camai. *m. camail , au plurier , camails.*

Camaldulo , Religiou. *m. camaldolite , ou camaldoli.*

Camamieri , planto. *f. camomille.*

Camarado. *m. camarade.*

Cambado. *f. gambade.*

Cambalasso. *course inutile.*

Cambarot. *f. civade.*

Cambe. *m. chanvre.*

Cambeto , faire la cambeto. *donner le croc en jambe, ou donner la jambette , ce dernier est bas.*

Cambo. *f. jambe.*

Cambo d'un M. N. V. &c. *m. jambage.*

Cambo d'uno boto. *f. Tige.*

Camboi , terme de Charron. *m. cambouis.*

Cambolasso. *voyez , cambalasso.*

Cambra , terme de Courdounie. *cambrer.*

Cambresino. *f. mousseline.*

Cambro. *f. chambre.*

Camelot. *m. camelot.*

Cameou. *m. chameau.*

Camie. *f. chemise.*

Camin. *m. chemin.*

Gran camin , terme de cassaire. *f. voye.*

PICHO camin que fan leis joücines Loups en troussan l'herbo a forso d'ana à son petoulie. *m. abatis.*

Camin de San Jacque. *chemin de*

de Saint Jacques, *ou f. voye
de lait*, *ou galaxie.*

CAMIN *que se diviso en dous.
f. bivoye, ou ch. min fourchu.
On dit qu'un chemin fourche
quand il se divise en deux.*

FAIRE *un camin sur la Nejo.
Frayer le chemin.*

CAMINA. *cheminer, ou marcher,
prononcés marché.*

CAMINA. *m. marcher, ou f. de-
marche, ou alleure, prononcez
alûre.*

Caminaire. *marcheur, marcheuse.*

CAMISO. *f. chemise.*

CAMISOLO. *f. camisole, ou che-
misette.*

CAMOMILLO, planto. *f. camomille.*

CAMPAGNO. *f. campagne.*

CAMPANETO. *Petite cloche, ou
clochette.*

CAMPANETO, flous. *f. campanule, ou clochette.*

CAMPANIE. *m. Sonneur, ou
coutre, ou carillonneur.*

CAMPANO. *f. cloche.*

CAMPANO *d'un Relogi, d'uno
moueſtro, ou per faire de
signes. m. Timbre.*

CAMPANO *marteou. m. Tocsin.
L'anneau qui eſt à la cloche,
& qui tient le batant, s'apelle
la beliere, & son bois le Mouton.*

CAMPAS. *f. Lande.*

CAMPAS, *ou terro inculto,
couverto d'uno herbo foüer
courto. f. Pelouse, prononcez
Plouse.*

CAMUS. *adj. camus, camuse, ou
camard camarde.*

CAN, *adverbo. combien.*

CAN, *animau. m. chien.*

CAN *per canta. m. chant.*

CANADELO *que manjo lou bla.
charanson, ou coſſon, ou f. Calandre.*

Canadoüiro. *f. Gaule.*

CANAILLO. *f. canaille.*

Canar. *m. canard. Depuis qu'il
eſt nait juſqu'en Octobre, on
l'apelle Albrent ou Alebran,
auquel tems il devient canar-
deau, & un mois aprés on le
nomme canard.*

Canari. *m. canarie, ou serin de
canarie.*

Canavas. *m. canevas.*

Canaveto. *f. cantine, ou cave.*

CANCAN. *m. cancan.*

Cancela. *canceller.*

Cancre, *peiſſon. m. cancre.*

Candeleto *d'un liar. f. bougie.*

CANDELETO *de glaſſo. f. chandele de glace. ou m. glaçon.*

CANDELIAIRE. *m. chandelier,
au feminin, chandeliaire.*

CANDELIE. *m. chandelier.*

CANDELIE *de taulo. m. flambeau.*

CANDELIE *qu'a pluſieurs branquos, & que se mete sur un
Guerindoun. f. Girandole.*

CANDELIE *qu'a pluſieurs branquos & que se pendo din
uno sallo. m. candelabre.*

CANDELIE *que n'a gees de
pe, & à un manche. m. bou-
geoir.*

CANDELO. f. *Chandele. Remarquez que le Vaiſſeau, où on fond le Suif, pour faire les chandelles, s'apelle un abime, & la caſſete, où on les met, quand elles ſont défilées, ſe nomme évente. f.*

CANDELOÜE, Noueſtro Damo la Candeloüe. *La chandeleur.*

CANDEOU dou canebe. f. *chenevote.*

CANDI, adj. *Candi, Candie.*

CANDO, eſtre a cando eme un Medecin. *S'abonner avec un Medecin, ou abonner un Medecin, ou avoir un Medecin à l'année.*

CANEBAS. *Mauve ſauvage, ou Alcée.*

CANEBE. m. *Chanvre. Quand il n'eſt pas encore filé, on l'apelle Chanvre Grege, les petis bâtons qui y ſont dedans, dont on fait des alumettes, ſe nomment Chenevote. f.*

CANEBIERO. f. *Cheneviere, & quand il y a du Lin, on dit une Liniere.*

CANELA fach eme d'Ambrico. m. *Abricoté.*

CANELA fach eme l'eſcorſo de citron. m. *Citronat.*

CANELA fach eme la canelo. m. *Canelat.*

CANELO d'uno Seringo. m. *Canon.*

CANELO, Eſpicerie. f. *Canelle.*

CANEOU, terme d'Eſculteur. f. *Canelure.*

CANEOU eme ſa bagueto. *Canelure rudentée, ou rembatonée. La baguete s'apelle la Rudenture.*

CANEPIN, terme de Gantie. m. *Canepin.*

CANESTELO. f. *corbeille.*

GRANDO caneſtelo per metre lou linge de taulo. f. *Manne, prononcez Mane.*

CANESTELO longo, que ſervo eis Peiſſounies, per pourta lou Peiſſon. m. *Mannequin, ou manne à marée.*

CANIE. f. *Cannaye.*

CANIN. adj. *canin, canine. On dit faim canine.*

CANISSO. f. *Claïe.*

FIGO caniſſo. *Figue confite ſur l'arbre, par le Soleil.*

CANO. f. *Canne, prononcez cane.*

CANO de Taberouſo. f. *tige de Tubereuſe.*

CANO, meſuro. f. *canne.*

CANO, Auſſeou. f. *canne, les cannes ſont bonnes à manger, elles ſe nouriſſent prés des Moulins, des Etangs, & des Marés ; elles marchent en troupe & en inclinant le corps deça dela.*

CANON d'artillerie. m. *canon. L'art qui aprend a faire toutes ſortes d'armes à feu, s'apelle la Pyrotechnie Militaire.*

CANON de chamineillo, de cano, de plumo, &c. m. *Tuyau.*

CANON d'une paillo de bla, ou de Segue. f. *éteule. Cette paille à 3. ou 4. éteules.*

CANON de bouto. *f. Fontaine,*
ou canelle.

CANON d'Efcritori de pocho.
f. Caffe.

CANON d'enguen, ou de Sou-
pre. *m. Magdallon , ou Mag-*
daleon.

CANON de ciro d'Efpagno. *m.*
m. bâton de Cire d'Efpagne.

C A N O N de bouelc d'uno
foüen. *f. canelle.*

CANON per gita , en fouflan,
de Pefes , contro quauquun.
f. Sarbacane , ou Sarbatane.

CANON per lou long d'uno
pare , terme de ploumbie.
f. décente.

CANON d'un picho poüerto-
vifto. *m. Tuïau.*

CANON d'un gros poüerto-
vifto. *m. Tube.*

METRE canon a uno bouto.
Percer , ou metre en perce un
Tonneau.

CANOUNGE. *m. Chanoine.*

CANOUNICA. *m. canonicat , ou*
f. Chanonie.

CANOUNIE. *m. canonier.*

CANOÜNISA. *canonifer.*

CANSON. *f. chanfon.*

CANTA. *chanter.*

CANTA poulidomen uno canfon entre leis dens. *gringotter.*

FAIRE canta leis dens , ou leis
oües. *Faire craquer les dens ,*
&c.

CANTA. *f. Grand - Meffe de*
mort , ou m. fervice.

CANTAIRE. *m. chanteur.*

CANTARELO. *f. chanteufe.*

CANTARIDO , infecto.. *m. can-*
taride.

CANTECAN. *incontinent.*

CANTEOU , terne de Tailleur.
chanteau.

CANTINO. *f. cantine , ou cave.*

CANTON. *m. coin.*

PICHO canton. *m. recoin.*

CANTON d'uno carriero per
dedin l'houftau. *f. encogneure,*
ou m. coin.

CANTON d'uno taulo , d'un
ban , d'uno cadiero, &c. *f.*
carne.

Es en tous leis cantons de la
Villo. *Il eft a tous les carre-*
fours de la Ville.

Causo qu'a quatre cantons.
m. Quadrangle. Son adj.
Quadrangulaire.

Causo qu'a 5. cantons. *m.*
Pentagone. Il eft auffi adj.

Causo qu'a 6. cantons. *m.*
Hexagone. Il eft auffi adj.

Causo qu'a 7. cantons. *m.*
Eptagone. Il eft auffi adj.

Causo qu'a 8. cantons. *m.*
Octagone. Il eft auffi adj.

Causo qu'a 9. cantons. *m.*
Ennægone.

Causo qu'a 10. cantons. *m.*
Decagone.

Causo qu'a 11. cantons. *m.*
Endecagone , ou Ondecagone.

Causo qu'a XII. cantons. *m.*
Dodecagone.

Causo qu'a xx. cantons. *m.*
Eicofaedre.

Causo qu'a plufieurs cantons.
m. Polygone. Il eft auffi adj.

CANTOUNA quauqu'un. *Aculer quelqu'un.*

CANTOUNADO , terme de Maſſon. *m. refend.*

CANTOUNIERO , terme de Tapiſſie. *f. cantonniere.*

CANULO, terme de Cirurgien. *f. canule.*

CANULO d'uno Serengo. *m. canon.*

CAPARRO , douna de caparro. *Donner des Erres.*

CAPEIRON. *m. chaperon.*

CAPEIRON, terme de Sellie. *m. chaperon , ou f. cuſtode.*

CAPEIRON, terme de Capouchin. *m. capron.*

CAPELAN. *m. Prêtre.*

PAURE Capelan de Vilagi. *m. Capelan.*

CAPELAN de capello. *m. chapelain.*

CAPELAN deis Juſious. *m. Rabin.*

CAPELAN dau Japon , & de la chino. *m. Bonze.*

Capelan de l'Ameriquo. *m. Boyez.*

Capelan deis Indiens. *m. Bramin.*

Capelan Mahomeran d'Afriquo. *m. Marabout.*

PER un Capelan , leiſſoun pas de canta la Meſſo. *Pour un Moine l'Abaye ne faut pas. Ou pour un Moine on ne laiſſe pas de faire un Abé.*

Capele , juga au capele. *Joüer aux épingles , dans un chapeau.*

Capele. *Petit chapeau.*

Capele per prega Diou. *m. chapelet.*

Capelie. *m. chapelier.*

Capelo. *f. chapele.*

Capelo que l'on fa à la Feſto de Diou , per leis carrieros. *m. Repoſoir , ou Paradis.*

Capelo , terme de Maunie. *f. cage.*

Capeludo , Galino capeludo. *Poule hupée.*

Capeou. *m. chapeau.*

Capeou que beiſſo leis allos. *m. claque-oreille , ou chapeau qui fait le clabaud , prononcez clabo.*

Chapeou , terme de quauques Religious. *m. chapitre , ou f. Sacade.*

Capeou d'uno galino. *f. Hupe, ou Houpe , aſpirés l'h.*

Capeou de Roſos , terme de Bouticari. *chapeau de Roſes.*

Capilere. *m. capilaire.*

Capiloutado. *f. capilotade.*

Capitani. *m. capitaine.*

Capitau. *m. capital , au pluriel, capitaux.*

Capito. *m. chapitre.*

Capitulo , terme de Breviari. *m. chapitre.*

Capo. *f. chape , ou m. Pluvial. Cette piece d'Etofe qui lie les deux bouts d'une chape ſur le devant , s'apelle la Bille.*

Capot d'uno capo. *m. chaperon.*

Capot deis Marinies. *m. capot.*

Capouchin. *m. Capucin. Le capron eſt ce morceau de drap fait en ovale , que les Capucins portent*

portent pendant leur Noviciat ; qui pend environ un pié de long par derriere leur dos , & par devant leur estomac.

CAPOUCHIN , flous. *m. pié d'Alouette.*

CAPOUCHIN , *terme de marino. m. Palanquin.*

CAPOUCHO. *m. capuce , ou capuchon.*

CAPOULIE. *m. chef , prononcez l'f , ou colyphée.*

Capoun. *m. chapon.*

Capoun , *terme de marino. m. capon.*

Capouna. *chaponer.*

Caque. *m. caquet , ou babil , ou f. voluptibilité de langue.*

CAR. *f. chair. Voyez* cher.

CAR , *conjonctivo. Car.*

CARABASSO , *jüec. m. bilboquet.*

Carabinie. *m. carabinier , ou carabin.*

Carabino. *f. carabine.*

Caracolo. *m. caracol , ou f. caracole. Le premier est le meilleur.*

Caramantran. *m. carnaval.*

Carbe. *voyez ,* canebe.

Carboun. *m. charbon. Remarqués que le menu charbon , qui demeure au fond du charbonnier , s'apelle le poussier.*

Carboun , *maladie. m. charbon.*

Carboun de Peiro. *charbon de terre.*

Carboun , *herbo. chaboufcle.* †

Carbounado. *f. étuvée.*

Carbounie. *m. charbonnier.*

Carbouniero oute fan lou carboun. *f. charbonniere.*

Carbouniero d'un houstau. *m. charbonnier.*

Carbounillo de la carbouniero. *m. poussier.*

Carbounillo que ven dins lou bla. *m. veceron.*

Carcan. *m. Carcan.*

CARCASSO d'un home. *f. carcasse d'un homme.*

CARCASSO , *terme de guerro. f. carcasse.*

CARDA. *carder.*

CARDAIGNO , *terme de Cardaire. f. cardée.*

CARDAIRE. *m. Cardeur , prononcez Cardeu , au feminin cardeuse.*

CARDELINO. *m. Chardoneret.*

CARDELO , *planto. m. Laiteron , ou Laceron.*

CARDINAU. *m. Cardinal , au plurier Cardinaux.*

CARDINAU. *m. Cardinal. Oiseau gros comme un petit Perroquet , qui a le bec , & le corps rouges.*

CARDO , *herbo. f. carde.*

CARDO , *terme de Cardaire. f. Cardes.*

CARDON , *terme de cardaire. m. chardon.*

CARDON , *herbo. m. chardon.*

Boüen cardon. *m. chardon benit.*

CARDON qu'a leis racines boüennos a manja. *m. chardon Nôtre-Dame , ou chardon argenté.*

DERRABA leis cardons d'uno terro. *Echardonner une terre.*

Q

L'Inftrument dont on fe fert, qui eft un petit crochet tranchant, qu'on atache au bout d'un bâton ; s'apelle un èchardonnoir.

CAREMO. *m. Carême.*

CAREMO deis Mahometans. *m. Ramadam.*

CARENA un Veiffeou. *Efparmer, ou carener un Vaiffeaux.*

CARENAGI d'un Veffeou. *m. carenage de Vaiffeau.*

CARESSA. *careffer, ou cajoler.*

CARESSAIRE. *adj. careffant, careffante, ou cajoleur, cajoleufe.*

CARESSO. *f. careffe.*

CARESTIE, *aco es careftie. cela eft rare.*

CARGA. *charger.*

CARGA mai. *Recharger.*

CARGA trop. *Surcharger.*

CARGAIRE. *m. chargeur.*

CARGO. *f. charge.*

CARGOS, terme de Marino. *f. cargues.*

CARGOS piont, terme de Marino. *f. cargues points, ou tailles points.*

CARGOS-fonds, terme de Marino. *cargues-fonds, ou tailles fonds.*

CARGUE per mourfa. *m. Poulvrin, ou Poulverin, ou Pulverin.*

CARGUES d'uno Bandouliero. *f. charges.*

CARITA. *f. charité.*

CARITABLE. *adj. charitable.*

CARLAMUSO. *f. Cornemufe.*

CARLE, terme de Courdie. *m. carlet, ou carrelet.*

CARLINO, planto. *f. Carline.*

CARO. *f. face, ou m. vifage.*

CARNIE. *f. Gibeciere.*

CARNILLET, planto. *f. Polemonia.*

CAROGNO. *f. carogne.*

CARQUAGNA. *Preffer, ou inquieter.*

CARRA. *Quarrer, ou carrer.*

SE carra. *Se carrer.*

CARRA. *m. Quarré, ou carré.*

CARRABINO. *voyez* carabino.

CARRAFON. *m. carafon.*

CARRAGEOLO, planto. *m. Lifferon.*

CARRE, terme de Caretie. *f. Orniere.*

CARREJA. *charier, ou tranfporter.*

CARREJAGI. *m. charroi, ou chariage, ou tranfport.*

CARREIROU. *m. Sentier, ou Faut-fuyant.*

CARREIROU, terme de caffo. *f. route.*

CARRELE, terme de cardaire. *f. curette.*

CARRELE, terme de Bouticari. *m. carrelet.*

CARRELO. *f. Poulie. La cheville qui tient la Poulie dans fon étui, s'apelle un Goujon, & l'étui fe nomme une Moufle, ou chape, ou écharpe.*

CARREOU. *m. carreau, prononcez carro.*

CARREOU, terme de Tailleur, de Vitrie, & de Sarrahie. *m. carreau.*

CARREOU d'un Damie. *fem.*

Café , ou m. carré , ou *carreau.*

Carretado. *f. charettée.*

Carretie. *m. charetier , ou Rou-lier.*

Carreto. *f. charette.*

Carreto a quatre rodes egalos. *m. binard.*

Carreto fenfo ridellos. *m. Ha-quet , afpirez l'h.*

Carreto à la grando coublo. *m. chartil.*

Carreton. *m. Camion.*

Carri. *f. charette. Voyez* carreto.

Car ri , terme de courdie. *m. chariot.*

Carriero. *f. Ruë.*

Pichoto carriero. *f. Ruelle.*

Juga à ta carriero veiriero. *Joüer aux barres.*

Carriolo. *f. broüctte.*

Caroffo. *m. Caroffe.* Mouffu , ou Madamo, que à Carroffo. *Monfieur ; ou Madame a Ca-roffe. Le petit Tabouret pour me-tre à la portiere d'un Caroffe , s'apelle , un Gouffet. Ce petit fiege qu'on met fur le devant d'un Caroffe coupé , pour fupléer au défaut d'un fecond fond , fe nomme un Strapontin.*

Carrouna une Parc. *Briqueter une muraille.*

Carrouffie. *m. Carroffier , ou Sellier-Lormier.*

Carrubi. *f. carrouge , ou carouge.*

Carrubie. *m. carrouge , ou carou-ge.*

Carruou , juga au carruou. *Joüer au Traineau.*

Carruro. *f. carrure , ou quarrure.*

Carfaladie. *m. charcutier.*

Carfalado , jüec. *f. Poire.*

Carfon. *m. caleçon , ou calçon.*

Cartable. *m. Porte-Feuille.*

Cartcou. *m. cartel.*

Cartefano , terme de brodeur. *f. cartifane.*

Cartie, home que fa de cartos. *m. cartier.*

Cartie, home que fa de cartos de Geografie. *m. Geographe.*

Cartilagi. *m. cartilage.*

Carto. *f. carte. voyez* man.

Carto d'une Prouvinfo. *f. carte. La fcience qui donne les connoif-fances pour faire une carte par-ticuliere de quelque Province , s'apelle la Chorographie , pro-noncez Korographie.*

Carto de tou lou mounde. *f. Mapemonde , voyez* Imagi.

Carton. *m. carton. L'ouvrier qui le fait , s'apelle cartonnier.*

Carton , terme de Maffon. *m. chevron.*

Cartoucho. *m. ou f. cartouche.*

Cafaquo. *f. cafaque.*

Cafaquo de tello per leis Cou-chies. *f. fouquenille ,ou fiquenille.*

Cafcado. *m. cafcade , ces goutes menuës , & prefque impercepti-bles , qui s'écartent dans les chu-tes des jets d'eau , aux cafcades, & aux fauts des Rivieres, s'a-pellent , le Pulverin d'eau.*

Cafcaveou. *m. Grelot.*

Metre cafcaveou en refto à quauqu'un. *Metre quelqu'un en cervelle, ou le tenir en cervelle.*

Cafquillon, Animau. *f. Ticque*

Caſſa. *chaſſer.*

Caſſa de Levres cme deLebries. *Levreter.*

Caſſado. *f. caſſade.*

Caſſaire. *m. chaſſeur au feminin. chaſſ́ereſſe.*

Caſſaire d'Arre. *m. Oiſelier. Remarquez que Oiſelier ſe dit de celui qui va à la chaſſe pour vendre les Oiſeaux ; mais que celui qui ne le fait , que pour ſe divertir , s'apelle , Oiſeleur.*

Caſſetado. *f. Pœlonnée , ou poilonnée.*

Caſſeto. *m. Pœllon , ou Poüelon.*

Caſſian. *m. caſſien.*

Caſſo. *f. chaſſe.*

Remarques ſur la Fauconnerie , & la Vénérie.

FAUCONNERIE.

Abaiſſer l'Oiſeau , pour dire, retrancher à un Oiſeau qui devient trop gras , quelque choſe du paſt qu'on a acoûtumé de lui donner, afin de le metre en état de bien voler.

Abandonner un Oiſeau,pour dire le metre libre en campagne.

Abatre l'Oiſeau , pour dire , le tenir & ſerrer entre deux mains pour le garnir de jets, le Poivrer,ou lui donner quelque medicament par force.

Abecher l'oiſeau , pour dire, lui donner une partie du paſt ordinaire pour le tenir en ape-

tit , dans le deſſein de le faire voler un peu aprés.

Aborder la remiſe , ſe dit lorſque la Perdrix pouſſée par l'Oiſeau a gagné quelque buiſſon : alors on aborde la remiſe ſous le vent,afin que les chiens ſentent mieux la Perdrix cluſée dans la haye ou le buiſſon.

Acculs, ou acuts *m.* on apelle , en rerme de chaſſe, de ce nom , les bouts des forêts , & des grands bois.

Acharner l'oiſeau ſur le tiroir, ſoit au poing avec le tiroir , ſoit en atachant le tiroir au Leurre.

Adoüées. Ce mot ſe dit des Perdrix , quand elles ſont pariées & acouplées. On dit les Perdrix ſont adoüées.

Oiſeau de bonne afaire. On dit qu'un oiſeau eſt de bonne afaire , où qu'on la rendu de bonne afaire , quand on la bien afaité , & bien duit à la volerie.

Afaiter , ſe dit en parlant des oiſeaux ſauvages qu'on aprivoiſe , qu'on rend familiers & dous , & qu'on aſſure pour revenir ſur le poing ou au Leurre. C'eſt auſſi l'introduire au vol , le curer , le traiter , r'habiller ſes pennes , le tenir en ſanté & le rendre de bonne afaire.

Afriander l'oiſeau. C'eſt lorſqu'avec du bon paſt , ſoit de Pigeonnaux, ou de poulets,on le le fait revenir fur le Leurre.

Aiglure. *f.* Ce mot fe dit des taches rouffes femées fur le deffus du corps de l'oifeau, & dont fon plumage eft tout bigarré.

Aiguille. *f.* Ce mot fe dit d'une maladie du Faucon, caufée par de petis vers qui s'engendrant dans fa chair, & qui font fort dangereux pour cet oifeau.

Albrené albrenée. *adj.* Se dit de tout oifeau rompu en fon Pennage, ou défaillant de Pennage.

Albrener. C'eft chaffer aux albrents.

Alonge alongée, *adj.* Ce mot fe dit d'un chien de chaffe, lorfqu'il à les doigts du pié étendus par quelque bleffure qui a été aux nerfs. On dit auffi, qu'un Oifeau eft alongé, pour dire, que fes pennes font entieres, & auffi longues qu'elles doivent être.

Ameuter. C'eft metre des chiens en état de bien chaffer enfemble.

Antanaire. *adj.* On apelle un oifeau Antanaire, un oifeau, qui a fon pennage de l'année derniere, fans avoir mué.

Apeller en faux. On dit qu'un chien apelle en faux, quand il aboye, & clatit ou les Perdrix ont été, & à la rencontre du frai de Perdrix.

Apoltronnir. Ce mot fe dit d'un oifeau, lorfqu'on lui coupe les ongles des pouces, qui font les doigts de derriere, & les clefs de fa main; ce qui lui ravale le courage, & fait qu'il n'eft plus propre pour le grand gibier.

Aprentiffage. *f.* Se dit des leçons que donnent les parons ou les vieux faucons à leurs petis pour voler & prendre le Gibier.

Afthmé, On apelle Afthmé, en fauconnerie un oifeau pantois qui a le poumon enflé, & qui ne peut avoir fon haleine.

Attombiffeur. Ce mot fe dit à celui des oifeaux, qui donne la premiere ataque à un Heron dans fon vol.

Attrempé. Ce mot fe dit d'un oifeau, qui n'eft ni maigre ni gras. C'eft la qualité d'un bon oifeau.

Aveüer, terme de fauconnerie. Bien voir & difcerner la Perdrix au partir qu'elle fait.

Auillons. *m.* On fe fert de ce mot, en parlant des Serres du pouce de l'oifeau de proye, ou du derriere des mains. On dit auffi Avillonner, quand l'oifeau donne des Serres de derriere.

Babillard. On apelle chien babillard, celui qui crie hors des voyes, & le plus fouvent d'ardeur.

R.

Balancer , terme de chasse. Il se dit de la bête qui est couruë , & qui se jette tantôt d'un côté & tantôt d'un autre. Il se dit aussi du Limier qui poursuit la bête , & qui ne tient pas une voye juste.

Balay en fauconnerie se dit de la queuë des oiseaux & en venerie , on le dit de celle des chiens.

Bander au vent. On dit qu'un oiseau bande au vent , pour dire, qu'il se tient sur les chiens en faisant la cresserelle.

Barbillon. m terme de fauconnerie, c'est une maladie de la langue de l'oiseau.

Barres de la queuë de Léprevier. On apelle ainsi certaines bandes noires , dont la queuë de Léprevier est traversée.

Oiseau bas. Ce mot se dit d'un oiseau maigre , & décharné. On dit. bas voler, ou bavoler a tire d'aîle , en parlant de la Perdrix ou d'autres oiseaux qui n'ont pas le vol hautain.

Bâtard se dit d'un oiseau qui tient de deux especes , comme du Sacre & du Lanier.

Faire la batuë, pour dire , batre les buissons avec une houssine pour faire sortir le gibier.

Baudir les chiens. C'est les exciter à la course en leur parlant.

Baudir un faucon aprés un héron. C'est l'encourager au combat.

Becquillon. m. On se sert de ce mot , lorsqu'on parle du bec des menus oiseaux.

Bejaune. m. On donne ce nom aux oiseaux Niais & tout jeunes , qui ne savent encore rien faire.

Bigarrure. C'est la même chose qu'Aiglure.

Bloc. m. en terme de fauconnerie ce mot se dit de la perche sur laquelle on met l'oiseau de proye. On la garnit ordinairement de drap.

Bloquer se dit , quand l'oiseau a remis la Perdrix , & qu'il la tient à son avantage ; ce qui arrive lorsqu'il a gagné le haut ou quelque arbre prochain. On dit aussi que l'oiseau se bloque , lorsqu'il pend en l'air , & qu'il s'y tient sans batre l'aîle.

Bote. f. terme de chasse. C'est une longe avec laquelle on mene le Limier au bois.

Brancher , se dit , quand un jeune oiseau de proye se pose sur la branche d'un arbre.

Branchier. Oiseau branchier, c'est un jeune oiseau de proye qui commence a sortir du nid, & qui n'ayant pas encore assez de force , vole seulement de branche en branche.

Brayer. m. ce mot signifie le cu de l'oiseau.

Brider les Serrés d'un oiseau,

pour dire, lier une Serre de chaque main de l'oiſeau, afin qu'il ne puiſſe emporter ſa proye.

Briller. C'eſt chaſſer de nuit aux oiſeaux à la lumiere. On dit auſſi que les chiens brillent, lorſqu'ils quêtent dans une plaine.

Brin. *m.* en terme de chaſſe, eſt le plus haut du buiſſon ou ſe tient l'oiſeau.

Briſer, terme de chaſſe. C'eſt rompre des branches, & les laiſſer pour marques dans le lieu qu'on veut retrouver.

Buffeter, terme de fauconnerie. C'eſt donner en paſſant contre la tête d'un plus fort, comme d'un Duc, &c.

Chien buté. *adj.* On apelle ainſi un chien a qui la jointure des jambes de devant groſſit. Son ſubſtantif, eſt la buture.

Cagier. Se dit de celui qui porte de faucons & autres oiſeaux a vendre.

Canelade. *f.* Sorte de curée qu'on prepare pour le vol du Heron. Elle ſe fait avec du Sucre, de la canelle, & de la moëlle de cet oiſeau. Les fauconniers la donnent à leurs oiſeaux pour les échaufer à ce vol.

Caqueter. On dit qu'un chien caquete, pour dire, qu'il aboye mal a propos & hors des voyes.

Carriere. *f.* c'eſt la montée de l'oiſeau d'environ ſoixante Toiſes. Quand il monte d'avantage, on dit double carriere, & demi-carriere quand il monte moins.

Chaperon. *m.* Ce mot ſe dit d'un morceau d'étofe qui couvre la tête d'un oiſeau de proye, afin qu'il ne puiſſe voir. On dit auſſi en ce ſens chaperonner, & déchaperonner un oiſeau. On apelle l'oiſeau qui porte patiemment le chaperon. Oiſeau bon chaperonnier.

Charier. On dit qu'un Oiſeau de proye charie un Perdreau, pour dire, qu'il le pourchaſſe. On le dit auſſi de l'oiſeau qui emporte ſa proye, & ne revient point quand on le reclame.

Chaudier, terme de chaſſe. C'eſt-à-dire entrer en chaleur. Ce mot ſe dit des lices & des Levrettes.

Chauffer la grande Serre de l'oiſeau, ſe dit lorſqu'on entrave l'ongle du gros doigt d'un petit morceau de peau.

Chiragre. *f.* On apelle ainſi, une maladie qui vient aux mains des oiſeaux, & qui eſt cauſée par l'amas de quelques mauvaiſes humeurs.

Cluſe. *f.* On apelle ainſi, le cri dont ſe ſert le fauconnier pour parler à ſes chiens, aprés que l'oiſeau a remis la Perdrix dans le buiſſon.

Coailler. On dit que les chiens coaillent, quand ils quêtent la queuë haute, fur de vieilles ou nouvelles voyes.

On dit compagnie de Perdrix, en parlant de plufieurs Perdrix qui volent enfemble.

Prendre coup, fe dit d'un oifeau lorfqu'il heurte trop rudement fur fa proye.

Couronne. C'eft le Duvet qui couronne le bec de l'oifeau, a l'endroit où il fe joint à la tête.

Oifeau court-jointé. On apelle ainfi l'oifeau dont les jambes font de mediocre longueur.

Creance. f. ou filiere, on apelle ainfi la ficelle dont on fe fert pour retenir l'oifeau qui n'eft pas encore bien affuré, on dit auffi oifeau de peu de créance, à celui qui eft fujet a s'efforer & a fe perdre.

On aplique auffi, en terme de chaffe, le mot de créance aux chiens qui font plus adroits & qui obéïffent mieux que les autres, & on les apelle chiens de bonne créance.

Daguer, c'eft aller à tire d'aîle & de toute la force de l'oifeau.

Décente. f. Se dit de l'oifeau qui fond impetueufement fur le gibier.

Dedans, on dit metre un oifeau dedans, pour dire, l'apliquer actuellement à la chaffe.

Degré. Ce mot fe dit de l'endroit ou l'oifeau, durant qu'il s'éleve en l'air, tourne la tête, & prend une nouvelle carriere. Cette nouvelle carriere s'apelle fecond, ou troifiéme degré, jufqu'à ce qu'on le perde tout a fait de vûë, ce qui eft le quatriéme degré.

Délivre. On dit qu'un Oifeau eft fort a delivre, pour dire, qu'il n'a point de corfage, & qu'il eft prefque fans chair comme le Heron.

Dépouille de l'oifeau. f. Ce mot fe dit des plumes de muë, tombées en la muë de l'oifeau.

Derocher, terme qui fe dit des grands oifeaux, qui en pourfuivant les bêtes à quatre piez, les obligent a fe precipiter de la pointe des Rochers, afin de ne pas tomber dans leurs Serres.

Derompre. Se dit d'un oifeau de proye qui fond fur un autre, & qui rompt fon vol & l'étourdit en lui donnant un fi grand coup de fes cuiffes & de fes Serres, qu'il le meurtrit & le fait tomber à terre tout brifé.

Devoir de l'Oifeau, c'eft la portion, ou curée du gibier qui eft deuë à l'oifeau qui l'a pris. On dit auffi droit de l'oifeau.

Droit. *voyez* devoir.

Ecumer. Ce mot fe dit quand l'oifeau

l'oifeau paffe par deffus le Leurre ou la proye fans s'arrêter ,
ou quand il épie le gibier que
les chiens levent pour courir
deffus.

Ecumer la remife, fe dit quand
l'oifeau paffe fur la perdrix
qu'il a pouffée dans le buiffon.

Efilé. On apelle, chiens éfi-
lez , des chiens qui ont couru
avec trop d'ardeur.

Egalé. On apelle oifeau éga-
lé , un oifeau qui porte des
mouchetures blanches fur fon
dos , qu'on nomme égalures.

Empeloté. On apelle oifeau
empeloté , un oifeau qui ne
fauroit digerer ce qu'il avale.

Enduire , fe dit d'un oifeau
qui digere bien fa chair.

Enfoncer. On dit qu'un oifeau enfonce , lorfqu'en fon-
dant fur une Perdrix il la pouffe jufqu'à fa remife.

Entraver un oifeau , pour dire , acommoder les jets d'un
oifeau de telle forte , qu'il ne
püiffe ôter le chaperon ni fe
découvrir.

Epié. On apelle , chien epié,
celui qui a du poil au milieu
du front plus grand que l'autre, en forte que les pointes de
ce grand poil fe rencontrent &
viennent à l'opofite. On dit
auffi que la queuë d'un chien
eft épiée , pour dire qu'elle eft
éparpillée par le bout en forme
d'Epy.

Eflimer un faucon, pour di-

re , lui donner diverfes cures,
pour l'amaigrir & pour lui
ôter la graiffe exceffive. Afin
qu'il vole plus facilement.

Effor. *m.* vol qu'un oifeau de
proye prend en montant fort
haut en l'air & s'abandonnant
au vent.

Efforer un oifeau, pour dire,
le laiffer fecher au feu ou au
Soleil. On dit auffi qu'un oifeau eft fujet à s'efforer, pour
dire qu'il eft fujet à voler au
loin , qu'il a de la peine à revenir fur le poing.

Eventiller , fe dit de l'oifeau,
lorfqu'il fe fecouë, en fe fou-
tenant en l'air, comme s'il fai-
foit une cabriole.

Fauconnerie. *f.* art de dreffer
& de gouverner les faucons, &
toutes fortes d'oifeaux de proye. Le fauconnier eft celui qui
les dreffe & gouverne.

Fier. *adj.* On apelle Perdrix
fieres, les Perdrix qui font dificiles à aprocher.

Fondre. On dit qu'un oifeau
fond ou file, quand fa décente
fe fait fimplement , & qu'il ne
fait que fe laiffer aller en bas.
Lorfqu'il fond fur le gibier
d'un vol prompt , & impe-
tueux , on dit qu'il fond en
randon.

Forhuer du cor , du cornet,
du huchet, de la bouche. Pour
dire, apeller les chiens à la
chaffe, leur donner quelque
fignal.

Forhus. *m.* Se dit, non feulemẽt du cry, ou du fon du cor qu'on fait pour apeller les chiens, mais encore du lieu ou l'on fait ce cry.

Forfenant. *adj.* On apelle forfenant, un chien courant qui montre de l'ardeur & de la vigueur à fuporter la fatigue de la chaffe, & qui ne fe rompt ni pour le bruit ni pour la chaleur.

Gorge. On dit qu'un chien à belle gorge, pour dire, qu'il crie bien, & qu'il à la voix groffe & forte.

Grifer. C'eft prendre avec la grife.

Grifade. Se dit de la playe que fait l'oifeau avec fes Serres.

Gruyer. On apelle, faucon gruyer, un oifeau dreffé à voler la gruë.

Guairo. *m.* Sorte de cri que l'on fait à la chaffe des Perdrix afin d'avertir le Fauconnier quand on voit qu'elles partent, qu'il ait à lacher l'oifeau.

Gueule. On dit qu'au bout de cinq mois un chien à fait fa gueule, pour dire, qu'il a été bien nourri avec du lait, & qu'il commence à avoir de la vigueur. On dit auffi, qu'il chaffe de gueule, pour dire, qu'il aboye, & apelle lorfqu'il eft fur les voyes.

Halbrené, ou albrené. *adj.* Se dit d'un oifeau, dont les pennes font rompuës. *afp. l'h.*

Harder les chiens, *afp. l'h.* pour dire, les metre chacun dans fa force pour aller de meute, ou aux rélais.

Levrier-harpé. C'eft un Levrier qui à les deux côtés fort ovales avec peu de ventre.

Hauffe-pié. On donne ce nom au premier des oifeaux qui ataque le héron dans fon vol.

Hautain. On dit, faucon hautain, à un faucon qui vole fort haut, & qui a de bellesaîles.

Herbier. *m.* On apelle ainfi le canal du cou de l'oifeau par ou il tire fa refpiration.

Herigoté. On dit qu'un chien eft herigoté, pour dire qu'il à une marque aux jambes de derriere. Cette marque qu'on apelle Herigoture, eft un bon figne, quand il n'y en a pas plufieurs.

Heronnier. On apelle faucon heronnier, celui qui eft dreffé à la chaffe du heron.

On apelle auffi oifeau Heronnier, un oifeau qui eft fec, vîte, & auffi peu chargé de cuifine que le heron, qui a la cuiffe effuyée, l'aîle feche & ferme, & le corps bien coufu dans fa peau.

Herpé. On dit un chien herpé, pour dire, qu'il a le jarret droit, ce qui eft une bonne qualité.

Houraillis. *m.* C'eft une méchante meute de chiens.

Hourvari. *m.* Cry que l'on

fait pour obliger les chiens à retourner, quand ils sont hors des voyes.

Jardiner un Autour , pour dire l'exposer le matin au Soleil, ou dans le jardin sur la barre ou sur la perche.

Jet. *m*. petite entrave qu'on met au pié de l'oiseau.

Jetter l'oiseau du poing, pour dire , donner l'oiseau aprés la proye qui fuit.

Laisser-courre. *m*. c'est le lieu destiné pour lacher les chiens.

Leurre. *m*. C'est un morceau de cuir rouge façonné en forme d'oiseau , dont les fauconniers se servent pour rapeller les oiseaux de fauconnerie qui ne reviennent pas tout droit sur le poing.

Leurrer. C'est dresser un oiseau au Leurre.

Mahutes. On apelle , ainsi dans les oiseaux de proye , le haut des aîles prés du corps.

Manteau. C'est la couleur du poil de plusieurs animaux , & oiseaux , & particulierement des oiseaux de proye.

Mener la quéte , terme de chasse, pour dire batre , & rebatre la quéte pour faire lever les Perdrix.

Menteur. On apelle , chien menteur , un chien qui cele la voye pour gagner le devant.

Meute *f*. ce mot se dit d'une compagnie de chiens courans.

Montée. *f*. Se dit du vol de l'oiseau qui s'éleve à angles droits par carrieres , & par degrez , lorsqu'il poursuit quelque proye.

On apelle montée d'Essor , lorsqu'allant chercher le frais dans la moyenne Region de l'air , l'oiseau s'eleve tellement qu'on le perd de vûë; & montée par fuite , quand craignant un oiseau plus fort que lui , il échape a grandes gambades.

Moter. On dit que les Perdrix motent , pour dire, qu'elles se cachent derriere les motes.

Nez. On dit qu'un chien a le nez fin , pour dire, qu'il chasse bien dans les chaleurs & dans la poussiere ; qu'il a le nez dur , pour dire , qu'il va requerir sur le haut du jour.

Niais. On apelle oiseau niais un oiseau de fauconnerie qu'on prend dans le nid , & qui n'en est point encore sorti.

Noüer la longe. C'est metre l'oiseau de proye en muë & lui faire quiter la volerie pendant quelque tems.

Oiseler. C'est dresser un oiseau. On dit oiseler un faucon pour dire, l'afaiter, le Leurrer, l'assurer , commencer à le metre dedans , & l'employer à voler.

Pantoiser. Avoir la courte haleine. Les fauconniers disent pantiser ; mais pantoiser est le meilleur. Le mal du pantois se divise en trois especes , l'une qui vient à la gorge, l'autre qui procede de froidure, & la derniere qui se congrege aux reins ou roignons.

Parement. *m.* C'est la diversité de couleurs qui parent les ailes d'un oiseau de proye.

Pariade. *f.* C'est la saison ou les Perdrix s'aparient.

Pelerin. *adj.* Il y a une sorte de faucon , apellé faucon Pelerin , à cause qu'il est oiseau de passage.

Pennage. *m.* C'est tout ce qui couvre le corps de l'oiseau de proye.

Pennes , ou pannes. *f.* Ce mot se dit des longues plumes des ailes.

Percer , terme de chasse , se dit d'une bête qui tire de long, & qui va sans s'arréter lorsqu'elle est chassée.

Piece. On dit qu'un oiseau, qu'un chien sont tout d'une piece , pour dire, qu'ils sont de la même couleur.

Pipée. *f.* Chasse avec de pipeaux pour les oiseaux , elle se fait en mettant des gluaux preparés sur des arbres.

Pipier C'est contre faire le cri de la Chouette , pour atirer les oiseaux.

Piquer aprés la sonnette. On se sert de ce terme , lorsque le fauconnier suit l'oiseau.

Planer. Se dit des oiseaux , qui volant en l'air, ne remuent presque point les ailes.

Platelonge. *f.* C'est une longue bande de cuir qu'on met au cou des chiens trop vites , pour les arrêter.

Plume. *f.* On dit, donner la plume à l'oiseau , pour dire, lui donner une cure de plume.

Poing. On apelle oiseau de poing , un oiseau qui revient sans Leurre sur le poing du fauconnier lorsqu'on le reclame.

Pointe. On dit qu'un oiseau fait pointe, pour dire , qu'il va d'un vol rapide, soit en s'élevant , soit en s'abaissant.

Pointer. C'est à-dire s'élever vers le Ciel. L'Oiseau pointe si haut , qu'on le perd dans un moment de vûë.

Poivrer l'oiseau ; c'est , aprés l'avoir baigné & un peu seché, le parsemer de poudre , de Poivre , pour faire mourir & tomber les poux.

Quéter , c'est chercher ou il y a du gibier. Son subs. est. *f.* Quéte.

Quinteux. On apelle oiseau quinteux, un oiseau sujet à s'écarter , & qui a coûtume de monter à l'Essor quand le chaud le presse.

Ramage. *m.* Ce terme se dit des branches des arbres.

Ramolir un oiseau, pour dire , redresser son pennage avec une éponge trempée.

Randon. *m.* On dit qu'un
oiseau

feau de proye fond en Randon, pour dire qu'il fond fur
le gibier d'une maniere fort
impetueufe pour le jetter à
terre.

Ravaux. *m.* Se dit des grandes perches garnies de branches, qui fervent à rabatre le
long des hayes, les oifeaux que
d'autres chaffeurs qui font de
l'autre côté de ces mêmes hayes font partir la nuit avec du
feu de paille.

Reclame. *f.* terme de chaffe.
Se dit des pipeaux, fiflets,
& autres chofes dont on fe
fert pour faire amaffer des oifeaux qui viennent étant trom-
pés par un fon qu'ils croyent
être celui d'un oifeau de leur
efpece. Reclame, fe dit auffi
des oifeaux de proye, comme
des autours, & des éperviers,
qu'on reprend au poing avec
les oifeaux & la voix. On dit
auffi reclamer un oifeau, pour
dire, le dreffer, en le faifant
revenir à foy avec la filiere.

Reguinder. Se dit d'un oifeau, lorfqu'il fait une nouvelle pointe au deffus des nuës.

Remife. *f.* endroit ou les Perdrix fe repofent. Remife fe dit
encore d'un taillis de peu d'é-
tonduë planté dans une campagne, & propre à fervir de
remife aux Lievres, aux Perdrix, &c.

Saur, ou Saure. On apelle,
oifeau Saur, un oifeau qui

étant dans fa premiere année,
porte encore fon premier pennage qui eft roux. Il ne fe dit
que des oifeaux de paffage. On
fe fert du mot de Saurage en
parlant de la premiere année
d'un oifeau, quel qu'il foit,
qui n'a point encore mué, &
en ce fens on dit qu'un oifeau
croit toute l'année du Saurage.

Secret. On apelle chien fecret, un Limier qui pouffe la
voye fans apeller.

Sentiment. On dit qu'un
chien n'a point de fentiment,
pour dire qu'il eft en défaut,
& qu'il ne fauroit plus fuivre
la pifte du Gibier.

Sur fa foy, terme de chaffe,
fe dit d'un oifeau à qui on
ne donne plus de filiere &
qu'on reclame en liberté.

Taveleure. *f.* Ce mot fe dit
des mailles ou taches de diferentes couleurs; qu'on voit fur
les ailes des oifeaux de proye.

Tendeur. *m.* C'eft celui qui
prend les oifeaux de proye au
paffage. Il fe fert pour cela
d'un filet & d'un duc dreffé,
qui apelle les oifeaux, & les fait
donner dedans.

Faire la tête à un oifeau,
c'eft lui decouvrir fouvent la
tête pour le faire au Chaperon.

Tirer. On dit faire tirer un
oifeau, pour dire, le faire bé-
queter en le paiffant, & lui
faire avoir de l'apetit.

T

Tiroir. *m.* Se dit de ce qui sert à rendre gracieux les oiseaux, & à les reprendre au poing, avec des ailes de chapon ou de coq dinde.

Touret. *m.* C'est ce qui est au bout des jets d'un faucon pour passer la longe.

Veiller un oiseau, pour dire, l'empêcher de dormir, ce qui est un moyen qu'on a trouvé pour le dresser.

Ventolier. *adj.* On dit oiseau ventolier, à un oiseau qui se plait au vent, & qui quelque fois s'y laisse emporter, ce qui l'expose à se perdre. On apelle aussi bon oiseau ventolier, celui qui resiste au vent le plus violent, qui s'y bande bec au vent, chevauchant le vent sans jamais tourner queuë.

Vervelle. *f.* C'est une petite plaque, que l'on atache aux piez d'un oiseau de proye, où il y a une empreinte des armes de celui à qui l'oiseau apartient, afin de le connoître.

Vol. *m.* Se dit de l'équipage des chiens & des oiseaux de proye qui servent à prendre du Gibier.

Voler le héron. C'est-à-dire, prendre ou poursuivre le héron avec des oiseaux de proye. On dit voler de poing en fort, pour dire jetter les oiseaux du poing après le Gibier; voler d'amont, pour dire, laisser voler les oiseaux en li-

berté, afin de leur faire soutenir les chiens, & voler en bon hait, pour dire, de bon gré.

Volerie. *f.* C'est la chasse, ou l'oiseau vole le héron. Il y a la haute volerie, qui est quand le faucon vole le héron; & la basse volerie, quand le Laneret vole la Perdrix.

Volte. Dans la chasse du héron, on crie à la volte, pour faire entendre qu'on voit le Heron.

VENERIE.

Abatis. *m.* terme de chasse. C'est le chemin que font les jeunes loups, lorsqu'en alant souvent au lieu, où ils ont été nourris, ils abatent l'herbe. On dit aussi qu'un chasseur a fait un grand abatis de gibier, pour dire, qu'il en a tué beaucoup, où il a fait un grand massacre.

Abatures. *voyez* foulée.

Affouchies. *voyez* fouger.

Alleures. *f.* prononcés alûres. Se font les démarches d'une bête.

Ameuter. C'est metre de chiens en état de bien chasser ensemble.

Andoüillers, ou andouïlliers. *m.* Ce terme se dit des premiers cors, ou ramures du bois de la tête du Cerf, joignant la meule, ou les chevilles les plus basses de chaque perche, ou du mairrain du Cerf.

Aranteles. *f.* Ce mot se dit des

filandres qui ſe trouvent au pié du Cerf, on lui donne ce nom à cauſe qu'elles reſſemblent à une toile d'Araignée.

Armes de la barre, pour dire, les défences d'un Sanglier.

Bas. On dit qu'un Cerf a mis bas, pour dire que ſon bois eſt tombé.

Baſe. *voyez* Rocher.

Bête. Les Sangliers ſont apellez bêtes noires. Et les Cerfs bêtes fauves. Les Sangliers, les Blereaux, les Renards, les Ours, les Loups, les Loutres, &c. ſont auſſi apellez bétes mordantes. Et les Cerfs, les Chevreüils ſont nommez bêtes de brout.

Brunir. Se dit des cerfs, qui aprés, qu'ils ont fait tomber (aux frayoirs), la peau qui couvre le revenu, vont aux Charbonnieres, ou aux terres rougeatres, ou leurs bois prennent de la couleur, & ſe teignent. Son *ſubj.* eſt *f.* bruniſſure.

Buiſſon. On dit que les cerfs prennent buiſſon, pour dire, qu'ils vont choiſir quelque lieu ſecret pour faire leurs têtes, quand ils ont mis bas. Les chaſſeurs diſent auſſi, trouver buiſſon creux, lorſqu'il arrive qu'on ne trouve rien, ou qu'un Cerf s'en eſt alé de l'enceinte.

Caillon, *voyez* Rocher.

Cervaiſon. *f.* On dit que le Cerf eſt en cervaiſon, pour dire qu'il eſt gras & bon à chaſſer.

Change. *m.* C'eſt une ruſe que fait une béte aux chaſſeurs, en leur donnant quelque autre béte à chaſſer.

Clatir. *voyez* Glatir.

Clefs de Meute. On apelle ainſi les meilleurs chiens qui ſervent à redreſſer, & à conduire les autres.

Compagnie. *f.* Ce mot ſe dit en general d'une troupe de bêtes noires qui vont enſemble. On apelle un Sanglier d'un an, bête de compagnie: & on dit qu'il ſort de compagnie, quand il en a deux.

Contre-ongle, terme de chaſſe. On le dit pour ſignifier au rebours, lorſqu'en méjugeant des alûres d'un Cerf, on à pris le talon pour la pince.

Cors. *m.* C'eſt la chevillure de la tête d'un Cerf.

Couronne. Ce mot ſe dit de ſept ou huit menus cors rangez au ſommet de la tête d'un Cerf en maniere de Couronne.

Curée. *f.* C'eſt le repas qu'on fait faire aux chiens, & aux oiſeaux aprés qu'ils ont pris quelque Gibier.

Débucher. Ce terme ſe dit du gros Gibier, quand il ſort du bois ou il s'étoit retiré, où qu'il ſort du buiſſon dont il avoit fait ſon fort.

Déchauſſures. *f.* Se dit du lieu où le Loup a gratté, où il s'eſt déchauſſé, & ou il git.

Decoudre. Ce mot ſe dit

des playes que font les Sangliers avec leurs défences, en
déchirant le ventre d'un chien.
Son *subj.* eſt *f.* decouſure, ou
dentée.

Découple. *m.* Ce terme ſe dit
pour exprimer l'action que
l'on fait quand on lache, &
découple les chiens aprés la bête au laiſſer-cour, ou au relais.

Decrouter. On dit qu'un cerf
va decrouter ſa tête, quand il
va au frayoir.

Deduit. *m.* C'eſt le train ordinaire des chaſſeurs, des chiens
&c.

Défaut. *m.* C'eſt la perte que
le chien a faite des voyes de la
bête qu'on chaſſe.

Détourner. C'eſt faire tout
ce qu'il faut pour être aſſuré
qu'un cerf, un Sanglier, ou
quelque autre bête eſt dans le
buiſſon autour duquel on fait
les enceintes.

Dreſſer, terme de chaſſe. On
dit qu'un chien dreſſe & va le
droit, pour dire, qu'il ſuit la
vraye route de la bête.

Droit. *m.* terme de chaſſe.
C'eſt lá part de la bête défaite
qui apartient aux veneurs, &
aux chiens. Le pié droit du cerf
eſt le droit du maître de la
chaſſe, & le droit des chiens
eſt ce qu'on leur abandonne
de la bête, & dont on leur fait
curée.

Embler, ce mot ſe dit, lors
qu'aux alúres d'une bête les

piez de derriere ſurpaſſent de
quatres doigts les piés du devant; ce que l'on remarque à
celles des cerfs.

Empaumer la voye, pour dire, ſuivre la piſte, être dans la
droite voye de quelque gibier.

Empaumure. *f.* C'eſt le haut
de la tête d'un vieux cerf, qui
eſt large & renverſée, & où il
y a pluſieurs andoüilliers.

Enceinte. *f.* Faire une enceinte, pour dire, tendre des toiles, ou poſter des chiens, ou
des chaſſeurs autour d'un lieu
où l'on veut chaſſer. On dit
auſſi faire ſes enceintes, pour
dire, faire divers ronds autour
des plus fraiches voyes & alúres de la bête, pour s'aſſurer
où elles aboutiſſent, afin de juger de-là, en quel endroit elle
peut être embûchée.

Enclotir. On dit que les
chiens ont fait enclotir un Lapin, pour dire, qu'ils l'ont
fait entrer en terre.

Enfourchure. *f.* Ce mot ſe
dit de la tête d'un cerf, dont
l'extremité du bois ſe termine
en fourche ou en deux pointes. Cette tête faite ainſi s'a-
pelle tête enfourchie.

Epiniers. *m.* terme de chaſſe.
Bois d'épines où les bêtes noires ſe retirent. On apelle auſſi,
Epiniers, certains lieux qu'on
fait exprés pour garantir les
Lapereaux des ateintes des oiſeaux de proye.

Epois.

Epois. *m.* Se dit de chaque cor de la tête du Cerf.

Erres. *f.* Ce font les marques des piez d'un cerf, fes voyes, & fes routes.

Erres. Les chaffeurs apellent ainfi les parties du devant d'une bête à quatre piez en y comprenant les épaules.

Etriflé. On apelle Levrier étriflé, un Levrier qui a les jarets bien faits.

Etruffé. On apelle, chien étruffé, un chien qui a une cuiffe qui ne prend plus de nourriture ; ce qui le fait devenir boiteux. Son fubf. eft *f.* étruffure.

Fin. On dit qu'un cerf eft fur fes fins, pour dire, qu'il eft las à force d'avoir couru, & qu'il ne peut plus refter long tems.

Flature. *f.* C'eft le lieu ou s'arrêtent le Lievre & le Loup, & ou ils fe mettent fur le ventre lorfque les chiens-courans les pourfuivent.

Forhus. *m.* C'eft une partie de la proye & des inteftins du cerf qu'on donne aux chiens au bout d'une fourche émouffée.

Forlancer. C'eft faire fortir une bête de fon gîte.

Forlonger. Terme de chaffe; Se dit d'un cerf qui s'éloigne fort des chiens On dit auffi qu'un chien chaffe de forlonge, ou qu'il va de forlonge, pour

dire, qu'il chaffe de loin, qu'il fent de loin.

Forpaître. On dit que des bêtes vont forpaître, pour dire, qu'elles vont chercher leur pâture en des lieux qui font éloignez de leur retraite ordinaire.

Forpaiffer. On dit d'un Liévre qu'on pourfuit, qu'il forpaiffe, pour dire, qu'il fuit en des lieux fort éloignez de celui ou il à coûtumé de faire fon gîte. On dit auffi que des bêtes forpaiffent, pour dire qu'elles fe jettent en campagne loin des bois où elles font ordinairement.

Fortitrer. On dit d'un cerf qu'il fortitre, pour dire, qu'il évite de paffer dans des lieux ou il y a de relais ou des chiens pour le courre.

Foüaille. *f.* Droit qu'on donne aux chiens, d'un Sanglier aprés qu'on la pris. On l'a apelé ainfi à caufe que c'eft une curée qui fe fait fur le feu.

Fouger. Se dit du Sanglier, quand il arrache la racine des fougeres, & autres plantes. Ce qu'il leve avec fon boutoir, s'apelle, *f.* Fouge ; & les foffes qu'il fait pour cela, s'apellent Affouchies. On apelle auffi, Fouge, la Paiffon du Sanglier en racine ; & quand il trouve de quoi manger fans foüiller, on l'apelle, *f.* Mangeure.

Foulée. *f.* Ce mot fe dit de

V

la marque, ou legere impref-
fion, que fait le cerf fur l'herbe, fur les feüilles, ou fur le
Sable, qui marque fa trace:
on l'apelle auffi foulure, ou
abatures.

Fraife. *f.* On apelle fraife, la
forme des meules & des pier-
rures de la tête d'un cerf, d'un
daim, & d'un chevreüil.

Fraper aux brifées. Ce mot fe
dit, quand le Veneur, qui a
fait fon raport va laiffer courre. On dit encore fraper à route, pour dire, ôter les chiens
du défaut, & les remettre à
la trace de la bête.

Frayer. On dit qu'un cerf
fraye, pour dire qu'il frotte
fon bois contre les arbres.

Gagnage. On dit qu'un cerf
va au gagnage, pour dire,
qu'il va au viandis dans les terres qui font chargées de grains.

Gaulis. *m.* branche d'arbre
que les Veneurs font obligez
de plier ou de détourner pour
pouvoir percer le fort d'un
bois.

Gigoté. On apelle; Levrier
gigoté, celui qui à les os des
hanches éloignez, & les gi-
gots courts & gros. On apelle
de même, chien gigoté, celui
qui a les hanches larges & les
cuiffes rondes.

Glatir, ou clatir, fe dit quand
le chien pourfuivant la Perdrix,
ou un Lievre, redouble fon
cry, & femble avertir, ou de-

mander du fecours.

Grailler. C'eft fonner du cor
fur un ton clair ou enroüé,
afin de faire revenir les chiens.

Hardées. *f.* Se dit des ruptu-
res & fracas de bois que font
les cerfs dans les jeunes taillis.

Harpe. Veut dire, la grife
d'un chien.

Laiffer-courre. *m.* C'eft le lieu
deftiné pour lacher les chiens.

Lambeau. *m.* C'eft une peau
veluë du bois d'un cerf, que
cet animal dépoüille en certains tems.

Lancer. C'eft faire fortir la
bête du lieu où elle a coûtume de fe retirer.

Limier. *m.* C'eft le chien qui
détourne le cerf & autres grandes bêtes.

Longer. On dit d'une bête,
qu'elle longe le chemin, pour
dire, qu'elle l'enfile. Longer
fe dit auffi des bêtes qui me-
nent la chaffe loin.

Marrein ou Merrein. *m.* c'eft
la groffe branche de la tête du
cerf qui fort des Meules.

Maffacre d'un cerf. *m.* C'eft
la tête d'un cerf feparée du
corps.

Sonner le maffacre, pour dire, apeller au fon de trompe
les Veneurs, & les chiens pour
faire la curée.

Menée. On dit fuivre la menée d'un cerf, pour dire,
prendre la droite route du cerf
qui fuit.

Menus droits. On apelle menus droits, les oreilles d'un cerf, les bouts de sa tête, le mufle, les dentiers, le franc boyau & les nœuds.

Meules. C'est le bas de la tête d'un cerf, d'un daim, d'un chevreuil, & qui est le plus proche du massacre.

Meute. *f.* Ce mot se dit d'une compagnie de chiens courans.

Muet. Les chasseurs apellent chien muet, un limier qui quête, ou qui suit la bête sans aboyer.

Nape. *f.* On apelle ainsi la peau des bêtes fauves.

Nœuds, en terme de chasse, sont de morceaux de chair qui se levent aux quatre flancs du cerf.

Parc. Terme de chasse. Enceinte de toile où l'on court les bêtes noires qu'on y a enfermées.

Par-Chasser. C'est finir la chasse par la prise de la bête que l'on a chassée.

Passée. *f.* Ce mot se dit de la trace du pié d'une bête. On dit la passée d'un cerf.

Paumure. *f.* Se dit du sommet des têtes de cerf, où son bois se divise en plusieurs parties qui semblent representer la paume de la main.

Percer. Se dit d'une bête qui tire de long, & qui va sans s'arrêter lorsqu'elle est chassée.

Perche. *f.* Se dit du Marrein de la ramure d'un cerf, ou du tronc de chaque tête de cerfs, ou sont attachez les andoüillers. On dit perche chevillée de huit cors.

Perlure. *f.* Grumeaux qui sont le long des perches & des andoüillers de la tête du cerf, du daim, du chevreuil, & qui font une croute raboteuse.

Peser, terme de chasse, se dit des bêtes qui en passant sur la terre molle enfoncent beaucoup leurs piez dedans; ce qui fait connoître leur grandeur.

Pierrure. *f.* Se dit des petites pierres qui se trouvent sur la meule de la tête d'un cerf.

Pieux. *m.* Ce mot se dit des bâtons avec lesquels on tuë les bêtes noires quand elles sont dans le parc. Ceux dont on se sert pour tendre & pour atacher les toiles, sont apellez pieux fourchus.

Pille chou pille. Terme dont on se sert pour exciter un chien de chasse à se jetter sur le gibier. On s'en sert aussi pour agacer un chien contre d'autres animaux, ou contre des personnes.

Pinces. *f.* On apelle ainsi les deux bouts des piez des bêtes fauves. C'est l'extremité de l'ongle aux cerfs, aux daims, & aux chevreüils.

Piqueur. C'est un valet à cheval, qui fait courir les chiens,

& qui eſt à leur queuë.

Porchaiſon. On dit , qu'un Sanglier eſt en porchaiſon , pour dire , qu'il eſt bon à chaſſer, parce qu'il eſt gros & gras.

Portèe. ſ. On dit qu'un cerf fait des portées de ſa tête, pour dire , qu'en paſſant dans un bois épais , qui eſt jeune & tendre , il fait plier & tourner les branches avec ſa tête , ce qui fait juger de la grandeur de ſa perche.

Pour-chaſſer un cerf. C'eſt le pourſuivre avec ardeur, avec opiniâtreté juſqu'à ce qu'on l'ait pû prendre.

Puant. On apelle bêtes puantes. Certaines bêtes comme les Renards , les Blaireaux , &c.

Prime. On dit qu'un loup ne s'arrête pas où il a mangé , & qu'il va de haute prime , pour dire , fort promptement.

Rabatre. Se dit lorſqu'un Limier , ou un chien tombe ſur les voyes de la bête, & en donne connoiſſance à celui qui le mene.

Ramure. ſ. ou Merrein. m. Se dit du bois du cerf.

Randonées. ſ. Ce ſont les lieux , ou les cerfs ſe font batre dans l'étenduë de leur courſe.

Raport. m. Ce terme ſe dit, du récit que fait le Veneur de ce qu'il a obſervé en faiſant la quête qui lui a été départie.

Rebaudir. Ce mot ſe dit quand les chiens ont la queuë droite , le balay haut : ce qui fait connoître qu'ils ſentent quelque choſe d'extraordinaire.

Receler. On dit ſe receler ſur ſoy , pour dire qu'on demeure dans ſon fort ſans en ſortir.

Rechaſſer. C'eſt faire rentrer dans les forêts des bêtes qui en ſont ſorties , & qui ſe ſont écartées aux buiſſons.

Refuir. Se dit des cerfs , & autre gibier qui fuyent devant les chaſſeurs. Souvent le cerf ruſe , & refuit ſur ſoi, c'eſt-à-dire, retourne ſur ſes pas.

Refuite. ſ. C'eſt la ruſe que fait le cerf, pour ſe ſauver, quand il eſt pourſuivi.

Relais. m. Ce mot ſe dit des chiens qu'on tient en de certains lieux dans la refuite des bêtes qu'on court , afin de les donner quand la bête paſſe.

Relaiſſé. On apelle Lievre relaiſſé , un Lievre qui eſt tellement couru , que la laſſitude le fait arrêter ſans qu'il aille au gîte.

Relayer. C'eſt lacher des chiens de relais , aprés une bête.

Rembûcher. On dit que les chiens ont fait rembûcher un cerf dans la forêt , pour dire, que les chiens l'ont fait rentrer dans ſon fort.

Requête

Requêter. C'eſt quêter avec le Limier une bête qu'on a couruë & briſée le ſoir precedent, pour la redonner aux chiens

Reſſuy. *m.* C'eſt le lieu ou ſe ſauve le cerf ou autre bête fauve pour s'eſſuyer de l'aiguail du matin.

Revenu. *m.* Maſſe de chair qui ſe forme en vers blancs ſur la tête du cerf qui font tomber ſon bois, parce qu'ils rongent en dedans la racine.

Rider. On dit qu'un chien ride, quand ayant ſenti la bête, il en ſuit la piſte ſans crier.

Rocher, ou caillou. *m.* ou meule, ou baſe *f.* Ces mots ſe diſent d'une eſpece de boſſe ſur le haut de la tête d'un cerf, d'où ſort la rameure, ou ſon bois, ou ſon Marrein, ou Merrein.

Routailler, terme de chaſſe. Suivre une bête avec le limier, pour la faire tirer aux Arquebuſiers.

Soufler. On dit qu'un chien ſoufle le poil à un Lievre, pour dire qu'il eſt tout prêt de l'attraper.

Souil. *m.* C'eſt un lieu bourbeux & rempli de fange ou le Sanglier ſe veautre. Quand le Sanglier eſt bleſſé s'il ſe fouille, cela lui ſert de remede.

Sur aler. Se dit quand un chien paſſe ſur les voyes ſans crier, & ſans faire connoître par aucune marque que la bête y a paſſé. On dit auſſi ſe ſuraler, pour dire, revenir ſur ſes erres, ſur ſes pas. On dit auſſi, aler ſur ſoi.

Surandoüiller. *m.* Ce mot ſe dit du ſecond cor qui eſt ſur la tête du cerf, & qui pouſſe au delà de l'andoüiller.

Surmarcher, terme de chaſſe. Se dit quand la bête revient ſur ſes erres, & repaſſe par le même lieu: on apelle voyes ſurmarchées, celles que les chiens ou les chevaux foulent dans quelque retour.

Tête, en terme de chaſſe eſt le bois d'un cerf; & on dit en ce ſens, que les cerfs mettent tous les ans leur tête bas. On apelle tête bien née, une tête groſſe de Marrein; & tête faux marquée, celle qui n'a pas les cors & chevilles pareils dans les deux perches. La tête couronnée, eſt la belle tête qui doit avoir auſſi les andoüilles dans les meules, les rayeures enfoncées & être bien ouvertes.

Titre. *m.* c'eſt le lieu, ou rélais où l'on a ſoin de poſer les chiens, afin que quand la bête viendra à paſſer, ils la courent bien a propos. On dit en ce ſens, metre les chiens en bon titre, pour dire, les metre dans un bon poſte pour courre.

Toile, terme de chaſſe. Ce

font de grandes pieces de toile , bordées de groſſes cordes, qu'on tend autour d'une enceinte, & dont on ſe ſert pour prendre les bêtes noires.

Toucher. On dit qu'un cerf a touchè au bois , pour dire , qu'il a dépoüillé la peau de ſa tête , en ſe frotant contre des arbres.

Tranler. Ce terme ſe dit , quand n'ayant point detourné il faut quêter un cerf au hazard.

Traquenard. *m.* c'eſt un piege que les chaſſeurs tendent aux bêtes nuiſibles , telles que les foüines & les belettes. Ce piege eſt compoſé d'ais en maniere de cercuëil.

Trochure. *f.* Se dit du bois du cerf lorſqu'il ſe diviſe en trois ou quatre cors , ou épois au ſommet de la tête , comme un trochet de Fleurs , ou de fruits.

Varenne. *f.* Ce mot ſe dit d'une étenduë de païs qu'un Roy ou un Prince reſerve pour la chaſſe.

Vénérie. *f.* c'eſt l'art de chaſſer les bêtes à quatre piez.

Ventroüiller , ſe dit du Sanglier quand il ſe veautre & ſe foüille dans la boüe.

Vermiller , ſe dit des Sangliers , qui cherchant les vers remüent la terre avec le groüin pour les trouver.

Vermillonner , ſe dit du ble

reau qui cherche des vers pour ſa pâture.

Viander ſe dit des cerfs,pour dire , brouter. Son ſubſ. eſt. *m.* viandis.

Canardiere. *f.* Petit lieu couvert, que l'on prepare dans un Marais , ou dans un étang, & dans lequel celui qui chaſſe aux Canards ne peut être veu , il en peut tuer de la beaucoup, par le moyen d'un Canard privé , & des rêts ſaillants.

Foüée. *f.* chaſſe qui ſe fait la nuit à la clarté du feu, le long des hayes , avec des raveaux.

Trainée. *f.* chaſſe du Loup, qu'on fait en l'atirant dans un piege , ou trape , par le moyen de l'odeur d'une charogne qu'on traine par la campagne.

Caſſo , terme d'argentie. *f. caſſe.*

Caſſo ,terme de Bouticari. *f. caſſe. Son arbre s'apelle caniſicier , ou caſſier. m.*

Caſſolo. *f. caſſerole.*

Caſſolo , terme de Maunie. *m. auget.*

Caſſouleto. *f. caſſolette.*

Caſſouleto d'une banquetto. *m. braſier du chaufe-pié.*

Caſſounado. *f. caſſonade.*

Caſtagneto. *f. Caſtagnettes.*

Caſtagnie. *m. Chataigner , ou Chateigner , une terre plantée de Chateigners , s'apelle une Chateigneraye.*

Caſtagno. *f. Chataigne , ou Chateigne.*

Castagno duro. *f. Chateigné blanche. La plus grosse espece de chateigne, s'apelle un Marron. Et son arbre, un Marronier. La couverture piquante, qui couvre la Chateigne, s'apelle, la bogue.*

Castagno qu'es proche lou boule d'un chivau. *m. Ergot, aux Sangliers, on l'apeile, la garde ; & aux cerfs, os.*

Castele. *m. Château.* †

Juga eis casteles. *Joüer à la rangette.*

Casteou. *m. Château.*

Tira lou casteou. *Renifler.*

Tiraire de casteou. *m. Renifleur au feminin Renifleuse.*

Castiga. *châtier.*

Castigamen. *m. châtiment.*

Casuito. *m. Casuiste.*

Cat. *m. Chat.*

Cat-fer. *chat-haret, ou sauvage.*

Cat, peisson. *m. Sanglier.*

Catacan. *Incontinent, ou aussi-tôt.*

Catachirme. *m. Cathechisme.*

Catalogo. *m. Catalogue.*

Catalogo deis mouers, qu'es dins leis Sacresties. *m. Necrologie.*

Catalogo deis Reis d'un Rouyaume. *f. Dynastie.*

Catamiaulo. *f. chatemite.*

Catamito. *f. chatemite.*

Cataplaume. *m. cataplasme.*

Catarino. *f. caterine.*

Catarri. *m. caterre.*

Catas. *adj. dissimulé, dissimulée.*

Catelano d'un capeou. *m. m. Retroussis.*

Catin. *f. Catin, ou Caterine.*

Cato. *f. Chate.*

La cato a fa de catouns. *La chate a chaté, ou a mis bas.*

Catoligoun. *m. Catholicon.*

Catomiaulo. *f. chatemite.*

Catouliquo. *adj. catolique.*

Catoun. *Petit chat, ou chaton.*

Catoun d'un aubre. *m. Chaton d'un arbre, ou chat.*

Catouniero. *f. chatiere.*

Cau. *f. chaleur, ou m. chaud.*

Cau. *adj. chaud, chaude.*

Cau, terme de Marino. *m. cable.*

Cau per basti. *f. chaux. Les hommes, qui font la chaux, s'apellent, les chaufourniers. Le trou pour détremper la chaux, se nomme le bassin pour éteindre la chaux, ou la fosse à chaux.*

Cau destrempado. *chaux éteinte.*

Cava. *cruser, ou caver.*

Cava leis hueils. *crever les yeux.*

Cavalarie. *f. Cavalerie.*

Cavale per leis moüers. *f. Representation, ces especes de chandeliers, qu'on met aux côtez de la representation, s'apellent. f. Herse, aspirez l'h.*

Cavale, terme de Sarrahie. *m. chevalet.*

Cavale, terme de curatie. *m. chevalet.*

Cavale, espesso d'escalo. *m. chevalet.*

Cavalo. *f. cavale, ou jument.*

La cavalo a fa lou Poulin. *La jument a Pouliné, ou a mis bas.*

Cavau. *m. cheval, au pluriel. Chevaux.*

Cavau de Paillo, de Fen, &c. *f. mule.*

Cavauca. *Chevaucher, ou enjamber.*

Cavaucamen. *f. Enchevauchure.*

Caubre. *contenir.*

Caucotrapo. *f. chauffe-trape, ou chardon étoilé.*

Sur la caudo. *Sur le champ, ou à la chaude.*

Caudolo, terme deis Jusious. *m. Gâteau sans levain.*

Caudo pisso. *f. chaude-pisse, ou Gonorrhée.*

Caverno. *f. Caverne, ou grote, ou m. Antre.*

Caufa. *chaufer.*

Caufa lou liech. *bassiner le lit.*

Caufagi. *m. chaufage.*

Caufo, terme de foundeur. *f. chaufe.*

Cavia. *m. cavial.*

Cavilha. *cheviller.*

Cavilha, terme de jardinie. *Planter.*

Cavilheto, terme de Reliaire. *f. chevillette.*

Cavilho. *f. cheville.*

Cavilho per cavilha de Lachugos. *m. Plantoir.*

Cavilho d'emploumba, terme de marino. *m. Epissoir.*

Cavilho oubriero d'uno carosso. *cheville ouvriere.*

Cavilho de ferri, que serve a arresta leis pessos d'uno mouestro, ou lou canoun d'un Fusiou à son bouec. *f. Goupille, ou coupille.*

Juga à la cavilho. *Jouer au court bâton, ou au caca.*

Cavita d'uno den *f. Alveole d'une dent.*

Caula. *m. Plant de chou.*

Caule. *m. Chou.*

Caule cabus. *chou cabus, ou Pomme.*

Caule flori. *chou fleur.*

Caümou, aco ten pas grand caumou. *cela n'occupe pas grand place.*

Caup, terme de Marino. *m. Cap.*

Cauqua lau bla, leis rasins, &c. *Fouler le blé, &c.*

Cauqua la terro sur un aubre, que l'on ven de planta. *Plomber un arbre.*

Cauquadoüiro. *f. Fouloire.* †

Cauquaire. *m. Fouleur, au feminin Fouleuse.*

Cauqueiran. *m. Taneur.*

Cauquiado, Aufseou. *m. cochevis, ou cochenis.*

Cauquiero, terme de curatie. *m. Plein.*

Cauquillagi. *m. Coquillage. voyez clauvisso.*

Cauquillo. *f. coquille.*

Cauquo, terme de Chirurgien. *f. Tente.*

Cauquo trepo. *chardon étoilé, ou f. chausse-trape.*

Caurilla

CAURILLA, pan caurilla. *Pain qui a des yeux.*

CAUSA. *caufer.*

CAUSO, ou cauvo. *f. chofe.*

CAUSO. *f. caufe, prononcez, cofo.*

CAUSSA. *chauffer.*

CAUSSAGI. *m. chauffage.*

CAUSSANO. *m. Licou.*

CAUSSETIE. *m. chauffetier.*

CAUSSIDO. *m. chardon à cent téte, ou cardon aux ânes.*

CAUSSIEN. *f. caution prononcez cotion.*

CAUSSIGA. *Fouler, ou marcher fur.*

CAUSSO. *f. Culote, ou m. haut de chauffe, afpirez l'h.*

CAUSSOPE, *terme de Cour-dounie. m. chauffe-pié.*

CAUSSO trapo. *f. chauffe-trape, ou chardon étoilé.*

CAUSSON. *m. chauffon.*

CAUVASSO. *mauvaife téte.*

CAUVO. *f. chofe*

CAUVO. *f. caufe, pronancez, Cofo.*

CEBISSO. *f. Haïe, prononcez Hée, & afpirez l'h. Remar-quez, que quand elle eft faite avec des arbriffeaux vifs, il faut dire Haïe, ou Haïe vive, mais quand elle n'eft faite que du bois mort, il faut l'apeller, un échalier, ou Haye morte.*

CEGA. *Voyez* Sega.

CEGARES. *m. brouillard.*

CELIE. *m. Celier.*

CEMENTERI. *m. Cimetiere.*

CENCHA. *Ceindre.*

CENDRE. *f. Cendre.*

CENDRE qu'a fervi à la buga-do. *f. charrée.*

CENDRE dou carboun de peiro, que refto dins leis forjos. *m. Fraifil.*

REDUIRE en cendre. *Cinefier. Son fubftantif eft, la cinefaction, ou cineration.*

CENDRIE. *m. cendrier.*

CENDROULIE. *adj. Tifonneur, ou Tifonnier.*

CENDROUS. *adj. cendreux, cen-dreufe.*

FERRI cendrous, *terme de Sarrahie. Fer cendreux.*

CENSAU. *m. cenfal, ou courtier, ou agent de change le D. eft le meilleur.*

CENSO. *m. Cens, ou cenfe. f. Le premier emporte le droit de lods avec foi.*

DOUNA a cenfo. *Acenfer.*

CENTAURI, planto. *f. centau-rée.*

CENTENAU. *f. centaine.*

CENTENO d'une efcaigno. *f. centaine d'un Echeveau.*

CENTIEME. *adj. centiéme.*

CENTIEME. *m. centiéme.*

CENTURO. *f. ceinture.*

CENTURON. *m. ceinturon.*

CEOU. *Voyez.* Ciel.

CEOU, graiffo. *m. Suif.*

CEOU per mauti leis boutos. *m. Camboüis.*

CEOUCLA uno bouto. *Relier un Tonneau.*

CEOUCLAGI. d'uno bouto. *m. Reliage d'un Tonneau.*

CEOUCLE. *m. Cercle.*

Y

CEOUCLE de Tambour. *f. Vergette de Tambour.*

CEOUCLE de Bouto. *m. Cerceaux, ou cercle.*

JUGA au ceoucle. *joüer au Cercle.*

CEPO. *Voyez,* Sepo.

CEPOUN. *m. billot.*

CEPOUN d'un Brouquie. *m. Tronchet.*

CERAS. *f. Recuite salée.* †

CERAT, terme de Bouticari. *m. Cerat.*

CEREMONI. *f. ceremonie.*

CERIEISO, ou cerifo. *f. Guigne.*

SOUNT aigros leis cerieifos. *Il fait comme le Renard des Mûres.*

CERISIE. *m. Guignier.*

CERO, de cero. *Le soir.*

CERO, Auffeou. *m. Guépier.*

CERQUA. *chercher.*

CERTISSURO, terme d'argentie. *m. Biseau.*

CERVELO. *f. cervelle.*

CERVEOU. *m. cerveau.*

CERVEOU. *adj. ecervelé, écervelée.*

CERVEOU d'uno campano. *m. cerveau d'une cloche.*

CERVOULAN. *m. Cervolant. Sorte d'Escarbot, ou insecte volant, ainsi apellé, parce qu'il a des cornes dentelées, semblables à celles du Cerf.*

CERVOULANTO. *Voyez,* Servoulanto.

CESSA. *cesser.*

CEZE. *m. Pois Chiche.*

CHABAU. *m. chabot.*

CHABI uno fillo. *Marier une fille.*

CHABI de denréos. *Se défaire des denrées.*

CHAFAU. *m. Echafaut.*

CHAGRIN. *m. chagrin.*

CHAGRIN, espesso du cüer. *m. chagrin.*

CHAGRINA. *chagriner.*

CHAINE. *m. chaine.*

PICHO chaine. *m. Cheneau un lieu planté de chaine. f. Chenaye.*

CHALAN. *m. chaland, ou fem. chalande.*

CHALANDA. *Achalander.*

CHALOTO. *f. Echalotes.*

CHALOUPO. *f. chaloupe.*

Ch.loupo deis Indiens. *m. Masulit.*

CHALUMEOU, terme d'argentie. *m. chalumeau.*

CHAMAS, san Chamas. *Saint Amant.*

CHAMBAR. *adj. cagneux, cagneuse.*

CHAMBRE. *f. écrevice.*

CHAMBREIROUN. *m. Tortillon, ou f. chambrillon, au soubrette.*

CHAMBRETO. *Petite chambre.*

CHAMBRETO, per se diverti. *f. jubilation, ou coterie ou chambree.* †

Chambriero. *f. Servante.*

Chambriero d'un Capelan, au coumique. *chambriere.*

Chambriero de la fialoüe. *f. chambriere.*

Chambriero per prendre l'oulo. *Main de fer.*

Chambro. *f. chambre.*

La grando chambre. *La grand chambre.*

Chambro de l'escrivan d'uno galero. *m. Paillo.*

Chambro dou coumito d'uno Galero. *f. Mezzance, ou miege.*

La chambro dou Majordome d'uno Galero. *f. compagne.*

Chambro de l'argoulin d'uno Galero. *m. Escandola, ou fem. Echandole.*

Chambro verdo *m. cabinet de treillage, ou cabinet de verdure.*

Chambro, terme de Teisseran, de Fondeur, de Vitrie, & de Sellie. *f chambre.*

Chambroan proche uno chambro, per aire coucha un Varle. *m. bouge, ou f. garderobe.*

Chamineillo. *f. cheminée. Le dedans de la cheminée, s'apelle la Hote de la cheminée, & la muraille, ou on met la cremiliere, se nomme le contre cœur.*

Chamineillo d'un four de camp. *f. Ventouse.*

Chamoir. *m. chamois.*

Chan elisiens. *m. champ elisées.*

Chancela. *chanceler, ou être en perplexité.*

Chancre que ven eis poussos. *m. cancer.*

Chancre deis peiros. *f. Moye.*

Tira lou chancre d'uno peiro. *Ebousiner une Pierre.*

Chanfrena, terme de Fustie. *chamfrainer.*

Changi. *m. change, ou échange, ou troc.*

Changi, plasso. *m. change.*

Chanja. *changer, ou troquer.*

Chanja mai. *Rechanger.*

Chanja souven. *changeoter.*

Chanja d'habi per neftre pas couneissu. *Se travestir, ou se déguiser.*

Chanja de Benefici. *Permuter un Benefice.*

Chanja d'houstau. *déménager, ou deloyer.*

Chanja lou vin d'uno bouto a un'autro. *Transvaser le vin.*

Chanso. *f. chanse.*

Chanteou, terme de Tailleur. *m. chanteau.*

Chantie per faire un Veisseou. *m. chantier.*

Chantillon. *m. échantillon.*

Chantre. *m. chantre, au feminin. La chantre.*

Chapa, estre chapa. *Avoir un coup de hache, aspirez l'h.*

Chapele. *m. chapelet. L'ouvrier qui les fait, s'apelle, un Patenôtrier.*

Chapiteou, terme de San sauvaire. *m. cloître.*

Chapla d'herbo, de cher, &c. *Hacher, aspirez l'h.*

Chapla de pan. *chapeler du pain.*

Estofo que se chaplo. *Etofe qui se coupe, ou qui se casse, ou qui se déchire.*

Chapladuro de bouesc, que lou ven fa dins leis Foures. *m. chablis.*

Chapladuro de pan. *f. chapelure.*

Chaple, aven fa un chaple

d'artichaus dins aqueou jardin. *Nous avons fait un abatis d'artichauts dans ce jardin.*

Chapo, terme d'argentie. *f. chape.*

Chapoli. *m. Hippolite.*

Chaputa de pan. *chapeler du pain, son subf. est la chapelure.*

Charavarin. *m. charivari.*

Charlatan. *adj. charlatan, charlatane.*

Charlato, terme de Masson. *f. chanlatte.*

Charma. *charmer.*

Charraire. *m. babillard, au f. babillarde.*

Charup. *adj. terrible.*

Chaffis. *m. chaffis.*

Chaffis d'un tournoven, que se farmo. *f. feüille de paravent.*

Chaffo, terme de Sarrahie. *f. chaffe.*

Chaffo quarrado, terme de Sarrahie. *chaffe quarrée.*

Chafteta. *f. chafteté.*

Chafublo. *f. chafuble.*

Chau, pau m'en chau. *Peu m'importe.*

Chavano. *f. Guillée, ou giboulée, ou ravine.*

Chaudeou. *m. Echaudé.*

Chaufo, terme de Foundeur. *f. chaufe.*

Chauma. *chomer.*

Chaupina. *adj. déchevelé, déchevelée.*

Se chaupina. *Se décheveler, ou se harper. Ce dernier est bas.*

Chaupina cauquoren. *chifonner ou froiffer, ou bouchonner, ou*

ratatiner, *ou foupir quelque chofe.*

Chaufi. *choifir.*

Chauffounie. *adj. traine favate.* †

Chechou, terme de jugadou de Palamar. *m. coup d'arriere-bras.* †

Chelidoino. *f. chelidoine, prononcez Kelidoine.*

Grando chelidoino. *f. éclaire, ou felongne, ou grande chelidoine.*

Chenau, terme de Foundeur. *f. écheno.*

Cher. *f. chair.*

Cher cüecho fur leis carbons fenfo grillo. *f. carbonnade.*

Cher cuecho für la grillo. *f. charbonnée.*

Cher cuecho, mai tan duro qué fau tira eme leis dens. *chair coriace.*

Manja de cher deis bichos, deis Sengliers, &c. *manger de la venaifon.*

Manja de cher. *manger de la viando.*

Cherfui. *m. cerfeuil.*

Chero moula. *m. gagne petit, ou emouleur à petite planchette.*

Cherpo. *f. écharpe.*

Cherubinado deis Souliers. *f. cirure de Souliers.*

Cherüi, Racino. *m. cherüi, ou cherüi.*

Chicanaire. *m. chicaneur, ou pointilleux au f. chicaneufe, ou pointilleufe.*

Chicano. *f. chicane, ou pointillerie.*

Chicano , jüec. f. *chicane.*

Chicha. *Piper.*

Chiche. *Pipeau , voyez* Chille.

Chichourlie. m. *jujubier.*

Picho chichourlie , ou falabriguie. m. *Alisier , ou micocoulier.*

Chichourlo. f. *jujube.*

Pichoto chichourlo. f. *Alise.*

Chichourlo de terro. m. *Taupinambour , ou pomme de terre.*

Chie. *voyez* Chille.

Chier. adj. *cher , chere.*

Deveni plus chier. *Rencherir.*

Chiero. f. *chere. On dit faire grand'chere.*

Chierta. f *cherté.*

Chifon, terme de courdounie. m. *Gipon.*

Chifra. *chifrer.*

Chifraire. m. *chifreur , ou ariméticien.*

Chifro. m. *chifre.*

Noun en chifro. m. *chifre , ou Monogramme. La science qui aprend à faire des lettres en dés chifres si obscures qu'on ne les peut deviner, ou à déchifrer. celles que l'on trouve écrites d'une maniere obscure , s'apelle la Steganographie.*

Chilla per prendre d'Ausseous. *Piper.*

Chille per prendre d'Ausseous. m. *Pipeau.*

Chille per prendre de Caillos. m. *courcaillet.*

Chimisto. m. *Alchimiste , & quand il est avec un subst. il faut dire chimiste. On dit Medecin chimiste.*

Chin. m. *chien.*

Chin de Mar. *chien de Mer , ou Requien.*

Excita un chin contro quauqu'un. *Baudir un chien contre quelqu'un.*

Lou crida d'un chin. m. *Aboi, ou áboyement d'un chien. Son verbe est aboïer , ou japer.*

Marri chin de casso. m. *Houret.*

Chin de Damo. *chien de manchon , ou bichon.*

L'houstau deis chins. m. *chenil, prononcez cheni.*

Chino. f. *chienne.*

Chino de casso. f. *Lice ses petis s'apellent les chaus.*

La chino a fa de cadeous. *La chienne à chienné , ou à mis bas.*

Chinqua. *chinquer.*

Chiquet , terme de Biberon. m. *Houspillon , aspirez l'h.*

Chiron , terme de Fustie. m. *Artison , ou Artuson.*

Boüesc chirouna. adj. *Vermoulu , ou vicié , ou carié.*

Chivaleto , juga à chivaleto. *jouer à cheval fondu.*

Chivau. m. *cheval , au plurier , chevaux. La pierre , ou autre chose dont on se sert pour monter à cheval plus aisement , s'apelle un montoir.*

Chivau que n'es pas cresta. m. *Roussin , ou cheval entier.*

Chivau tout d'un peou , & senso aucuno taquo. adj. *Zain.*

Chivau de peou d'Agasso. *cheval tisonné , ou poil de Pie.*

Chivau que se piquo uno cambo contro l'autro. *cheval qui s'entretaille, ou s'entrecoupe.*

Chivau qu'a uno marquo blanquo au pe de darrie au coulta drech. *cheval arzel.*

Chivau qu'a lou peou blan & varia per tout lou cor de peou Alezan & de peou Bay. *cheval autere, ou cheval poil de fleur de pécher, ou cheval poil de mille fleurs.*

Faire bagna un chivau dins uno gafo, &c. *Guéer un cheval.*

Sella, & brida un chivau. *Harnacher un cheval, aspirez l'h.*

Lou chivau s'es embarassa lou pe dins la brido. *Le cheval s'est enchevétré.*

Lou chivau crido. *Le cheval Hennit, aspirez l'h. ou Hanit. Son subs. est Hennissement, où Hanissement. m.*

Lou davan de la testo d'un chivau, s'apelle *le Chanfrein. C'est un vice aux chevaux de mordre leur mangeoire, qu'on apelle le Tic. On dit la bouche d'un cheval.*

Chivau-Leger. *m. Chevau-Leger. On dit un chevau-leger au singulier.*

Chivau de boues. *m. chevalet.*

A chivau blastema, lou peou l'y luse. *Il s'engraisse de malediction.*

Choc, terme de capelie. *m. choc.*

Chocola. *m. Chocolate.*

Choüillo. *f. Côtelette.*

Choüquet. *m. Hoquet, aspirez l'h.*

Chrestian. *adj. Crétien, chrétienne.*

Camina sur lou Chrestian. *marcher sur la chrétienté.*

Christou. *m. christofle.*

Chu. *chut, prononcez bien le T.*

Churmo, *f. chiourne.*

Ciboiro. *m. ciboire, ou f. custode.*

Cicar. *Voyez cigau.*

Cicori, herbo. *f. chicorée.*

Cicori fer. *chicorée sauvage.*

Ciel. *m. Ciel. Remarquez que le point du ciel, qui est élevé perpendiculairement sur nos têtes, s'apelle, le Zenith, & son antipode le nadir.*

Ciergi. *m. cierge.*

Cigalo. *f. cigale, la cigale claquete.*

Cigalo d'un'ancro. *m. Organeau, ou arganeau.*

Cigau, ay fa aco de mou cigau. *j'ai fait cela de mon chef, ou de mon estoc, ou de moi-méme.*

Cigne, Aulseou. *m. cigne.*

Cigne per apella quauqu'un. *m. signe.*

Cigoüet d'un aubre. *m. argot, ou chicot, ou picot.*

Cigougno, Aulseou. *f. Cigogne. Voyez, Aulseou.*

Pichoto cigougno. *m. Cigoneau.*

Cigouta un aubre. *Argoter un arbre.*

Ciloüver. *m. Mesaule.*

CIMEN. *m. Ciment.*

CIMO d'uno montagno. *f.*
Cime, ou m. Sommet d'une mon-
tagne.

CIN. *Cinq.*

CIN d'uno poües. *m. Neud*
d'un ais.

CINDRA, terme de Maſſon.
Cintrer.

Cindre , terme de Maſſon. *m.*
Cintre.

Cintaci.ſ*x*. *Syntaxe.*

CIPRES. *m. Ciprés.*

CIRAGI. *m. Cirage, ou f. cirure.*

CIRE. *m. Cierge.*

CIREURGIEN. *m. Chirurgien.*

CIRGIE. *m. Cirier , ou Ciergier.*

CIRO. *f. Cire.*

PASSA de ciro au bout d'uno
eſtoſo , afin que non ſe de-
fauſiele. *Bougier une étofe , ou*
cirer.

CIRO deis hueils. *f. Chaſſie.*

CIRON , animau. *m. ciron.*

CIROUS. *adj. Chaſſieux , Chaſ-*
ſieuſe.

CISAILLOS, terme de Peilourie,& de Sarrahie. *f. Ciſailles.*

CISBLET, terme d'argentie. *m.*
Ciſelet.

CISEOU. *m. Ciſeau.* Autis.

CISEOU per coupa de papie.
m. Ciſeaux.

CISOIRO , terme d'argentie.
f. Ciſailles.

CISTERNO. *f. citerne.*

CISTRE. *Eſpece de fenoüil.*

CIVADO. *f. Aveine.*

CIVADO fero *Aveine ſauvage.*

CIVADO , peiſſon. *f. civade.*

CIVILITA. *f. civilité.*

CLAFI. *adj. plein , pleine.*

SE claſi à forſo de manja. *Se*
gorger.

Clairano , terme de Marino.
f. éclaircie.

CLAPIE. *m. Tas , ou amas , ou*
monceau.

CLAR. *adj. clair , claire.*

CLAR per leis moüers. *f. volée*
de cloches pour les Morts , ou
ſonner pour les morts.

CLARE. *adj. clairet , clairette.*

CLARIFICA un Siro. *clarifier,*
ou épurer un Sirop.

CLARO d'un huou. *f. Glaire ,*
ou blanc d'œuf.

CLARTA. *f. clarté.*

CLARTA d'un Lume. *f. Lüeur*
d'une Lampe.

CLASTRE. *m. Presbitere, ou mai-*
ſon presbiterale. f. cure.

CLAU d'uno Sarraillo. *f. clef,*
prononcez clé. Les parties de la
clef , ſont, la Tige , l'Anneau,
le Paneton , & les dens. La
Tige eſt ce morceau rond de la
clef, qui prend depuis l'anneau
juſqu'au Paneton , & le Pa-
neton eſt la partie de la clef où
ſont les dens.

JUGA à la clau ſur uno taulo.
jouer au galet.

CLAU , per tiraſſa un paſſien.
f. claye.

CLAU d'uno Vouto. *f. clef ,*
ou Menſole.

CLAU , piſtoule deis enfans.
f. clef, ou petit canon.

CLAU d'uno fourmo. *clef de*
forme.

CLAU per teni un Saumie. *f. ancre, ou m. Tiran.*

CLAU, ou enclau. *m. Enclos, ou clos.*

CLAVELA. *cloüer.*

CLAVELADO, peiſſon. *f. Raïe, prononcés Rée.*

CLAVEOU. *m. clou.*

CLAVEOU ribla. *m. Rivet.*

CLAVEOU per leis Souliers. *m. clou à Soulier ou f. caboche.*

CLAVEOU d'uno peiro, terme de Maſſon. *m. Ferret.*

CLAVETTO, terme de Sarrahie. *f. clavette.*

CLAVETTO de L'eſſiou, terme de carretie. *f. Eſſe.*

PICHOTO clavetto per teni l'eſſe de Leſſiou. *f. Goupille.*

CLAVIERO, terme de Mulatie. *f. Ferriere.*

CLAVIERO, terme de Sarrahie. *f. clouviere, ou cloviere, ou clovere, ou cloutiere.*

CLAUSON, terme de Sarrahie. *f. cloiſon de ſerrure.*

PEIRO clauſon, terme de Maſſon. *Pierre boutiſſe.*

CLAUVISSO. *f. coquille.*

CAPELO facho eme de clauviſſos. *chapele de rocaille. Celui qui les fait s'apelle, un Rocailleur.*

CLEDA d'uno capelo. *f. Fermeture d'une chapele.*

CLEDANSO. *f. credance.*

CLEDO deis feneſtros d'un houſtau. *m. Barreau, ou f. grille de croiſée.*

CLEDO d'un Pargue. *f. claye.*

CLEISOUN. *m. Enfant de Cœur.*

Cler. *m. Clerc prononcez cler.*

Clicla que fan leis eſpaſos, l'uno contro l'autro. *m. cliquetis.*

Cligna leis hueils. *cligner les yeux.*

Se cligna. *S'abaiſſer, ou ſe beſſer ou ſe courber.*

Aubre que cligno d'un couſta. *Arbre qui penche d'un côté.*

Cliquettos. *f. cliquetes.*

Cliquo d'enfans. *f. troupe de Garçons.*

Clouchie. *m. clocher. La charpante, qui ſoutient les cloches dans un Clocher, s'apelle le Befroy, & les fenêtres d'un clocher ſe nomment les ouïes. f.*

Cluga. *Fermer les yeux.*

JUGA à cluga. *joüer à colin-Maillard.*

De clugoun. *A yeux clos.*

Cluſſi. *Glouſſer, ou clouſſer, la Poule-Glouſſe.*

Co. *m. coup, au plurier coups, prononcez Cou.*

Co d'hueil. *Çou, ou clin d'œil.*

Co que l'on douno ſur la teſto de quauqu'un eme lou ſegoun & lou trouſieme de farmas. *f. croquinole.*

Co qu'un Veiſſeou douno ſur un rouquas. *m. Heurt, aſpirés l'h.*

Co de pe, terme de courdounie. *m. cou de pié.*

Coco, fruit. *m. cacao. Son arbre eſt apellé un Cacaoyer.*

Coco, terme enfantin. *m. calot.*

Cocou.

Cocou, terme Burlefque. *m. coq.*

Cofo d'un capeou. *f. Forme d'un chapeau.*

Cofre. *m. cofre.*

Cofre per pourtad'hardos de foüero *m. Bahut. Le maitre qui les fait s'apelle un Bahutier.*

Cofre, terme de mariagi, quand uno fillo fe marido. *m. Trouffeau.*

Coin, terme de courdounie. *m. Coin.*

Coleramorbus. *m. Colera-Morbus, ou trouffe-galant.*

Colibet. *m. Quolibet, prononcez colibet.*

Come. *m. comite.*

Commemoresoun. *f. Commemoration.*

Conquo per abeura leis chivaux. *f. Auge.*

Conte d'argen. *m. comte, prononcez Conte.*

Conte de Bouticari. *Parties d'Apoticaire.*

Conte, Seignour d'un Counta. *m. Comte.*

Conte, hiftori. *m. conte.*

Conte de ma gran. *m conte de ma mere l'Oïe.*

Conterole. *m. controle.*

Conteroula. *cont'roler.*

Contro-feneftro. *m. contrevent, ou paravent, ou contre fenétre.*

Contropes. *m. contre poids.*

Contropes per ferma uno pouerto. *m. valet.*

Contro fenglon, terme de

Sellie. *m. contre -fanglot, ou fanglot.*

Coos. *m. coups, ou cous.*

Copi. *m. Quolibet, prononcez Colibet.*

Coquo, terme enfantin. *m. calot.*

Coquos, terme de Sarrahie. *f. coques.*

Cor. *m. Corps.*

Cor mau bafti, terme de Medecin. *corps Cacochüme.*

Cor embauma, & fec. *f. Mumie, ou Momie.*

Cor d'habi de fremo. *m. corps de jupe.*

Cor per faire camina leis pichos enfans. *f. Piquure.*

Cormarin, Auffeou. *m. Cormoran, ou corbeau pecheur, ou corbeau marin.*

Cornuo, terme de Bouticari. *f. cornuë, ou retorte, ou, m. matras courbe.*

Costo. *f. Soye plate.*

Cou de peiro. *Voyez Co.*

Coüa. *couver, cette action s'apelle incubation. f.*

Coüadis, hüou coüadis. *Oeuf courvis.*

Coüado de Poules. *f. couvée, ou ponte.*

Coüalo. *Voyez, coüelo.*

Coüarelo. *f. couveufe.*

Couble, terme de Sarrahie. *m. couplet.*

Coublo d'uno canfon. *m. couplet d'une chanfon.*

Coublo, d'animau. *f. couple.*

Couca. *coucher.*

A a

Couca lou bla. *Verſer , ou coucher , ou abatre le blé.*

Coucagno. *cocogne.*

Coucero. *m. Lit de Plume.*

Coucha dins un liech. *coucher dans un lit.*

Coucha quauqu'un. *Pourſuivre quelqu'un.*

Coucha quauqu'un per lou faire ſourti. *chaſſer quelqu'un.*

Coucha un Aze , per lou faire marcha. *Toucher un Ane.*

Coucha leis mouſquos à un chivau. *émoucher un cheval , ou chaſſer les mouches à un cheval.*

Coucha foüero de l'houſtau. *Découcher de la maiſon.*

Coucha. *m. coucher.*

Coucha, terme de jugadous. *coucher , ou maſſer.*

Couchado, fremo. *Acouchée.*

Couchado , lougis. *f. couchée.*

Couchado deis Lebros , & deis Bichos. *m. Gîte , ou f. muette , ou meute.*

Couchado d'un loup. *f. déchauſſures.*

Couchado d'un Senglie. *f. Bouge , ou fort.*

Couchado deis beſti ſauvajos & faroujos. *f. Taniere.*

Couchant. *m. couchant, ou Oüeſt.*

Couchie. *m. Cocher. Le valet d'un cocher s'apelle, le Palefrenier ou Palfrenier , & ſa robe de toile , qu'il met ſur ſon habit ſe nomme la Souquenille, ou Siquenille.*

Coucho , ſourti de coucho. *Relever de couche , ou Relever.*

Ave coucho. *Etre preſſé.*

Cougho - couquin. *Archer des Pauvres , ou archer de de l'ecuelle, ou chaſſe-coquin.*

Coucho-mouſquos d'un chivau. *f. volettes.*

Couchous. *adj. empreſſé, empreſſee.*

Coucou, jüec. *m. Here, aſp. l'h.*

Coucoumasso. *m. concombre ſauvage.*

Coucoumbre. *m. Concombre.*

Picho coucoumbre. *m. Cornichon.*

Coucoumbre de Mar. *m. Concombre de Mer.*

Coucoumeou d'une baudufo. *m. Bouton.* †

Coucoun , terme enfantin. *m. Oeuf.*

Coucoun. *m. Coucon, ou cocon, ou coque de Ver à Soye.*

Coucounie. *m. coquetier.*

Coucouniero. *f. coquetiere.*

Coucourouchou. *f. Pointe , ou m. Sommet.*

Coucouroumaſſo. *concombre ſauvage.*

Coudeno de lard. *f. coine , ou leveure de lard.*

Coudoule. *m. caillou.*

Coudoun. *m. coin , ou coing.*

Coudoun ſauvagi. *f. coignaſſe.*

Ay un coudoun. *J'ai un chagrin.*

Coudouna. *coin confit.*

Coudounie. *m. coignier , ou

coignaffier.

Coüe. *f. Queuë.*

SE faire auffa la coüe. *Se faire porter la queuë.*

Coupa la coüe à un chivau, chin, &c. *Ecoüer ou écourter, un cheval, un chien &c.*

Coüe d'uno peiro, terme de Maffon. *Queuë de Pierre.*

Coüede. *m. caillou.*

Coüeide. *m. coude.*

Douna de cos de coüeide. *coudoyer.*

FAIRE un coüeide, terme de Tailleur. Couder.

Coüeil. *m. cou, & non pas col.*

Coüeil de touto forto de bouteillos. *m. Goulot, ou, cou.*

Coüeil de touto forto de pechie d'eftan, & de terro, &c. *f. Gorge.*

HOME qu'a lou coüeil tourna. *m. Torticolis.*

Coüelo. *f. Montagne.*

Coüelo per coula. *f. cole.*

Coüelo de courdounie. *f. pâte.*

Coüelo quinto. *coloquinte, prononcez coloKinte, ou m. chicotin.*

Couelo fouerto. *cole forte.*

Couer de l'home. *m. cœur d'un homme.*

Couer per canta. *m. choeur, prononcez coeur.*

Couerdo. *f. corde.*

Couerdo per eftaqua la camifo d'un Matelot per la lava dins la Mar. *m. Traineau.*

Couerdo per tira, & faire mounta uno barquo fur la Ribiero. *m. chableau, ou f. cincenelle.*

Couerdo que l'on gieto eis Chaloupos; que voüellon veni au bord d'un Veiffeou. *f. Auffiere, ou Hanfiere, afp. l'h.*

Couerdo per lia leis mans, & leis bras. d'un pendu. *m. Saififfement. Celle qu'on luy met au cou, s'apelle la tourtoufe, & celle qui l'étrangle, le Cordeau.*

Couerdo per faire eftagiere, terme de Maffon. *m. Chablots.*

Couefto. *f. côte.*

Couefto d'uno pienchi. *m. champ d'un peigne.*

Couefto counilliero. *Laitron.*

Coufin. *m. cabas.*

Coufre. *m. cofret.*

Cougne d'un bas. *m. coin de bas.*

Cougne d'un expeffaire de bouech. *m. coin.*

Cougourda, Rabo cougourdado. *adj. cordé, cordée. On dit une rave cordée.*

Cougourdie. *f. courge.*

Cougourdo. *f. citrouille, ou courge, ou m. Potiron.*

Cougourdo longo. *f. courge.*

Cougourdo per teni de vin. *f. calebaffe, ou gourde, ou courge.*

Couguou. *Quand on parle d'un homme, il faut dire cocu, ou cornard. Quand on parle d'un oifeau, on dit un coucou, & quand on veut parler d'une fleur on dira un, ou une Iris,*

ou un Glayeul, ou une flambe.
COUIFA. *coifer.*
SE couifa de quauqu'un. *S'em-*
béguiner de quelqu'un, ou se
coifer de quelqu'un.
Couifagi. *f. coifure.*
Couifo. *f. coife.*
Couifo de nuech. *f. cornette.*
Couifo touto accoumoudado,
& que l'on se meto sur la
testo, coummo uno Parru-
quo. *f. Pareffeufe.*
Couina. *ou apréter.*
Couire. *cuire.*
Aco me fa couire lou de. *cela*
me fait cuire le doigt.
AQUEOU peiffoun couit. *ce*
poiffon pique, ou eft piquant.
Couiffin. *m. couffin.*
Couiffin dau lie. *m. chevet, ou*
traverfin.
Couiffin per courdura. *m. car-*
reau. On le dit auffi de ceux,
que les Laquais portent pour les
Dames.
PICHO couiffin dau Lie. *m.*
Oreiller, prononcez oreillé, ou
orillé.
Couiffin deis Boutonniers, per
faire de courdons. *m. Boif-*
feau.
Couifine de fentour. *m. couffi-*
net, ou fachet.
Coula de Papie. *coler de Papier.*
Coula de talons, terme de
courdounie. *Pâter de talons.*
Coula, Aigo que couello. *cou-*
ler, ou fluer. Remarquez que
fluer se dit plus ordinairement
des humeurs qui decoulent, foit

du cerveau & des autres parties du corps, foit d'une playe
& d'un ulcere. Mais de l'eau
on dit, couler, excepté quand
on dit que la Mer fluë, & re-
fluë.
FAIRE coula d'un vafe dins un
autre uno Liquour, eme un
mouceou de Linge baigna,
& tourtilla. *Filtrer. Le linge*
s'apelle le Filtre, & l'action,
la Filtration.
COULA goute à gouto, &
coummo imperfetiblomen.
Suinter. On le dit tant de la
liqueur, que du vafe, c'eft pour-
quoi on dit, ce vin Suinte, ce
Tonneau Suinte.
LA Vigno a coula. *La vigne*
a coulé, il eft opofé à noüer, qui
veut dire ne pas couler.
Coulacien. *f. colation.*
FAIRE coulacien. *colationner*
ou faire colation.
Coulacien ounte fervoun de
viando, & de fruit tout enfemble. *m. Ambigu.*
Coulado. *Reverence.*
Coulas. *m. colier.*
Coulas de chivau de carreto.
m. colier.
Coule. *m. colet.*
Coule d'Avouca. *m. Rabat, ou*
colet.
Coule de candelie. *m. colet de*
chandelier.
Coulegi. *m. colege.*
Coulero. *f. colere.*
Coulerous. *adj. colere, ou coleri-*
que. Le dernier n'eft bon, que
dans

dans le dogmatique.

COULETA. *m. coleter.*

COULIE. *m. colier.*

COULIE de chivau de cairéto. *m. colier.*

COULINO. *f. coline.*

COULIQUO. *f. colique.*

COULIS, terme de cousinie. *m. precis, ou pressis, ou coulis.*

COULOUBRINO. *f. couleuvrine.*

COULOUCIONA, terme de Palai, & de Reliaire. *colationner.*

COULOUMBIERO, terme de Pescaire. *f. combriere.*

COULOUMBINO. *f. Fiente de Pigeon.*

COULOUMBO. *f. Colombe.*

LA Couloumbo canto. *La Colombe Rocoule.*

COULOUNO. *f. colonne. Le bosel est cette grosse mouleure ronde qui est à la base des Colonnes, en forme d'anneau ou de Bourrelet. On apelle un peristile, un lieu environné de colonnes.*

Coulour. *f. couleur.*

Coumaire. *f. commére.*

JUGA eis coumaires. *joüer à la Madame.*

Coumanda. *commander.*

Coumando. *f. commande.*

Coumbo. *f. valée, ou combe.*

Coumedi. *f. comédie.*

Coumedien. *m. comédien.*

Coumensa. *commencer.*

Coumensamen. *m. commencement.*

Coumensamen d'une pesso de tello, &c. *m. Chef, ou f. tête.*

Coumentaire. *m. commentateur.*

Coumerci. *m. commerce.*

Coumero. *voyez* coumaire.

Coumeto. *f. Comette.*

Coumicien. *f. commission. Celui qui est envoyé secretement pour découvrir quelque chose, pour semer des bruits, & autres commissions est apellé un émissaire.*

Coumissari. *m. commissaire.*

Coummemoresoun. *f. commemoration.*

Coumo. *comme.*

Coumode. *adj. commode.*

Coumode, Riche. *adj. acommodé, acommodée.*

Coumodo, terme de coüifuso. *f. commode, ou paresfuse.*

Coumoudita. *f. commodité.*

Coumpacien. *f. compassion.*

FAIRE coumpacien. *Faire compassion.*

FAIRE coumpacien. *être pitoyable.*

Coumpagnie. *f. compagnie.*

FAIRE coumpagnie. *Faire, ou tenir compagnie.*

Coumpagnoun. *m. compagnon.*

Coumpagnoun d'un Barbie. *m. Frater.*

Coumpagnoun d'un Boulangie. *m. Mitron. Le second s'apelle geindre, & le dernier ayde.*

Coumpaire. *m. compére.*

SE coumpaneja. *Se ménager.*

Coumpas. *m. compas.*

Coumpati. *compatir.*

Coumpeiragi. *m. comperage.*

BB

Coumpensa leis despens. *compenser les dépens.*

Coumpensa eme un coumpas. *compasser.*

Coumpetitour. *m. competiteur au feminin competitrice.*

Coumple. *adj. complet, complette.*

Coumplimen. *m. compliment.*

Coumplouta. *comploter.*

Coumposto. *f. compote.*

Coumpourta *comporter.*

Un an coumpourtan l'autre. *un an portant l'autre.*

Coumpousa. *composer.*

Coumprendre. *comprendre.*

Coumpulsoire, terme de Palai. *m. compulsoire.*

Coumun. *adj. commun, commune.*

Coumcebre. *concevoir, quand on parle des femmes. Mais d'une cavale, vache &c. On dit retenir, ou concevoir.*

Councebre uno pensado. *concevoir une pensée.*

Counceda. *conceder.*

Councegau, terme de bouhie. *m. Méteil. Remarquez que quand il y a deux tiers de Froment, contre un tier de Seigle, on dit, passe méteil, ou gros méteil; & quand il y a plus de Seigle que du Froment, on dit petit métail.*

Councourdanso. *f. concordance.*

Coundana. *condanner, prononcés condâné.*

Coundicien. *f. condition.*

Coundu deis carrieros. *m. égout, ou conduit, ou f. cloaque. Ce*

dernier n'est pas usité.

Coundurre. *conduire, ou guider.*

Couneisseire. *adj. connoisseur, connoisseuse.*

Couneissenso. *f. connoissance.*

Couneissu. *adj. connu, connuë.*

Counfessa. *confesser.*

Counfessiouna. *m. Confessionnal, ou Confessionnaire. L'invention sur laquelle le Confesseur s'acoude dans le Confessionnal, s'apelle, un acotoir. La fenétre qui est à la grille du Confessionnal, se nomme un Guichet, ou une coulisse. Le canal dans lequel coule le guichet, s'apelle aussi coulisse.*

Counfessour. *m. Confesseur.*

Counfi. *confire.*

Counfi, terme de Pelletie. *confire.*

Counfina. *confiner.*

Counfirma. *confirmer.*

Counfirmacien. *f. confirmation.*

Counfisa. *Etre familier, ou se familiariser.*

Counfisseur. *m. confisseur, & quand il est marchand, on dit confiturier, sa fémme, s'apelle confituriere.*

Counfisqua. *confisquer.*

Counfituro. *f. confiture.*

Counfli de juridicien. *m. conflit de juridiction.*

Counfoundre. *confondre.*

Counfourma. *conformer.*

Counfusien. *f. confusion.*

Coungie. *m. congé.*

Coungreaire. *m. corroyeur.*

Coungrua de Vermino. *En-*

gendrer de Vermine.

Coünilliero , terme de caſſaire. f. Rabouïlleres , ou m. Catteroles.

Couniou. m. Lapin , ou Connil ,
ou Conin.

Counouiſſe. connoître.

Counquo, per abeura. f. Auge.

Counſeignour. m. coſeigneur ,
ou coſſeigneur.

Counſeilla. Conſeiller.

Counſeillie. m. Conſeiller.

Counſenti. conſentir.

Counſentomen. m. conſentement.

Counſeou. m. Conſeil.

Counſequanſo. f. conſequence.

Counſerva. conſerver.

Counſervo f. conſerve.

Counſidera. conſiderer.

Counſiderable. adj. conſiderable.

Counſigna. conſigner.

Counſiſta. conſiſter.

Counſoula. conſoler.

Counſoulacien. f. conſolation.

Counſtipa. adj. conſtipé , conſti-
pée.

Counſulta. conſulter.

Counſultacien. f. conſultation.
Menage dit que, conſultation eſt
pour les Avocats , & conſulte
pour les Medecins.

Counſuma. conſommer.

Un counſuma. un conſommé.

Counſurta. conſulter.

Counſurto. voyez, conſulta-
cien.

Counta. compter , ou comter ,
prononcez, conter.

Counta uno hiſtori. Raconter ,
ou conter une Hiſtoire.

Counta leis mots , terme de
meſtre d'eſcolo. épeler les
lettres.

Counta , Terro. m, Conté.
Quand il eſt joint avec pairie ,
il eſt, feminin.

Countadou. m. Comtoir. Le batant d'un Comtoir , eſt un volet au bout du Comtoir , qui ſe
leve , & ſe baiſſe. La baſcule
du Comtoir eſt une petite plaque
de fer, qui baiſſe par un bout ,
& hauſſe par l'autre , ſur le
Comtoir , & par ou , on jette
dans le Comtoir l'argent , que
l'on reçoit.

Countaire. m. comteur.

Countempla. contempler.

Countemplaire. m. contempla-
teur , an feminin contemplatrice.

Countemplaire , terme de devoucien. adj. contemplatif ,
contemplative.

Counten. adj. content , contente.

Countenenci. f. contenance.

Counteni. contenir.

Countenta. contenter.

Countenta ſa coulero. Aſſou-
vir ſa colere.

Counterola. cont'roler.

Counteſtacien. f. Conteſtation.

Countinua. continuer.

Countoir. voyez countadou.

Countour. m. Contour.

Countra. m. contract. Le livre
ou ſont tous les contracts d'une
Egliſe s'apelle le Cartulaire.

Countrari. adj. contraire.

Faire de countrari. Faire de
petites malices , ou aler chercher

quelqu'un.

Countre-faire. *contre-faire.*

Countribua. *contribuer.*

Countro-pounson , terme de Sarrahie. *contre-poinçon.*

Countuni , Febre countuni. *Fievre continuë.*

A la countuni. *A la continuë.*

Counvalecen. *adj Convalescent, convalécente.*

Counvencre. *convaincre.*

Counveni. *convenir.*

Counventuau. *adj. Religieux.*

Counversacien. *f. conversation.*

Counverti. *convertir.*

Counvida. *convier , ou inviter.*

Coupa. *couper.*

Coupa de cher ben menu. *Hacher , asp. l'h.*

Coupa la viando à taulo per la distribua. *Dissequer la viande.*

Coupa lou Pra. *faucher le Pré.*

Coupa la Vigno, uno Plumo, de Peiro, un habit, de linge, &c. *Tailler la Vigne , une Plume , &c.*

Coupa la testo. *Décapiter , ou couper la tête , ou trancher la tête.*

Coupa lou bla. *Sier , ou couper ou, abatre le blé.*

Coupaire. *m. coupeur , au fem. coupeuse.*

Coupe de la testo. *m. chignon.*

Coupia. *copier , ou transcrire. Ce dernier est pour l'Ecriture.*

Coupie. *f. copie.*

Coupisto. *m. copiste.*

Coupo , terme de jugadous deis cartos. *f. coupe.*

Coupo d'un habit. *f. Taille ; ou coupe d'un habit.*

Coupo d'au fen d'un Pra. *f. Tonture du foin d'un Pré.*

Segoundo coupo dau fen. *m. m. Regain.*

Coupo deis branquos deis Aubres coumo Sause , &c. *f. Tonte.*

Coupo d'un cuhie. *m. cuilieron.*

Coupo d'une Balanso. *m. Bassin à balance.*

Coupo de bouech deis grossos balansos. *m. Plateau.*

Coupo-bourgeon , Animau. *coupe-bourgeon, ou ver-coquin, ou Urebec , ou Liset , ou f. Lisette , ou Libette. Petit animal verdâtre , de la grosseur d'une Lentille , il ronge les jeunes jets des arbres fruitiers.*

Coupo-roso. *f. coupe-rose.*

Couquin. *m. coquin.*

Couquinarie. *f. coquinerie.*

Cour dou Rei. *f. cour du Roi.*

Premiero cour d'un grand houstau. *avant-cour.*

Cour per se proumena. *m. cours.*

Cour de ventre. *m. cours de ventre , ou flux de ventre.*

Couragi. *m. courage.*

Courajous. *adj. courageux , courageuse , ou valeureux valeureuse. ce dernier est plûtôt pour la Poësie que pour la Prose.*

Couranto. *f. courante.*

Courau. *m. corail , au pluriel coraux.*

Courba une pesso , terme de Fustie. *cambrer une piece.*

Courbeillo.

COURBEILLO. *f. corbeille.*

COURBILLON, jüec. *m. corbillon.*

COURBO, terme de Fuſtie. *f. courbe.*

COURBO, terme de Maſſon. *m. corbeau.*

COURCHOUN de pan. *m. crouton, ou grignon de pain. Le dernier eſt bas.*

COURCOUSSA, pierre es courcouſſa. *Pierre à un fer qui loche, ou Pierre a un coup ſur l'aîle.*

LIOUME courcouſſa. adj. *Legume verreux, verreuſe.*

COURCOUSSON qu'es au Lioume. *m. Puceron, ou coſſon.*

SE courda. *Se corder.*

COURDAGI, terme de Marino. *m. cordage, ou funin.*

COURDEILLA. *m. cordilias.*

COURDELA. *Laſſer.*

COURDELIE. *m. Cordelier.*

COURDELO. *Laſſet.*

COURDEOU, terme de Maſſon. *m. cordeau, ou f. Ligne.*

COURDIE. *m. cordier.*

COURDON. *m. cordon.*

COURDON, que leis fremos metoun à ſeis armos. *f. cordeliere.*

COURDON plat. *f. Treſſe, ou Trece.*

COURDON per eſtaqua lou cors d'un caſſaire. *f. enguichure.*

COURDON, terme de capelie. *f. Leſſe.*

COURDOUN d'uno gumo. *m. Torou, ou Touron.*

COURDOUNIE. *m. cordonnier.*

COURDURA. *coudre.*

ESTRE courdura. *Etre couſu, couſuë.*

COURDURADO de Sede. *f. éguillée de Soye.*

COURDURO. *f. coûture.*

COURDURO d'uno plago. *f. Suture d'une playe.*

COURET, terme de bouchie. *m. Cœur.*

COURIANDO. *f. coriandre.*

COURLIOU. *m. corlieu, ou corlis, ou courlis. Voyez* Auſſeou.

COURNE de terro. *m. Cor. L'endroit par ou on embouche le cor, ſe nomme le Bocal, & l'autre extremité qui eſt fort large s'apelle le Pavillon.*

COURNILIERO, terme de Maſſon. *f. corniere.*

COURNIOU, terme de jardinie. *m. Plateau.*

COURNISSO. *f. corniche.*

COURNISSO per metre ſur un Imagi, ou ſur uno carto. *f. Gorge, & le baton qui eſt en bas, s'apelle un Rouleau.*

COURNUDO. *f. béne, ou bane.*

Cournudoun. *m. Baquet.*

Couro. *Quand.*

Courou. *Petit chien noir.*

Courouna. *couronner.*

COUROUNEL d'Infanterie. *m. Colonel.*

COUROUNEL de cavalarie. *m. Meſtre de Camp.*

Courouno. *f. Couronne.*

COUROUNO de Capelan. *f. Tonſure, ou Couronne.*

Cc

Courouno d'un chivau. *f. Couronne.*

Courounoment. *m. Couronnement.*

Courounoment d'uno campano. *f. Hune aspirez l'h.*

Courpourau , terme d'Eglifo. *m. Corporal , au pluriel Corporaux.*

Courpourau, deis fourdas. *m. caporal, au plur. caporaux. L'Officier qui eft fous le Caporal, s'apelle Anfpeffade , ou Anfpeçade.*

Courre. *courir , ou courre. Le dernier fe dit rarement.*

Courre vite per douna fecours. *acourir au fecours de quelqu'un.*

Courre la bourino , terme de marino. *courre la bouline.*

Courrecien , fous courrecien. *Sauf le refpect que je vous dois , ou fauf correction , ou fous correction.*

Courredou bas. *m. veftibule.*

Courredou haut. *m. corridor.*

Courredou , terme de Marino. *f. Rides de Hauban.*

Courreja. *corriger.*

Courreja , terme de Sarrahic. *corroyer.*

Courrejo. *f. corroïe , ou longe.*

Courrejo dau foüeil d'uno Baudufo. *f. Laniere, ou corroïe, ou longe.*

Courrejo deis Eftrious. *f. étriviere.*

Courrejo de guinguagi , terme de carretie. *f. retraite.*

Courrejolo , herbo. *Petit Lizeron.* †

Courrejoun. *m. cordon des Souliers , ou f. corroïe.*

Courreire. *m. coureur.*

Courren. *m. courant.*

Courren, terme de marino. *m. courant.*

Courrentillo. *terme injuriou. adj. troteux , troteufe.*

Courrefpouendre. *correfpondre.*

Courrefpounden. *m. correfpondant.*

Courretie. *m. Fripier, ou courtier, au fem. fripiere , ou courtiere.*

Courretie hounourable , coumo es aqueou que fa vendre d'oufficis, ou fa de mariagis. *m. Proxenete , ou negociateur , au figuré. On peut dire Maquignon.*

Courrie. *m. courier , ou meffager.*

Courroumpre. *corrompre.*

Se courrouffa. *Se courroucer. Mais fe metre en colere eft meilleur.*

Courrouffa quauqu'un. *Quereler, prononcez Krelé quelqu'un.*

Cours per fe proumena. *m. Cours.*

Courfari. *m. Corfaire.*

Courfe. *m. Corfet.*

Court. *adj. court , courte.*

Rendre court. *Racourcir.*

Courtilliero. *f. courtilliere. Infecte qui fe forme dans le fumier de cheval , il eft ordinairement long de deux pouces , jaunâtre, il ronge le pié des Melons , des*

Laituës, &c.

Courtiou., terme d'Arles. *m. Meſaule.*

Courtois. *adj. civil, civile.*

Courto-paillo. *f. courte paille.*

Cous d'un houſtau. *m. étage d'une maiſon.*

Couſin. *adj. couſin, couſine.*

Couſinagi. *m. couſinage.*

Couſineja. *couſiner.*

Couſino. *Voyez* couzino.

Couſoir, terme de Reliaire. *m. couſoir.*

Couſſet, terme de Vendumi. *f. Sebile.*

Couſſo. *f. Eſcouſſe.*

Couſſoudo. *f. Aprele, ou Prele, ou queuë de cheval.*

Couſta. *couter, ou valoir.*

Lou couſta. *Le côté. Ce qui eſt de nôtre côté, s'apelle Citerieur, citerieure. adj. Et ce qui eſt de l'autre côté ulterieur ulterieure. adj. choſe qui à vingt côtez Eicoſaedre, m.*

Couſteja. *cotoyer, prononcez, cotéïé.*

Couſteleto. *f. côtelette.*

Couſtie. *adj. coſtier, coſtiere, pron. l'ſ.*

Couſtumado. *f. acoutumée.*

Couſtumo. *f. coutume.*

Couta à la marjo d'un libre. *côter à la marge d'un livre.*

Couta doües boulos enſen. *fraper, ou beurter deux boules enſemble.*

Couta quauquoren afin que ſiegue ferme, & que non boulegue ren. *étançonner.*

Coutau. *m. coteau, ou cotau.*

Coutau qu'es au bor de la Mar, ſiegue de terro, ou de peiro. *f. Dune.*

Coutau qu'es au bor d'uno Ribiero. *f. Berge.*

Coutelas. *m. coutelas.*

Coutclie. *m. coutelier.*

Couteliero. *f. couteliere.*

Couteou. *m. couteau.*

Couteou de füec, terme de Manechau. *couteau de feu.*

Couteou de Brouquie. *f. plane.*

Couteou-ſerro. *f. Sie à main, ou Egohine. Remarquez que la pointe de fer du couteau, qui entre dans le manche, s'apelle la Soye.*

Couteou ſerro d'un Sarrahie. *f. Sie à guichet.*

Couteou que pau pas coupa, parce que l'an pas tourqua, apres n'en ave coupa de poumo, &c. *couteau agacé.*

Couteou que le farmo. *f. jambette.*

Couteou, flous. *m. Glayeul, ou Iris, ou f. Flambe.*

Couti. *Goinfrer.*

Coutiga. *chatoüiller.*

Coutigna. *m. cotignac, ou f. pâte de coins.*

Coutigou. *m. chatoüillement.*

Coutilloun. *f. jupe.*

Coutilloun de deſſous. *m. cotillon.*

Coutillon, drech que leis fremos an ſur la vendo deis oufficis de ſeis marris. *f. chaine.*

Coutis, tello. *m. coutis, ou coutil.*

Coutisa. *cotiser.*

Coutoun. *m. coton. Son arbre s'apelle un cotonnier, ou Xylon.*

Coutouna, reifoüert coutounado. *adj. Raifort cordé cordée, ou cotoné cotonée.*

Coutounino. *f. cotonine.*

Couturie. *m. couturier, au fem. couturiere.*

Couturo. *f. couture.*

Couturo d'uno plago. *f. Suture d'une playe.*

Couven. *m. couvent, & non pas convent, ou Monastere.*

Couventuau. *adj. Religieux.*

Couzina. *cuisiner, ou faire la cuisine.*

Couzinie. *m. cuisinier, au fem. cuisiniere.*

Couzino. *f. cuisine.*

CRANO. *m. crane, ou tét prononcez long.*

CRASSO. *f. crasse.*

CRASSO dau marri quitran. *f. Rache.*

CRAYON. *m. crayon.*

CRAYOUNA. *crayonner.*

CREA. *créer.*

CREBA. *crever.*

CREBA, mo injuriou. *m. crevé.*

CREBO-coüer. *m. creve-cœur.*

CREDI. *m. credit, prononcez brievement.*

CREGNE. *craindre.*

CREI, terme de Pastre. *m. croit.*

DOUNA à mita crei. *Donner ses Brebis à chepteil.*

CREIRE. *croire.*

CREISE. *croître, ou acroitre. Remarquez que ce dernier ne se dit point des corps qui prennent de l'acroissement, mais des choses qui peuvent recevoir quelque augmentation visible, ou invisible. Les Richesses ne font qu'acroitre la soif.*

Creissenso. *f. croissance.*

Creissoun. *m. crésson d'eau.*

CREMA. *brûler.*

Cremesin. *adj. cramoisi, cramoisie.*

CREMO. *f. crême.*

Creneou. *m. creneau.*

Crento. *f. crainte.*

Cresereou. *adj. crédule.*

Crespeou. *f. Riblette au lard.*

Crespin. *m. crépin.*

Crespin, terme de courdounie. *m. calebotin.*

Crespino. *f. crépine.*

Crespino deis pichos enfans que venoun dau ventre de seis Meros. *f. coife.*

Crespino, terme de bouchie. *m. parement.*

METRE la crespino, terme de bouchie. *Parer, ou mettre le parement.*

Crespo. *m. crêpe.*

Crespoun. *m. crépon.*

Cresta. *châtrer.*

Cresta un Poüer. *Seuer un couchon.*

Chresta un chivau. *Hongrer, ou couper, ou châtrer un cheval.*

Cresta de Melon, de cougourdos, &c. *Arrêter ou châtrer les*

les Melons , courges , &c.

CRESTA un capoun. *chaponner, ou châtrer un Chapon.*

CRESTA. m. *Châtré, ou Eunuque.*

CHIVAU cresta. *Cheval châtré, ou cheval Hongre , ou Hongre , tout seul , asp. l'h.*

Crestaire. m. *Châtreur.*

Crestaire , suble. m. *Siflet de chaudoronier.*

Cresten d'un houstau. m. *Faîte d'une maison.*

Cresten d'uno Pare. m. *chaperon , ou chapiteau.*

FAIRE de cresten. *Enfaîter.*

Cresteri. m. *lavement , ou agrément. Le dernier est bas.*

Crestian. *voyez* chrestian.

Cresto. f. *crête.*

Cresu , estre cresu. *être crû.*

Cri , instrumen. m. *cric.*

Crida. *crier.*

Crida quauqu'un. *apeller quelqu'un.*

Crida au secours. *s'écrier.*

CRIDA coumo un eiglaria. *crier a pleine tête.*

Cridaire. m. *crieur , crieuse , ou criailleur , criailleuse , ou clabaudeur , clabaudeuse.*

Cridatie. f. *crierie , ou criaillerie.*

Cridos que fan faire leis Magistrats. m. *cris , ou* f. *criées.*

Cridos deis bans d'un mariagi. f. *proclamation.*

Crime. m. *crime , ou forfait. On dit la publicité d'un crime, pour dire qu'il est public.*

Crin. m. *crin.*

Prendre un chivau per lou crin. *Prendre un cheval par la criniere.*

Cris. m. *Cri.*

Cris per prega Diou. m. *Christ.*

Crisi. f. *crise.*

Cristai. m. *Christal , au pluriel , Cristaux.*

Cristeri. *voyez* cresteri.

Cristou. *voyez* christou.

Croc. m. *Croc , ou crochet.*

Croc per pendre la cher dins uno cousino. m. *croc.*

Croc , terme de Parruquie. m. *coin.*

Croïanso. f. *créance , ou croyance.*

Crois , aprendre la santo crois. *aprendre l'A B C, prononcés l'Abécé, ou la Croix de par Diou.*

Crosso d'un Evesque. f. *Crosse d'un Evêque.*

Crosso d'un malau. f. *Potence d'un malade.*

Crosso d'un Fusiou. f. *crosse , ou couche d'un Fusil.*

Croto. f. *cave. Les grosses pieces de bois , sur lequelles on pose les Tonneaux dans une cave , s'apellent le chantier.*

Crouche d'un habit. f. *Agrafe.*

Crouche per pendre quauquoren. m. *crochet.*

Crouche , terme de Sarrahie. m. *crochet.*

Crouche per durbi leis Sariaillos. m. *Rossignol , ou crochet.*

Crouche , terme de Fustie. *crochet de fer.*

Crouche d'atelagi. m. *Ragot.*

Crouche que leis fremos metoun à la centuro , per seis claus. *m. clavier.*

Crouche, que metoun din la Pare, per teni lou bourneou de fuillo de maignin , que dessendo de la goüergo , jusquo au sou. *f. Gâche.*

Crouche d'un Libre. *m. Fermoir d'un Livre.*

Gros crouche de ferri gipa à uno pare per farma uno pouerto. *m. arc-boutant.*

Croucheta un habi. *Agrafer un habit.*

Croucheta uno poüerto. *crocheter une porte.*

Croucu. *adj. crochu , crochuë.*

Croües. *m. creux.*

Croües, per entarra leis moüers. *m. creux , ou , f. Fosse.*

Croües, per destrempa de cau. *bassin à chaux.*

Croües que soun eis carrieros , fauto d'estre ben caladados. *f. Flache.*

Croumpa. *acheter. voyez* acheta mai.

Croumpaire. *adj. acheteur , acheteuse.*

Croupatas. *m. corbeau. Le corbeau croasse , ou coraille.*

Croupi. *croupir.*

Crous. *f. croix. Les bras d'une croix s'apellent le Croison , ou Croisillon. Le trou , ou on met le bâton , se nomme la Doüille.*

Juga a crous , ou piello. *joüer à Croix , & à Pile.*

Crous de Malto , herbo. *f. Croix de Malte.*

Crousa. *croiser.*

Crousa duro , terme de Teisseran. *f. croisée.*

Crouseto, juec. *joüer à la poussette , ou joüer aux épingles.*

Crousiero de fenestro. *f. croisée.*

Crousiero , terme de Bugadiero. *m. Trépié.*

Crousse , que l'on fa à la gauto en risen. *f. Fossette.*

Croustilla. *croustiller , prononcés ls. Son subjectif est une croustille.*

Croustilla un pan. *écrouter un pain.*

Croustillous. *adj. Plaisant , ou rejouissant , ou croustilleux. Le dernier est bas.*

Crousto. *f. croûte.*

Crousto de dessous d'un pasti. *f. abaisse de pâté.*

Crousto , la plus tendro d'un pan qu'es à cousta. *m. Biseau , ou f. baiseure d'un pain.*

Croutoun. *m. cachot , ou croton. Ce dernier est bas.*

Crüauta. *f. crüauté.*

Cruci , pan que cruci entre leis dens. *Pain qui croque entre les dens.*

Crucifiqua. *Crucifier.*

Crucifis. *m. Crucifix.*

Crudita. *f. crudité.*

Crüel. *adj. cruel , cruelle.*

Crus , frui crus. *adj. crud , ne prononcez pas le D. au f. crüë.*

Camiso cruso. *chemise jaune. On dit toile crüë , ou écrüé , mais il faut qu'elle n'aye jamais été moüillee.*

Cruvelie , Artifan. *m. Boiffe-*
lier.

Cruveou de Nofe , d'Amen-
do , &c. *f. coque de Noix, &c.*

Cruveou de Limaffo. *f. coquille
de Limaçon.*

Cruveou per neteja lou bla.
m. crible.

Cu. *m. Qui.*

Cu. *Que dites vous.*

Cuberto. *f. couverture.*

Cuberto deis chivaus. *m. ca-
paraçon.*

Cuberto deis cadieros d'uno
chambro. *f. Houffe, afp. l'h.*

Cuberto, terme de Tailleur de
peiro. *m. claveaux.*

Cubri. *voyez* curbi.

Cüe. *adj. cuit, cuite.*

Cuecho, terme de Fournie. *f.
cuite, ou cuiffon.*

Lioume de bouenno cuecho.
Legumes qui cuifent bien.

Lioume de marrido cuecho.
Legumes qui ne cuifent pas bien.

Cueilleras , terme de charron.
m. Laceret.

Cueillerat, Auffeou. *m. cuilier.*

Cueilleyrat , terme de Brouquie. *f. Vrille.*

Cueilli. *cueillir.*

Cueilli fou capeou dau fou.
Ramaffer fon chapeau.

Aqueou vin cüeillo proun
d'aigo. *Ce vin porte beaucoup
d'eau.*

Se cueilli. *Se relever.*

Cueilli uno maillo d'un bas.
Reprendre une maille d'un bas.

Cuer per canta. *Chœur, pronon-*

cez cœur.

Cuer d'un home. *m. coeur d'un
homme.*

Cuer per leis courdouniers. *m.
cuir.*

Cuer fec de Boucharie , terme
de curatie. *m. cuir verd.*

Cuer de Boucharie nouvello-
ment efpeya , terme de curatie. *f. carbatine.*

Cuerle , terme de Courdie. *f.
molette.*

Cuhi. *voyez* cueilli.

Cuhie. *f. Cuilier , prononcez cui-
lié. L'endroit , ou on met les
armes à une Cuilier , ou a une
Fourchette , s'apelle la feuille.
Le cuilleron eft la partie crufe
de la cuilier , qui eft atachée au
manche , & qu'on met dans
la bouche. L'arète eft la partie
de la cuilier , relevée fur le
cuilleron.*

Cuhie farma. *m. Buberon , ou f.
cuilier couverte.*

Cuhie d'un trebuque per prendre d'Auffeous. *f. marchette.*

Cuhie , Auffeou. *f. cuilier. Il
refemble au Heron , Hormis qu'il
a le bec fait en cuilier.*

Cuhieirado. *f. cuilierée.*

Cuhiero de l'oulo. *f. cuilier à
pot.*

Cuiffo. *f. cuiffe.*

Cuiffo de Dono , efpeffo de
Pero. *f. cuiffe-madame.*

Cuiffo de Granoillo, terme de
Sarrahie. *f. cuiffe de Grenoüille.*

Culaffo , terme de Fufiou. *f.
Culaffe.*

Culatto d'un canoun. *f. Culat-
te d'un Canon.*

Culeiron , terme de Sellie. *m.
culeron.*

Culieirado de poutagi. *f. cuilierée.*

Cumafcle. *f. cremiliere , ou cre-
maillere , ou cremitlere.*

Cuou. *m. cu , ou f. Feſſes.*

FAIRE piqua lou cuou fur la
lauvo. *Donner la baſcule.*

Cuou d'uno Lampi d'Eglifo.
m. culot , ou , m. Cu de Lanpe.

Cuou-blan , Auſſcou. *m. Cu-
blanc.*

Cuou-rouſſe, Auſſcou. *f. Rouge-
Queuë.*

Cura. *m. curé.*

Cura un pous. *curer , ou écurer
un Puits.*

Cura uno Dindo, un peiſſon,
&c. *vuider une Poule-Dinde ,
un Poiſſon , &c.*

SE cura lou Nas. *Se foüiller dans
le Nez.*

SE cura leis Dens. *Se netteyer
les Dens.*

Cura de nis. *dénicher les oiſeaux.*

Cura uno Poumo , Pero , &c.
per l'y tira lou marri eme la
pouncho d'un couteou. *cerner une Pomme , &c.*

Curagi d'un Pous , d'un fouf-
fa , &c. *f. cure.*

Curaire de Pous. *m. écureur de
Puits , ou cureur de Puits. La
drague eſt un outil emmenché
de bois , avec un fer large au
bout , dont les écureurs de Puits
eſſervent pour en ôter les ordures.*

Curaire de Nis. *m. Dénicheur.*

Curaterie. *f. Les Taneries.*

Curatie. *m. Taneur.*

Curatie deis peous de Moutouns , & autros peous de-
licatos. *m. Megiſſier.*

Curatour. *m. curateur.*

Curbi. *couvrir.*

Curbi un calici , ou lou viſagi d'uno mounjo. *voiler un
calice , ou une Religieuſe.*

Curbi un paque. *Enveloper un
Paquet.*

LOU ten ſe cuerbo. *Le tems
s'obſcurcit , ou ſe couvre.*

Curious. *adj. curieux , curieuſe.*

Curiouſita. *f. curioſité.*

Curle , terme de courdie. *f.
molette.*

Curo , terme de chirurgien. *f.
cure.*

Curo Benefici. *f. cure.*

Curo-Aureillo. *m. cure-oreille.
Ce qu'on tire avec le cure-oreille
s'apelle le Suif.*

Curo-den. *cure-dent.*

Curo fuec , terme de Mare-
chau. *m. tiſonnier-coudé.*

Curun , terme de Maſſon. *m.
gravois , ou f. décombre.*

Cuſcuto , planto. *f. cuſcute.*

D *Maſculin.* D.
DAGA. *poignarder.*
DAGO. *m. poignard.*
DAÏA. *Faucher.*

DAÏAGI. *m. Fauchage.*

DAÏAIRE. *m. Faucheur.*

DAINE , peiſſon. *m. Dente.* †

DAÏo. *f. Faux. L'ouvrier qui
les*

les fait, *s'apelle un Taillandier.*

DAÏOMEN. *m fauchage.*

DAMAS. *m. Damas.*

DAMEISELO. *f demoiselle.*

DAMEISELO, Animau. *f. demoiselle.*

DAMEISEOU. *m. damoiseau, ou Damaret, ou Marjolet.*

DAMEN, teni damen. *épier, ou guéter.*

DAMIE. *m. Damier, ou échiquier, ou Tablier. L'Ouvrier qui les fait s'apelle le Tabletier.*

DAMO. *f. Dame.*

LA premiero es Damo. *La premiere est pour les Dames.*

DAMO damado. *Remarquez qu'on dit Dame damée à celle, qui a droit de se faire apeller Dame, & celle qui n'a pas ce droit, est apellée dame à chaperon.*

DAMO janno. *f. dame jeanne, ou gros flacon. Voyez* garni.

DAMOUN. *en haut, asp. l'h.*

DAN. *dépens.*

DANA. *dâner.*

DANGEIROUS. *adj. dangereux, dangereuse.*

DANGIE. *m. danger, ou peril.*

DANIS. *m. Denis.*

DANNACIEN. *f. Dânation.*

DANOIS. *adj. Danois prononcés comme il est écrit.*

DANSA. *danser.*

DANSAIRE. *adj. danseur, danseuse.*

DANTELO. *f. dentele.*

LA fremo que racoumodo leis dantelos routos, s'apello

une remplisseuse de dentele.

DARADE, planto. *m. alaterne.*

AUTRE darade. *f. Filaria, ou Phillyrea.*

DARBOUNIERO. *f. Taupiniere.*

DARBOUS, Animau. *f. Taupe, prononcez Tope.*

DARBOUSSADO, terme de Labouraire. *m. Cuiroir.*

DARBOUSSIE. *m. arbousier, ou arboisier.*

DARBOUSSIERO, herbo. *f. Stramonée, ou Pomme épineuse.*

DARBOUSSO. *f. Arboise, ou Arbouse.*

DARDAILLON d'uno blouquo. *m. ardillon.*

DARNAGAS. *f. Pie-Grieche.*

DARNIE. *adj. dernier, derniere.*

DARNO d'uno nose. *f. cuisse de Noix.*

DARNO d'un Arangi. *m. Quartier d'Orange.*

DARRIE, terme de Carretie. *Arriere.*

DARRIE. *adj. dernier, derniere.*

DAS, *m. Dé. Remarquez que quand avec deux Dez, on amene deux points semblables, on dit, qu'on a fait un doublet.*

DATI. *f. Date.*

DATIF. *m. datif, pron. l'f.*

DAVAN. *devant.*

DAVAN-d'Auta. *m. Parement d'Autel, ou devant d'Autel.*

DAVANTAGI. *davantage.*

DAVANTIER. *Avant-hier, prononcez le T.*

DAVANTIER, terme de Teisseran. *f. Poitriviere.*

E e

DAVAU. *en bas.*

DAUFIN. *m. Daufin.*

DAVI, terme de Brouquie. *m. m. davier, ou chien.*

DAVI, terme de Fuftie. *m. davi, ou fergent.*

DAVI de boües. *m étreignoir.*

DAUMAGI. *m. dommage.*

FAIRE de daumagi. *endomma-ger.*

DAUMEN. *Pendant.*

DAURA. *dorer.*

DAURADO, peiffon. *f. dorade.*

GROSSO daurado. *f. dorade, ou breme de Mer, ou brame de Mer.*

DAUREUR. *m. doreur.*

DAURURO. *f. dorure.*

DAURURO de paftis, *f. dorure de Pâté.*

DE. *m. doigt. Le gros doigt de la main s'apelle le pouce. Le fecond Indice, ou Index, m.*

JUGA au de de Laze. *joüer à chaffe Corné.* †

LA pouncho d'un'efpino, ou un mouceou de boües, ou de paillo, que fe meto entre lou de, & l'onglo, & que nous fa mau, s'apello, *une écharde.*

DURETA que ven au de, per ave fa quauque effor. *m. durillon, ou Cal.*

DEBADO. *Quoyque.*

DEBANA. *dévuider.*

DEBANADOU. *m. dévidoir, ou f. Tournette. La taffe de la Tournette eft l'endroit, ou on met le Peloton.*

DEBANAIRE. *m. dévideur au fem. dévideufe.*

DEBARCA. *débarquer.*

DEBARCADOU. *m. débarca-dour.*

DEBARCAMEN. *m. débarque-ment.*

DEBARRASSA. *débarraffer.*

DEBASTA. *débater.*

SE debafta terme de jugadous. *Gagner l'acquit.*

DEBAUCHA. *débaucher.*

DEBAUCHA. *adj. débauché, débauchée.*

DEBAUCHO. *f. débauche.*

DEBENDAMEN. *m. débandement. Il fe fait par la vertu Elafti-que.*

DEBESCONTI. *m. mécompte, prononcez méconte, ou f. mé-prife.*

SE debefcounta. *Se mécompter, prononcez méconté, ou fe mé-prendre.*

DEBITA. *débiter.*

DEBITO. *m. débit.*

DEBITOUR. *m. débiteur, au f. débitrice.*

DEBOUCA. *adj. diffolu, diffo-luë en fes paroles.*

DEBOURDA. *déborder.*

DEBOUSSELA lou Carbe. *Egrener, ou égrainer le Chanvre.*

SE debraya. *mettre chauffe bas.*

SE debrega. *Tomber tête pre-miere.*

DEBROUTA la Vigno. *ébour-geonner, ou châtrer la Vigne.*

DEBU. *m. début.*

DEBUTA uno Predicacien.

commencer ou débuter.

DEBUTA uno boulo. *tirer, ou débuter une boule.*

SE decatigna. *Se quereller, prononcez Krelé, ou avoir de Riotes avec quelqu'un. Ce dernier est bas.*

Decendre. *décendre.*

DECENDRIA uno vouto. *décintrer une voute.*

Decendudo. *décente.*

Dechifra. *déchifrer. Pierre, ou Médaille, qu'on ne peut pas déchifrer. Medaille frustre. La science de dechifrer un vieux Papier s'apelle la Bibliographie.*

Decindra, *terme de* Masson. *decintrer.*

Decindradou, *terme de* Masson. *m. decintroir.*

Declama. *declamer.*

Declamaire. *m. declamateur.*

Declara. *declarer.*

Decurien. *m. decurion.*

Decurio. *f. Scedule, ou Cedule.*

Dedau. *m. Dé.*

DEDAU de Cano, *terme de* Meissounie. *m. doigtier.*

DEDAU per courdura leis Vellos. *f. Paumelle,*

DEDAU deis tireurs d'or, & deis eguileriers. *m. Poucier.*

Dedavau. *en bas.*

Dedaura. *dedorer.*

Dedenta. *adj. édenté, édentée, ou breche dent.*

Dedin. *dedans.*

Dedommaja. *dédommager.*

Defaire. *défaire.*

DEFAIRE sa raubo en l'abeis-

san. détrousser sa robe.

DEFAIRE lou fuec. *detiser le feu.*

Defarra. *déferrer.*

Defarrouilla. *deverroüiller.*

Defauta. *Manquer de parole.*

Defendour. *m. défendeur, au fem. défenderesse.*

Defendre. *défendre.*

Defensour. *m. défenseur.*

DEFER, aco m'es defer. *cela m'est dur, ou rude, ou du mal.*

Defigura. *défigurer.*

Defiqueja quauqu'un. *craindre quelqu'un.*

Defisa. *defier.*

Defoüero. *dehors, ou hors.*

Defounsa, *terme de* Coungreaire. *défoncer.*

Degai. *m. dégát.*

Degaïa. *Faire du dégát.*

Degaïe. *adj. mauvais-ménager, mauvaise ménagere.*

Deganeja. *degouter, prononcez degouté.*

Degaubia. *adj. mal-adroit, mal-adroite.*

Degauchi, *terme de* Fustie. *degauchir.*

Degenera. *dégénerer.*

Degeou. *m. dégel.*

Degeri. *voyez* digiri.

Degestien. *f. digestion.*

SE deglani. *S'ébaroüir, ou se gercer. On dit Vaisseau ébaroüy.*

Deglassa. *dégeler. Voyez* glassa.

Degoula. *Précipiter.*

Degoulacien de San Jan. *f. décolation de Saint Jean.*

Degous. *m. dégout.*

Degousta. *dégoûter.*

Degout de plueio. *m. dezout de pluïe.*

Degouta. *dezouter , prononcez dezouté.*

Degouya en seis paraulos. *adj. dissolu , dissoluë en ses paroles.*

Degouya en seis manieros de faire. *adj. Salope.*

Degrana un'espigo, *égrener un Epi.*

Degreissa. *dégraisser.*

Degroussa. *dezrossir.*

Degroussa lou Carbe. *Ebaucher le Chanvre.*

Degroussou , terme de Courdie. *m. Ebauchoir.*

Degruilla leis Noses , Amendos , Avelanos , &c. *Ecaler les Noix , les Amendes , &c.*

Degruilla lou Lioume. *Ecosser le Legume.*

Degruna un Rasin, un'espigo. *Egrener un Raisin, &c.*

Degu. *adj. Deu , prononcez du , duë.*

Degun. *Personne , ou nul, nule, ou aucun , aucune.*

Dejala. *dégeler. Voyez glassa.*

Dejeuna. *jeuner.*

Deima. *dîmer.*

Deime. *f. dîme.*

Deimerie. *f. dîmerie.*

Deimie. *m. dîmeur.*

Dejouca. *déjucher.*

Dejouca. *m. déjuc.*

Delassa. *délasser.*

Deleta. *délecter.*

Deletacien. *f. délectation.*

Delia. *délier.*

Delivra. *délivrer.*

Delivra mai. *Redelivrer.*

Deluga. *déboiter , ou disloquer.*

Espri deluga. *Esprit écervelé.*

Delugi. *m. déluze.*

Demaïouta. *démailloter.*

Demama. *Sevrer.*

Demancha. *démancher.*

Demanda. *demander.*

Demanda mai. *Redemander.*

Demandaire. *demandeur , demandeuse. En terme de Palais demanderesse.*

Demangeson. *f. demangeaison.*

Demarqua. *démarquer.*

Demascara lou visagi. *débarboüiller le visage.*

Demasqua. *démasquer.*

De matin. *Ce matin.*

Dembala. *desembaler.*

Se demena. *Se demener.*

Dementi. *démentir.*

Dementi. *m. démenti.*

La demi. *La demie.*

Demoüero. *f. demeure , ou habitation.*

Demoun. *m. demon.*

Demoun que pren la figuro d'un home per faire mau. *m. Incube.*

Demoun que pren la figuro d'uno fremo, per faire mau. *m. Sucube.*

Demounta. *démonter.*

Demoura. *demeurer.*

Demubla. *démeubler.*

Den. *Voyez dent.*

Denembra. *Oublier.*

Denic. *m. Denier. La moitié d'un denier s'apelle une maille , ou Obole, est la moitié d'une maille s'apelle s'apelle une Pite.*

Denieisa. *Deniaiser, ou débour-rer.*

Denisa. *dénicher.*

Denounsa. *dénoncer.*

Denounso. *f. dénonciation. Celui qui la fait, s'apelle le dénonciateur.*

Denousa. *dénouer.*

Dent. *f. dent.*

Picho mouceou de dent. *m. Chicot. La personne à qui il manque de dens s'apelle breche-dent, on édenté, édentée. adj.*

Dent pourrido. *f. dent cariée. Son subs. est la carie.*

Dent d'un Cumascle, &c. *m. Cran.*

Grosses dents denbas d'unSenglie. *f. défenses d'un Sanglier.*

Grosses dents denhaut d'un Senglie. *m. Grez.*

Dent, terme de Brouquie. *m. Peignes du jable.*

Dent d'uno pienchi. *f. dent.*

Dente, peisson. *m. dente.* †

Denti, herbo. *f. arrête-bœuf.*

Dentillon. *m. chicot.*

Deoure. *devoir.*

Deoure. *f. dête.*

Dependre de quauqu'un. *dépendre de quelqu'un.*

Deperi. *déperir.*

Depos. *m. dépôt.*

Depousa. *déposer.*

Depousicien. *f. déposition.*

Depousseda. *déposséder.*

Deputa. *députer.*

Deque *dequoi.*

Deraba. *arracher ou déraciner.*

Deranja. *déranger, ou desagencer.*

Derata. *érater.*

Derena. *érener, ou éreinter.*

Derevartega. *détrousser.*

Deribla. *dériver.*

Derouja. *déroger.*

Derti, maladie. *f. dartre.*

Des. *dix,*

Desacoustuma. *desacoutumer.*

Desarta. *deserter.*

Desartour. *m. deserteur, ou transfuge, prononcez l'f.*

Desastre. *m. desastre, ou malheur.*

Desatela. *dételler.*

Desavantagi. *m. desavantage.*

Desaubei. *désobeir.*

Desaublija. *desobliger.*

Desavia. *adj. tout troublé, toute troublée.*

Desaupila. *desopiler.*

Desaupilacien. *f. desopilation.*

Desbala. *déballer.*

Desbarca. *débarquer.*

Desbarcadou, terme de marino. *m. débarcadour.*

desbarquamen. *m. débarquement.*

Desbarra. *débarrer.*

Desbenda. *débander.*

Desbouca. *Voyez debouca.*

Desbounda. *débonder.*

Desbusca quauqu'un d'un endre. *déjucher, ou debusquer quelqu'un.*

Descadena. *déchainer.*

Descalada. *dépaver.*

Descampa. *décamper.*

Descancela. *canceller.*

Se descarema. *Rompre le Carême.*

Descarga. *décharger.*

Descargadou, terme de Teisseran. *m. déchargeoir.*
Descargamen. *f. décharge.*
Descargo. *f. décharge.*
Descarna. *décharner.*
Descarna, terme de Curatie. *décharner.*
Descaussa. *déchausser.*
Descaussana un Aze. *délicoter un Ane.*
Descencha. *déceindre.*
Deschalanda. *déchalander.*
Desclavela. *déclouer.*
Desconte. *m. décompte, prononcez déconte.*
Descoüifa. *décoifer.*
Descounta. *décompter, prononcez déconter, ou déduire, celui ci est le meilleur.*
Descouraja. *décourajer.*
Descourdela son Cor. *délasser son Corps de jupe.*
Descourdura. *découdre.*
Descourdura. *adj. décousu, décousuë.*
Descourdurado. *f. décousure.*
Descoustuma. *desacoutumer.*
Descredita. *décréditer.*
Descrida. *décrier.*
Descrouchera uno mancho. *dégrafer une manche.*
Descrouqua. *décrocher.*
Descrousta. *écrouter.*
Descrusa de Tello. *blanchir, ou décruer de Toile.*
Descrusa de Sedo. *decreuser de Soye.*
Descurbi. *découvrir.*
Desdire. *dédire.*
Desembarassa. *débarrasser, ou*

dégager.
Desembarqua. *desembarquer.*
Desembasta un Aze. *débater un Ane.*
Se desembasta au juec. *Gagner l'acquit.*
Se desembreya. *mettre chausses à bas.*
Desembre. *m. Decembre.*
Desembuilla. *débroüiller, ou démêler.*
Desempacha. *désengager.*
Desempesa. *desempeser.*
Se desendourmi. *S'éveiller.*
Desendourmi seis pes. *dégourdir ses piez.*
Desenfanga. *desembourber.*
Desenfla. *desenfler.*
Desengavaja un home qu'a un oües au gousie. *On ne s'en sert qu'au participe. On dit homme Enossé.*
Desennuja. *desennuïer.*
Desenrauma lou Serveou. *Desenrumer.*
Desenrauma lou gousie. *Desenroüer.*
Desenroüi. *déroüiller.*
Desensourcela. *desensorceler.*
Desentarra. *déterrer, ou desensévelir. Ce dernier n'est que pour les hommes.*
Desentesta. *desentéter.*
Desenubria. *desennyvrer.*
Desenviourouta. *dérouler.*
Desfarqua. *défalquer, ou déduire. Le dernier est le meilleur.*
Desfaufiela. *éfiler, ou effaufiler.*
Desfigura. *défigurer.*
Se desfila. *Se défier, ou se méfier.*

Desfiſen. *adj. défiant , défiante.*

Desfriſa. *dèfriſer , ou déboucler.*

Desfrounci. *défroncer.*

Desfuilla de flous ou un libre. *Effeuiller de fleurs , &c.*

Deſgargamela. *égoſiller, ou égueuler.*

Deſgaubia. *adj. mal-adroit, mal-adroite.*

Deſgouſta. *dégouter.*

Deſgraci. *f. diſgrace.*

Deſgracia. *diſgracier.*

Deſgrana uno eſpigo. *égrainer un épi.*

Deſgreiſſa. *dégraiſſer.*

Deſgreiſſeto, *terme de Cardaire. f. curette.*

Deſgruilla leis Amendos , leis Noſes, &c. *Ecaler les Amendes , les Noix , &c.*

Deſgruilla lou Lioume. *Ecoſſer le Legume.*

Favos deſgruillados de la pichoto peou blanquo. *Féves fraiſées.*

Deshabilla. *deshabiller.*

Desheirita. *Desheriter , ou ex-hereder. Son ſubſtantif eſt Exheredation. f.*

Deshouneſte. *adj. deshonnête.*

Deshounour. *m. deshonneur.*

Deshounoura. *deshonnorer.*

Deſieme. *adj. dixieme.*

Deſmalouna. *décarreler.*

Deſmancha. *démancher.*

Deſmarida. *démarier.*

Deſmembra. *démembrer.*

Deſoula. *deſoler.*

Deſoulacien. *f. deſolation.*

Despacha. *dépecher.*

Deſpacha uno Clau. *deſengager une Clef.*

Deſpaïſa, *dépaïſer, prononcez dé-peiſer.*

Deſpampa la Vigno. *Epamprer la Vigne.*

Lou deſpampa de la Vigno. *La chute des feuilles de la Vigne.*

Deſpaqueta. *dépaqueter.*

Deſparia. *déparier , ou deſapareiller.*

Se deſparjuna. *Rompre le jeûne.*

Deſparpela leis hueils. *deſſiller les yeux.*

Deſpart , en deſpart. *à part.*

Se deſparti , de quauquoren. *ſe départir de quelque choſe.*

Deſpaſſa l'Aguillo, ſeis Chapeles , &c. *défiler , ou deſenfiler l'éguille , le Chapelet , &c.*

Deſpaſſa un Riban,uno Courdelo , &c. *dépaſſer un Ruban , &c.*

Deſpeilla. *Ecorcher.*

Deſpena , eſtre deſpena. *Etre rompu.*

Deſpendre ſon argen. *dépenſer ſon argent.*

Deſpendre ce qu'ero pendu, *dependre.*

Deſpens. *m. dépens.*

Deſpenſie. *m. dépenſier.*

Deſpenſiero. *f. dépenſiere.*

Deſpenſo. *f. dépenſe.*

Deſpicha, *dépiter.*

Deſpichous. *adj. dépiteux , dépiteuſe , ou delicat , delicate.*

Deſpiech. *m. dépit.*

Deſpilla. *dépouiller.*

Deſpioucela. *dépuceler.*

Se defpita. *Se dépiter.*

Defplaire. *déplaire.*

Defplanta un Aubre. *déplanter un arbre.*

Defplanta un Imagi. *détacher une Image.*

Defplaffa. *déplacer*

Defplega uno Napo. *déplier une Nape.*

Defplega leis Velos & leis Enfeignos. *déployer les Voiles & les Enfeignes.*

Defplefi. *m. déplaifir.*

Defpliffa. *déplifer.*

Defpoudera. *dechirer.*

Defpouncha. *Emouffer, ou épointer.*

Defpouffeda. *dépofeder.*

Defpucilla. *desbabiller prononcez defabillé.*

Defpuy. *depuis.*

Defquilla quauqu'un d'un endrech. *dejucher quelqu'un.*

Defracina. *déraciner.*

Defroüilli. *derouiller.*

Deffala. *defaler.*

Deffala l'Efcolo, *Reveler, ou deceler le fecret de l'Ecole, pron. Segrê.*

Deffarra. *deferrer.*

Deffauda. *defouder, ou defoudre.*

Deffela. *defeler.*

Deffengla. *defangler.*

Deffer. *m. defert.*

Deffervi. *defervir.*

Deffigna. *definer.*

Deffignaire. *m. definateur.*

Deffoula, terme de Manechau. *defoler.*

Deffout1. *Surprendre.*

Deffouto. *defous.*

Deffu, lou deffu de l'aigo. *f. Superficie, ou furface de l'eau.*

Lou deffu d'uno Caroffo. *f. Imperiale d'un Caroffe.*

Deffu deffous. *fens deffus deffous.*

Deftaqua. *détacher.*

Deftanqua. *debarrer.*

Deftapa uno Bouto. *déboucher un Tonneau.*

Deftapa un Auta. *dévoiler un Autel.*

Deftaragna. *Houffer, afp. l'h.*

Deftaragnadoüro. *m. Houffoir, afp. l'h.*

Deftaragnaire. *m. Houffeur, au feminin, Houffeufe, afp. l'h.*

Deftarre. *Déterrer, ou defenfevelir. Ce dernier n'eft que pour lés hommes.*

Se defteigne. *Se déteindre, ou fe décharger.*

Deftenembra. *Oublier, ou defaprendre.*

Deftento d'un Fufiou. *f. détente d'un Fufil.*

Deftermina. *adj. déterminé, déterminée.*

Deftefta un Aubre. *Etêter, ou écimer, ou receper un arbre.*

Deftila. *diftiler.*

Deftilaire. *m, diftilateur.*

Deftimbourla. *adj. détraqué, détraquée.*

Deftina. *deftiner.*

Deftinado. *f. deftinée.*

Deftingua. *diftinguer.*

Deftoüeffe. *détordre.*

DESTOURBA. *détourner, ou interrompre.*

interrompre.

Deſtournɑ. *détourner.*

Deſtournɑ lou coüer en mau cantan. *détonner.*

Deſtournaire. *m. trouble-fête.*

Deſtourtilla. *détortiller.*

Deſtrau. *f. Hache, aſp. l'h. ou cognée.*

Pichoto deſtrau. *m. Hacheteau, aſp. l'h. L'homme qui les fait, s'apelle un Taillandier.*

Destrech, Reſſort. *m. détroit.*

Destrech per la Raquo. *m. Preſſoir.*

Vin de deſtrech. *Vin de preſ-ſoir, celui qui n'eſt pas de preſſoir, s'apelle vin de mere goute.*

Destrech, terme de Mane-chau. *m. Travail.*

Destreigna. *Preſſurer.*

Destreignado, terme de deſtreignaire. *m. Marc, pron. Mar.*

Destreignagi. *m. Preſſurage.*

Destreignaire. *m. Preſſureur.*

Destreigne. *Preſſurer.*

Destrempa. *détremper, ou délayer.*

Destrempa de Cau, *éteindre, ou détremper de la chaux.*

Destrempo. *f. détrempe.*

Destrier, terme de Mane-chau. *m. Ferretier.*

Destroumpa. *détromper.*

Destrouna. *détroner.*

Destruci, Auſſeou. *f. Au-truche.*

Destruci, mo injuriou. *adj. Fripeur, Fripeuſe.*

Detesta un home. *decapiter un homme, ou couper la tête à un homme. Ce dernier eſt le meilleur.*

Detesta un Aubre. *Etéter, ou écimer un arbre.*

Detras. *derriere.*

Devala. *décendre.*

Devalado. *f. décente, ou pente.*

Devantiero deis fremos per ana à Chivau. *m. devantier.*

Devarga, terme de Cande-liaire. *défiler.*

Devargougna. *dévergonder, ou ſe licentier.*

Devartega. *détrouſſer.*

Deve. *m. devoir.*

Deven. *m. Comunaux, ou f. co-munes.*

Devencie. *adj. devancier, de-vanciere. Si par le mot de de-vencier, on entend parler des Parens, il faudra dire Ancê-tres.*

Se devergougna. *Se licentier, ou ſe dévergonder.*

Devesti. *dévetir, ou deshabil-ler, pron. deſabillé.*

Devina. *deviner. L'art de de-viner s'apelle la Chiromance, ou Chiromancie, prononcez le Chi, en Ki. Celui qui eſt ſçavant en cette ſcience ſe nomme un Chiromantien.*

Devinaire. *adj. devin, devine-reſſe.*

Devis, terme de Maſſon. *épu-re.*

Deviſa. *deviſer.*

Gc

Devisqua. *dégluer.*

Devo. *m. dévot.*

Devoto. *f. dévote.*

Devoucien. *f. dévotion.*

Devoura. *dévorer.*

Dezaureilla. *adj. Essorillé, Essorillée.*

Dezeno d'un chapelet. *f. dizaine d'un Chapelet.*

Diable, *m. Diable. Voyez* Demoun.

Diabloutin. *m. Diablotin, ou Diableteau. L'art pour sçavoir les choses par le Demon s'apelle La Necromance prononcez Negromance.*

Diamant. *m. Diamant. L'Ouvrier qui le taille s'apelle un Diamantaire, & celui qui le trafique se nomme un Lapidaire.*

Diaman fau. *m. Diamant de Vericle, ou f. Hapelourde asp. l'h.*

Diantre. *m. diantre.*

Diapalmo. *m. Diapalme.*

Dictamblam. *m. Dictame blanc, ou f. Fraxinelle.*

Dificulta. *f. dificulté.*

Digiri. *digerer. La dificulté de digerer s'apelle la Dyspepsie.*

Digiri, *terme de Caffaire. Enduire.*

Digitalo, planto. *f. digitale.*

Dijou. *m. jeudi.*

Dilata. *dilater.*

Dilay. *m. délay.*

Dilaya. *diferer.*

Dilun. *m. Lundi.*

Dimar. *m. Mardi.*

Dimar Gras. *Mardi Gras, ou Caréme prenant.*

Dimecre. *Mécredi.*

Dimenche. *m. Dimanche.*

Dimenche deis Rampaus. *Dimanche des Rameaux, ou Pâque Fleurie.*

Diminua. *diminuer.*

Lou bla a diminua. *Le blé a ramandé, ou a diminué.*

Diminucien. *f. diminution, ou m. Rabais, prononcez Rabés.*

Din. *dans.*

Dina. *diner.*

Dina. *m. diner.*

Dinado. *f. dînée.*

Dinda uno campano. *tinter une cloche.*

Dindas. *m. coq-dinde.*

Dindina, faire dindina uno Pistolo. *Faire resonner une Pistole.*

Faire dindina uno campaneto. *Faire sonner une petite cloche.*

Dindo. *f. Poule-Dinde.*

Dindouleto. *f. Hirondelle. L'hirondelle gazouille, ses petis s'apellent Arondelats m.*

Dindouliero, planto. *f. chelidoine, ou éclaire, ou felogne.*

Dindoun. *m. Dindon, ou Poulet Dinde.*

Picho dindoun. *Dindonneau. Le Dindonneau gonglouse.*

Diou. *m. Dieu.*

Diou deis Indiens Idolatres dau Levan. *f. Regade. La pluralité des Dieux s'apelle le Polytheisme. Celui qui ne recognoit point de Dieu se nomme un Athée. Il est aussi adj. & cette impieté se nomme l'Atheisme.*

Dioucefo. *m. Diocefe.*

Diournar. *m. Diurnal.*

Piournar deis Grecs. *m.* Horo-
loge *des Grecs.*

Dire. *dire.*

N'y a ren a dire ancou. *Il eſt
irreprochable.*

Ben me n'a dit. *Bien m'en a prit
ou bien m'a prit.*

Directo. *f.* directe, *ou cenſives.*

Difcre. *adj.* diſcret, diſcrete.

Difcuſſien. *f.* diſcuſſion.

Difcuſſien fecquo. *f.* direction.

Disfamatour. *adj,* difamateur ,
difamateuſe.

Difpouſa. diſpoſer.

Difputa. diſputer.

Difputaire. *m.* diſputeur.

Diſſato. *m.* Samedi.

diſſimula. diſſimuler.

Diſſimula. *adj.* diſſimulé , diſſi-
mulce.

Diſtila. diſtiler.

Diſtilaire. *m.* diſtilateur.

Diſtroi d'uno juridicien. *m.*
détroit , *ou* diſtrict. *Ce dernier
vieillit.*

Dita. dicter.

Divendre. *m.* Vendredi , *pron.*
Vandredi.

Diverſita. *f.* diverſité.

Diverti. divertir.

Divertiſſomen. *m.* divertiſſe-
ment.

Douduno fremo. *f.* dot, *ou* dote.

Dogou. *m.* dogue.

Domine grobus. *m.* Romina
grobis, *ou* Romina grobis.

Domino. *f.* coife de Tafetas.

Dono. *f.* femme *pron.* famme.

Dono que non manjo , lou
beoure la fouften. *à petit
manger , bien boire.*

Dou. *m.* deuil. *Le deuil en Turquie eſt bleu, & à la Chine blanc.*

Doublis, terme de Maunie. *f.*
Ante.

Doubluro. *f.* doublure.

Doucerous. *adj.* doucereux, dou-
cereuſe.

Douceto , herbo. *f.* doucette ,
ou mache.

Doucile. *adj.* docile.

Doucilita. *f.* docilité.

Doucinas. *adj.* douceâtre.

Doucino , terme d'argentie. *f.*
doucine. *Remarquez que quand
le pié d'un Flambeau eſt quarré,
on dit le Suage.*

Doües. deux.

Metre quauquo cauſo de doues
en doues. combiner. *Son ſubſ.
eſt la* Combinaiſon.

Douge. douze.

Dougeno. *f.* douzaine.

Dougieme. *adj.* douzieme.

Dougo, terme de Tounelie. *f.*
douve.

Douguo d'uno Ribiero. *f.* douve d'une Riviere.

Doüien. *m.* Doïen.

Doulen. *adj.* méchant, méchante.

Doulerous *adj.* douloureux ,
douloureuſe.

Doulour. *f.* douleur.

Doumagi. *m.* dommage.

Se doumeſtiqua. S'adomeſtiquer.

Douna. donner.

Douna vouto, terme de Ma-
rino. Amarrer , *ou entalinguer.*

ou talinguer , ou étalinguer.

Douna, *terme de Religiou.*
m. donné.

Dounacien. *f. donation.*

Dounaire. *adj. donneur , don-*
neufe. Mais en terme de prati-
tique , on dit. Donateur , dona-
trice.

Douno , & levo , *terme de*
pichots enfans. m. raque-don.

Leis dounos. *Les distributions.*

Dounta. *domter.*

Dountaire. *m. domteur.*

Dourgueto. *m. Cruchon.*

Dourgo. *f. Cruche.*

Dourgo pintoulejado. *Cruche*
bariolée.

Dourillo , toumba en dourillo. *Tomber en Lambeaux.*

Dourmi. *Dormir. L'envie de*
dormir fans pouvoir dormir ,
s'apelle la Typhomanie. Une per-
fonne qui dort en marchant ,
fe nomme fomnambule, ou Noc-
tambule. m. Et f.

Dourmious. *adj. dormeur , dor-*
meufe, ou dormant , dormante.

Dourtoir. *m. dortoir.*

Dous. *deux. voyez* doues.

Dous. *adj. doux , douce.*

Douffie. *m. doffier.*

Douffo dau Lioüme. *f. gouffe,*
ou coffe.

Douffour. *f. douceur.*

Douta de quauquoren. *douter*
de quelque chofe.

Douta uno fillo. *doter une fille.*

Doute. *m. doute.*

Doutour. *m. Docteur.*

Doutous. *adj. douteux , douteu-*

fe , ou Problematique.

Dra. *m. drap.*

Dra Mortuero. *drap Mortuere ,*
ou Poile.

Drageyo per manja. *f, dragée.*
La boite ou font les dragées
qu'on met fur la table , s'apelle
le drageoir.

Drageyo per la Caffo. *f. dra-*
gée , ou cendre de Plomb. La
plus petite s'apelle la cendrée ;
& la groffe , menu Plomb.

Drago , *terme de Vitrie. f.*
drague.

Dragon. *m. dragon.*

Dragon , planto. *Globulaire.*

Dramo. *f. dragme , ou m. gros ,*
ou Trefeau. La dragme eft la
huitieme partie d'une once.

Drau. *m. drap.*

Dray. *m. crible.*

Draya. *Cribler.*

Drayaire. *m. cribleur.*

Drayou. *m. Sentier.*

Drech , fe teni drech. *Se tenir*
debout.

Dire quauquoren tout drech.
dire quelque chofe à droit.

Uno caufo drecho. *Une chofe*
droite , pron. drête.

Baftoun que n'es pas drech.
bâton tortu.

Lou drech , fcienfo. *Le droit*
pron. comme il eft écrit.

Drech que fe levo fur leis
Marchandifos que foüerton
ou intron dins lou Rou-
yaume. *m. Réve.*

Drechie. *adj. droitier , droitiere.*

Drechiero. *f. droiture.*

Dreiffa.

Dreissa. *dresser.*

Se dreissa. *Se dresser, ou se te-nir debout.*

Aco fa dreissa leis peous de la testo. *Cela fait herisser les che-veux de la téte.*

Dreissiero, ana en dreissiero. *aller en droiture.*

Tira en dreissiero uno pare. *aligner une muraille.*

Dresso, terme de Courdou-nie. *f. dresse.*

Droguo. *f. drogue.*

Drole. *adj. drole, ou drille, ou Compere, ou gaillard. Ce der-nier est le meilleur.*

Drouguet. *m. droguet.*

Dru. *adj. dru, drüe.*

Duber. *adj. ouvert, ouverte.*

Duberto, terme de Vigneron. *f. tranchée.*

Duc, *m. Duc.*

Duc, Aussеou. *m. Duc.*

Duganeou. *adj. niais, niaise.*

Duillo d'uno picolo, eissa-do, &c. *f. doüille.*

Duo decimo, un Libre in-duodecimo. *un Indouze, ou un Livre Indouze.*

Dur. *adj. dur, dure.*

Dura. *durer.*

Aco durara toujours. *cela sera perpetuel.*

Durado. *f. durée.*

Durbec. *adj. sot, sote.*

Durbi. *ouvrir.*

Durbi un pau uno poüerto. *Entre ouvrir une porte.*

Dureta. *f. dureté.*

Durion, que ven eis mans.

m. durillon, ou cal, ou f. dureté.

 *Masculin. E.*
Eboulicien. *f. ébulition, ou échaufaison, ou échauboulure.*
Eco. *ль éco, pron. brievement.*

Economo. *adj. œconome, ou œconome.*

Ecran. *m. écran.*

Efloura, la Vigno a efloura. *La Vigne a coulé.*

Efrayo. *f. Effraye ou Orfraye. Voyez la liste des Oiseaux.*

Egalisa un Papie, terme de Palai. *Légaliser un Papier.*

Egau. *adj. égal, égale.*

Faire tout egau. *n'être point Partial, prononcez Parcial, ou faire tout égal.*

Egliso. *voyez Gleiso.*

Ego deis Chivaus. *m. Haras, asp. l'h.*

Eiboussela, *voyez Debous-sela.*

Eicelos. *f. Aisselles.*

Eiceto, terme de Masson. *f. Hachette, asp. l'h.*

Eiciou, terme de Charron. *m. Essieu.*

Eiciviero. *f. Civiere.*

Eicressenso de cher, que ven sur un bras, ou uno cuisso. *m. Moignon.*

Eiga. *acommoder.*

Eigadiero. *f. Eguiere.*

Eigagno. *f. Rosée.*

Eigagno, terme de Cassaire.

m. Egail.

Eigaſſous. *adj. aqueux, aqueuſe.*

Eigras. *m. Verjus, ou grape de Verjus.*

Eigraſſiero. *m. Goes, ou Gouet, ou Verjus meur.*

Eigreja., *Etre aigret, Abricot aigret. Pomme aigrette.*

Eigreja, *terme de Maſſon. Ragréer.*

Eigreto, *herbo. f. Ozeille.*

Eigreto, *terme de Tapiſſie. f. Aigrette.*

Eigreto d'un chivau de caroſ-ſo. *m. Chanfrain ou f. aigrette.*

Eigreto, Auſſeou. *aigrette.*

Eigrour. *f. aigreur.*

Eiguie. *m. évier.*

Eiguie per recebre l'aigo deis Tauliſſos. *f. culiere.*

Eiguiero. *f. éguiere.*

Eiman. *m. aiman.*

Eiritagi. *m. Heritage.*

Eiritie. *adj. Heritier, heritiere, Voyez heiritie.*

Eiſa. *adj. aiſé aiſée.*

Eiſabeou. *f. Eliſabet, ou Iſa-bele, ou Babet.*

Eiſino. *f. futaille.*

Eiſino, *mo injuriou. m. garne-ment.*

Eiſo, *voyez, eizo.*

Eiſſado. *f. béche.*

Eiſſadoun. *f. Pioche. Le Hoyau eſt une eſpece de Pioche, comme auſſi la feuille de Sauge.*

Eiſſadoune. *m. Sarcloir, ou f. ſerfoüette. Son verbe eſt ſer-foüir.*

Eiſſame. *m. Eſſain, ou jet.*

FAIRE deiſſame. *Eſſaimer.*

Eiſſarriado. *f. Ravine.*

Eiſſauguo, *terme de Peſcaire. m. Saugue.*

Eiſſaura. *Purifier, ou ærier.*

Eiſſeilla, huous eiſſeillas. *œufs pochez.*

Eiſſeto, *terme de Brouquie. f. Eſſette, ou aiſſette.*

Eiſſi. *icy.*

Eiſſo. *Cecy.*

Eiſſuch. *adj. ſec, ſeche.*

Eiſſuya. *eſſuyer, ou ſecher.*

Eiſſugan, *terme de Curatie. m. écorcier.*

Eiſſugan per eiſſuya leis Cuers. *m. Eſſuy.*

Eizino, *voyez eiſino.*

Eizo, *terme d'acouchado. f. aleze, éléſe.*

Electour. *m. Electeur, ſa femme Electrice.*

Elefan. *voyez Alefan.*

Elevacien. *f. elevation.*

Elogi. *m. Eloge. Celui qui le fait s'apelle un Elogiſte, ou Pane-gyriſte.*

Embaboüina. *embaboüiner, pron. ambaboüiner.*

Embarca. *embarquer, prononcés ambarquer.*

Embarca a ragi de Marchan-diſo. *embarquer en grénier, pron. ambarquer.*

Embarras. *m. embaras, prononcés ambaras.*

Embarraſſa. *embaraſſer, pron. ambaraſſer.*

S'embarraſſa leis pes l'un dins l'autre. *S'entrevécher les piez.*

Eftre embarraffa din quauquo-ren. *Etre engagé dans quelque chofe.*

Embaffadour. *m. Ambaffadeur. Sa femme s'apelle Ambaffadrice.*

Embaffadour d'au Papo. *m. Nonce.*

Embafta un Ay. *bâter un Ane.*

Embafta mai. *Rebâter.*

S'embafta, terme de jugadous. *joüer à l'acquit.*

Embaftardi. *abatardir.*

Embaftardiffomen. *m. abatardiffement.*

Embiba. *imbiber.*

Embigu. *m. ambigu.*

Embouchoir, terme de Cour-dounie. *m. embouchoir.*

Embouchuro d'un Canoun. *f. embouchure, ou bouche d'un Ca-non.*

Embouja, terme de Tailleur. *bougier.*

Embouïenta. *échauder.*

Embouni. *dégoûter.*

Embourigou. *m. nombril.*

Embournia. *éborgner, ou crever les yeux.*

Lou Souleou m'a embournia. *Le foleil m'a ébloüi.*

Embournia a peiro vifto, terme da Maffon. *Hourder, afp. l'h.*

Embourniamen dou Souleou. *ébloüiffement du Soleil.*

Embourniamen a peiro vifto, terme de Maffon. *m. Hour-dage, afpirés l'h. ou f. Rudera-tion.*

Embouffa. *embourfer.*

Embouta de Vin, *entonner du Vin.*

Emboutaire. *m. entonnoir.*

Emboutaire per faire de Bou-dins. *f. Boudaire.*

Embraïa. *mettre le haut dechauffé.*

Embrafamen, terme de Maf-fon. *f. embraffure.*

Embraffa. *embraffer.*

Embraffa mai. *rembraffer.*

Embraffomen. *m. embraffement.*

Embriga la tefto. *écrafer la téte, ou fracaffer la tête.*

Embriga un Mufcardin eme leis dens. *gruger un Mufcardin.*

Embriga de pan. *émier du pain.*

Embruti. *falir, ou foüiller.*

Embu. *m. entonnoir.*

Embuga de boutos, tineous, &c. *combuger, ou abreuver de tonneaux, cuviers &c.*

Embugada de linge. *Leffiver du linge.*

Embuia. *broüiller, ou embrouil-ler, ou entre-laffer.*

Eme eou. *avec lui, prononcés bien le c.*

Eme lou mounde. *parmi le monde.*

Emerillon. *m. emerillon. Voyez Auffeou.*

Eminau de Sau. *m. Minot de Sel.*

Emino. *voyez Hemino.*

Emoulouga, terme de Palai. *Homologuer.*

Empacha. *empécher.*

S'empacha de quauquoren. *Se méler de quelque chofe.*

Empachomen. *m. empéchement.*

ou obstacle.

Empanela, terme de Marino. *empeneler.*

Empaqueta. *empaqueter.*

Empaqueta mai. *Rempaqueter.*

Empaſſa. *avaler.*

Empaſſa ſenſo ſaboura. *gober.*

Empaſta. *empâter.*

Empaſta, terme de Courdounie. *pâter.*

Empata, de, ou bras empata. *Poupée au doigt, ou poupée au bras.*

Empatrouna. *impatroniſer.*

Empauma. *empaumer.*

Empauva. *métre, ou repoſer.*

Empauva, terme de Curatie. *Taner.*

Empauvadou, terme de Curatie. *f. foſſe.*

Empecouya, chin empecouya. *Chien encoué, ou ácouplé.*

Empega. *empoiſſer, ou poiſſer. Le dernier eſt le meilleur.*

Empeigne. *Pouſſer.*

Empeigno. *f. empeigne.*

Empeira. *Petrifier, ou Empierrer.*

Empeiſſouna. *empoiſſoner, ou aveliner.*

Emperour. *m. Empereur, ſa femme, Imperatrice.*

Emperour, peiſſoun. *m. Empereur † en Bretagne on l'apelle gracieux Seigneur.*

Empes, *m. empois.*

Empeſa. *empeſer.*

Empeſagi. *m. empeſage.*

Empeſta. *empeſter, ou empuantir.*

Empeſta. *adj. Peſtiferé Peſtiferée*

ou empeſté.

Emphaſo. *f. emphaſe. Choſe qui a d'emphaſe emphatique. adj.*

Emplaſtra leis mans. *empater les mains.*

Emplaſtra un ſoufle. *donner ou apliquer un ſouflet.*

emplaſtre. *f. emplâtre. Les Medecins le font Maſculin.*

Emplega. *employer.*

Empli. *Remplir, ou emplir.*

Empliſſagi d'uno bouto. *m. Rempliſſage d'un Tonneau.*

Emploumba uno Coüerdo, terme de Marino. *épiſſer une corde.*

Emploumbaduro. *f. épiſſure.*

Empoucha. *empocher, ou pocheter.*

Empougna. *empogner, ou empoigner.*

Empoüiſouna. *empoiſonner.*

Empoüiſouna en dounan de marridos ſentours. *infecter, ou empuantir, ou empoiſonner.*

Empoüiſounaire. *adj. empoiſonneur empoiſonneuſe.*

Empoulo. *f. ampoule.*

Empourta. *emporter.*

Empourtamen. *m. emportement.*

Empreſouna. *empriſonner.*

Empruiſſa. *adj. empreſſé, empreſſée, ou áfairé afairée.*

Emprunta. *emprunter.*

Empruntaire. *adj. emprunteur, emprunteuſe.*

Empugna. *Pouſſer.*

Empura. *Pouſſer.*

Enarquilla. *heriſſer, aſp. l'h.*

Encadena. *enchener.*

S'encaigna.

S'encagna. *Se provoquer à la querelle*, pron. *Krelle.*

Encaiſſa. *encaiſſer.*

Encamba. *enjamber.*

Encambado. *f. enjambée.*

Encambala. *enjamber.*

Eſtre encambala ſur un Aze. *être à chevauchons, ou à califourchons ſur un Ane, ou être à cheval ſur un Ane.*

Encan. *m. encan, ou f. enchere.*

Encanta. *enchanter, ou charmer.*

Encanta. *adj. enchanté, enchantée.*

Encantaire. *adj. enchanteur, enchantereſſe.*

Encantamen. *m. enchantement.*

Encaparra quauqu'un. *donner des erres à quelqu'un.*

Encarena un Veiſſeou. *Suiver, ou eſpalmer, ou brayer un Vaiſſeau.*

Encaro. *encore.*

Encavauca, terme de Maſſon. *enchevaucher.*

Encavaucamen. *f. enchevauchure.*

Encen per encenſa. *m. encens.*

Encen, herbo. *f. abſinthe, ou aluyne.*

Encenſa. *encenſer.*

Encenſie. *m. encenſoir f. ſon couvercle s'apelle le Dome.*

Encervela quauqu'un. *Rompre la tête à quelqu'un.*

Encervela. *adj. écervelé, écervelée.*

Enchaſſo d'uno carrelo. *f. écharpe, ou chape, ou moufle.*

S'enchaurre. *Se mettre en peine,*

ou ſe ſoucier.

S'enchuſcla, terme de Biberon. *devenir gris.*

Encierado, terme de Marino. *Prelart.*

Enclaſtre. *f. tringle.*

Enclau. *m. enclos, ou clos.*

Enclin. *adj. enclin, encline.*

Enclouti uno ſcieto. *Fauſſer, ou boſſüer une aſſiette.*

Enclouti uno clau. *forcer une clef.*

Encloutiſſuro 'd'uno ſcieto. *f. boſſe d'une aſſiette.*

Enclumi. *f. enclume.*

Encoublos, terme de Manechau. *f. entraves.*

Encoumbrilla, Aubre encoumbrilla. *arbre encroüé.*

Encouraja. *encourager, ou enhardir.*

Eucoutaja leis chins de Caſſo a courre. *baudir les chiens de chaſſe.*

Encourda, lou chivau s'es encourda. *Le cheval s'eſt enchevétré.*

Encragi. *m. ancrage.*

Encre. *adj. obſcur, obſcure.*

Encrouſiaduro, terme de Teiſſeran. *f. croiſée.*

Encrouſta uno pare. *incruſter. Son ſubſ. eſt incruſtation. f.*

Endan, terme de Dayaire. *m. andain.*

S'endeouta. *s'endeter.*

Endes. *m. trépié.*

Endeſpie. *en dépit, ou malgré.*

Endiabla. *adj. endiablé, endiablée.*

Endiano. *f. Indienne.*

Endigefte. *adj. indigefte.*

Endigeftien. *f. indigeftion.*

S'endimencha. *S'endimancher, ou prendre la robe des Dimanches.*

Endiqua. *indiquer.*

Endifpoufa. *adj. indifpofé, indifpofée.*

Endifpouficien. *f. indifpofition.*

Endiffo. *m. indice.*

S'endourmi. *s'endormir.*

Ave leis mans endourmidos. *Avoir les mains engordies, ou gourdes, ou endormies.*

Ave leis Des endourmis dau frech. *avoir l'onglée.*

Caufo qu'endoüermo. *adj. Soporatif, foporative. On dit auffi un Soporatif.*

Endouffamen, terme de Prucurour. *m. doffier.*

Endrech d'un'eftofo. *m. endroit d'une étofe.*

Endura. *endurer.*

Endurci. *endurcir, ou durcir.*

Enequely. *être dans l'inanition.*

Enesbeoüre, mena enesbeoüre, terme de Tailleur. *mener boire.*

Enfan. *m. garçon.*

Enfan de ma Baillo. *mon frere de lait.*

Enfan qu'uno Baillo nourri. *m. nourriffon.*

Enfan na apres la mouer de fon pero. *m. Poftume.*

S'enfanga. *S'embourber.*

S'enfanga en marchan per Carrieros. *Se croter.*

Enfanta. *acoucher d'un enfant, ou enfanter.*

Enfantin. *adj. enfantin, enfantine, ou pueril, puerile.*

Enfantifo. *f. puerilité.*

Enfarina. *enfariner.*

Enfarina de peiffon per lou friquaffa. *Saupoudrer du poiffon avec de la farine, ou fariner.*

Enfarinadoüiro. *f. boite à la Farine.* †

Enfarma. *enfermer.*

Terre enfarmado din un'autro. *Terre enclavée. Son fubf. eft apellé une enclave.*

Enfafo. *voyez* emphafo.

Enfatua. *infatuer.*

Enfeta. *importuner.*

Enfetaire. *adj. importun, importune.*

Enfiela, ave lou bec enfiela. *être afilé, afilée.*

Enfla. *enfler.*

Enfladuro. *f. enflûre.*

Enfounfa. *enfoncer.*

Enfounfa un baftoun en terro. *Ficher un bâton en terre.*

Enfounfa feis pes en marchan din la fango. *empetrer fes piez*

Enfounfa, terme de Brouquie. *Renfoncer.*

Enfounfamen. *m. enfoncement.*

Enfourna. *enfourner.*

Enfournia d'Auffeous. *dénicher des Oifeaux.*

Enfourniau, Auffeou, *m. branchier.*

Enfrejouli. *adj. frilleux, frilleufe, ou froidureux, froidureufe.*

Enfroundado, terme de Vigneron. *f. tranchée.*

S'enfugi. *S'enfuir, ou s'evader.*

Enfuma uno chambro. *enfumer une chambre.*

Enfuma uno terro. *enfumer une terre.*

Enfuma la bugado. *essanger la lessive.*

Enfus, terme de Reliaire. *m. fut de couteau, pron. fu.*

Engaja. *engager.*

Engambo, terme de Marino. *f. coque.*

Engarba. *engerber.*

Engarbeira. *engerber.*

S'engarda. *S'engarder.*

S'engavaja en tro manjan. *S'engouer.*

Galino engavajado. *Poule engouée.*

Aussçou de faucouncrie engavaja. *Oiseau empeloté. L'instrument dont on se sert pour le guerir, s'apelle le desempelotoir.*

Chin engavaja per un oües. *chien crossé.*

Bourneou engavaja. *tuyau engorgé.*

Engaugna. *contre-faire.*

Engien, terme de Masson. *m. engein.*

Engourga. *engorger.*

Engourga. *adj. engorgé, engorgée.*

Engrai. *m. engrais.*

Engrana, terme de Maunie. *engrener.*

S'engrava d'uno fauto. *Se repentir d'une faute.*

Engrava un bateou. *engraver un bateau.*

Engreissa. *engraisser.*

S'engreissa trop, a forso de manja, & de beoure. *S'empifrer.*

Engroussa. *Quand on parle des femmes, on dit, engrosser. Quand on parle des Poules, Poules Dinde, & de toute sorte d'Oiseaux, on dit, cocher Quand on parle des bêtes à quatre piez, on dit couvrir. Quand on parle d'une Louve, on dit ligner, ou aligner. Quand on parle de la Brebis, on dit, luter. Quand on parle du Lievre, on dit bouquiner. Quand on parle d'une chienne de prix avec un vilain chien, on dit, matiner. Et quand on parle d'une Cavale & d'une Vache, on dit saillir.*

Engue. *aine.*

Enguen. *m. Onguent.*

Enjandra. *engendrer.*

Enjouliva. *enjoliver.*

Enjourgia. *fagoter.*

Enleva. *enlever.*

Enleveuro, mau. *éleveure, ou enleveure.*

Enliassa de linge. *empaqueter, ou acoupler; ou assembler du linge.*

Enlourdi. *étourdir, ou alourdir.*

Enmaillouta. *enmailloter.*

Enmancha. *enmancher.*

Enmanda quauqu'un. *Renvoyer quelqu'un.*

Enmanda sa fremo. *Repudier*

ſa femme.

Enmardouire. *embrener.*

S'enmeigri. *maigrir.*

Aco enmeigri. *cela maigrit, ou emmaigrit.*

Enmeigri un Auſſeou, terme faucounerie. *eſſimer un Oiſeau.*

Ennemi. *m. Enemi.*

Ennemigo. *f. énemie.*

Ennoubli. *ánoblir.*

Ennuja. *ennuïer.*

Ennujous. *adj. ennuieux, ennuieuſe.*

Enqueyra un home. *Lapider un homme.*

S'enqueyra. *Se batre à coup de Pierre.*

Leis enqueyrados. *Les bateries à coup de Pierre.*

Enquie. *adj. inquiet, inquiete.*

Enquila. *dedelà.*

Enquitrana. *goudronner.*

Enrabia. *enrager.*

Enracina. *enraciner.*

Enraja. *enrager.*

S'enrauma. *S'enrumer.*

Eſtre enrauma. *étre enrumé, enrumée.*

Enraya, terme de Charron. *enrayer.*

Enrega. *enraïer.*

Enregiſtra. *enregitrer, ou regitrer.*

S'enroüi. *S'enrouiller, ou ſe rouiller.*

Enroula. *enrôler.*

Enſabla. *enſabler, ou aſſabler.*

Enſafrana. *Safraner.*

Enſaqua. *enſacher.*

Enſarra. *enfermer.*

S'enſauva. *ſe ſauver, ou s'evader.*

Enſeda, terme de Courdounie *enſoyer.*

Enſeigna. *enſeigner.*

Enſeigno. *f. Enſeigne, prononcés Anſeigne. Voyez piquo.*

Enſeigno, Ouficie. *m. Enſeigne.*

Enſeignomen. *m. enſeignement, ou f. inſtruction.*

Enſen, eſtre enſen. *étre enſemble.*

Enſequeſtra. *Sequeſtrer.*

Enſer. *f. ente, ou gréfe.*

Enſerta. *enter, ou gréfer.*

Enſinua. *inſinuer.*

Enſio. *f. Jalouſie.*

Enſious. *adj. jaloux, jalouſe.*

S'enſoucia. *Se ſoucier.*

Enſouple, terme de Brodeur. *f. enſouple, ou enſuble.*

Enſoupra. *enſoufrer.*

Enſourcela. *enſorceler, ou faciner.*

Enſourcelamen. *m. enſorcelement, ou f. Facination.*

Enſourdi. *aſſourdir.*

Enſubra un Arre de peſcadou. *Lieger un Filet.*

Enſupourtable. *adj. inſuportable.*

Enſuqua. *aſſommer.*

Enta. *enter. Quand on ente avec la gréfe, on dit gréfer.*

Entaillo, terme de Maſſon. *f. jointive.*

Entaillo per leis ſerros. *f. entaille.*

Entamena,

Entamena. *entamer.*

Entamenaduro. *f. entamure.*

Entanterin. *cependant.*

Entarra un moüer. *enfevelir ou enterrer un mort.*

Entarra un Api. *enterrer, ou enfouïr un Céléri.*

Entarramen. *m. enterrement.*

S'entaula. *Se mettre à table.*

S'entaula per ly demoura lon ten. *S'attabler.*

Ente. *f. ente, ou gréfe.*

Entelligen. *adj. intelligent, intelgente, ou entendu, entenduë.*

Entelligible. *adj. intelligible.*

Entencien. *f. intention.*

Entendeire. *m. entendeur.*

Entendre. *entendre.*

Paraulo a double entendre. *Parole a double entente.*

Enteno d'un Veiffeou. *f. vergue ou antene, ou verge d'un Vaiffeau.*

Enteno d'un moulin. *m. volant, ou f. aile d'un Moulin,*

Ententa un prouce. *intenter un Procés.*

Enterigou, ave l'enterigou. *avoir les dens agacées.*

Enterin. *cependant.*

Enterrouja. *interroger.*

Entefta. *entêter.*

Enteftamen. *m. entetement.*

Entichambro. *f. antichambre.*

Entidoto, *m. antidote.*

Entie. *adj. entier, entiere.*

Entima. *intimer.*

Entime. *adj. intime.*

Entimida. *intimider.*

Entouna. *entonner.*

Entour de tello, qu'es a l'envan d'uno boutigo. *f. bane.*

Entour de Trelis, ounte lia leis armos d'un moüer, & qu'es din uno Capelo, ou Eglifo. *m. Litre.*

Es toujou a mon entour. *Il eft toujours prés de moi.*

Entoura. *entourer, ou environner.*

Entourna. *retourner.*

Entourti un Claveou. *crochuer un Clou.*

Entourti uno Clau. *forcer une Clef.*

Entourtilla. *entortiller, ou tortiller.*

Entourtilla un Claveou. *crochuer un Clou.*

Entourtilla uno Clau. *Forcer une Clef.*

S'entraverfa dins un'affaire. *Se roidir, ou fe mettre à la traverfe.*

S'entraverfa leis pes en caminan. *S'entrevécher.*

Entraverfa feis Soulies tou de lon de la femelo. *tourner fes fouliers.*

Entraverfa feis foulies per lou Taloun. *éculer fes fouliers.*

Efpri entraverfa. *efprit de contradiction.*

Ave l'amo entraveffado din lou cor. *Avoir l'ame chevillée dans le corps.*

Entravo. *f. Entrave. Elle eft compofée d'une chaine, & de deux entra-vous.*

Entre. *entre.*

Entre-dous. *m. entre-deux.*

Entre-dous deis travetos, terme de Masson. *m. entrevaux.*

Entre-dous deis saumies, terme de Masson. *f. travée.*

Entre-dous deis lignos. *m. interligne.*

Vous dirai eisso entre vous, & you. *je vous dirai cecy de vous à moi.*

Entre-you. *en moi-même ?*

Entrefouïire un vase. *ameublir, ou mouvoir, ou serfouïr un vase.*

Entremau, terme de pescadou. *m. tramail.*

Entremouïllo, terme de Maunie. *f. Tremie.*

Entrena de couerdos. *tordre de cordes.*

Entrena leis peous de la testo. *Tresser les cheveux.*

Peous entrenas. *f. Tresse de cheveux.*

Entrepau per metre quauquoren. *m. entrepos.*

Entrepausa. *mettre pour quelque tems.*

Entreprendre. *entreprendre.*

Entrepreso. *f. entreprise.*

Entreteni. *entretenir.*

Entretoiso, terme de Charron. *f. entretoise.*

Entrevadis. *herbe aux gueux.*

Entrevau, terme de Masson. *m. entrevaux.*

Entrigan. *adj. intrigant, intrigante.*

Envan de Taulisso. *f. subgrande, ou severonde.*

Envan d'uno Boutigo. *m. Auvent. La toile qui est au tour de l'Auvent, & qui descend presqu'à terre, s'apelle la bane.*

Envartouilla. *rouler, ou tortiller.*

Enubria. *Enivrer, ou souler, ou chocailler. Le dernier est bas.*

Dourmi apres s'estre enubria. *cuver son vin.*

Enveja. *envier.*

Envejo. *f. envie.*

Envejous. *adj. envieux, envieuse.*

Envelopo d'uno letre. *f. envelope, ou m. couvert d'une Lettre.*

Enver d'un'estofo. *m. envers d'une étofe.*

Enverina. *envenimer.*

Envesina. *adj. envoisiné, envoisinée.*

Enviourouta un Imagi, d'estofo, &c. *Rouler une Image, &c.*

Enviourouta douës causos ensemble. *Tordre.*

S'enviourouta din son Manteou. *S'enveloper dans son manteau, ou s'emmailloter, ou s'entortiller, ou s'emmitoufler.*

Environa. *entourer, ou environner.*

S'enuisca. *s'engluër.*

Envita. *inviter.*

Envouca. *invoquer.*

S'envoula. *s'envoler.*

Eou. *luy.*

Eourre. *m. Lierre.*

Eouse. *m. chaine vert, ou f. yeuse.*

Eouve. *m. chaine vert, ou f. yeufe.*

Epatorium , planto. *f. Eupatoire.*

Ephod , habi deis Capelans deis Jufious. *m. Ephod.*

Equipa. *équiper.*

Equipagi. *m. équipage. L'équipage qu'un grand Seigneur entretient , pour aler à la chaffe des Sangliers , & autres bétes noires , s'apelle un Vautrait , & chaffer avec cet équipage , se nomme , Vautrer.*

Ero. *f. Haire , ou Hére , afpirés l'h.*

Erre , Lieoume. *m. ers.*

Errour , fauto. *f. erreur.*

Errour , mau. *f. Reve.*

Esbarba , terme d'argentie. *ébarber.*

Esbay. *adj. furpris , furprife , ou étonné , étonnée.*

Esbeluga , ave leis hueils esbelugas. *avoir la berluë aux yeux.*

Esbouilli. *ébouillir.*

Esbranda. *ébranler.*

Esbranqua. *ébrancher , ou élaguer.*

Esbrillauda. *éblouir.*

Esbrouta leis Souquos. *ébourgeonner , ou châtrer les Seps de Vigne.*

Esbrudi. *Répandre , ou ébruiter.*

Esburba de peiffon. *vuider du Poiffon.*

Esburba uno Galino , uno Dindo , &c. *Habiller , ou vuider une Poule , &c.*

Escabaffa un aubre. *brétauder*

un arbre.

Escabeleto. *f. efcabelle prononcés l'f.*

Escabeleto per leis crimineous. *f. Sélette.*

Escabeou. *m. efcabeau , pron. l'f. l'efcabeau qui fe plie , & qui n'a ny bras , ni doffier , s'apelle un Pliant.*

Escabioufo , planto. *f. Scabieufe.*

Escaboüc. *m. Troupeau.*

Escadro. *f. Efcadre , pron. l'f.*

Escafa uno ligno. *éfacer , ou bifer , ou raturer une ligne.*

Escafaduro. *f. éfaçure, ou rature.*

Escafue. *m. Chenet.*

Escafue deis coufinos deis lougis. *m. Landier , ou bâtier , afp. l'h. ou contre-bâtier.*

Escaigno. *m. écheveau.*

Escaillo. *f. écaille.*

Escaillon. *m. cerneau.*

Escaire , terme de Fuftie. *f. équerre.*

Fauffo efcaire. *fauffe-équerre.*

Escala un Aubre. *monter fur un arbre , ou grimper , ou gravir un Arbre.*

Escala uno Villo , ou un houftau. *efcalader , pron. l'f.*

Escaleto, terme de Chirurgien. *m. Squelette , ou Squelet.*

Escaleto , terme de Paffamantie. *f. nompareille.*

Escalie. *m. degré , ou pas , ou f. marche. On apelle colet de marche, la partie la plus étroite d'une marche tournante, & par ou elle tient au noyau de l'efcalier.*

Picho escalie, qu'es sur un Auta. *m. Gradin.*

Leis escalies. *m. l'escalier pron. l'f.*

Escalo. *f. échelle.*

Faire escalo, terme de Marino. *Relacher.*

Escalo-fenou , Ausseou. *m. Grimpereau.*

Escaloun. *m. échelon.*

S'escambala. *s'écarquiller.*

Escamonnéo , planto. *f. scamonnée.*

Escampa. *Répandre, ou épancher.*

Escampamen. *m. épanchement.*

Escandale. *m. scandale.*

Escandalisa. *scandaliser.*

Escandalous. *adj. scandaleux , scandaleuse.*

Escandiado de Souleou. *f. échapée de Soleil.* †

Escandilla uno Bouto. *jauger un Tonneau.*

Escandilla la Mar , uno Ribiero , &c. *Sonder la Mer , une Riviere.*

Escandola d'uno Galero. *f. échandole, ou m. escandola.*

Escapa. *échaper.*

Escapa mai. *Réchaper.*

Escapado. *f. échapée , ou escapade.*

Escapatori. *m. échapatoire , ou subterfuge.*

Escapoulari. *m. Scapulaire.*

Escapouloun. *m. coupon.*

Escarabilla. *adj. éveillé , éveillée , ou avoir de la vivacité , ou actif, active, ou escarbillat, escarbillate. Ce dernier est bas.*

Escarabilleto de veire , juec. *m. colin-maillard.*

Escaragou. *m. escargot, prononcez l'f.*

Escarailla lou fuec. *éparpiller le feu.*

S'escaramia. *Se refrogner , ou se renfrogner.*

Escaramoucha au juec. *escamoter , pron. l'f.*

Escaramoucha , terme de guerro. *escarmoucher. pron. l'f.*

Escaravay. *m. escarbot , pron. l'f.*

Escarbasso , terme de Manechau. *f. seime.*

Escarlato. *m. écarlate.*

Escarpido. *f. charpie.*

Escarpin. *m. escarpin , pron. l'f.*

Escarpo , terme de fourtificacien. *escarpe , pron. l'f.*

Escarpo , peisson. *f. carpe.*

Escarpoun. *m. carpeau , ou carpillon.*

Escarri , terme de Fustie. *équarir.*

Escarlos. *f. échasses.*

Escarta. *écarter.*

Escartela. *écarteler.*

Escarto au jarre , terme de Manechau. *f. Solandres.*

Escartos que foun eis mans, & eis pes. *f. crevasses.*

Escata , terme de Marino. *deriver.*

Escatamen , terme de marino. *f. derive.*

Escava. *échancrer.*

Escauda. *échauder.*

Escaufa. *échaufer.*

Escaufaire. *m. Coquemar.*

Escaufestre.

Efcaufeftre. *m. malheur ; pron.*
maleur.

Efcaufeto. *m. Réchaud , ou Ré-*
chaut.

Efcaufi. *adj. Relant , Relante.*

Senti l'efcaufi. *Sentir le Relant,*
ou le renfermé , ou l'enfermé. Si
c'eft d'une chambre qu'on parle.
Car s'il s'agit d'un homme, on
dira il fent le gouffet.

Efcaufo-lie. *f. baffinoire , ou m.*
chaufe-lit.

Efcauma. *écailler.*

Efcaume, terme de Matelot.
échaume , ou tolet , ou toulet.

Efcaumo. *f. écaille.*

Efcaumo , mot injuriou. *m.*
Gredin , ou homme fans argent.

Efcaupre , terme de Sarrahie.
f. échope.

Se fervi de l'efcaupre. *échoper.*

Efcaupre , terme de Brouquie.
f. Traictoire , ou Tretoire.

Efchancra. *échancrer.*

Efcla un Toupin. *Féler un pot de*
terre.

Efcladuro. *f. Félûre.*

Efclafa un foufle. *apliquer un*
foufflet.

Efclapa uno pouerto. *Rompre*
une porte.

Efclapa de boües. *fendre , ou*
refendre du bois.

Efclarci. *éclaircir.*

Efclata. *éclater.*

Efclata uno pouerto. *brifer une*
porte , ou faire fracture de porte.

Efclau. *m. Efclave , ou Forçat ,*
ou Galerien , ou Captif. Ce der-
nier fe dit , quand on eft parmi

les infideles.

Efclergiero d'uno Aléo. *f. clai-*
riere d'une alée.

Efclo d'un Toupin. *f. félûre*
d'un pot de terre.

Efclo deis Recoulés. *m. Soc ,*
pron. le c. ou Socque.

Efcluci. *f. éclipfe.*

Faire efcluci. *S'eclipfer.*

Efco , eftofo. *m. Efcot.* †

Paga chacun fon efco. *payer*
chacun fon écot. Quand on parle
d'un repas, on peut dire , faire
un repas à pique nique.

Efcolo. *f. école.*

Efcolo , terme deis Jufious. *f.*
Synagogue , ou école.

Deffala l'efcolo. *dire les nouvel-*
les de l'école.

Meftre d'efcolo d'un Vilagi.
Maître d'Ecoles , ou magifter.
Ce dernier eft bas.

Efcolopandro. *f. Scolopendre ,*
ou langue de Cerf.

Efcorbu. *m. fcorbut , ou mal de*
terre.

Efcorfo. *f. écorce.*

Tira l'efcorfo. *écorcer.*

Efcorfo d'uno Miaugrano. *m.*
Malicorium , ou écorce.

Efcorfonero , planto. *f. fcorfon-*
nere.

Efcotto , terme de Marino. *f.*
écoute.

Efcoüadro. *f. efcoüade , pronon-*
cex l'f.

Efcouba. *balier.*

Efcoubaire. *m. balieur , au em. f.*
balieufe.

Efcoubeta. *vergetter.*

Escoubeta uno Tapissarie eme l'escoubeto de plumos. *housser une Tapisserie.*

Escoubeto. *f. vergette.*

Escoubeto de plumos. *m. plumart.*

Escoubeto per leis Soulies. *f. décrotoire.*

Escoubihie. *m. gadoüard, ou vuidangeur, ou maître des basses œuvres.*

Escoubillos. *f. immondices, ou balieures.*

Escoubillon, terme de Fournie. *m. écouvillon. Son verbe est, écouvillonner.*

Escoubillon de plumos. *m. plumail, ou plumart.*

Escoubo. *m. balai.*

Escoubo usado. *m. ramon.*

Escoubo de plumos per leis Tapissaries. *m. houssoir, aspirés l'h.*

Escoüden, terme de Fustie. *f. dosse.*

Marri escoüden. *cantibay.*

Leva un escoüden eme la serro. *Laver une Poutre.*

Escoudo, terme de Masson. *f. Smille.*

Escoüe d'uno Souquo. *m. courson.*

Escoufreyo, terme de Courdounie. *m. écofrai.*

Escoula. *écouler, ou égouter.*

Escoula la bouteillo. *vuider la bouteille.*

Escouladou de l'estan. *m. égoütoir, ou hérison asp. l'h.*

Escouladuros, ou ce que resto

de trouble din l'aigo, ou din lou Siro. *f. effondrilles.*

Escouladuros de vin, que soun din un cournudon, souto uno bouto. *f. bâqueteures, ou m. Ripopé.*

Escoulie. *m. écolier.*

Escoulie qu'apren a mounta à Chivau, à faire deis armos, & a dansa. *m. Academiste.*

Escoulie qu'estudie lou drech en chambro. *m. récipiendaire.*

Escoulino dau vin d'uno bouteillo. *m. Ripopé.*

Escoulino dau Siro. *f. effondrilles.*

Escoumenja. *excommunier.*

Escoumesso. *f. gageure, pron. gajure, ou m. Pari.*

Escoundedou. *f. cache.*

Escoundre. *cacher.*

Escoundre mai. *recacher.*

S'escoundre din un cantoun. *S'aculer dans un coin.*

S'escoundre, terme de Cassaire. *Se tapir, ou se raser.*

Escoundudos, juga eis escoundudos. *joüer à cligne mussette.*

Escounjura leis Toüeros. *adjurer, ou conjurer les chenilles.*

Escounjuracien deis Toüeros. *f. conjuration, ou adjuration des Chenilles.*

Escounta. *précompter, ou excompter.*

Escourcha un habit. *Racourcir un habit.*

Escourcha de camin. *prendre le plus court, ou acourcir le chemin.*

Escourcho. *m. acourcissement.*

Escournuro d'uno peiro. *f. écornure, ou épaufrure d'une Pierre.*

Escourpeno, peisson. *Scopene, ou m. Scorpion de Mer.*

Escourpien. *m. Scorpion.*

Escourrau. *f. terebenthine.*

Escourtega. *écorcher.*

Escoussou per piqua lou bla. *m. Fleau.*

Escouta. *écouter.*

Escouto, fair l'escouto. *faire le sourd, ou faire la sourde oreille.*

Escoutoun deis mounjos. *f. écoute, ou tierce, ou assistante du parloir.*

Ana d'escoutoun. *épier.*

Escri d'un Avouca, *voyez,* escrits.

Flous escricho. *Fleur panachée.*

Escrieure. *écrire.*

Escrieure mai la mémo causo. *transcrire la même chose.*

Escriteou. *m. écriteau.*

Escritori. *f. écritoire.*

Escrits d'un Avouca. *f. écritures d'un Avôcat.*

Escrituro. *f. écriture.*

Escrivan. *m. écrivain.*

Escrollos. *f. écrouelles.*

Escrou, terme de Sarrahie. *m. Ecrou, ou écroüe.*

Escroucholo. *adj. chiche, ou raque-denare, ou raque-denase.*

Escroupulous. *adj. scrupuleux, scrupuleüse.*

Escrouveya la man. *écorcher la main.*

Escrouveya un pau. *effleurer.*

Escrouveya de mau en tiran la

crousto. *écrouter.*

Escrutatour. *m. scrutateur.*

Escu. *m. écu.*

Escude, terme de Jardinie. *m. m. écusson.*

Escude, terme de Bouticari. *m. écusson.*

Escude, planto. *m. nombril de Venus.*

Faire d'escude, terme de Jardinies. *écussonner.*

Escudelado. *f. écuellée.*

Escudeletos, fairo d'escudeletos, jüec. *Faire de Ricochets.*

Escudelie. *m. égoûtoir, ou hérisson. asp. l'h.*

Escudelo. *f. écuelle.*

Escudelo farmado. *écuelle couverte.*

Escudelo per teni lou negre, ou lou rouge deis Courdounies. *f. gueusette.*

Esculteur. *m. Sculpteur.*

Escuma. *écumer.*

Escuma en ternac de Bouticari. *despumer, pron. l's.*

Faire escuma de Cirop, ou de Chocola. *mousser du Sirop, ou du Chocolate.*

Escumadouiro. *f. écumoire.*

Escumo. *f. écume.*

Escumo salado que s'amasso dins leis Mares penden la secaresso. *f. Adarca.*

Escupeire. *adj. cracheur, cracheuse.*

Escupi. *cracher.*

Escupi mai. *recracher.*

Faire qu'escupi. *crachotter.*

Faire qu'escupi en parlan. *écar-*

ter la dragée.

Escupiegno. f. Salive. Quand elle est melée de pus, on dit salive purulente.

Escura. écurer, ou fourbir.

Escurteur. m. Sculpteur.

Escusa. excuser.

Escuso. f. excuse.

Escussoun d'armarie. m. écu.

Escussoun, terme de Sarrahie. écusson, ou f. platine de porte, ou entrée de serrure.

Escussoun de Cadaulo. platine de loquet.

Escuye. m. écuïer.

Esfassa. éfacer, ou bifer, ou raturer, ou rayer.

Esfassaduro. f éfaceure, ou rature.

Esfloura. voyez efloura.

Esfoüer. m. éfort.

Esfoüira. avoir la diarrée, ou la foire.

Esfrai. fraïeur, ou épouvante, ou m. éfrai, pron. efroi.

Faire esfrai. être éfroyable.

Esfraïa. éfraïer, ou épouvanter.

Esglaria. adj. criailleur, criailleuse.

Estre esglaria de chagrin. être éploré, éplorée.

Esgourja. égorger.

Esgrissa, terme d'argentie. égriser.

Esipero. f. érésipele.

Esmai. m. émail, au pluriel, émaux.

Espaci. m. espace, pron. ls.

Espaci que lon leisso din uno pare en la basticen, per faire

uno pouerto, ou uno fenestro. f. baye.

Espaciou. adj. spatieux, spatieuse.

Espagnou que fa lou fuc. m. Gendarmes.

Espala. épauler.

Espalie, terme de galero. m. espalier, pron, ls. Le banc de l'espalier, s'apelle espalle. f.

Espalie, terme de Jardinie. m. espalier. Le contre espalier est une haye d'arbres fruitiers, ou Vignes atachées contre un petit treillage, a quelque distance de l'espalier, avec lequel il forme une álee.

Espaliero d'un cor de fremo. f. épaulette.

Espalo. f. épaule.

Espalo de moutoun. f. épaule, ou m. Paleron.

Espaloufi. adj. transi, transie.

Espandi, flous que s'es espandide. fleur qui s'est épanouie.

Taquo que s'es espandido. tache qui s'est répandue.

Espandissomen d'uno flous. m. épanouissement.

Espandissomen d'uno taquo. m. épanchement.

S'espanta. s'ebahir.

Espargoulo. f. parietaire.

Esparpailla. éparpiller.

Esparrado de pe. f. glissade.

Esparrado de cos de canoun. f. décharge de coups de Canou.

Esparradou, terme de Pastre. m. clocheman, ou sonaillier, & selon l'Academia sonailler.

Esparro.

Efparro , terme de Charron. *m. épars.*

Efpafie. *m. Fourbiffeur.*

Efpaffie d'uno refclavo. *f. Abbée. La Vanne eft l'ais qui la ferme.*

Efpatulo. *f. efpatule , pron. l'f.*

Efpau , terme de Teifferan. *f. Trame , ou trême.*

Faire d'efpaus. *tramer , ou trémer.*

Eftofo qu'a d'efpau. *étofe vergée.*

Efpaula. *épauler.*

Efpaulomen , terme de Fuftie. *m. épaulement.*

Efpauffa uno farvieto. *fecoüer une ferviette.*

Efpauffa un Tableou. *époudrer un Tableau.*

Efpauffado d'un Aubre. *f. Secouffe d'un Arbra.*

Efpauffado de cos de baftoun. *f. baftonnade , pron. l'f.*

Efpauffeta. *vergetter.*

Efpauffo-falado. *m. Saladier à jour.*

Efpauti. *écrafer.*

Efpauti la viando cuecho eme un coutcou a taulo. *charcuter la viande.*

Efpazo. *f. Epée. Remarquez que ce morceau de fer pointu , qui eft au haut de la lame , ou entre la poignée de l'épée , s'apelle la Soye. Que cette partie élevée , qui regne le long de la lame , s'apelle l'Aréte de la lame. Et que cette forte de branche , qui tient au corps de la*

garde , fe nomme le Quillon , pron. Killon en deux filabes , & le plus haut de la lame s'apelle le fort.

Aprendre à tira l'efpazo. *aprendre à faire des armes , ou à efcrimer , prononcés l'f. Le maître qui l'aprend , s'apelle , maître d'armes , ou maître en fait d'armes , ou maître d'efcrime.*

Efpeauto, terme de Courdie. *f. épée.*

Efpeci. *f. efpece , pron. l'f.*

Efpeci per metre à uno fauffo. *f. épices , ou épiceries.*

Efpeci. *voyez* efpeffi.

Efpecifica. *fpecifier.*

Efpees. *voyez* efpes.

Efpeilla un chin. *écorcher un chien.*

Efpeilla un Aubre,un baftoun &c. *écorcer un arbre, un bâton, &c.*

Efpeillandrat. *habillé de vieux haillons.*

Efpeillo-chin. *m. écorcheur.*

Efpeirega. *épierrer.*

Efpeli. *éclorre.*

Entendre , quoy que la paraulo fiegue pas encaro efpelido. *entendre à demi-mot.*

Efpeouto, gran. *m. ou f. épeautre , ou epeaute.*

Efpera. *efperer pron. l'f. ou atendre.*

Efpereou , manja d'efpereou. *manger de foi-même.*

Efperi. *m. efprit.*

Efperituel. *adj. fpirituel, fpirituelle.*

M

Pero espirituel, terme de Religiou. *Pere Temporel.*

Espero, estre a l'espero. *être au guet, ou aux aguets, & en terme de chasse, on dit étre à l'afut.*

Esperon. *m. épron, ou éperon.*

Esperon d'un gau. *m. ergot, ou argot, en parlant des Sangliers on dit gardes, & des cerfs. Os.*

Espes. *adj. épais, épaisse.*

Home espes. *homme gros.*

Foures espesso. *adj. forét toufu, toufuë.*

Espessa. *briser, ou rompre, ou fracasser.*

Espessa de boues. *fendre, ou refendre du bois.*

Espessaire de boues. *m. bûcheron.*

Espessi. *épaissir.*

Espessi mai. *repaissir.*

Espesso. *f. espece, pron. l'f.*

Chin na de diferentos espessos. *adj. chien metif, chienne metive. On le 'dit encore de l'homme produit de diferentes Nations, mais improprement, ou mulat, mulate.*

Espessou. *f. épaisseur.*

Espessou d'un home. *f. grosseur d'un homme.*

Espessou d'un libre. *f. tranche.*

Espetacle. *m. spectacle.*

Espevoüya. *époüiller, ou pouiller.*

Espic, planto. *m. aspic.*

Espicerie. *f. épiceries, ou épices.*

Espiegle. *adj. espiegle prononcez l'f.*

S'espiessa. *Se rengorger.*

Espiga. *épïer.*

Lachugo espigado. *Laituë montée en graine, ou laituë grenée.*

Espigo. *m. épi.*

S'espina. *se piquer.*

Espinar. *m. épinars.*

Espincha. *épier, ou guêter.*

Espinchaire. *adj. guêteur, guêteuse.*

Espineto. *f. épinette.*

Espingolo. *f. épingle.*

Espingolos deis Damos. *m. Camion, ou f. épingle.*

Espingoulado. *m. coup d'épingle.*

Espino. *f. épine.*

Espino deis peissons. *f. aréte.*

Espino d'un Artichau. *m. piquant.*

Espinous. *adj. épineux, épineuse.*

Espion. *m. espion, pron. l'f. ou mouchard. Ce dernier est bas.*

Espirituel. *voyez espirituel.*

Espiro, tira de vin de l'espiro. *tirer du vin au fausset, ou à la broche.*

Espisso, terme de Palai. *f. épices.*

Espitalie. *adj. Hospitalier, Hospitaliere, pron. l'f.*

Espitau. *m. Hopital, ou Hôtel-Dieu.*

Espitau deis ladres. *f. Maladrerie, ou leproserie, ou maladerie.*

La sentour deis Espitaus s'apello. *m. Faguenas, ou Faguena.*

Esplandour. *f. splendeur. On dit*

la *splendeur du Soleil.*

Efplingo. *voyez* efpingolo.

Efpliqua. *expliquer.*

Efploumba, terme de Maſſon. *ſurplomber.*

Efpolioun, terme de Religiou. *f. défroque.*

Efpou. *voyez* efpau.

S'efpouſa, *s'enfuir, ou ſe ſauver, ou s'évader.*

Efpouladou per la ſedo. *m. guindre.*

S'espoumpi. *s'enfler, ou ſe dilater.*

Efpoun, vin efpoun. *vin qui commence a s'aigrir.*

Efpoungo. *f. éponge.*

Efpoungo, terme de Manechau. *f. éponge.*

Efpoungous. *adj. ſpongieux, ſpongieuſe.*

Efpounton, *m. eſponton, ou ſponton.*

Efpous. *f. éclabouſſure.*

Efpouſa uno fremo. *épouſer une femme.*

Efpouſa de marchandiſo. *expoſer de marchandiſes.*

Efpouſado de marchandiſo. *f. expoſition de marchandiſes.*

Efpouſado. *f. épouſée.*

Efpouſca. *rejaillir, ou éclabouſſer, ou écliſſer.*

Efpouſcamen. *m. rejailliſſement*

Efpouſco-ſalado. *m. Saladier à jour.*

Efpouſſeta. *vergetter.*

Efpouſſeto. *f. vergette.*

Efpouſſo-ſalado. *m. Saladier à jour.*

Efpraigna. *épargner.*

Efpraigno. *f. épargne.*

Efpraigno per metre din un Candelie. *m. Binet.*

Efpraventau. *m. épouventail.*

Efprevie. *m. épervier. Son mâle s'apelle un Mouchet, ou Tiercelet d'épervier.*

Efprevin, terme de Manechau. *éparvin.*

Efpri. *m. eſprit, pron. l'ſ.*

Efprovo. *f. épreuve.*

Efprouva. *éprouver.*

Efqualeto, terme de Chirurgien. *m. ſquelette, ou ſquelet.*

Efqualeto, terme de Paſſamantie. *f. nompareille.*

Efquïa. *gliſſer.*

S'efquïa. *s'évader.*

Efquicha quauqu'un. *Preſſer ou ſerrer quelqu'un.*

La poüerto m'a efquicha lou de. *La porte m'a pincè le doigt, ou preſſé.*

Efquicha quauquoren, & va faire veni pla coumo uno Marluſſo. *écraſer, ou écacher quelque choſe.*

S'efquicha din un cantoun. *s'aculer dans un coin.*

Efquicha un Arangi. *Epreindre, ou exprimer une Orange, ou preſſer.*

Efquichomen, mau. *m. Ténême, ou f. épreinte.*

Efquie. *m. Fuſil, pron. Fuſi.*

Efquiella. *glapir.*

Efquiellamen, *m. glapiſſement.*

Efquierro, maladie. *m. ſquirre.*

Efquifo. *m. eſquif, prononcez*

l'ſ & l'ſ. ou Caïc.

Eſquilancie. *f. ſquinancie, ou eſqui-*
　nancie. Le dernier eſt le meilleur.

Eſquilla. *gliſſer.*

Eſquillado. *f. gliſſade.*

Eſquina. *èchiner.*

Eſquina, *adj. èchiné, échinée.*

Eſquina , mo Burleſque. *adj.*
　bas percé, bas percée, ou m.
　galefretier.

Eſquinadou, terme de Paſticie.
　m. coûperet.

Eſquinau , terme de Cardaire.
　mere-laine.

Eſquineto , faire eſquineto.
　Faire la tortuë.

Eſquinos. *le dos , ou f. échine.*

Eſquino d'Aſe , terme de Jar-
　dinie. *m. Ados.*

Eſquipo. *m. Eſquipot, pron. l'ſ.*

Eſquirou. *m. écureuil, ou écarieu.*
　Le premier eſt le meilleur.

Eſquiſſo. *f. eſquiſſe. Son verbe eſt*
　Eſquiſſer.

S'eſquiva. *S'evader , ou s'eſqui-*
　ver. Ce dernier eſt bas.

Eſquo per faire de lume. *f. mé-*
　che.

Eſquo , terme ds Bouticari. *m.*
　Agaric.

Eſſiou , terme de Charron. *m.*
　Eſſieu.

Eſta. *demeurer.*

Eſtable d'un houſtau. *f. écurie.*

Eſtable per leis Buous , Va-
　quos , & Poüers. *m. étable.*

Eſtabli. *établir.*

Eſtabli un ouvragi , terme de
　Fuſtie. *mettre les reperes à un*
　ouvrage.

Eſtabliſſomen. *m. établiſſement.*

Eſtadis. *adj. Rance.*

Huous eſtadis. *Œufs courvis.*

Eſtagiero , terme de Maſſon.
　m. échafaut.

Eſtagiero per leis Libres. *f. ta-*
　blette.

Eſtahie. *f. anaſtaſie.*

Eſtajan. *m. menage. Il y a trois*
　menages logez dans cette maiſon.

Eſtaigna. *étamer.*

Eſtame. *f. eſtame , pron. l'ſ.*

Eſtamenay , terme de marino.
　m. genou.

Eſtamino. *f. étamine.*

Eſtamour , terme de Vitrie.
　m. étamoy.

Eſtampo. *f. eſtampe , pron. l'ſ.*

Eſtan. *m. étang , pron. étan.*

Eſtan , metau. *m. étaim.*

Lava l'eſtan. *Laver la vaiſſelle.*

Eſtanailla. *tenailler.*

Eſtanaillo. *f. tenailles.*

Eſtanaillo per farra. *f. tricoiſes.*

Eſtendar. *m. étendart , au plur.*
　étendarts.

Eſtanie. *m. égoûtoir , ou hériſſon.*
　aſp. l'h.

Eſtanqua. *arrêter.*

Eſtapouna uno chambro. *cal-*
　feutrer une chambre.

S'eſtapouna din ſon manteou.
　s'enveloper , ou s'emmitoufler
　dans ſon manteau.

Eſtaqua. *atacher.*

Eſtaqua mai. *ratacher , ou ata-*
　cher de nouveau.

Eſtaqua, 5. ou 6. chins enſem-
　ble. *harder , aſp. l'h.*

Eſtaquetos , terme de baillo. *f.*
　liſiere.

lifiere, ou m. Tata.

Eſtaquo. *f. atache.*

Eſtaquo, *termo de Vitrie. m. lien.*

Eſtaquo de Pargamin, *terme de Prucurour. m. Tiret, ou tirant.*

Eſtaquo, *terme de Vergie. m. plançon.*

Eſtardo, Auſſeou. *f. outarde.*

Eſtarmina. *exterminer.*

Eſtaſa uno bouto. *jauger un Tonneau.*

Eſtaſiaire de boutos. *m. jaugeur de Tonneau.*

Eſtatüo d'un San que meroun ſur un Auta. *f. Image.*

Eſtatüo qu'es a uno plaſſo publiquo. *f. Statuë.*

Eſtatüo qu'es ſenſo teſto, bras, & cambos. *m. Torſe, Richelet le fait f.*

Eſtaudes. *m. Tréteau, prononcés Tréto.*

Eſtaura. *m. Storax.*

S'eſteigne lou coüer. *Se ſerrer le cœur.*

S'eſteigne en manjan. *S'engoüer.*

Eſteilla leis candeous dou carbe. *Tiller, ou teiller le chanvre.*

Eſtela. *adj. étoilé, étoilée.*

Eſtela un bras. *metre des écliſſes à un bras.*

Eſtelo dou Ciel. *f. étoile.*

Eſtelo d'un Libre. *m. aſteriſque, ou f. étoile.*

Eſtelo d'un Fuſtic. *m. coupeau, ou copeau.*

Eſtelo d'un Brouquie. *f. planure.*

Eſtelo, *terme de Teiſſeran. m. Peigne.*

Eſtelo d'un coulie de chivau. *m. Atel.*

Eſtelo, *terme de Chirurgien. f. écliſſe, ou attelles.*

Eſtelo, peiſſon. *f. étoile.*

Eſtendedou. *m. Sechoir.* †

Eſtendre. *étendre.*

Eſtendre de fumie, de fen, &c. *épandre du fumier, &c.*

Eſtendre la braſo dou fuec. *éparpiller la braiſe du feu.*

S'eſtendre d'un couſta, & d'autre. *Se repandre d'un coſté, & d'autre.*

Eſtendudo. *f. étenduë.*

Eſtenembra. *oublier.*

Eſtenua. *adj. átenué, atenuèe, ou extenuè extenuèe.*

Eſtequo, *terme de Poutie de terro. f. attelle.*

S'eſterigouſſa. *ſe chamailler, ou tirailler, on houſpiller, aſp. l'h.*

Eſterilita. *f. ſterilitè.*

Eſteriou. *m. exterieur.*

Eſtermina. *exterminer.*

Eſterni leis garbos. *Etendre les Gerbes.*

Eſteve. *m. Etienne.*

Eſtevo, *terme de Bouhie. m. manche de la charruë, ou mancherons.*

Eſtibladou. *m. Errichoir, ou Poliſſoir.* †

Eſtiga quauqu'un. *Rechercher la vie de quelqu'un.*

Eſtila. *ſtiler.*

Eſtima. *eſtimer, pron. l'ſ.*

Eſtimadou. *m. eſtimateur, pron. l'ſ.*

Eſtimo d'un home. *f. eſtime.*

Eſtimo d'uno terro, &c. *f. eſtimation, ou priſée.*

Eſtiou. *m. Eté.*

Eſtira uno peou. *alonger une peau.*

S'eſtira. *S'etendre, ou s'alonger.*

Eſtira de linge. *detirer du linge. On dit auſſi repaſſer, mais c'eſt, quand on le polit avec le fer, on dit encore tirer.*

Eſtre eſtira, mo Burleſquo. *avoir beſoin de toutes ſes pieces.*

Eſtiro. *f. queſtion, ou torture.*

Eſtiva de Gaveous. *arranger des fagots de ſarment.*

Eſtiva un Veiſſeou, terme de marino. *arrumer un Veiſſeau, ou arrimer.*

Eſtivagi deis Gaveous. *m. arrangement.*

Eſtivagi d'un Veiſſeou. *m. arrimage.*

Eſtivau. *m. Houſeaux, aſp. l'h. ou botes de pêcheur.*

Eſto, terme de Sarrahie. *m. Etau.*

Eſtofo. *f. étofe.*

Faire eſtofo, terme de Coutelie. *corroïer.*

Eſtolo. *f. Etole.*

Eſtoqueſi. *m. Stockfiche.*

Eſtoucado. *f. eſtocade, pron. l'ſ.*

Eſtoufa. *Etouſer, ou ſufoquer.*

Eſtoufa quauqu'un per rire, en li tapan lou Nas, & la Gorjo eme la man. *moufler quelqu'un.*

Tem eſtoufa. *tems vain.*

Eſtouma. *m. eſtomac. pron. l'ſ.*

Eſtoumaga, eſtre eſtoumaga. *avoir un creve-cœur.*

S'eſtoumaga. *Se ſerrer le cœur ou s'eſtomquer. Ce dernier eſt bas.*

Eſtouna. *étonner, ou ſurprendre.*

Eſtouna. *adj. étonné, étonnée.*

Eſtoupa. *étouper.*

Eſtoupado de Roſo. *m. Cataplaſme de Roſes.*

Eſtoupiero, telo. *f. Serpilliere.*

Eſtoupin, terme de marino. *m. Etoupin.*

Eſtoupos. *f. Etoupes.*

Viando eſtoupouſo. *adj. viande, Pâteux, pâteuſe.*

Frui, ou racino eſtoupous. *adj. fruit cotonneux, cotonneuſe.*

Eſtouqueou, terme de Sarrahie. *m. Eſtoquiau.*

Eſtourdi. *étourdir, ou alourdir.*

Eſtourjoun. *m. Eſturgeon, pron. l'ſ. ou éturgeon.*

Eſtourneou. *m. Etourneau, ou Sanſonnet.*

Eſtournida. *éternuer. Son ſubſt. eſt éternuement. pron. éternumment. m.*

Eſtrachan. *adj. angleux, angleuſe. On dit Noix angleuſe.*

Eſtragalo, terme de Foundeur. *m. aſtragale.*

Eſtrailla uno clau. *égarer une clef.*

Eſtrailla lou fuec. *éparpiller le feu.*

Eſtrambo. *f. extravagance.*

Faire d'eſtrambos. *extravaguer.*

Eſtrambo, per admiracien. *m.*

enthousiasme.

Faire d'estrambos per admiracien. *S'enthousiasmer.*

Estrangi. *étrange.*

Estrangie. *adj. étranger , étrangere.*

Ave d'estrangie à l'houstau.
*avoir des Hôtes à la maison,
pron. la premiere silabe de Hôte
longue.*

Estrangie que n'es pas natura-
lisa , ounte demoüero. *m.
Aubain.*

Estrangla. *étrangler.*

Estranglo-besti. *espece de chien.
dent.*

Estransina. *transir.*

Estraourdinari. *adj. extraordinaire.*

Estrapado. *f. estrapade , prononcez l's.*

Estrapountin. *m. estrapontain ,
pron. l's.*

Estrassa. *déchirer.*

Estrassaduro. *f. déchirure.*

Estrasso , terme de faisufos de
Maignan. *m. Capiton , ou bourre , ou strasso.*

Estrasso , terme de Marchan.
m. drapeau.

Estrasso per neteja un Pinceou. *m. torche-pinceau.*

Estratagemo. *m. Stratagéme.*

Estravagan. *adj. extravagant ,
extravagante.*

Estay , terme de marino. *m.
Etay.*

Estre. *Etre.*

Estre. *adj. étroit , étroite.*

Estre d'un Countra. *m. Extrait*

d'un Contrat.

Estrech. *adj. étroit , étroite.*

Estrechomen. *étroitement.*

Estreci. *étrecir , ou retrecir.*

Estreigne. *étreindre , ou serrer.*

Estreigne leis dens de coulero.
grincer les dens , ou crisser.

Estreigne un habit. *retrecir , ou
étrecir un habit.*

Estrema. *cacher , ou serrer.*

Estremita. *f. extremité.*

Estrena. *étrener.*

Estreno. *f. étrene.*

Estreno que lon douno à uno
persouno que nous à fa faire uno boüenno affaire. *f.
Paraguante , ou m. Pot de vin.*

Estrigoussa. *tirailler , ou houspil-
ler , asp. l'h.*

Estrilla un chivau. *étriller , ou
pancer un cheval.*

Estrillo. *f. étrille.*

Estringa , estre estringa. *étre
fait tout d'une venuë , comme
la jambe d'un chien.*

Estriou. *m. étrier.*

Estriou per supourta un saumie , terme de Sarrahie. *m.
corbeau de fer.*

Estripa un home. *éventrer un
homme.*

Estripa leis habits , libres, &c.
friper ses habits , &c.

Estripa uno Dindo, &c. *vuider
ou étriper , ou habiller une Poule-Dinde.*

Estro. *f. fenétre. voyez feneſtro.*

Estrop , terme de marino. *f.
Herse depoulie , ou étrope , ou
m. Gerseau.*

Eſtropi. *m. Eutrope.*

Eſtroüen. *m. êtron.*

Eſtroüen de chambriero , terme d'eſcrivan. *m. Trait , ou êtron de chambriere.*

Eſtroupia *eſtropier , pron. l'ſ.*

Eſtroupia. *adj. eſtropié , eſtropiée, pron. l'ſ.*

Eſtroupia. *m. eſtropié ou eſtropiat, pron. l'ſ.*

Eſtruci , Auſſeou. *f. autruche.*

Eſtruga. *feliciter.*

Eſtruire. *inſtruire.*

Eſtrumen. *voyez* inſtrumen.

Eſtuba. *étuver.*

Eſtuba mai. *retuver.*

Eſtre eſtuba. *Etre étuvé , ou enfumé.*

Eſtubado. *m. étuvement.*

Eſtubado de papie , facho au Nas. *m. Camouflet.*

Eſtubo. *f. étuve.*

Eſtubo de papie , facho au Nas. *m. Camouflet.*

Eſtubo d'uno courderie. *f. étuve de corderie.*

Eſtudi , lecturo. *f. étude.*

Eſtudi d'unProucurour. *f. étude.*

Eſtudia. *étudier.*

Eſtüi. *m. étui.*

Eſtui que ſe duerbe coumo un Cofre , ounte lia un couteou , uno fourcheto , & un Cuhie. *m. Cadenas.*

Eſtui deis mouchetos. *m. portemouchettes.*

Eſtupefia. *ſtupefier.*

Eſtupide. *adj. ſtupide , ou hébeté.*

Eſturjoun. *m. eſturgeon, ou éturgeon.*

Etat. *m. état. voyez* Pople.

Eternita. *f. éternité.*

Eto. *Helas.*

Evangilo d'un Evangeliſto. *m. Evangile.*

Evangilo d'une Meſſo. *f. Evangile.*

Evani *voyez* evanoui.

Evanimen. *m. évanoüiſſement.*

Evanoui. *Pamer , ou tomber en Pamoiſon , ou tomber en défaillance , ou évanoüir. Remarquez que les deux premiers doivent venir d'une paſſion violente , & les deux derniers de manque de forces.*

S'evapoura. *s'evaporer.*

Evidenci. *f. évidence.*

Evita. *éviter.*

Examplo, terme de meſtre d'eſcolo. *f. exemple.*

Excluſivo. *f. excluſion.*

Exemple. *m. exemple.*

Exercices , terme de devoucien. *m. exercices, ou f. Retraite.*

Exercices , terme de Sourdas. *m. exercice.*

Eyciou , terme de Charron. *m. eſſieu.*

Eyciviero , terme de Maſſon. *f. Civiere.*

Eycreſſenſo de cher , que ven ſur un bras, ou ſur uno cambo coupas. *m. Moignon.*

Eygagno. *f. Roſée.*

Eygagno, terme de Caſſaire. *m. égail.*

Eygaſſous. *adj. aqueux, aqueuſe.*

Eyſſuga. *eſſuyer , ou ſecher.*

Eyſſuh. *adj. ſec , ſeche.*

F. *feminin.*

Feminin, pron.
Effe.

F. d'un vioulon.
f. ouye, ou f.

Fa. *adj. fait faite.*

Fabetos. *m. Al-
phabet.*

Fablo. *f. fable. Celui qui traite
des fables, & qui en explique
les misteres s'apelle un Mitholo-
giste. On dit que M.... sçait la
Mythologie.*

Fabre. *m. Maréchal.*

Fabriquo. *f. fabrique.*

Facha. *facher.*

Se pas facha de quauquoren.
Prendre en jeu quelque chose.

Facha. *adj. faché, fachée, ou
irrité, irritée. Le dernier dit
une grande facherie.*

Facharie. *f. facherie.*

Fachie. *m. facteur.*

Fachous. *adj. facheux, facheuse.*

Faci. *farcir.*

Facile. *adj. facile.*

Facilita. *f. facilité.*

Faculta. *f. faculté.*

Fada. *adj. niais, niaise.*

Fade. *adj. fade.*

Rendre fade. *afadir.*

Fadeso. *f. Fadese, ou niaiserie.*

Fado, terme d'enfan. *f. Fée.*

Fagouta. *Fagoter, ou bousiller.*

Fagoutaire. *adj. bousilleur, bou-
silleuse.*

Fai. *m. Faix, ou fardeau.*

Fai de boues per lou fuec. *m.
Fagot de bois. On apelle une
bourrée, un fagot composé de
menuës branches fort suscepti-*
bles du feu.

Fai d'Aumarinos. *f. gerbe d'o-
zier.*

Faïou. *m. Haricot, asp. l'h.*

Faire. *faire, pron. fere.*

Faire mai. *refaire, ou réiterer.*

Faire raflo. *amener rafle.*

Falabriguie. *m. alisier, ou micocoulier. Son fruit s'apelle une
alise.*

Fale. *faloir.*

Fali. *m. Philipe.*

Falicouque. *adj. gris, grise, ou
étre en pointe de vin.*

Faligoulo. *m. tim. pron. tin.*

Faligoulo-fero. *f. garde-robe,
ou santoline.*

Falouquo. *f. Felouque.*

Fameleja. *familiariser.*

Familho. *f. famille.*

Familiarita. *f. familiarité.*

Familie. *adj. familier, familiere.*

Fan. *f. faim, pron. fein, voyez*
Veni.

Fanau d'un Veisseou. *m. Fanal
d'un Vaisseau, au plur. Fanaux.*

Fanau deis Penitens. *m. Falot
de Penitens.*

Fanfallucho. *f. freluche.*

Fanfaroun. *m. fanfaron, ou bra-
vache. Ce dernier est vieux.*

Fangas. *m. bourbier.*

Gros fangas qués din, ou a la
ribo de la mar, ou d'uno
Ribiero. *f. bourbe, ou vase,
ou vaze.*

Fango. *f. bouë, ou fange. Ce dernier est pour les grands chemins.*

Fango qu'es au bout deis raubos. *f. crote.*

Fangous. *adj. boüeux , boüeu-se , ou croté , crotée. Le premier eſt pour les chemins , & le dernier pour les habits.*

Fangous liquidomen. *adj. gâcheux , gâcheuſe.*

Fangueja. *Patroüiller.*

Fanous. *adj. Richement couvert.*

Fantas. *adj. fantaſque , ou bizarre.*

Fantaſie. *f. fantaiſie , ou bizarrerie.*

Fantoumeja. *penſer à de badineries , ou badiner.*

Fantoumeja en manjan. *pinocher , ou épinocher.*

Far. *m. fard.*

Farda. *farder.*

Farina de peiſſon. *fariner , ou ſaupoudrer du poiſſon avec de la farine.*

Farinadoüiro. *f. boîte à la farine.* †

Fariniero , *terme de Maunie. f. Huche , aſp. l'h.*

Fariniero , *terme de Boulangie. f. fariniere , ou bluterie.*

Farino. *f. Farine.*

Farino foüello. *f. Folle farine.*

Faïre farino. *Moudre le blé.*

Farinous. *adj. farineux , farineuſe.*

Farlata de vin. *Frelater , ou falſifier du vin.*

Farma uno poüerto. *fermer une porte.*

Farma un habit. *enfermer , ou fermer un habit.*

Farma mai. *renfermer.*

Sarraillo que ſe farmo à dous

tours. *Serrure qui ferme à double tour.*

Farneirou , *terme de Maunie. f. Anche.*

Farouge. *adj. Farouche , ou ſauvage , ou feroce. Ce dernier ſe dit des bêtes, qui non ſeulement ne ſont pas aprivoiſees , mais encore qui ſont cruelles.*

Rendre farouge. *Eſaroucher.*

Farra. *ferrer.*

Farra uno rodo. *embatre une roüe.*

Farragi d'uno rodo. *m. embatage de roüe.*

Farragi d'un chivau. *f. ferrure. Il en coute tant par an, pour la ferrure de deux chevaux.*

Farramento d'uno poüerto , feneſtro , &c. f. Ferrure.

Farramentos d'un Artiſan. *m. m. Ferrements , ou ferremens d'un artiſan.*

Vieillo farramento. *f. ferraille.*

Farrandino. *f. ferrandine.*

Farrou. *m. Verrou , ou verroüil.*

Farroüilla. *verroüiller.*

Farſifica. *falſifier.*

Vin farſifica. *vin frelaté , ou falſifié.*

Farſo. *f. farce.*

Farſun , *terme de Couſinie. f. farce. Ce petit inſtrument de bois, long d'un bon pié, large, & delié par le bout d'en bas , qui ſert aux Patiſſiers , quand ils veulent manier leurs farces, s'apelle la Gâche.*

Farven. *adj. fervent , fervente.*

Farvour. f. ferveur.

Faſſado. f. façade.

Faſſouna. adj. On dit un Ruban façonné, mais d'une Poupe d'un Vaiſſeau on dit qu'elle eſt ſculpée.

Faſſouniou. adj. façonnier, façonniere.

Faſſun. voyez farſun.

Fatalita. f. fatalité.

Fatiga. fatiguer.

Fatigo. f. fatigue.

Fatoun. f. éfileure, ou faufileure.

Fratraceric. m. fatras.

Fau, Aubre. m. Hêtre, aſp. l'h. ou fau, ou faux, ou fauteau. Son fruit s'apelle faine, ou fouenne. f.

Fau. adj. faux, fauſſe.

Peou, den, &c. faus. adj. cheveux, dent poſtiche.

Faubon. m. fauxbond.

Fau-fourreou, m. faux-fourreau.

Faunoun. m. Sobriquet.

Favareous. f. féveroles, ou naines.

Faucillo. m. faucillon.

Faucon. m. faucon. Son mâle s'apelle un Tiercelet de faucon. Ses piez s'apellent les mains.

Faudau. m. Tablier.

Faudo d'uno fremo. Les genoux d'une femme, ou le Giron. Le premier eſt le meilleur.

Fayeto. f. feverole, ou naines.

Faveto, Auſſeou. f. fauvette. Son mâle s'apelle fauvet.

Faufiella. faufiler, ou fauxfiler.

Faufra. féves fraisées.

Favo. f. féve.

Favo qu'a lou baſt. féve en coſſe.

Faves degruillados de la pichoto peou blanquo. féves fraisées. Cette petite peau s'apelle robe, & les deux parties de la féve, ſe nomment Lobe. m. On le dit auſſi de toute ſorte de legume, & de graine.

Favo, terme de Manechau. m. Lampas, ou féve.

Favoüillo. m. cancre.

Favour. f. faveur.

Favourable. adj. favorable.

Favouri. m. favori, au fem. favorite.

Favouriſa. favoriſer.

Fauquiero. f. fauchere. †

Fauſſa un Acte. falſifier un Acte.

Fauſſari. adj. falſificateur, ou fauſſaire.

Fauſſeta. f. fauſſeté.

Fauſſo-mancho. manche poſtiche.

Fauſſo feneſtro. fenêtre feinte.

Fauvi. m. Sumach.

Faux-Perdrieu. m. faux perdrieu. Oiſeau de rapine.

Fe, ma fe. foy, ma foy.

Feble. adj. foible, pron. féble.

Febleſſo. f. foibleſſe, pron. fébleſſe.

Febre. f. fiévre.

Febre que duro qu'un jour. fiévre éphemére.

La febre cartano. fiévre quarte, ou fiévre quartaine. Ce dernier eſt bas.

Febrous. adj. fiévreux, fiévreuſe.

Fedo. f. brebis, ou brebi.

La fedo crido. *la brebi béle.*

La fedo a fa l'Aigneou. *La brebis a Agnelé, ou a mis bas.*

Fedo que poüerto. *brebis portiere.*

Fedo que non poüerto pas. *brebis bréhaigne, ou stérile.*

Fege. *m. foïe.*

Fego, per ma fego. *par ma foy.*

Feicino per leis fours. *f. facine.*

Feissello per leis Toumos. *f. éclisse.*

Feleno. *petite fille.*

Felicita. *féliciter, ou se conjoüir avec, &c.*

Felicita. *f. félicité.*

Felipo, terme de fustie. *m. Rossignol.*

Feloun. *adj. interdit, interdite.*

Fen. *m. foin. Le tems de couper le foin s'apelle la fenaison, pron. fanaison.*

Fenderasso d'un habit. *f. déchirure d'un habit, ou m. acroc.*

Fenderasso qu'un barbie fa au visagi de qu'auqu'un, li fasen la barbo. *f. Estafilade, pron. l'f. ou balafre.*

Fendre. *fendre.*

Feneftragi, *m. fenétrage.*

Feneftro. *f. fenêtre.*

Feneftro d'un Caïer, ou d'un Libre. *f. Lacune.*

Feneftro d'un Clouchie. *f. oüie d'un Clocher.*

Leis pichotos feneftros de boües d'uno crousiero. *m. volet au guichet.*

Grando feneftro d'un'Egliso. *m. vitrail; au plur. vitraux.*

Feneftro qu'es à la grillo d'un Confessiouna. *m. guichet, ou f. coulisse. Le canal ou coule la coulisse, s'apelle aussi coulisse.*

Feni. *fenir.*

Fenian. *m. faineant, pron. féneant.*

Feniero. *m. Grenier à foin.*

Feniero qu'es a la campagno. *m, fenil.*

Fenou, fruit. *m. fenouil, ou anis.*

Fenou, planto. *m. fenouil, ou anis.*

Gros fenou. *f. ferule.*

Fentoun, terme de Sarrahie. *m. fenton.*

Fenugrec, planto. *m. fenugrec.*

Feou. *m. fiel. La vessie du fiel s'apelle, la vessicule, en Medecine, follicule.*

Feoutre. *m. feutre.*

Feouve, planto. *f. fougere, ou feugere.*

Fer, *adj. sauvage.*

Feriats, terme de Palai. *f. vacations.*

Ferme. *adj. ferme.*

Fermeta. *f. fermeté.*

Fermo. *f. ferme.*

Ferri. *m. fer.*

Ferri qu'es au bout d'uno aleo, per neteja leis soulies. *f. ratissoire.*

Douna un ferri, terme de Curatie. *faire une couche.*

Ferri d'un Rouquet. *f. broche.*

Ferri de coulour, terme de Sarrahie. *adj. Rouverain.*

Ferri de chivau. *fer de cheval,*

quoy

quoy qu'il foit d'une autre matiere , c'eft pourquoi on dit un
fer de cheval d'Or , ou d'Argent , &c.

Ferri d'uno piquo , halabardo , &c. *m. fer d'une pique.*

Ferri d'uno coüifo. *f. Palißade
de coife.*

Ferri per eftira lou linge. *m.
fer pour detirer , &c.*

Ferulo. *f. ferule.*

Fes , uno fes. *une fois.*

De fes. *par fois.*

Fefan. *m. faifan. La femelle , s'a-
pelle faifanne , ou faifande.*

Feftibula. *Tarabufter.*

Fefto. *f. fête.*

La fefto de Diou. *La fête-Dieu.*

Fefto de coumandomen. *fête
chomable , ou fête fêtee.*

Fau pas faire la fefto davan
lou San. *Il ne faut pas chomer
les fêtes , avant qu'elles foient
venuës.*

Fiala. *filer.*

Fialaduro. *f. filure , quand c'eft
la qualité de ce qui eft filé ;
mais quand c'eft la maniere de
filer . on dit le filage.*

Fialairis. *f. fileufe , ou filandiere.*

Fialas , peiffon. *m. Congre.*

Fialaffo , terme de marino. *m.
fil de Carret.*

Fialoüe. *f. Quenoüille.*

Faire fa fialoüe. *charger , ou
monter fa Quenoüille.*

Fialoüe , terme de foundeur.
f. Quenouillette.

Fiafco per ana à la caffo. *m.
flafque , ou fourniment.*

Fiaftre. *m. beaufils.*

Ficho , terme de Maffon. *f.
fiche.*

Ficho , terme de jugaire eis
cartos. *f. fiche.*

Ficho , terme de Sarrahie. *f.
fiche.*

Mafcle de ficho , terme de
Sarrahie. *f. aîle de fiche.*

Fumelo de ficho , terme de
Sarrahie. *aîle de fiche.*

Fichoüiro , terme de Batelie.
f. fichure , ou foüine.

Fichu. *m. fichu , ou mouchoir de
cou de femme.*

Fidelita. *f. fidelité.*

Fic. *m. fief , pron. la derniere f.*

Fiefa , mo injuriou. *adj. fiéfé,
fiefée.*

Fielagno , planto. *m. alaterne.*

Fiele.deis enfans. *m. filet.*

Fiele de Vuedeou. *m. filet.*

Fielaffo , terme de Marino. *m.
fil de Carret.*

Ficloüe. *voyez* fialoüe.

Fier. *adj. fier , fiere.*

Fiero. *f. foire.*

Fierta. *f. fierté.*

Fifre. *m. fifre.*

Figo. *f. figue.*

Figo de la peou duro. *figue angelique.* †

Figo barniffoto. *figue bourjaffo-
te.* †

Figo mouiffouno. *groffe bour-
jaffote.* †

Figo rofo. *noire blanche.* †

Figo de Poüers. *figue noire.*

Figo coucourello ou negrou-
no. *figue melette.* †

P p

Figo de Marſeillo. *figue de Marſeille.*

Figo bigouneto. *Petite figue blanche.* †

Figo flous *figue fleur.*

Figo ſarvantino. *figue Cordeliere.* †

Figo aubico. *figue violette.*†

Figo verdalo. *figue verte.* †

Figo dau nas. *Le petit globe du Nez.*

Faire la figo à quauqu'un. *faire la niche, ou la nique, ou la figue à quelqu'un.*

Figueiron. *m. pié de Veau.*

Figuiero. *m. figuier.*

Figura. *figurer.*

Figuro. *f. figure.*

Figuro natureloment fourmado ſur uno peiro. *m. gamaché.*

Figuros que ſoun dins leis peiros finos. *m. camayeu.*

Figuros de fremos veſtidos de longuos raubos, & que ſouſtenoun un baſtimen. *f. Cariatides.*

Figuro d'home ou de fremo que boulego la teſto per reſſor dous ou tres miſerere. *m. Pagode.*

Figuro qu'a lou viſagi, & leis pouſſos d'une fremo, & lou reſto dou cor d'un lien. *m. Sphinx.*

Figuro que n'a qu'un cor ſenſo teſto, ſenſo bras, & ſenſo cambos. *m. Torſe. Richelet le fait, fem.*

Filagramo. *m. filagrane, ou filagrame.*

Fſaria. *m. alaterne.*

Filiaſtre. *m. beaufils.*

Filierò, terme de Sarrahie. *f. filiere.*

Filiollo, terme d'Egliſo. *f. filleule.*

Filiollo, terme de Jardinie. *f. filleule, ou m. Oeilleton.*

Filiollo deis Toulipans, Taberouſos, jacintos, &c. *m. Cayeu.*

Filleiroun d'uno viſi. *f. urille, ou m. Tenon.*

Fillo. *f. fille.*

Fillo de chambro. *Femme de chambre, ou fille de chambre*

Va diſi a tu fillo, entendo va tu, noüero. *batre le chien devant le Lion.*

Mo injuriou que l'on di a uno fillo, qu'es toujour eme de garçons. *f. garçonniere.*

Fillou. *m. filleul.*

Filous. *m. filou.*

Filouſelo. *f. filoſelle, ou m. fleuret.*

Fimbre, terme deis Juſious. *m. Taled.*

Fin. *adj. fin, fine.*

Home fin. *adj. homme ruſé, ruſée, ou fin, fine.*

Fin, la fin. *f. fin.*

Finc. *juſque. pron. tʃ.*

Fineſſo. *f. fineſſe, ou ruſe, ou ſtratagéme.*

Fineſſo d'uno telo, ou drap. *f. fineſſe d'une toile, &c.*

Finet. *adj. finet, finette.*

Fio. *voyez fuec.*

Fiolo, nom de fillo. *f. filleule.*

Fiolo , terme de Jardinie. *voyez* filiollo.

Fiolo per de vin. *f. bouteille.*

Fiou. *m. fils , ou enfant , pron.* anfant.

Fiou per courdura. *m. fil , ou filet.*

Fiou toües. *fil tors , ou tord , ou retors.*

Fiou d'infer. *fil pers , ou fil à marquer.*

Fiou de peou de Vaquo. *m. Floc.*

Picho fiou que l'on levo fur la gruillo deis pefes , quand l'on leis vou manja eme la gruillo. *m. filament.*

Prendre un fiou per l'autre , terme de Teifleran. *ère hors de pas.*

Fifa *fier.*

Fifoünoü nie. *f. Phifionomie.*

Flac. *ad. Flafque , pron.* l'f.

Flajoule. *m. Flageolet , pron.* Flajolet.

Flama , faire flama lou fuec. *Faire flamber le feu.*

Flambeou. *m. Flambeau.*

Flamberjo. *f. Flamberge , ou m. Rapiere.*

Flamboifo. *f. framboife. Son arbre s'apelle , un framboifier.*

Flameja. *Flamber.*

Flamen , Aufleou acatiquo. *f. Flaman.*

Flamo. *f. Flamme.*

Flamo d'uno galero ou d'un Veifleou. *f. Flamme , ou m. Pendant.*

Flamo , terme de Manechau.

f. Flamme.

Bouech que fa de flamo. *bois qui flambe.*

Flanfado. *f. Caftelogne , ou Catelogne , ou mante.*

Flaquo , terme de fuftie. *f. Flache.*

Flafcon. *m. Flacon.*

Flafcon deis Teletos deis Damos. *f. Cave.*

Flafcou *m. Flacon, voyez* garni.

Flata. *flater.*

Flateja. *cajoler.*

Flatie. *m. Flateur , au feminin , flateufe.*

Flau , terme de Sarrahie. *m. Flaux.*

Flecho. *m. Fléche.*

Flecho , terme de Charron. *f. fleche.*

Fleiron. *m. bouton.*

Fleiron que ven fur lou Nas per ave trop begu. *bouton , & au comique. m. rubis.*

Flemo. *m. flegme , ou phlegme.*

Fleou per batre leis garbos. *m. fleau.*

Fleüme , terme de Manechau. *f. flamme.*

Flo d'uno froundo. *m. flot , d'une fronde.*

Flo que leis müous an a feis teftieros. *m. Flot, ou f. boufette.*

Flo qu'es au deffus d'un boune carra. *f Houpe , afp. l'h.*

Flo de Riban. *f. Toufe , ou m. neud , pron. neu de Ruban.*

Flo de bouefc. *m. Tricot.*

Flo de Nejo , ou de Lano. *m. Flocon de Nege , ou de Laine.*

Flo de pan. *m. Quignon, pron. Kinion en deux silabes.*

Flon, terme de marino. *m. Itacle, ou itaque.*

Double flon, terme de marino. *Fausse itaque.*

Floto de peou. *f. touse de cheveux.*

Pichoto floto de peou. *m. Toupet de cheveux.*

Floto de peou que toumbo en se pignan. *f. peignures.*

Flougnar. *adj. refrogné, refrognée.*

Floure, terme d'espasie. *m. Fleuret.*

Floure, Riban. *m. Fleuret, ou padoüe, ou padou.*

Flouri. *Fleurir.*

Flourie, terme de Bugadiero. *m. charier.*

Flouristo. *m. Fleuriste.*

Flous. *f. Fleur.*

Flous de l'amour. *m. pié d'Alouete.*

Flous de San Jan. *m. mille pertuis.*

Flous, uno deis quatre coulour deis cartos. *m. Trefle.*

Flous deis couestos, terme de Bouchie. *f. piece de bœuf parée.*

Flous dau vin. *m. gen d'arme.*

Lou ten que leis flous flourissoun. *f. Fleurison.*

La curiousira que lon à per leis flous, s'apello *m. Fleurisme.*

Elu de femenso. *f. gornée.*

Flu de ventre. *m. Flux de ventre.*

Visagi de flu de ventre. *visage de bois Floté.*

Fluita. *joüer de la Flute. On dit aussi Fluter, mais c'est par mépris.*

Fluitaire. *m. joüeur de Flute. On dit aussi Fluteur, mais c'est par mépris.*

Fluite. *f. Flute.*

Fluito. *f. Flute. La partie de la Flute, qui aide à faire l'ambouchure, s'apelle le Tampon.*

Fluni. *f. Taie, pron. Tee.*

For. *m. fort.*

Formo de Vitro, terme de Vitrie. *f. forme de vitrail.*

Foüeil. *adj. fol, sole, pron. au masculin fou.*

Foüeil. *m. foüet. pron. foit.*

Foüelomen. *follement.*

Foüen. *f. fontaine.*

Foüer. *adj. fort, forte.*

Foüerfis per toundre. *f. forces.*

Foüero. *hors, asp. l'h.*

Foüerso. *f. force.*

Foüesso gen. *beaucoup du monde, ou force gens.*

Foüeslos, per toundre l'Ave. *f. forces. L'ouvrier qui les fait s'apelle un Taillandier.*

Fougagi. *m. foüage.*

Fougassa, pan fougassa. *Pain avachi.*

Fougasso. *m. Gâteau.*

Fougoun. *m. Fougon.*

Foüigna. *bouder.*

Foüignaire. *m. boudeur, au f. boudeuse.*

Fouignarie. *f. bouderie.*

Fouilla, terme d'Esculteur. *fouiller.*

fouiller.

Fouillau . terme de Sarrahie. m. Foliot.

F ouino. f. fouïne. Petit animal sauvage, fait en forme de belette, ou Martre vilageoise, qui fait la guerre aux Pigeons, Poulets, Oeufs &c. Son poil est fauve noirâtre, & le dessous de sa gorge, couvert de blanc. Son excrement sent bon, & sa peau est estimée.

Foüire. foüir, ou fossoyer.

Foüire la terro d'un Vasse. ameublir, ou mouvoir la terre d'un vase.

Foüiro. m. cours de ventre, ou f. foire, ou diarrée.

Fouirous. adj. foireux, foireuse.

Rasin fouirous. m. goes, ou gouet.

Fouita. foüeter, pron. foiter, ou fesser.

Fouita mai. Refoüeter.

Fouitaire. m.m. foüeteur, au f. foüeteuse.

Foulas. adj. folâtre.

Fouleja. folâtrer.

Foulet, peou foulet. m. Poil folet.

Fouletoun. esprit folet, ou Lutin.

Foulie. f. folie.

Foulo, terme de Capelie. f. fouloire.

Foumentacien. f. fomentation.

Foun. adj. profond, profonde.

Foun. m. fond.

Foun de la chamineillo. m. contre-cœur de la cheminée.

Foun, terme de judadous eis

cartos. f. Cave. Son verbe est caver.

Metre son argen à foun perdu. Metre son argent à perte de fonds.

Mesura lou foun d'uno Ribiero. Sonder une Riviere.

Founce, terme de Sarrahie. m. foncet.

Founcien. f. fonction.

Founda. fonder.

Foundamen. m. fondement.

Foundre uno campano. fondre une cloche.

Foundre uno camiso. dépecer une chemise.

Foundre un houstau. démolir une maison.

Tous leis metaus se foundoun Tous les meteaux sont fusibles, ou fusiles. Mais la cire se liquefie.

Founsa uno bouto. enfoncer, ou foncer, ou enjabler un Tonneau.

Founsa d'argen. foncer, ou débourser de l'argent.

Founsuro, terme de Brouquie. f. enfonçure.

Fountanelo. m. Cautere, pron. Cotere.

Fountanie. m. fontenier.

Four. m. four. Le trou d'un four s'apelle la gueule du four. Le droit que les Seigneurs ont d'obliger les Habitans de leurs Seigneuries d'aller cuire à leurs fours se nomme le droit de banalité. Les fours s'apellent fours banaux, & les habitans, se nomment sujets baniers. Un

Qq

dit le même des Moulins,

Four de Cau. *m. Chaufour, ou four à Chaux.*

N'es. pas per vous que lou four caufo. *Ce n'est pas viande pour vos moineaux, ou ce n'est pas pour vous que le four chauffe.*

Foura uno Clau. *forer une clef. On dit une clef forée.*

Fouraduro d'uno Clau. *f. forure d'une clef.*

Fouranaïre. *m. doüanier.*

Fourano. *f. Doüane.*

Fourcheiron d'uno fourcheto. *m. fourchon.*

Fourcheto. *f. fourchette.*

Fourcheto novo, *terme de Manechau. f. Tigne.*

Fourcheto, *terme de gantie. f. fourchette.*

Fourclufien, *terme de palai. f. forclufion.*

Foures. *f. foreft, pron. forêt. La derniere filabe eft longue.*

Foureftie. *adj. étranger, étrangere.*

Fourgouigna lou fuec. *fourgonner, ou tifonner le feu.*

Fourgouigna din l'aigo, coumo fan leis Canars. *barboter dans l'eau.*

Fourguigna uno chambro. *fourgonner une chambre.*

Fourguigna din fon Nas. *fouiller dans fon Nez.*

Fourguignaire de fuec. *m. Tifonneur, ou tifonnier.*

Fourgoun, *terme de foundeur. m. fourgon ou f. atifonnoire.*

Fourja. *forger.*

Mo fourja. *adj. mot factice, ou forgé.*

Fourma. *former.*

Fourmalifa. *formalifer.*

Fourmalita. *f. formalité.*

Fourmelo, *terme de Manechau. f. encaftelure, ou m. encaftellement.*

Fourmo. *f. forme. Le colet de la forme eft ce qui repond immediatement au Talon.*

Fourmoir, *terme de fuftie. m. fermoir.*

Fournado. *f. fournée.*

Fourneou. *m. fourneau.*

Fourni. *fournir, ou pourvoir.*

Fourniau, Auffeou fourniau. *m. oifeau branchier.*

Fournie. *m. boulanger, ou fournier.*

Fournigo. *f. fourmi. Le trou ou font les fourmis s'apelle, la fourmilliere.*

Ay de fournigos à la man. *La main me fourmille.*

Fourquello per foufteni un Aubre. *m. apui, ou étançon, où f. étaie fourchu, fourchuä.*

Fourquo. *f. fourche.*

Fourquo de ferri. *fourche fiere.*

Fourra. *fourrer.*

Fourragi. *m. fourrage.*

Fourreou. *m. fourreau.*

Fourreou deis Cadieros. *f. houffe, afp. Cfa.*

Fourreou d'un picho. enfan. *m. fourreau d'enfant.*

Fourfa quauqu'un. *farcer quelqu'un.*

Se foursa per faire quauquoren. *S'eforcer , ou se forcer à
faire quelque chose.*

Fourtifica. *fortifier.*

Fourtui. *adj. fortuit fortuite.*

Fourtuno. *f. fortune.*

La bouenno fortuno. *f. Horos-
cope , ou bonne-fortune , ou ad-
venture , pron. avanture. La
science qui considere les lignes
de la main afin d'en faire
quelque jugement pour prédire
les choses qui probablement doivent arriver à une personne ,
s'apelle la Chiromantie prononcez Kiromancie.*

Juec de la bouenno fourtuno
m. Hoca.

Fouscarin , souleou fouscarin. *Soleil pâle , ou blafard.*

Ave la visto fouscarino. *avoir
le trelu , ou avoir la vûë
trouble.*

Foussa. *m. fossé.*

Foustelo. *f. aristoloche , ou sarrazine.*

Fragato. *f. fregate.*

Fragilita. *f. fragilité.*

Fraguie. *m. fraisier.*

Fraguie fer. *f. quinte-feuille.*

Frai , Aubre. *m. frêne.*

Fraire. *m. frere.*

Fraire d'un meme paire , &
de la memo maire. *m. Frere
germain.*

Fraire qués d'un meme paire.
frere consanguin.

Fraire qués d'uno memo maire. *frere uterin.*

Fraire d'uno memo baillo.

frere de lait.

Framboiso. *m. framboise. Son
arbre s'apelle un framboisier.*

Fran. *adj. franc , franche.*

Fran de carreou , juec. *m.
franc de carreau , ou franc
quarreau.*

Fran , mounedo. *m. Franc , ou
f. livre. On ne dit pas un franc,
mais vingt sous. On ne dit pas
deux francs ; mais quarante
sous. On ne dit pas trois francs;
mais un écu. On ne dit pas
cinq francs ; mais cent sous.
Hors de là , on dit franc, pour-
vu que le mot de franc ne soit
suivi d'aucun autre nombre.
Ainsi vous direz , cela coute
quatre francs ; mais si vous
ajoutez quelque nombre , comme cinq , ou six &c. vous
vous servirez du mot de livres
au lieu de francs , & vous direz cela coute quatre livres
cinq sols. On dit il a acheté sa
charge cent mille francs. Remarquez encore que quand les
mots de rente , & de revenu
suivent on dit livres, c'est pourquoi on dira , il a mille livres
de rente , ou de revenu.*

France, nom d'home. *m. François , pron. comme il est écrit.*

France. *adj. François , Françoise , pron. Français.*

Franceso. *f. Françoise , prononcés
comme il est écrit.*

Franchipano. *f. Frangipane.*

Francoulin. *m. Francolin. Oiseau un peu plus gros que la*

Perdrix. Voyez Aufſeou.

Franjo. *f. Frange.*

Franſon. *f. Françoiſe, prononcés comme il eſt écrit.*

Fratricido. *m. Parricide, & quelque fois, fratricide.*

Fraudo. *f. fraude.*

Frauquo. *f. Foulque, ou moüete, ou Poule d'eau, ou m. Diable. Il y en a d'un' autre eſpece qu'on apelle* Macreuſe. *f*

Frech. *m. froid, pron. comme il eſt écrit.*

Frech. *adj. Froid, froide, pron. comme il eſt écrit.*

Veni frech. *Se refroidir.*

S'accouſtuma au frech. *S'hiverner.*

Frechi, terme de Bouchie. *m. frion.*

Frechiſſo, carreto frechiſſo. *m. Haquet, aſp. l'h.*

Parla fredomen a quauqu'un. *parler à quelqu'un avec froideur pron. frédeur.*

Frejau. *Pierre dure.* †

Frejour d'uno peiro. *f. froideur, pron. comme il eſt écrit.*

Ave de frejour per quauqu'un. *avoir de la froideur pour quelqu'un.*

Freiſr, terme de Sarrahie. *m. Fraiſr.*

Fremeleto. *f. Femmellette.*

Fremo. *f. femme, pron. famme.*

Cu voubatre ſa fremo atrobo proun d'eſcuſos. *Quand on veut noyer ſon chien, on l'acuſe de la raɣe.*

Faire la fremo moüerto en

nedan. *Planer, ou nager ſur le dos.*

Frequanta. *frequenter.*

Fres, paga leis fres. *päier les fraix.*

Fres. *adj. frais, fraiche.*

Lou fres. *Le frais.*

Veni fres. *Se rafraichir.*

Freſcomen. *fraichement.*

Freſcour. *f. fraicheur.*

Freſcour d'uno peiro. *f. froideur pron. comme il eſt écrit.*

Freſo. *f. fraiſe. Sa plante s'apelle un fraiſier.*

Freſo de Vedeou. *f. fraiſe de Veau.*

Freſo, terme de Sarrahie. *f. fraiſe, ou fraſe.*

Freſquo, terme de Pintre. *freſque, ou fraiſque.*

Freta. *froter.*

Freta uno rodo, terme de Charron. *Freter une roüe.*

Freta ſeis ſoulies, ſa raubo, &c. *décroter ſes ſouliers.*

Freta lou mourre d'un enfan. *débarbouiller le viſage d'un garçon.*

Freta lou deſſus d'un Veiſſeou, qu'es din l'aigo, eme uno longo eſcoubo. *goreter un Vaiſſeau. Le bulai s'apelle lei Goret.*

Fretadou. *m. Tourchon, ou fratoir.*

Fretagi. *m. frotage.*

Freto, injuro. *f. chiquenaude, ou naſarde.*

Freto, terme de Charron. *f. Frete.*

Freto-fango

Freto fango. *f. décrotoire.*

Fretoir, terme de Barbie. *m.*
frotoir.

Freus. *freus. Sorte de Corneille,*
qui vit de graine.

Fricandeou, terme de Couſinie. *m. Fricandeau.*

Fricaſſa. *Frire , ou fricaſſer,*
quoy que le dernier ne ſe diſe
proprement , que pour faire de
fricaſſées.

Lou fricaſſa. *La friture.*

Fricaſſeillo. *f. fricaſſée.*

Fricaſſeillo facho de pluſieurs
reſto de viando d'un repas.
Galimafrée , ou m. Salmigon-
dis.

Frique. *m. friquet. Friquet eſt*
auſſi une eſpece de petit moi-
neau , ſou des noyers , qui ne
fait que fretiller ſur l'arbre ,
becquetant les Noix.

Friſa. *friſer.*

Friſa leis peous eme de ferri.
friſer ou gauffrer les cheveux.

Friſa de mouledo de pan.
émier du Pain.

Friſa la coüerdo. *Pindariſer.*

Friſa qu'auquun eme uno peiro. *friſer , ou frayer.*

Friſo. *f. friſe.*

Friſuro d'uno camiſo. *m. jabot*
d'une chemiſe.

Fro , terme de Religiou. *m.*
froc, pron. le c.

Fron. *m. front.Il ſe dit de l'hom-*
me , du cheval , du bœuf, du
Poiſſon , de l'éléphant , &c.

Froumagi. *m. fromage , au bur-*
leſque , cotignac de bacchus ,

prononcez Bacus.

Froumagi cacha. *fromage afiné.*

Mouceou de froumagi cacha.
m. compulſoire. Ce mot eſt au
Burleſque.

Froumagiero. *f. fromagerie.*

Froumajoun. *m. fromage mou.*

Frounci. *froncer.*

Frounci lou nas en coulero.
Renáquer.

Ave lou viſagi frounci. *avoir*
le viſage ridé.

Frounciduro d'uno raubo. *f.*
Froncis , ou f. fronçure d'une
Robe.

Frounciduro dau viſagi. *f. ri-*
de du viſage.

Frounciduro dau fron. *m.*
Froncement.

Frundado , terme de Vigneron. *f. tranchée.*

Froundo. *f. Fronde.*

Frountau deis mounjos. *m.*
fronteau , ou frontal.

Frountau deis pichos enfans.
m. bourrelet.

Frountau , terme de Sellie. *m.*
Fronteau , ou Chanfrein.

Frucho. *m. fruitage.*

Frui. *m. Fruit.*

Frui que n'a pas lou gous que
daurie ave. *adj. Fruit fari-*
neux ; farineuſe.

Fruitie , aubre fruitie. *Arbre*
fruitier. Le lieu ou l'on garde
le fruit s'apelle la fruiterie.

Fuado. *f. fusee.*

Fubrie. *m. Fevrier.*

Fuec. *m. feu.*

Fuec de joyo. *m. feu de joye.*

R R

Fuec gres. *fea gregeois , ou feu de Naphte , ou de Bitume.*

Fugi. *fuir.*

Fugiduro. *f. Fuite.*

Fugueiron. *m. Foïer , ou âtre.*

Fugueiron que n'es pas barda. *f. Trémie.*

Fugueiron , planto. *m. pié de Veau.*

fuillagi. *m. feuillage.*

Fuillagi qu'es à de coulounos, ou à de poües liſſos. *m. Rainceau.*

Fuillan. *m. feuillan.*

Fuille. *m. feuillet.*

Fuillere, terme de fuſtie. *m. Feuilleret.*

Fuilleta. *feuilleter.*

Fuilleto. *f. Fillette.*

Fuillo. *f. Feuille.*

Fuillo de maignin. *m. Ferblanc.*

Fuillo d'eſtan per un mirau. *m. Tain.*

Fuillo de Laurie , terme de Vitrie. *Feuille de Laurier.*

Fuillo de ſauvi , terme de Sarrahie. *Feuille de ſauge.*

Fuilluro , terme de fuſtie. *f. Feuilluro.*

Fuma uno pipo. *fumer une pipe.*

Fuma uno terro. *amender , ou fumer une terre.*

Fumado. *f. fumée.*

Fumelo. *f. femelle.*

Fumelo , terme de Fuſilie. *f. doüille.*

Fumelo , terme de Sarrahie. *m. tirant.*

Fumenin. *adj. feminin.*

Fumie. *m. Fumier.*

Fumie deis privas. *f. gadoüe.*

Fumie pourri , & mela eme de terro laugiero, & paſſa din un Tamis. *Terrote, ou terreau.*

Fumo-terro , planto. *f. fumel terre.*

Fun. *f. fumée.*

Fun que ſouerto d'uno cher cuecho, & touto caudo. *m. fumet.*

Fura un houſtau. *rouiller une maiſon.*

Fura. *adj. fuſé , fuſée. Il ſe dit principalement de la chaux. On dit de la chaux fuſée.*

Fure. *m. furet.*

Furiou. *adj. furieux , furieuſe.*

Furoüncle , terme de Medecin. *m. furoncle.*

Furour. *f. fureur , ou rage.*

Furulo. *f. Ferule.*

Furun , ſenti lou furun. *ſenti la ſauvagine.*

Fus. *m. Fuſeau.*

Fuſado. *f. Fuſée.*

Fuſihie , home que fa de Fuſious. *m. Armurier.*

Fuſihie , ſourda. *m. fuſilier.*

Fuſtani. *f. Futaine.*

Fuſtie. *m. Menuſier.*

Fuſtin. *m. Feſtin.*

Fuſto. *f. buche.*

Maſculin , G, prono. Gé.

Gabi. *f. Cage.* Le deſſus d'une cage s'apelle tra-bat ; enfin les batons, qui ſont dans la cage, ou

les oiseaux se juchent, les per-
choirs.

Gabi per de poulos coumo an
leis Patticies. f. muë.

Gabi d'un Veisseou. f. Hune,
asp. l'h.

Velo de gabi. m. Hunier, asp.
l'h.

Gabian. m. Plongeon.

Gabin. f. flaque.

Gabine. m. cabinet.

Gabre. m. coq-dinde.

Gacha. gâcher.

Gachetto, terme de Sarrabie.
f. gâchette.

Gacho. f. gâche.

Gafa. guéer, ou guayer.

Ribiero que se gafo. Riviere
guéable.

Gafo d'uno Ribiero. m. gué
d'une Riviere.

Gafo d'un Sarjan. m. Recors,
ou pousse-cu.

Gafo, terme de Brouquie. f.
chienne.

Gafouilla l'aigo afin de prendre plus facilamen lou peissoun. brasser l'eau.

Vin gafouilla. vin batu.

Gafouillon de Ribiero. m.
passeur d'eau.

Gage. m. Geai.

Lou gage canto. Le geai cageole.

Gagi. m. Gage.

Gai. adj. gai, gaïe.

Gaja, terme de Palai. exploiter,
ou gager.

Gaja, terme de jugadous. gager, ou parier.

Gajeuro, terme de Palai. m.

exploit, ou f. gagerie.

Gajeure, terme de jugadous.
gageure, pron. gajeure, ou ti.
Pari.

Gaigna. gagner.

Gaigna lou pris. remporter, ou
gagner le prix.

Gaillar. adj. gaillard, gaillarde,
ou sain, saine.

Gaillo, que ven au coüeil
d'un home. f. glande.

Gaillo, maladie que ven eis
Chivaus, Muous, &c. f. avives.

Gaillo de Vedeou, terme de
bouchie. m. ris de veau.

Gaillo-fou-dau mentoun. m.
Toupet.

Gaillo-fou, mo injuriou. m.
butor.

Gaire. peu, ou guere.

Cauvo qu'arribo gaire. adj.
chose rare.

Galafar. m. calfateur. Son valet
s'apelle le calfatin.

Galafata un Veisseou. calfater
un Vaisseau.

Galafata leis pares, terme de
Masson. rejointer les murailles.

Galan. adj. amant, amante, ou
galant, galante.

Galan de Riban. m. neud de
rubans, pron. neu.

Galantino, planto. f. ancho-
lie.

Galapachon, ana de galapachon. aler en tapinois, ou aler
en cachete.

Galapantin. f. flamberge.

Galarie. f. galerie.

Galatas. *m. galetas.*

Galavar. *adj. goulu , goulue , ou goinfre, ou gaftolatre.*

Galejoun , Auffeou. *m. Cheva-lier.*

Galero de la Mar. *f. Galere.*

Galero per leis fillos. *f. Mag-delonnettes , ou maifon de force.*

Galero , infecto. *f. fcolopendre.*

Gales , avc leis gales. *avoir l'in-flamation aux Admigdales , pron. Amigdales.*

Galet d'un home. *m. gofier d'un homme.*

Galet d'un chivau, d'un Aze, &c. *m. garrot d'un cheval d'un Ane.*

Galeto. *f. galette.*

Galimatias. *m. galimatias.*

Galineto , herbo. *f. Scorçonere.*

Galineto , terme de bouchie. *f. croffe , ou crochet.*

Galinie. *m. Poulalier , ou Pou-lailler.*

Lou baftoun d'un galinie. *m. Perchoir.*

Galino. *f. Poule.*

Pichoto galino. *f. Poulette.*

LA galino canto per faire l'huou. *La Poule caquete.*

La galino crido. *La Poule cloffe.*

Trau que fa la galino din la terro , &c. per pita. *m. grat.*

Galo. *f. noix de galle , ou galle , ou caffenole.*

Gallogs. *adj. joyeux , joyeufe.*

Galon. *m. galon.*

Galop. *m. galop , pron. galo.*

Galoubet. *flûte dont on jouë avec*

le bedon.

Galouna. *galonner.*

Galoupa. *galoper , ou aler au galop , pron. galo.*

Gamatado. *f. augèe.*

Gamato. *f. auge.*

Gamelo. *f. Gamelle.*

Gan. *m. Gant.*

Gan peliffa. *f. moufle.*

Ganche , terme de marino. *f. Gaffe.*

Gandolo. *f. Taffe.*

Pichoto gandolo de terro. *m. godet.*

Gangaffa. *branler.*

Gangrelo. *f. Cangréne , ou gan-grène. Le premier eft le meilleur.*

Gangui , terme de Pefcaire. *m. m. gangui.*

Gani. *m. canif , pron. ganif , ou trenche-plume.*

Ganive. *m. Canif , pron. ganif , ou trenche-plume.*

Ganfo. *f. gance , ou gaufe.*

Ganfo per teni leis Piftoules à la fello. *m. Crampon.*

Ganfo de Briquet. *f. garde de pefon.*

Ganfo d'uno bouffo per la durbi. *m. Tirant.*

Gantie. *m. gantier.*

Ganto , Auffeou de marais. *m. Onocrotale.*

Gapi. *croupir.*

Gara quauquorén. *ôter quelque chofe.*

Gara quauquorén a quauqu'un. *Priver quelqu'un de quelque chofe , ou ôter quelque chofe à quelqu'un.*

Garach. *m. gueret.*

Garacha. *Labourer , ou casser la terre , ou faire la cassaille.*

Lou darbous a garacha lou jardin. *La Taupe a labouré le jardin.*

Garbeiroun. *Petit gerbier.*

Garbiero. *m. gerbier.*

Garbin , ven. *m. garbin, ou sudoüest.*

Garbo. *f. gerbe.*

Garbugi. *f. querelle, prononcez Krelle , ou m. grabuge. Ce dernier est bas.*

Garda. *garder.*

Gardaire de Chivaus, & de Buous. *m. Pâtre.*

Gardaire de Poüers. *m. gardeur de Cochons.*

Gardian , terme de marino. *m. gardien.*

Gardien , terme de Religiou. *m. gardién.*

Gardo dou Rey. *m. Garde du Roy.*

Gardo Poüer. *m. gardeur de Cochons.*

Gardo-terro. *m. garde-chasse , ou garde-bois.*

Gardo-man , terme de faiseur de Velous. *m. Paumet.*

Gardo-manja. *m. garde-manger, pron. garde-mangé.*

Gardo-raubo. *f. garde-robe.*

Marcha à la gardo de Diou. *marcher selon que le chemin s'adonne.*

Gareno. *f. garenne. Remarquez que si vous voulez parler de ces garennes , qui sont trois murail-*

les apuyées à nos bastides , il faut dire , garene forcée , ou m. Clapier.

Gargaïa , terme de Brouquie. *jabler.*

Gargaïayre , terme de Brouquie. *f. jabloire.*

Gargalila. *gargaliser , ou gargariser.*

Gargamelo. *m. gosier.*

Gargameou , mo injuriou. *m. Sot.*

Gargantuan. *m. gargantua.*

Gargatiero. *m. gosier.*

Gargau d'uno bouto. *m. jable , ou f. rainure d'un Tonneau.*

Gargoutie, terme de Brouquie. *f. jabloire.*

Gari. *guérir.*

Garillas. *m. bourbier , ou gâchis.*

Garisoun. *f. guerison.*

Garito. *f. guerite , ou échauguette.*

Garni. *garnir.*

Garni uno cadiero de Bourro. *embourrer. Son subs. est embourrure. f.*

Garni uno bouteillo de paillo. *couvrir une bouteille. On dit aussi coifer une bouteille , mais c'est quand on couvre son bouchon avec des étoupes , ou avec d'autres choses.*

Garni uno flansado , terme de beissaire. *aplaner une catelogne.*

Garnimen. *f. garniture.*

Garnimen , mo injuriou. *m. garnement.*

Garnituro. *f. garniture.*

Garnituro de mourrau. *f. boufette.*

Garnituro de fuec. f. grille de feu.

Garo, adverbo. gare.

Garogaro. f. rebusade, ou algarade.

Garou, herbo. m. garou.

Garou. adj. garou.

Garoüïas. m. gâchis.

Garouto. Orobe.

Garranie. m. violier.

Garranie-fer. m. giroflier.

Garri. m. Rat. On dit la voix guiorante des Rats.

Picho garri. m. Raton.

Garri d'aigo. m. Rat d'eau.

Garri que se ten din la terro, & que gasto leis plantos, & leis flous. m. Mulot.

Garri, jüec deis enfans au caramantran. donner des Rats.

Garrie. m. guerrier.

Garrigo. f. bruyere, ou lande.

Garro. m. Petard.

Garroun, Perdris. m. garron.

Garrus de la Santo Baumo. m. Houx.

Garsoun. m. garçon.

Garsounas, mo injuriou eis fillos. f. garçonniere.

Gaspo, terme de Pastre. m. petit lait.

Gaspo dou buerri. m. ba-beurre.

Gasta. gâter, ou friper.

Gastaire. adj. gâteur, gâteuse.

Chin gasta. Chien enragé, ou qui a la rage.

Terro gasto. Terre inculte, ou f. gâtine, ou Lande.

Gau. Coq. Le Coq coquelique.

Picho gau. m. cochet.

Faire gau. faire plaisir.

Ave gau. avoir de la joye.

Gavagi de touto sorto de besti de dous pes m. jabot, ou f. poche.

Gavagi d'un home. m. gosier.

Gaubeja. ménager.

Gaubi. f. adresse.

Ave bouen gaubi. avoir bon air.

Gauche, flous. m. souci.

Gauche-fer. m. souci sauvage.

Gauchie. adj. gaucher, gauchere.

Gauda, terme de Tenchurie. gauder.

Gaude, terme de l'Eglise. m. Gaudé.

Gaudo, terme de Tenchurie. f. gaude.

Gaveileiris. f. javeleuse.

Gavela. javeller, ou enjaveller.

Gavelo. f. javelle.

Gaveou. m. fagot de sarment.

Gaveto. f. jate.

Gaüigno de peisson. f. ouies de poisson.

A la gaüigno blanquo. Il a les ouïes pâles.

Gaviteou, terme de marino. f. boüée, ou m. garviteau, ou boirin, ou f. balise.

Gaulo. f. gaule, ou boussine, asp. l'h.

Gavoüc. adj. montagnard, montagnarde.

Gantelets. f. Campanule, ou gands Nôsre-Dame.

Gauto. f. joüe.

Ave de grosses gautos. être

maflé maflée.

Gauto d'un leou. *f. Hampe , afp. l'h. ou m. Lobe.*

Gauvi. *ufer.*

Gauzi. *ufer.*

Gay. *adj Gay , Gaye , ou joyeux , joyeufe.*

Gayetan. *m. Caïetan.*

Gayo. *voyez* gaillo.

Gayofou dou mentoun. *m. toupet.*

Gayofou , mo injuriou. *m. butor.*

Gazeto. *f. Gazete. L'homme qui vend les gazete: par les ruës s'apelle un Colporteur , ou gazetier , ou crieur de gazette.*

Gazo. *f. Gaze.*

Gazon. *m. gazon.*

Gean. *m. Geant. Sa femme Geante,& felon quelques Dames , Geanne.*

Gelinoto. *f. gelinote , Oifeau de forêt.*

Gen. *monde , ou peuple.*

Gen. *adj. Gentil, gentille , pron. genti. Ce mot eft burlefque , quand on parle ferieufement , on dit , joli , jolie.*

Gena. *géner , ou fatiguer.*

Genciano. *f. gentiane.*

Gendre. *m. beaufils , ou gendre.*

Genebrie. *m. genevrier. Son fruit s'apelle genievre , m.*

Generau. *adj. général , générale.*

Generous. *adj. généreux , genereufe.*

Generoufita. *f. générofité.*

Genefto. *m. genêt.*

Geneftoun. *f. geneftrolle.*

Geneti. *m. genitif. pron. l' f.*

Gengivos. *f. gencives.*

Genibretos. *m. genievre.*

Genibrie. *m. genevrier.*

Geno , peno. *f. géne.*

Geno , Villo. *f. Genes.*

Gent. *voyez* gen.

Geou. *m. gel , ou f. gelée.*

Gerfaut. *m. gerfaut , oifeau de proye , & de Leurre.*

Ges. *point.*

Leis ges d'un home. *m. Geftes d'un homme.*

Gi. *m. plâtre.*

Gibaciero. *f. gibeciere.*

Gibeto. *adj. bouffu , boffuë.*

Gibeto. *f. boffe.*

Gibo. *f. boffe.*

Gibous. *adj. boffu , boffuë.*

Gie d'uno foüen. *m. jet. Le bout d'un tuyau d'un jet s'apelle , un ajuftages , ou ajutages.*

Giffo. *homme qui n'a pas plus de force qu'un Pinçon.*

Gigan. *m. Geant , au f. geante, & felon quelques Dames , Geanne.*

Giganto , fruit. *f. trufle blanche.*

Gigo de moutoun. *f. éclanche de Mouton , ou m. membre de Mouton.*

Gigo d'un Buou. *m. Cimier d'un Bœuf.*

Gigo d'un poüer. *m. jambon.*

Ginefto. *m. genét.*

Ginestoun. *f. genestrolle.*

Gingibre. *m. gingembre.*

Gingivo. *f. gencives.*

Gingoulado. *f. bourrade.*

Gingoülin, sorto de Lano. *m. zinzolin.*

Ginguo-journo, terme de marino. *f. ource.*

Ginouflado. *m. Oeillet, pron. Euillet.*

Ginouflado escricho. *Oeillet panaché.*

Ginouflado-fero. *f. Mignardise.*

Ginouflie. *m. pié d'Oeillet.*

Ginous. *m. genou.*

Ginouves. *adj. Genois, Genoise, pron. comme il est écrit*

Gipa. *Plâter. Remarquez qu'on dit, épigeonner, quand on employe le plâtre un peu serré sans le plaquer, ni le jetter, l'élevant doucement avec la main, & la Truelle par Pigeons, c'est à-dire par poignées. Remarqués encore qu'on dit gobeter, quand on jette du plâtre avec la Truelle, & qu'on passe la main dessus, pour le faire entrer dans les joints des murs, faits de plâtres, & de moîlon.*

Gipas. *m Plâtras.*

Gipie. *m. maçon.*

Gipie que piquo lou gi. *m. plâtrier.*

Gipiero, houstau ounte piquoun lou gi. *f. plâtriere. On le dit aussi de la carriere, dont on tire le plâtre.*

Gipoun. *m. jupon.*

Girardo. *m. gâteau huilé.* †

Girofle. *m. girofle.*

Girome. *m. Hierôme, prononcés Ierôme* †

Giroüillo. *m. Pannais sauvage.*

Gita. *jéter.*

Gita de flous, eici eila. *parsemer de fleurs, ou joncher de fleurs, ou jeter de la jonchée.*

Gita quauqu'un de la fenestro. *precipiter quelqu'un, &c.*

Gita un aubre, uno taulo &c. au sau. *Renverser un arbre, &c.*

Gita quauqu'un au sou. *Terrasser, ou jeter par terre quelqu'un.*

Gita de lagremos. *verser de larmes.*

Gita de vapours. *exhaler de vapeurs.*

Bastimen que se giero. *Bâtiment qui se forjette, ou qui fait ventre, ou qui se boucle.*

La fenestro s'est girado. *La fenétre s'est dejetée.*

Gitoun. *m. jetton.*

Glaciero. *f. glaciere.*

Glacis, terme de Tailleur. *m. glacis.*

Glassa. *Glacer. Quand une Riviere vient à se dégeler tout d'un coup, on dit, la Riviere à debaclé. Son subst. est la débacle.*

Glassa, terme de Tailleur. *m. glacer.*

Glasso. *f. glasse.*

Troües de glasso. *m. glaçon.*

Glaudeto. *f. Claudine, pron. glaudine.*

Glaudou. *m. Claude, pr. Glaude. Gleizo.*

Gleizo. f. *Eglise.*

Gleizoper fecouri uno Paroif-fo. f. *fuccurfale , ou aide.*

Gleizo deis Jufious. f. *Sinago-gue.*

Gleizo deis Huganaus. *m. Temple.*

Gleizo deis Indiens Idoulatres d Orian. *m. Pagode.*

Gleizo deis Tuers. f. *Mofquée.*

Glena. *glaner.*

Glenaire. *m. Glaneur , au fem. glaneufe.*

Gleno. f. *Glane.*

Glori. f. *gloire.*

Douna de glori. *Enorgueillir , pron. anorgueilli.*

Glou-glou d'un flafcou. *m. glou-glou.*

Gloüjou. f. ou m. *Iris , ou m. glayeul , ou f. flambe.*

Gloufaire. adj. *glofateur.*

Glout. adj *glouton , gloutonne , ou gourmand , gourmande.*

Go. m. *gobelet , ou godet.*

Gobi , peiffoun. m. *goujon , ou boüillerot.*

Gobi. adj *Pote.*

Man gobi. *main pote.*

Godou. m. *gobelet , ou godet.*

Gofc. adj. *goffe , ou mal-bati , mal-batie.*

Gofo d'un agi de rafin. f. *peau d'un grain de raifin.*

Gofo deis pezes , deis favos , &c. f. *robe , ou ecale des pois.*

Tira la gofo deis favos, pezes. &c. *dérober les féves. La feconde filabe eft breve.*

Gofo d'un capeou. f. *forme. Le*

deffus de la forme s'apelle la quarre , & le fond par de-dans , s'apelle le Cu.

Gogo. *gogo.*

Goi. *voyez* goy.

Gorjo d'un home. f. *bouche d'un homme.*

Gorjo d'un lien , & autre ani-mau femblable. f. *gueule.*

Gorjo de Lou , terme de Maf-fon. f. *Lunette , ou lucarne.*

Gorjo de lou deis boutiguos. *m. abajour. La fenêtre de l'a-bajour s'apelle un abatant.*

Goüerbo. f. *corbeille.*

Grando goüerbo per metre lou linge de taulo. f. *manne.*

Goüerbo longo , que fervo eis Peiffounics , per pourta lou peiffon. *m. mannequin , ou manne à marée.*

Goüergo de la tauliffo. f. *gou-tiere.*

Goüergo de peiro. f. *gargoüille.*

Goüergo qu'es au bout de la tauliffo , per ramaffa leis aigos , & qu'es ordinaro-men de feuillo de maignin. *m. Chéneau.*

Goüergo courniero , terme de Maffon. f. *jointure cornie-re , ou noüe.*

Goufet. m. *Gond , pron. long , fans d. le bout rond d'un gond s'apelle le mamelon d'un gond.*

Goufra un camelo. *gauffrer un Camelot.*

Goujo , terme d'Efculteur. f. *gouje , ou gouge.*

Pichoto goujo. m. *goüjon.*

Goujoun , terme de Sarrahie, & de Charron. *m. goûjon.*

Goüitre , maladie. *f. ou m. goitre.*

Goulado. *f. gorgée. Quand c'eſt pour le boire. Mais il faut dire goulée , quand c'eſt pour le manger.*

Gouma. *gommer.*

Goumo. *f. gomme.*

Goun. *m. Gond, voyez* goufet.

Gounfla. *enfler , ou gonfler.*

Se gounfla a forſo de manja. *S'empiſrer.*

Baſtimen que ſe gounflo. *Batiment qui ſe forjette , ou qui fait ventre , ou qui boucle.*

Feneſtro que s'es gounflado. *Fenétre qui s'eſt dejetée.*

Goupio , terme de Charron. *f. goupille.*

Gour d'uno Ribiero. *f. foſſe , ou m. gord d'une Riviere.*

Goürbeillo. *Voyez* goüerbo.

Gourgeireto, terme de fremo. *f. gorgette.*

Gourjado. *f. gorgée.*

Gournau , peiſſoun. *m. Grenaut.*

Gous. *m. goût.*

Marri gous que reſto , apres ave begu de marri vin , ou autro cauſo. *m. déboire.*

Gous , terme de Pintre. *m. goût, ou f. entente.*

Gouſie. *m. goſier , au burleſque, f. avaloire.*

Gouſta. *Faire colation , ou goûter.*

Lou gouſta dou matin *m. dé-*

jeuné. Son verbe eſt déjeuner.

Lou gouſta de l'apredina. *f. colation , ou m. goûté.*

Gouſta quauquoren per veire s'es boüen. *Goûter quelque choſe.*

Gouſto-ſoule. *adj. particulier , particuliere.*

Gouſtous. *adj. apetiſſant, apetiſſante.*

Gouteto , maladie. *f. epilepſie des petis enfans.*

Goutiero , terme de Reliaire. *f. goutiere.*

Gouto. *f. goute.*

Gouto , maladie. *f. Goute.*

Gouto deis mans. *f. chiragre.*

Gouto deis pes. *f. podagre.*

Gouto que pendo au nas. *f. Roupie. Celui qui a la roupie s'apelle , adj. roupieux , roupieuſe.*

Faire teni uno gouto de vin fur l'onglo. *Faire un Rubis.*

Goutous. *adj. gouteux , gouteuſe.*

Goutous deis mans. *m. Chiragre.*

Goutous deis pes. *m. podagre.*

Gouverna. *gouverner.*

Gouvernomen. *m. Gouvernement. Voyez* pople.

Gouvernour. *m. Gouverneur , ſa femme Gouvernante.*

Goy. *adj. boiteux , boiteuſe.*

Ana goy. *boiter , ou clocher.*

Gra , faire quauquoren de boüen gra. *Faire quelque choſe de bon gré.*

Grabugi. *m. débat , ou diferend*

domestique , ou grabuge. Le dernier est bas.

Graci. f. grace.

— Grafigna. égratigner.

— Grafigna en escriven. Faire de piez de mouche, ou grifonner.

Grafignaduro. f. égratignure , ou balafre, ou écorchure.

Grafignaduro d'escrituro. m. piez de mouche , ou m. grifonnage.

Graillo, negro. f. corneille.

Graillo negro , & grifo. Corneille emmentelée , ou m. Choucas , ou Chucas.

Graissie, gros graissie. adj. pifre , pifresse.

Graisso. f. graisse.

Graisso deis Bichos , deis Sengliers , &c. f. Venaison.

Graisso blanquo. m. Saindoux.

Graissous. adj. crasseux , crasseuse.

Gramaci. m. Grand merci , ou Grammercy , ou je vous remercie.

Grame , Racino. m. chien-dent.

Gros grame. m. Smilax apre.

Grame , estaquo. f. ficelle.

Grampon. m. Crampon.

Grampon , terme de Manechau. m. Crampon.

Grampoune. m. Cramponet.

Gran. adj. Grand , grande.

Faire plus gran. Ragrandir.

Mon gran. Mon ayeul, ou mon Grand-Pere, au pluriel, ayeux, ou ayeuls.

Ma gran. Ma Grand - Mere, ou mon ayeule.

Gran de bla. m. grain de blé.

Gran de veirolo. m. bouton , ou grain de verole.

Gran d'orgi , terme de Tourneur. m. grain d'orge.

grana. gréner , ou grainer.

Bla grana. blé grené , ou grenu.

Granado. f. Grenade.

granaillo f. grénaille.

Grandele. ad. grandelet , grandelete.

Grandgau. c'est bien assez.

Grandour. f. grandeur.

Granes , espesso de mau. f. éleveures , ou élevures.

Granetino. m. poignet.

Graneto. f. graine d'Avignon.

Grangrelo. f. Cangréne , ou gangréne. Le premier est le meilleur.

Granie. m. grénier.

Grano. m. gréne , ou graine.

Grano de Canari. f. Alpiste, ou gréne de Canarie.

Grano de Canebe. m. chenévi.

Grano de moustardo. m. Senevé.

Grano de Maignan. m. Oeufs de Vers à soye , ou f. gréne de Ver à Soye.

Grano qu'es din uno poumo , pero , &c. m. pepin.

Grano de Laurie , de Cade , &c. f. Baye , ou m. grain de Laurier , &c.

Grano de parrouque. f. semence de cartame.

— Granoüillo. f. grenoüille. Les grenouilles coassent. Son subs. est le coassement. La grenoüillere est un lieu, ou il y a beau-

coup de grenouilles. Les pierres qui se trouvent dans les grenouilles s'apellent, batrachites. f.

Granouillo, maladie. *m. ralément, ou f. grenouille.*

Ave leis granoüillos. *Râler.*

Granoüillo, terme de Sarrahie. *f. Crapodine, grenouille.*

Grapau. *m. Crapaud.*

Grapie per leis galinos. *f. Criblures.*

Grapo deis Rasins. *f. rafle. Remarquez que c'est, quand il n'y a point de grains.*

Grapo, terme de masson. *m. Gravois, ou gravas.*

Grapoun, planto. *f. bardane, ou Lappe majeure, ou m. glouteron.*

Gras. *adj. gras, grasse.*

Parla gras. *grasseier, ou parler gras.*

Bicho, Senglie, &c. gras. *Cerf, Sanglier, &c. en Venaison.*

Grasse. *adj. grasset, grassette.*

Grasse, Aufseou. *m. bruyant de pré.*

Grata. *grater.*

Gratifica. *gratifier.*

Gratigna. *éfleurer, ou égratigner.*

Gratignaduro. *f. égratignure.*

Gratiou, terme de marino. *f. Ralingues.*

Grato-cuou. *m. grate-cu, ou Cynorrhodon. Son arbre s'apelle un églantier, & sa fleur une églantine.*

Gratoir, terme de Sarrahie.

feminin gratoire.

Gratue. *f. Rape, ou égrugeoire, ou m. égrugeoir.*

Gratusa. *Raper, ou égruger.*

Gratuso. *f. rape.*

Grau. *f. jate.*

Grava un Cache. *graver un cachet.*

Grava en bosso. *Sculper.*

Grava de verolo. *adj. picoté, picotée de verole.*

Se grava. *se repentir.*

Li gravo d'ave fa aquo. *Il luy gréve d'avoir fait cela, où il est faché d'avoir fait cela.*

Gravato. *f. Cravate.*

Graveou, terme de masson. *m. gravois, ou gravas.*

Graveure. *f. Gravure, ou graveure.*

Graveuro, terme de Courdounie. *f. gravúre.*

Gravie. *m. Gravier. Et quand on veut parler du lieu, ou est le gravier, il faut dire la grave.*

Gravita. *f. Gravité.*

Graule, terme de Vendumi. *f. Sebille.*

Grec. *adj. Grec, gréque.*

Grec, ven. *m. Nordest, ou vent de galerne.*

Grefe dau Palai. *m. gréfe.*

Grefe, terme de Jardinie. *f. gréfe.*

Grefe, Aufseou. *f. Canepetiere.*

Gregau, vent. *m. Nordest, ou vent de galerne.*

Gregori. *m. grégoire.*

Greissie, gros greissie, *mo injuriou.*

juriou. *adj.* Pifre, Pifreſſe.

Greiſſous. *adj. craſſeux, craſ-ſeuſe.*

Grela. *Grêler.*

Grelo. *f. gréle.*

Groſſo grelo, *m. grélon.*

Grelo, maladie. *f. grèle.*

Gremil. *m. gremil, ou herbe aux Perles.*

Greou d'uno Lachugo. *m. cœur d'une Laituë, ou f. Pomme.*

Greou, Aubre. *m. Houx. Son fruit s'apelle une Cenelle.*

Greoule, garri greoule. *m. Loir ou liron.*

Gres, peiro. *m. grez.*

Greſo d'uno bouto. *m. Tartre d'un Tonneau.*

Bouto greſado. *Tonneau aviné.*

Gria uſelie. *Groſelier.*

Griauſelo. *f. groſeille.*

Gridelin. *adj. gris de lin, gris de line. Richelet dit que cet adj. n'a point de feminin.*

Grifie. *m. gréfier.*

Grifo, terme de Sarrahie. *f. grife.*

Grignoū de poumo, de pero &c. *m. Pepin de pomme, de poire, &c.*

Grignoū d'Aulivo. *m. Noyau d'Olive.*

Grignoū deis Raſins. *m. pepin de Raiſin.*

Grignouₓ Chivau. *m. étalon, ou ételon.*

Grilla. *griller.*

Sebo grillado. *m. Oignon ger-mê.*

Grillo per coüire de peiſſon.

masculin gril.

Grillo per teni lou bouech au fuec. *f. grille de feu.*

Grillo d'un parloir. *f. grille.*

Grillo, terme de poutie d'eſ-tan. *m. Treillis.*

Grimaſſos. *f. grimaces, ou ſimagrées.*

Grimaſſos affectados deis fre-mos per agrada. *f. minau-deries.*

Grimoino, planto. *m. aigre-moine.*

Gripa. *prendre, ou ravir.*

Gris. *adj. gris, griſe.*

Griſaſtre. *adj. griſâtre.*

Griſellos, terme de marino. *f. enflecheures, ou figures, ou fi-gules.*

Griſeto. *f. griſette.*

Grivois. *adj. gaillard, gaillarde, ou grivois.*

Grole-cor. *adj. plaiſant, plai-ſante, ou divertiſſant, ou groteſque.*

Gros. *adj. gros, groſſe. On dit une groſſe femme, pour une femme graſſe, & une femme groſſe, pour une femme encein-te, d'une béte on dit pleine pour enceinte.*

Veni groſſo. *concevoir.* Voyez concebre.

Gros-bec, Auſſeou. *m. gros-bec.*

Groüa la febre. *couver la fie-vre.*

Grouleja. *Saveter.*

Groulie. *m. Savetier.*

Groulo. *vieux ſoulier, ou fem.*

Savate.

Groulo, mo injuriou. *f. guenipe.*

Grouman. *adj. gourmand, gourmande.*

Es grouman coumo uno mino. *Il est friand comme une chate.*

Groumanda. *gourmander.*

Groumandiso. *f. gourmandise.*

Groumeto, terme de Sellie. *f. gourmette.*

Groupeiroun, terme de Charron. *m. Ragot.*

Groupi. *croupir.*

Groupiero. *m. croupiere.*

Groupo d'un chivau. *f. croupe.*

Pourta en groupo. *porter en croupe, ou en trousse.*

Groussan, terme de Paisan. *Petit blé, ou mars, ou tremois.*

Groussesso. *f. grossesse.*

Groussi. *grossir, ou venir gros.*

Groussie. *adj. grossier, grossiere.*

Groussiereta. *f. grossiereté.*

Groussour. *f. grosseur.*

Grüa d'ordi. *monder d'Orge.*

Ordi grüa. *Orge mondé.*

Gruillo de touto sorto de Licume. *f. cosse, ou gousse.*

La segoundo gruillo dau Licume. *f. robe, ou écale.*

Gruillo deis Noses. *m. brout de Noix, ou f. écale.*

Gruillo deis amendos. *f. écale.*

Gruillo deis avelanos, & deis aglans, qu'es facho coumo un dedau. *f. Robe, ou Alveole, ou m. gobelet, ou chaton.*

Gruillo d'uno poumo, d'uno pero, &c. *f. Peleure de pomme, &c.*

Gruillo d'uno Limo, d'un Arangi, d'uno castaigno. *f. ecorce d'Orange, &c.*

Grun de sau. *m. grain de sel.*

Gros grun de sau que metoun din un pijounie. *m. grumeau de sel.*

Grüo, Ausseou. *f. gruë. Ses petis s'apellent les gruaux, ou grous. La gruë craque, ou trompete.*

Grüo, terme de masson, *fem. grue.*

Grupi deis grands estables, ounte lia que de buous, de vaquos, &c. *. crêche.*

Grupi deis estables, que soun per leis chivaus. *f. mangeoire, ou auge. C'est un vice aux chevaux de mordre leur mangeoire, qu'on apelle le Tic.*

Grusoir, terme de Vitrie. *m. gresoir.*

Gue de la festo de Diou. *m. guet.*

Guecchou. *adj. louche, ou bigle.*

Gueino. *f. gaine. Celui qui les fait s'apelle gainier.*

Guciron d'uno camiso. *m. gousset d'une chemise.*

Guerindon. *m. gueridon. Il y a une espece de gueridon fort elevé, dont le pie & la tige sont triangulaires qu'on enrichit de Sculpture; sur lequel on met un flambeau, une girandole, &c, dans les Sales des gran*

des maisons & des Palais,
qu'on apelle une torchere, ou tor-
chiere.
Guespo. *f. guépe. Le frélon, est
une espece de guépe, mais deux
fois plus gros.*
Güeus. *m. gueux, ou trucheur,
au f. trucheuse.*
Guiapalmo. *m. diapalme.*
Guiaume. *Voyez* guieume.
Guido, *terme de couchie. f.
guides.*
Guidoun. *m. guidon, ou f. banderole.*
Guidoun, *terme de maunie.
m. moulinet.*
Guidoun d'un Clouchie, d'un
moulin, &c. *f. girouete.*
Guieume, *nom d'home. m.
guillaume.*
Guieume, *terme de fustie.
m. guillaume.*
Guieume flous. *m. pié d'Aloüette sauvage,*
Guieune, *terme de Sarrahie.
m. forêt.*
Guieune que n'es pas fach à
vis, & qu'a foulamen uno
pouncho. *m. gibelet.*
Guigna quauqu'un eme lou de.
montrer quelqu'un au doigt.
Guigna l'hueil. *Faire un clein
d'œil, ou guigner, ou bornoyer.*
Guigna quauquoren. *Donner a
connoître quelque chose à quelqu'un.*
Guignar. *m. guignar. Petit Oiseau fort delicat.*
Guigno-coüe. *m. hoche-queuë,
asp. l'h. ou f. bergeronnette,*

ou lavandiere, ou bate-queuë,
ou bate-mare.
Guillo. *voyez* aguillo.
Guimpo. *f. Guimpe.*
Guincha. *Faire un clein d'œil,
ou guigner.*
Guinda. *guinder.*
Guindasso, *terme de marino.
f. Guinderesse.*
Guindre per doubla la sedo.
m. guindre.
Guingoy, *habit que va de
guingoy. Habit qui va en
guingois.*
Guipuro. *f. Guipûre.*
Guis. *m. Guy.*
Guiso, *terme de Sarrahie. f.
Gueuse.*
Gumo. *m. Cable.*
Gus. *m. Gueux, ou trucheur, au
fem. trucheuse.*
Gusaillo. *f. Gueusaille.*

Feminin H.
Habi. *m. habit.*
Habi dau cœur *terme deis ber-
nardinos. f. cou-*
le, *ou habit de chœur, pron.*
Coeur.
Habile. *adj. habile.*
Habilla. *babiller.*
Habita. *habiter.*
Habitua. *habituer.*
Habitudo. *f. habitude.*
Hableur. *adj. hableur, hableu-
se, asp. l'h.*
Hacha. *hacher, asp. l'h. l'ais, ou
on fait le hachis, s'apelle le
hachoir, & le couteau pour*

hacher, se nomme couperet. m.

Hachis. *m. hachis, asp. l'h.*

Hahi. *hair. asp. l'h.*

Hahissable. *adj. haïssable, ou odieux, odieuse.*

Hailasso. *helas.*

Haive, terme de Sarrahic. *f. Hayve.*

Halabardo. *f. Halébarde, asp. l'h. Le manche s'apelle, la hampe.*

Halen d'un home. *f. haleine.*

Halen dou ten. *m, vent.*

Halena. *halener, asp. l'h.*

Halenado. *m. soufle, ou f. halenée.*

Haleno. *f. haleine.*

Ave l'haleno, & lou nas que sentoum mau. *adj. étre punais, punaise.*

Perdre l'haleno en courren. *S'essoufler.*

Halo. *f. Hale. asp. l'h. pron. la premiere silabe breve.*

Hameou. *m. Hameau, asp. l'h.*

Hamesson. *m. Hameçon.*

Hapo, terme de Charron. *f. Hape. asp. l'h.*

Haqueneo. *f. Haquenée, aspirés l'h.*

Harbetos. *f. blettes, ou jotte, ou poirée blanche.*

Harbetos feros. *f. Poirée sauvage.*

Hardi. *adj. hardi, hardie, asp. l'h.*

Hardiesso. *f. Hardiesse. asp. l'h.*

Hardos. *f. Hardes. asp. l'h.*

Haren. *m. Haran. asp. l'h. ou Hareng. La saison, en laquelle on peche les Harans, s'apelle la*

harengeaison, & la femme qui les vend, la harangere.

Haridelo. *f. haridelle. asp. l'h.*

Harmitagi. *m, hermitage.*

Harmito. *m. hermite.*

Harmoou. *f. arroche, ou bonnes Dames, ou prudes femmes.*

Harpo. *f. harpe, asp. l'h.*

Harto, terme deis Sourdas. *f. halte, asp, l'h.*

Hau. *adj. haut, haute. asp. l'h.*

D'hau, & de bas. *par haut, & par bas.*

Hautour. *f. hauteur. asp. l'h.*

Hazar. *m. hazard, ou hasard. asp. l'h.*

Hazarda. *hazarder.*

Hego. *m. haras. asp. l'h.*

Heirita. *hériter.*

Heiritagi. *m. héritage.*

Heiritie. *adj, héritier, héritiere.*

Soun heiritie touy dous. *Ils sont cohéritiers tous les deux.*

Hemino. *f. hemine, ou mine.*

Miejo hemino. *m. minot.*

Hendilla, lou chivau hendillo. *le cheval hennit.*

Henta. *frequenter, ou hanter,*

Hepatorium, planto. *f. Eupatoire.*

Herau. *m. heros. asp. l'h. au fem. heroine, n'aspirez pas l'h.*

Herbagi. *m. herbage.*

Herbo. *f. herbe.*

Herbo de Santo Barbo. *f. herbe de Sainte Barbe, ou Barbarée.*

Herbo deis barrugos. *f. verrucaire, ou harde aux verruës.*

Herbo barudo. *Phlomis.* †

Herbo de bouenhome. *m. Ormin,*

min *ou toute bonne.*

Herbo deis Cats. *herbe aux Chats.*

Herbo de San Chriftou. *f. perficaire.*

Herbo de la ciero. *m. caillelait.*

Herbo de cinq feuillo. *f. quinte-feuille.*

Herbo coupiero. *f. perce-feuille.*

Herbo croufado. *f. verveine.*

Herbo de Noueftro Damo. *f. langue de chien.*

Herbo enrabiado. *f. dentelaire.*

Herbo deis Febres. *f. centaurée, ou m. fiel de terre.*

Herbo d'holi rouge. *m. mille-pertuis.*

Herbo de San Jacque. *f. Jacobée.*

Herbo de San Jan. *herbe de Saint Iean, ou armoife.*

Herbo deis Jufious. *f. Gaude.*

Herbo deis mafquos. *f. Germandrée.*

Herbo de millo feuillos. *f. mille-feuille.*

Herbo deis nieros. *f. verge dorée.*

Herbo de la puto. *m. Tuffilage, ou pas d'ane.*

Herbo de la routo. *f. grande lunaire.*

Herbo dou fiegi. *herbe du fiege.*

Herbo deis fumis. *Grande confoude.*

Herbo deis Toüerros. *f. Verrucaire, ou herbe aux verruës.*

Herbo conjalado que fe trobo proche deis rouquas &c.

dins la mar. *f. croiffances.*

Caufo pleno d'herbos. *adj. herbu, herbuë.*

Home que counoüi leis herbos. *m. botanifte, ou herborifte.*

La couneiffenfo deis berbos. *La botanique.*

Hero. .*baire, afp. l'h.*

Heron. *m. héron. afp. l'h. Oifeau cendre, ou blanc.*

Picho heron. *m. héronneau.*

Hefpitau. *voyez Efpitau.*

Heto. *belas.*

Hidoula, lou Loup hidoulo. *Le Loup hurle.*

Hieli. *m. Lis. Le dard du Lis eft ce qui eft au milieu.*

Hieli rouge. *m. martagon.*

Hier. *hier.*

Hiero, villo. *hieres.*

Hiero per lou bla. *f. aire.*

Hinno. *f. himne, & quelques fois m.*

Hipoucra. *m. hipocras.*

Hirarchie. *f. hierarchie, afpirés l'h. & pron. jerarchie.*

Hirou. *f. aire en gerbe.* †

Hiffo. *courage, ou hinfe.*

Hiffon, terme de marino. *f. driffe, ou iffas.*

Hiftori. *f. hiftoire.*

Hiftourien. *m. hiftorien.*

Hiver. *m. hiver.*

Hivernagi, terme deis Paftres. *f. paiffon hivernale.* †

Holi. *m. huile.*

Holi petroli. *m. Petrole, ou f. huile de petrole.*

Holi de Septembre. *huile de Septembre, ou m. piot.*

Eftre l'holi par tout. *Primer par tout.*

Home. *m. homme.*

Home, juec. *m. homme.*

Home de chambro. *m. valet de chambre, si c'est chez les grands Seigneurs; mais parmi les simples Gentilshommes, on dit homme de chambre.*

Hongrio. *f. Hongrie. asp. l'h.*

Hofte. *m. hôte, pron. la premiere silabe longue. Remarquez que par hôte & hôtesse, on entant parler de ceux qui sont reçûs dans une maison Bourgeoise, ou de ceux qui les reçoivent. Mais quand on veut parler de ceux, qui tiennent Cabaret, on dit hôtelier, hôteliere. C'est là le sentiment de Richelet. Mais selon les Dictionnaires de l'Academie, & de Trevoux, on peut dire, hôte, hôtesse, ou hôtelier hôteliere, pour ceux qui tiennent Cabaret.*

Hofti. *m. pain à chanter, ou f. hostie.*

Hou. *hola. asp. l'h.*

Houbeloun, herbo. *m. houblon. asp. l'h.*

Houefquo d'uno taillo. *f. coche, ou hoche, asp. l'h.*

Houire, terme de Jardinie. *f. Pierrée.*

Houire, mo per rire. *m. ventre, pron. vantre.*

Houlandes. *adj. holandois. pron. holandais, asp. l'h.*

Houlando, Prouvinfo. *f. holande, asp. l'h*

Telo d'houlando. *f. Toile de holande, pron. toile d'holande.*

Houlia. *huiler. ou froter d'huile.*

Houliaire. *m. huilier.*

Houliero. *m. Pot à huile, ou m. huilier.*

Houmenas, mo injuriou per leis fremos. *hommasse, ou gendarme, ou virago, ou franc archer.*

Houneste. *adj. honneste, pron. honnête.*

Hounefteta. *f. honnêteté.*

Houngrio. *f. hongrie, asp. l'h.*

Houngrois. *ad. hongrois, hongroise. asp. l'h.*

Hounour. *f. honneur.*

Hounoura. *honnorer.*

Hounourable. *adj honorable.*

Hounto. *f. honte, asp. l'h.*

Hountous. *adj. honteux, honteuse.*

Houpo. *f. houpe, asp. l'h.*

Houro.. *f. heure.*

Uno houro & demi. *une heure & demie.*

Meis houros. *mes heures.*

Hourrible. *adj. horrible.*

Hourrour. *f. horreur.*

Hourfin, cauquillagi. *m. herisson de Mer. asp. l'h.*

Hourfin, peisson. *m. Esturgeon de Mer.*

Hourfo, terme de Sellie. *f. housse, asp. l'h.*

Hourtoülayo. *herbes potageres.*

Houftalado. *f. maisonnée.*

Houftau. *f. maison, ou m. Logis.*

Houftau de moussu lou Vi-

cari. *m. presbitere, ou f. Curé
ou maison presbiterale.*
Picho houstau *f. maisonnette.*
Picho houstau couver de pail-
lo. *f. chaumiere.*
Houstau que passo de par en
par. *maison qui perce dans deux
ruës.*
Houstio. *m. pain à chanter, ou
f. hostie.*
Huech. *huit. asp. l'h.*
Hucchieme. *adj. huitiéme. asp. l'h.*
Hueil. *m. Oeil. pron. euil, au
plur. yeux.*
Ave leis hueils bourdas d'an-
choillos. *avoir les yeux éraillés.*
Hueil artificie. *Oeil postiche. On
dit la méme chose des dens &c.*
La petito de l'hueil. *f. prunelle.*
Hueil d'un Veisseou. *m. écu-
bier, ou écoban.*
Hueil de l'argui, terme de ma-
rino. *f. amolettes.*
Hueil de Buou, terme de
masson. *m. Oeil de Boeuf.*
Hueil de Buou, flous. *f. mar-
gueritte.*
Hueil de poüeto, flous. *m.
Oeil de Poëte.*
Hueillado. *f. Oeillade, pronon-
cez Euillade, ou m. coup d'Oeil,
pron. cou.*
Hueillet d'un cor, &c. *m.
Oeillet, pron. Euillet.*
Huetanto. *quatre-vingts.*
Huganau. *adj. Huguenot, Hu-
guenote, asp. l'h.*
Hugueto. *f. Agathe.*
—Huilhau. *m. éclair.*
—Faire d huilhaus. *éclairer.*

Huilla uno bouto. *nourrir un
Tonneau.*
Huitre. *f. Huître.*
Huma. *humer, asp. l'h.*
Humble. *adj. humble.*
Humecta. *humecter.*
Humide. *adj. humide.*
Humidita. *f. humidité.*
Humilita. *f. humilité.*
Humour. *f. humeur.*
Vaquo qués en humour. *Va-
che en chas. Voyez estre en
calour.*
Hunie, terme de marino. *m.
Hunier. asp. l'h.*
Huou. *m. Oeuf. pron. Eu.*
Huous de coucounie. *Oeuf de
coquetier, & quand c'est une
femme, coquetiere.*
Huou en coquo. *Oeuf à la co-
que. Cette petite coupe qui sert
à tenir droit l'oeuf à la coque,
s'apelle le coquetier.*
Huous entre dous plats. *Oeufs
au miroir.*
Huous eisseillas. *Oeufs pochez.*
Faire d'huous. *pondre.*
Peissoun qu'a d'huous. *adj.
Poisson Oeuvé, Oeuvée, pron.
Euvé, Euvée.*
Hurous. *adj. heureux, heureuse.
pron. üreux.*
Hussart. *m. Houssart, asp. l'h.*
Hussie. *ms Huissier.*
Hussie deis Tuers. *m. Chiaoux.
Remarquez qu'ils sont de plus
grands Seigneurs qu'en France,
car on ne prend les Ambassadeurs
que de leur corps.*
Huy. *Aujourd'huy.*

Masculin I.

Ia , terme de carretie. *huë, ou dia. On se sert aussi de dia, paur faire aler les chevaux a gauche & de hurhaut pour les faire aler a droite.*

Jabo , a jabo. *à foison , ou à bauge , ou a même.*

Jacino. *f. couches , ou m. acouchement.*

Jacudo. *f. acouchée.*

Jaie. *m. jaïet , ou jayet , ou jais.*

Jaisso. *f. gesse.*

Faire de jaissos , mo injuriou. *écarter la dragée.*

Jala. *geler. , ou glacer.*

Bouillon jala. *adj. Bouillon, figé, figée , ou gelé, gelée.*

Jalado. *f. gelée.*

Jalareyo. *f. gelée.*

Jaliua , boües jaliva. *bois abougri , ou rabougri.*

Jalous. *adj. jaloux , jalouse.*

Jambin , terme de pescadou. *m. bouchot.*

Jamboun. *m. jambon.*

Jan. *m. jean.*

Jan-fremo , mo injuriou. *m. jocrisse.*

Janetoun. *f. janneton.*

Jantilome. *m. gentilhomme.*

Paure Jantilome que viou de sa casso *Gentilhomme à lievre.*

Japa. *aboïer , ou japer.*

Japa. *m. aboy , ou aboyement.*

Japaire. *m. aboyeur.*

Japarie. *m. aboy , ou aboyement.*

Jaqueto. *f. jacquette.*

Jaquoumas. *m. jaquemar.*

Jardin. *m. jardin.*

Jardine de paisan. *m. closeau, ou f. closerie.*

Jardinagi. *m. jardinage.*

Jardinie. *m. jardinier.*

Jardiniero. *f. jardiniere.*

Jarman. *adj. germain , germaine.*

Jarme. *m. germe.*

Jarratiero. *f. jarretiere , ou jartiere.*

Jarre. *m. jarret.*

Jarre d'uno Vaquo ou d'un Buou. *m. Trumeau, pron. trumô , ou jarret.*

Jarro. *f. jarre , ou giarre.*

Jas. *f. Bergerie , ou bersail. Ce dernier est vieux.*

Jas, terme de Cassaire. *m. gîte. Voyez* retreto.

Jaspa , terme de Reliaire. *jasper.*

Jauja. *jauger.*

Jaüjo, terme de Fustie. *f. jauge.*

Jaüjo de gen. *f. engeance , ou engence , pron. anjance.*

Jaume. *m. jacques.*

Jaunastre. *adj. jaunâtre.*

Jaune. *adj. jaune.*

Jaune , coulour. *m. jaune.*

Jaune , terme de blason. *m. Or.*

Jaune de grumeou , terme de bouchie. *piece tremblante de Boeuf.*

Jaunisso. *f. jaunisse.*

Jause. *m. joseph.*

Jaussemia.

Jauſſemin. *m. jaſmin.*
Ibrouneja. *ivrogner.*
Ibrougnerie. *f. ivrognerie, ou ivreſſe.*
Ibrougno. *adj. ivrogne, ivrogneſſe.*
Idoulatre. *adj. idolatre.*
Idoulia. *japer.*
Jemerri. *m. jumart.*
Jento, terme de Charron. *f. jante.*
Jeſuiſto. *m. Ieſuite.*
Ignoura. *ignorer.*
Ignouren. *adj. ignorant, ignorante.*
Ignourenci. *f. ignorence.*
Ignourencide l'Art que l'on profeſſo. *f. imperitie.*
Illigitime. *adj. illegitime.*
Illuſtre. *adj. illuſtre.*
Ilo. *f. île.*
Preſqu'ilo. *f. preſqu'ile, ou peninſule, ou cherſoneſe. pron. Kerſoneſe.*
Imagi. *f. Image. Remarquez que des deux bâtons qu'on met à un Image, ou à une Carte, qu'on veut rouler, celui d'en haut s'apelle la gorge, & celui d'en bas. Le Rouleau.*
Imagi illumina. *image enluminé.*
Imagie. *m. imager. Le petit bâton fendu, dont ſe ſervent les imagers, pour faire tenir leurs images ſur une corde, s'apelle le fichoir.*
Imagina. *imaginer.*
Imaginacien. *f. imagination.*
Imbiba. *imbiber.*
Imira. *imiter.*

Imitacien. *f. imitation.*
Imitaire. *m. imitateur, au fem. imitatrice.*
Immoula. *immoler.*
Imou. *adj. doux, douce, ou ſouple.*
Imperati. *m. imperatif. pron. l'ſ.*
Imperatoiro, planto. *f. imperatoire.*
Impicta. *f. impieté.*
Impitouyable. *adj. impitoyable.*
Imploura. *implorer.*
Impos. *m. impôt, ou ſubſide.*
Impourtan. *adj. important, importante.*
Impourtun. *adj. importun, importune.*
Impourtuna. *importuner.*
Impouſa. *impoſer.*
Impouſſible. *adj. impoſſible.*
Impouſſibilita. *f. impoſſibilité.*
Impreſſien. *f. impreſſion.*
Imprima. *imprimer, ou empreindre, ce dernier eſt pour les monnoyes, & pour les cachets. Ce petit inſtrument de fer avec de rebords, ſur lequel dans les Imprimeries, on ne met qu'une ligne, s'apelle le Compoſteur. Metre une rangée de letres ſur le Compoſteur, s'apelle compoſer, & celui qui compoſe s'apelle le Compoſiteur. Cette piece de bois longue d'un pié, ou environ, & large à peu près de trois doigts, que le Compoſiteur a toujours devant les yeux, & ſur laquelle en compoſant, il met une feuille de la copie, qu'il atache avec le*

Y y

le mordant, se nomme le *visorium*.
Le petit morceau de bois fendu,
qui tient la page sur le *visorium*,
s'apelle le Mordant. Cette petite
regle, qui sert à faire la division
des chapitres, se nomme un reglet.
Et cette autre regle de bois, qui
sert a prendre les lettres de dessus
le Composteur, pour les metre sur
la Galée, s'apelle une reglette.
La Galée est un petit ais long, &
large d'un pié, avec de rebords,
& une coulisse, ou l'on met les
lignes à mesure qu'on les compose.
Ce, dans quoi les Imprimeurs mettent leurs letres, & qui est divi-
sé en plusieurs petits quarrés (qu'on
apelle Cassetins) se nomme la Casse. Ce petit morceau de fer plat
quarré, & sans letre, qui sert
à faire le blanc de la fin des Chapitres, & des Articles, s'apelle
un Quadrat. Deux Pages qu'on
imprime de nouveau, parce qu'il
s'étoit glissé de fautes dans deux
autres pages, qu'on avoit imprimé
auparavant, se nomment un Onglet. Le petit morceau de bois, pour
broyer les couleurs, s'apelle le Bra-
yon. Ce bois creux en forme d'entonnoir, avec une poignée de bois
au dessus, & qui par dedans est
rempli de Laine, couverte d'une
peau de Mouton, qu'on trempe
dans l'ancre pour toucher les formes
s'apelle la Bale. Ce morceau de
pierre ou de bois qui est sur le derriere de la Presse, & qui est me-
diocrement large, ou on met l'ancre pour toucher les formes, s'apel-

le l'ancrier. Cette grande feuille
de Parchemin bandée sur un chassis de bois, s'apelle le Timpan. Ce
morceau de drap blanc, qu'on met
entre le grand, & le petit Timpan, & qui sert à faire imprimer
les letres, se nomme un Blanchet,
& le morceau de drap pour separer les feuilles, quand on les
presse se nomme un lange. Le
morceau de linge tortillé pour an-
crer la planche, s'apelle le Tampon.
L'étendoir est ce, avec quoy on
étend les feuilles des Livres sur les
cordes. On apelle un Carton deux
feuilles qu'on imprime de nouveau,
pour metre en la place d'autres,
où il y a de fautes. On apelle
nompareille, le plus petit carac-
tere.

Impudique. *adj. impudique.*

Impunita. *f. impunité.*

Impureta, *f. impureté.*

In decimo sexto. *in seize ou in
seze.*

In duo decimo. *in douze.*

In folio. *in folio.*

In quarto. *in quarto.*

Incarna. *incarner.*

Incarna, coulour. *m. incarnat.*

Incarna. *adj. incarnat, incarna-
te, ou incarnadin; incarnadine.*

Incita. *inciter.*

Inclinacien. *f. inclination.*

Incoumouda. *incommoder.*

Incoumoudita. *f. incommodité.*

Ay toujour de pichotos in-
coumouditas. *J'ay toujours
quelque fer qui loche. Il est
bas.*

Incountinen. *Auſſi-tôt, ou incontinent.*

Incounvenien. *m. inconvenient.*

Incourpoura. *incorporer.*

Indiano. *f. Indienne.*

Indicati. *m. indicatif, pron. l'f.*

Indigeſt. *adj. indigeſte.*

Indiſcrecien. *f. indiſcretion.*

Indiſpouſa. *indiſpoſé, indiſpoſée.*

Indiſpouſicien. *f. indiſpoſition.*

Indulgenci. *f. indulgence.*

Infer. *m, Enfer.*

Infer de moulin d'holi. *f. Caque.*

Infer, terme d'enfan, que ſe
fa eme de poudro. *Petite
fougade, ou fougaſſe.*

Infidelita. *f. infidelité.*

Infinita. *f. infinité.*

Infirmita. *f. infirmité.*

Infourma. *informer.*

Infourmacien. *f. information.*

Infourtuna. *adj. infortuné, in-
fortunée.*

Infuſa. *infuſer.*

Ingeniou. *adj. ingenieux, inge-
nieuſe.*

Ingeniou. *m. ingenieur.*

Injuſte. *adj. injuſte.*

Injuſtici. *f. injuſtice.*

Inmancable. *adj. immancable.*

Inmoubile. *adj. immobile.*

Iumoudeſte. *adj. immodeſte.*

Inmoula. *immoler.*

Inmourtelo, flous. *immortele,
ou amaranthe, ou paſſe velours, ou Fleur d'amour.*

Inmourter. *adj. immortel, im-
mortelle.*

Innouva. *Innover.*

Innouvaire. *m. novateur.*

Inoucen. *adj. innocent, inno-
cente.*

Inoucenmen. *innocemment.*

Inoucenſo. *f. innocence.*

Inounda. *inonder, ou ſubmerger.*

Inquie. *adj. inquiet, inquiete.*

Inquieta. *inquieter.*

Inquiſitour. *m. inquiſiteur.*

Inrecounciliable. *adj. irreconci-
liable.*

Inremediable. *adj. irremediable.*

Inreprouchable. *adj. irreprochable.*

Inreſoulu. *adj. irreſolu, irreſo-
lue.*

Inreſounable. *adj irraiſonnable.*

Inreverenci. *f. irreverence.*

Inrevoucable. *adj. irrevocable.*

Inrita. *irriter.*

Inſoulen. *adj. inſolent, inſolente.*

Inſoulenci. *f. inſolence.*

Inſten. *m. inſtant.*

Inſtrumen. *m. inſtrument.*

Inſtrumen per meſura la pe-
ſantour de l'air. *m. barometre.*

Inſtrumen per meſura leis de-
gres de ſecareſſo ou l'humidita de l'air. *m. Hygrometre,
ou hygroſcope, ou nitiometre.*

Inſtrumen per meſura lou
frech, ou lou cau. *m. Ther-
mometre.*

Inſtrumens d'un Chirurgien.
m. ferremens, ou ferrements.

Interin. *cependant.*

Interiou. *m. interieur.*

Interligenci. *f. intelligence.*

Intermedo, Chapitre intermedo. *Chapitre intermediat.*

Interpreta. *interpreter.*

Interpreto. *m. interprete , &*
quand c'est une femme , on dit
aussi une interprete.

Intervallo. *m. intervalle.*

Intima. *intimer.*

Intourroüja. *interroger.*

Intra. *entrer.*

Intrado. *f. entrée.*

Intran. *adj. entrant , entrante, ou*
ou intriguant , intrigante.

S'intriga dins un houstau.
S'intriguer , ou s'adonner dans
une maison.

Introito de la Messo. *m. introit,*
ou f. introite.

Invencien. *f. invention , voyez*
instrument.

Inventa, *inventer.*

Inventaire. *adj. inventeur , in-*
ventrice.

Inventari. *m. inventaire.*

Inutile. *adj. inutile , ou vain ,*
vaine.

Inutilita. *f. inutilité.*

Jorgi. *m. George , pron. jorge.*

Jou. *m. jour.*

Jou oubran. *jour ouvrable, ou*
ouvrier.

Lou jou de San Pierre faray
aco. *à la Saint Pierre je ferai*
cela.

Se metre en jou per tira. *Se*
metre en joüé pour tirer.

Jou de croto , *terme de mai-*
son. m. Soupirail , au pluriel
Soupiraux.

Ouvragi fa à jou. *Ouvrage à*
cleire voye.

Joüato , *terme de Maunie.*

m. Frein.

Joüeine. *adj. jeune , pron. brie-*
vement.

Veni joüeine. *rajeunir.*

Joüeinesso. *f. jeunesse.*

Joüigne. *joindre.*

Jougnen, *terme de Brouquie.*
f. Colombe.

Joüieou. *m. joyau.*

Joüinta leis pares , *terme de*
masson. *Rejointer les murailles.*

Joüious. *adj. joyeux , joyeuse.*

Jouli. *adj. joli , jolie.*

Joulian. *m. Iulien.*

Jouliano , *flous. f. julianne , ou*
julienne.

Joulie. *m. Geolier , pron. jolié, ou*
guichetier.

Joun. *m. jonc. pron. Ion.*

Joun , *terme de Bouhie. m.*
joug.

Jounquillo. *f. jonquille.*

Jour. *Voyez* Jou.

Journado. *f. journée.*

Journau. *m. journau , ou jour-*
nal , ou f. hommée.

Jouven. *f. jeunesse, ou les jeunes*
gens.

Joyo. *f. joye.*

Gagna leis joyos. *Remporter le*
prix.

Iroüinie. *f. ironie.*

Isclo. *f. bruyere.*

Iso , ou isopo. *m. aspersoir, ou*
goupillon , ou aspergés. Le
premier est le meilleur.

Issere. *m. Israël.*

Issa , *terme de marino. isser.*

Issiro , *ven. m. Sud-Est.*

Isso , *terme de marino. Hinse.*
Isson.

Iſſon, terme de marino. *fem.*
driſſe, ou m. iſſas.

Iſta. *demeurer.*

Vous liſto ben de faire aco. *Il*
vous ſied bien de faire cela.

Jubile. *m. jubilé. Celui qui vend*
les jubilez & les Gazetes par
les ruës, s'apelle un Colporteur.

Jüec. *m. jeu.*

Jüec de Paris. *jeu des merelles à*
cloche-pié.

Jüec de paumo. *jeu de Paume,*
ou m. Tripot. Le toit d'un jeu
de Paume eſt la couverture de
la galerie qui y regne de deux
ou trois côtez ſur laquelle on
fait le ſervice de la Bale.

Vous trouverez icy quelques jeux
dont on ne ſçait pas ordinaire-
ment les noms en Provençal.

Joüer a l'Abé, c'eſt un jeu,
ou tous ceux qui en font, font
la même choſe, que fait celui qui y commande.

Joüer à la boulette. C'eſt
pouſſer une bale dans une petite foſſe.

Le cochonnet eſt un petit
corps fait d'os, ou d'Yvoire
taillé en douze faces, qui font
douzes Pentagones marquez
de points, depuis un, juſque
a douze, on le roule ſur une
table pour jouer comme un
Dé.

Croſſe, c'eſt jouer en pouſ-
ſant une boule avec une croſſe, ou bâton.

Doigt. Jouer au doigt mouil-

lé. C'eſt un jeu d'enfant, ou
on propoſe à deviner le doigt,
qu'on à moüillé ſecretement.

Le farinet eſt une eſpece de
Dé à joüer, qui n'a qu'une
de ſes faces marquée de point,
quand on y joüe, on en prend
ordinairement ſix.

Foſſette. Joüer à la foſſette,
ou aux noix, quand on y
joüe, on doit faire tenir dans
une foſſette à certaine diſtan-
ce, un certain nombre de
noix, qu'on jette avec la main.

Le Hoca eſt un jeu qui eſt
compoſé de trente points
marquez de ſuite ſur une table, & il s'y joüe avec trente
petites boules, dans chacunes
deſquelles on enferme un billet de parchemin, où il y a
un chifre.

Le Loup, eſt un morceau
de bois ataché à une ficele,
que les garçons font tourner.

La mouche, eſt un jeu d'é-
coliers, ou l'un d'eux choiſi
au ſort, fait la mouche, ſur
qui tous les autres frapent,
comme s'ils la vouloient chaſſer.

La piroüette eſt un mor-
ceau de carton peinturé d'un
côté fait en forme de piece
de quinze ſols, & percé par
le milieu, au travers duquel
paſſe un petit morceau de
bois, qu'on apelle bâton, &
qui ſert à faire tourner la piroüette, ou ſorte de petit

Z z

joüet composé d'un petit
morceau de bois plat, & rond
traversé dans le milieu par un
petit pivot, sur lequel on le
fait tourner avec les doigts.

La poire est un jeu, ou un
garçon qui est à terre tenant
le bout d'une corde, & un
autre garçon qui est debout,
l'autre bout ; tous les garçons
viennent le traper, & si celui
qui est debout, & qui tient
un bout de la corde, en prend
un, il le fait metre à la place
de celui qui est à terre.

A la queüe Leuleu. C'est un
jeu, ou on se met en file, &
le premier faisant un tour, il
faut qu'il prene le dernier.

Le Totum, pron. Totun.
C'est une espece de Dé qui est
traversé d'une petite cheville
sur laquelle on le fait tourner,
& est marqué de diferantes letres sur ses faces.

Jüec de velos, terme de marino. *jet de voile.*

Jueil, gran. *f. Yvroye, ou
yvraye.*

Juers, San Juers. *Saint George, pron. Iorge.*

Juga. *joüer.*

Juga, picho jüec & d'uno maniero mesquino. *Grimeliner.*

Juga dau Claversin, de l'espineto, deis Orgues &c.
*Toucher, & rarement, joüer
du Clavecin, &c.*

Juga dau Tombour. *batre le
Tambour.*

Juga de la Troumpeto. *Sonner
de la Trompette & rarement
joüer.*

Juga de la Quitarro, dau Lu,
&c. *Pincer la Guitarre, &
rarement joüer.*

Jugadou. *adj. joüeur, joüeuse.*

Jugaire. *joüeur, joüeuse.*

Jugi. *m. juge. Les juges des Turcs,
& des Sarraisins se nomment.
Cadi. m.*

Jugi banarcou. *juge pedanée,
ou juge sous l'Orme.*

Jugue deis pichots enfans. *m.
Hochet, asp. l'h. ou joüet.*

Juja. *juger.*

Jujamen. *m. jugement.*

Juïe de Bouticari. *m. julep.*

Juille, Mes. *m. juillet.*

Julian. *m. julien.*

Jumelo, terme de Sarrahie. *f.
jumelle d'Etau.*

Jun, Mes. *m. juin.*

Ajun. *à jeun, pron. jún.*

Juni. *m. jeûne.*

Ivoire. *f. Ivoire.*

Jura. *jurer.*

Jura. *m. juré.*

Jurado. *f. jurée.*

Juraire. *m. jureur, au f. jureuse.*

Juramen. *m. jurement.*

Jus. *m. jus.*

Jus que ben fa sourti d'uno
viando en l'esquichan. *masc.
precis., ou pressis.*

Estre vengu jus. *être venu
juste.*

Jusiou. *adj. juif, juive, pr. tf.*

Jusiouvo, flous. *m. Narcisse de
Pré.*

Jufquo. *jufque , pron. l'f.*
Juftacor. *m. jufte-au-corps.*
Juftici. *f juftice.*
Juftifica. *juftifier.*
Juftomen. *luftement.*
Jutarie. *f. Iuif-verie.*

K *Mafculin. K prov. Ka &* faites le long.
Keirelet , herbo. *m. Stoechas.*
Kirie déis Sans. *f. Litanies des Saints.*
Kirie de la Meffo. *m. Kirie-eleifon.*

L. *Femïnin L, prov. elle.*
La d'uno fremo , d'uno fedo , &c. *mafc.* Lait. *La femme qui vend le Lait s'apelle la Laitiere.*
La d'un peiffoun. *f. Laite , ou Laitance.*
La de cau, terme de maffon. *f. laitance , ou lait de chaux.*
Un la d'aigo. *m. lac.*
Labech , ven. *m. Sud-Oüeft , ou labefche , ou garbin.*
Laboura. *labourer. Remarquez qu'une terre , qui fe laboure la moitié un an , & l'autre moitié un autre. La moitié qu'on laboure , s'apelle la faifon , & celle qui fe repaufe , fe nomme la Jachero.*
Labouragi. *m. labourage.*

Labouraire. *m. laboureur.*
Labouratoiro. *m. laboratoire.*
Laca. *Faire un Lac.*
Lace, terme de Sarrahie. *m. lacct.*
Lach. *Voyez* La.
Lacha. *lâcher , ou relâcher.*
Lache. *adi. lâche.*
Mena lache , terme de Tailleur. *Mener boire.*
Lacheta. *f. lâcheté.*
Lachiero. *f. laitiere.*
Lachoufclo, planto. *m. Tithymale.*
Lachugo longo. *f. laitüe Romaine.*
Lachugo redouno. *f. laitüe pomée.*
Lachugo fero. *f. laitüe fauvage.*
Lachuguetos. *m. plant de Laitues.*
Ladrarie. *f. lepre , ou ladrerie.*
Ladre. *adj. ladre , ou lepreux , lepreufe.*
Efpitau deis ladres. *f. maladerie, ou maladrerie , ou léproferie.*
Lagagno. *f. chaffie.*
Lagagnous. *adj. chaffieux, chaffieufe.*
Lagan. *f. chaffie.*
Laganeja. *degouter , prononcez degouté.*
Lagas. *m. gâchis.*
Lagas eme de vilanie. *m. margouillis.*
Lagremo. *f. larme.*
Lai. *adi. laid , laide.*
Fraire lai. *Frere lai , ou convers.*
Laidour. *f. laideur.*

Laigno. *m. Chagrin, ou f. tristesse, ou facherie.*

Laignous. *adj. chagrin, chagriñe.*

Laire. *m. Larron.*

Laleya. *Gazoüiller.*

Se l'ambifqua. *S'alambifquer.*

Lambrufquo. *f. Lambruche, ou lambrufque.*

Lamo d'uno efpafo, d'un couteou, &c. *f. lame.*

Lamo, terme de Teifferan. *f. lame.*

Es uno boüenno lamo. *c'eft un compére.*

Lampa. *courir.*

Lampeja. *flamber.*

Lampi. *f. lampe. Ce qui tient la meche d'une lampe, s'apelle un lamperon.*

Lampi de veire per metre din uno Lampi d'Eglifo. *mafc. lampion.*

Lampian, mo injuriou. *fem. flamberge.*

Lampre, peiffoun. *f. lamproie.*

Lampruë. *m. Taon marin.*

Lanado, terme de marino. *m. penes, ou guiffon.*

Lanceto. *f. lancette.*

Lanchoufclo. *m. Titimale.*

Landrin. *m, dandin.*

Lanere. *m. laneret, Oifeau de Proye.*

Langafto, animau. *f. Ticque, ou Tique.*

Langour. *f. langueur.*

Langoufto. *f. écrevice de Mer, ou langoufte.*

Langui, ave pau de fanta.

---

languir.

Se langui. *S'ennuïer.*

Lanier. *m. lanier. Oifeau de Proye.*

Se pourta lanla. *Se porter tellement quellement.*

Lano. *f. laine.*

Lano furjo. *f. laine cruë, ou m. fuint. Quand elle eft cardée on l'apelle étaim. On dit filer de l'étaim.*

Lanfa lou pe. *rüer.*

Lanfa feis rayons. *darder fes rayons.*

Se lanfa fur quauqu'un. *Se lancer, ou s'élancer. Sur quelqu'un.*

Lanfade de pe. *f. Rüade.*

Lanfo. *f. lance.*

Lanfoquane. *m. lanfquenet.*

Lanfou. *m. drap, ou linceul. Ce dernier ne fe dit qu'à des chofes, qui regardent nos Saints Mifteres. Voyez Linfou.*

Lantarnie. *m. Taillandier en fer blanc.*

Lantarnie, mo injuriou. *m. lanternier.*

Lanterne. *f. lanterne. Le fer qui tient la chandelle s'apelle la douille.*

Lanterno deis Penitens. *m. falot.*

Lanterno d'un moulin. *f. lanterne.*

Lantulururo. *Lanturlu.*

Lapas, herbo. *f. patience, ou parelle.*

Lapin. *m. lapin, pron. lapen, en terme de chaffe, la femelle s'apelle*

s'apelle une _baſe_ , _aſp._ l'_h._ ou
Lapine. _On dit un Lapin en_
poil quand il a encore la peau.
Picho Lapin. _m,_ Lapereau , _ou_
Lapreau.
Lapin de Gareno. _Lapin de_
clapier , ou mangeur de choux.
Lou lapin crido._Le lapin clapit._
Lapoun , herbo de la mar. _m._
· Geomon.
Lapourdie. _f. bardane , ou gros_
glouteron.
Laquai. _m._ Laquais.
Laquai ſenſo lioüreyo. _m._ gri-
ſon. On le dit pour rire.
Larbo , peiſſoun. _m. Carrelet ,_
& quand il eſt grand s'apelle ,
Plie. _f._
Lard. _m._ Lard.
Peſſo de lard. _f. Fléche de lard._
La corde qui la tient penduë ,
s'apelle le pendoir.
Larda. _larder , ou piquer._
Lou ſouleou lardo. _le Soleil_
Darde.
Lardadoüiro. _f. lardoire. Ce qui_
tient le lardon s'apelle les ailes
de la lardoire.
Lardaire. _m. piqueur._
Lardie , Auſſeou. _m. lardier, ou_
f. lardere , ou mé;ange.
Lardoun. _m. lardon , le couteau_
pour faire les lardons , s'apelle
le tranche-lard.
Hoſte que vende de viando
lardado, & cruſo. _m. Rô-_
tiſſeur en blanc.
Largua lave ,terme de Paſtre.
Faire ſortir les Moutons de la
Bergerie pour les mener paître.

Large. _adj. large._
Larguamue. _Petit léſard._
Larjour. _f. largeur._
Larmo _f. larme._
Larron. _m. larron , ou voleur ,_
ou filou.
Larron qués din uno plumo.
m. larron.
Larron deis eſcris d'un home.
m. Plagiaire.
Larrouno. _f. larroneſſe._
Las. _adj. las , laſſe._
Las courren. _m. lags , pron. las_
coulant , ou neud coulant.
Laſceno , planto. _Rapiſtrum._ †
Laſſa quauqu'un. _laſſer , ou fa-_
tiguer quelqu'un.
Lato. _f. Perche._
Lato,terme de Brodeur. _f. late._
Lau , terme de Palai. _m. lods._
Lava. _laver._
Lava un veire. _Rinſer un verre._
Lava la gorjo. _gargariſer._
Lavadou. _m. lavoir._
Lavaduro d'un veire , d'uno
tino , d'uno bouto , &c. _f._
Rinceure , ou rinſure d'un ver-
_re , &c._
Lavagi. _m. lavage._
Lavagno per leis poucrs. _m._
lavage , ou f. laveure.
Lavaire. _m. laveur , au feminin_
laveuſe.
Lavamen. _m.lavement, ou agré-_
ment. Le deinier ſe dit pour rire.
Lavamen de gorjo. _m. Gar-_
gariſme.
Lavando. _f. lavande , ou m._
aſpic. Voyez aſpi.
Lavarelo. _f. laveuſe._

Laubeto d'uno campano. *m. Poallier.*

Laugie. *adj. léger, légere.*

Laugieromen. *legerement.*

Lavoir d'uno Sacriftie, ou d'un refetoir &c. *m. lavoir, ou lave-main.*

Laurie. *m. laurier.*

Laurie rofo. *laurier-rofe, ou rofage, ou rofagine.*

— Lauvo. *f. dalle.*

Lauza. *louer.*

Lauzaire. *m. loueur, au feminin loueufe, ou panegyrifte. Le premier ne fe dit qu'en mauvaife part.*

Lazare, Efpitau. *m. lazaret.*

Le. Terme de jugadou eis boulos. *m. Cochonnet, ou cornichon.*

Lebrau. *m. levraut.*

Lebrau que n'es pas encaro lebre, mai que pau fen manquo, en terme de caffo. *levraut trois quarts.*

Lebre. *m. liévre, en terme de chaffe, la femelle s'apelle une hafe, afp. l'h. & le male, un bouquet, ou rouquet. On dit un lievre en poil quand il a encore la peau.*

Pichoto lebre. *m. levraut.*

La lebre a fa feis pichos. *la hafe a levretté.*

Lebrie. *m. levrier. Sa femelle, levrette.*

Picho lebric. *m. levron. Sa femelle, levriche. La methode d'élever les levriers, s'apelle la levreterie. Celui qui fait cette action s'apelle un levreteur.*

Lega. *leguer.*

Lega, fa per un Teftamen. *m. legs, ou legat.*

Lega dou Papo. *m. Legat.*

Legi. *lire.*

Legible. *adj. lifible.*

Lego. *f. lieuë, en Perfe, farfange, & en Italie, mille. La Farfange commune de Perfe eft de trois mille pas Geometriques, & le mille d'Italie, de mille, pour la lieuë de France la commune eft de deux mille quatre cens, la petite de deux mille, la grande de trois mille, & en quelques endroits de trois mille cinq cens.*

Lei. *f. Loy.*

Lei deis Tuers. *m. Alcoran, ou elforcan.*

Leido dau Bourreou. *m. avage.*

Leirie ben. *Il faudroit qu'on eut bien du tems de refte.*

Leiron. *m. larron.*

Leiffa. *laiffer.*

Leiffa en dedin, terme de Tailleur. *Rendoubler.*

Len. *adj. lent, lente.*

Lende. *f. lente, & non pas lende.*

Lendeman. *le lendemain.*

Lengagi. *m. langage.*

Lengo. *f. langue. Livre écrit en plufieurs langues, livre Polyglotte, ou une Polyglotte.*

Lengo de Buou, herbo. *f. Buglofe.*

Lengo de Cat, herbo. *f. centaurée.*

Lengo de chin , herbo. *langue de chien.*

Lengo de Ser. *herbe fans couture.*

Lengo, terme de Vitrie. *fem. langue.*

Lente. *f. luferne fauvage.*

Lenti. *Paftel fauvage.*

Lentillo. *f. lentille , ou nentille.*

Lentillo que ven fur lou vifagi , ou à un autro par dau cor. *f. caroncule.*

Lentiscle , Aubre. *m. lentifque.*

Leou ; veni leou. *vénir vite , ou vitement , ou tôt.*

Leou d'un home. *m. Poúmon.*

Leou d'un Buou. *m. Mou.*

Lequo per atrapa quauqu'un. *m. Piége.*

Lequo qu'à un home , ou un animau. *m. defaut.*

Leri. *adj. écervelé , écervelée.*

Les d'uno jupo. *m. lé d'une jupe. D'une voile on dit une ferfe.*

Les. *adj. Agile ou difpos.*

Sias les? *Etes vous difpofé ?*

Lefi. *m. loifir , pron. loift.*

Lefino. *f. lefine.*

Lefquo. *f. tranche.*

Lefquo de pan per manja un huou en coquo. *f. apréte, ou mouillette.*

Lefquo de pan couverto de Buerri. *f. beurrée.*

Lefti. *préparer.*

Leftomen. *agilement.*

Letagi. *m. laitage.*

Letour. *m. lecteur.*

Letro. *f. létre.*

Letro de voituro , terme de

mulatie , & carretie. *m. paffavant , ou létre de voiture.*

Letru. *adj. Létré , létrée.*

Leva fon capeou. *lever ou ôter ou tirer fon chapeau.*

Leva la man en l'air. *hauffer , ou lever la main.*

Leva un libre qués toumba au fou. *Ramaffer un livre.*

Leva un enfan qués toumba au fou. *Relever un enfant.*

Se leva dau liech. *Se lever du lit.*

Leva. *m. lever , pron. levé.*

Levadis. *adj. levis.*

Eftre levadis. *Se defemboiter.*

Levado d'un habi , terme de Tailleur. *f. levée d'un habit.*

Levado d'un Buou , d'un Mouton , &c. *f. Freffure de Bœuf, &c.*

Levado d'uno Ribiero. *fem. chauffée , ou levée de Riviere.*

Se fian ana proumena à la levado de taulo. *Nous avons été promener à liffuë de table.*

Levadouiro , terme de maunie. *f. vingtaine.*

Levame. *m. levain.*

Levan. *m. Orient, ou Eft, ou Levant.*

Levantes. *ad. Levantins.*

Leventi , mo injuriou. *m. Fanfaron.*

Levo , terme de juec de mai. *f. leve.*

Lia. *lier , ou atacher.*

Liame. *f. atache.*

Liame de Rafin. *Remarquez qu'en France on ne pend pas les*

*Raisins comme nous, c'est pour
quoi je n'ai pas trouvé son terme, neanmoins je crois qu'on
pourroit dire un paquet de Raisins, puisqu'on dit un paquet
de mouchoirs pour dire une,*
liasso de mouchoirs.

Liar. *m. liard.*

Liasso de papie. *f. liasse de papier.*

Liasso de linge. *m. paquet de
linge.*

Libartinagi. *m. libertinage.*

Liberalita. *f. liberalité.*

Liberau. *adj. liberal, liberale.*

Liberau arbitre. *libre arbitre,
ou franc arbitre.*

Liberinto. *m. labirinte.*

Liberta. *f. liberté.*

Libori. *m. liboire.*

Mestre liborum. *maître alibo-
ron.*

Libre. *m. livre.*

Libre imprima apres la moüer
de son autour. *m. livre pos-
thume.*

Libre ounte leis marchans metoun ce que devoun & ce
que lies degu. *m. Bilan.*

Libre en feuillo. *livre en blanc.
Les petites virgules que l'on
met à la marge d'un livre,
pour faire voir que les lignes,
ou sont ces virgules, ne sont
pas de l'auteur, s'apellent le
Guillement, ou Guimets. Les
côtez d'un livre qui sont dorez,
ou marbrez, s'apellent la tranche. La letre de l'Alphabet qui
marque le feuillet, se nomme*

*la signature, le signe qui se
met aprés un discours de con-
templation, s'apelle un admira-
tif. Ce mot, ou demi mot
qu'on imprime à la derniere
page de chaque feuillet, se
nomme la Réclame. Les ra-
yes rouges que la Regluse a
faites sur les marges d'un
livre, se nomment réglûre. f.
l'ornement qu'on met à la tête
de chaque ouvrage, & à
la tête de chaque Chapitre, s'a-
pelle une Vignette. L'ornement
de fleur qu'on met à la fin des
Articles, & des Chapitres,
quand il y a du blanc, s'apelle un Fleuron.*

Libre. *adj. libre.*

Libret. *m. livret.*

Libriaire. *m. libraire.*

Lica. *lécher.*

Liceiron, terme de Ribantie.
m. liceron.

Lichet. *m. louchet.*

Lichofroyo. *f. léchefrite.*

Lie d'uno bouto. *f. lie, en terme de Medecin Sediment. m.*

Liech. *m. lit, la ruelle du lit
est le côté de la muraille.*

Liech d'un Capouchin, &
autre Religiou refourma. *f.
couche, ou m. lit.*

Liech à l'Angi. *lit d'Ange.*

Liech que se meto dessous un
grand liech. *f. Roulete.*

Liech, que l'on fa din leis
boutiquos, leis estables &c.
per leis garçons. *f. Soupente.*

Liech deis Ouficies. d'un Veisseou.

ſcou. *f. Cajutes, ou capite, ou*
  Camagne.
Liech deis Matelots, ou deis
Sourdas. *m. Branle.*
Liech , terme de Maunie. *m.*
  Cite.
Liegeois. *adj. Liegeois , pron.*
  comme il eſt écrit.
Liela uno Roumano. *Ajuſter*
  une Romaine.
Liela uno panau. *étalonner. &c*
Lien , Animau. *m. Lion. Sa fe-*
  melle Lionne.
Lou lien crido. *Le Lion rugit.*
  Ses petis s'apellent les Lionceaux.
Lien , Villo. *Lion.*
Lieto. *f. Caſſette.*
Lieume. *m. legume.*
Liga. *atacher , ou lier.*
Liga , terme de guerro. *liguer.*
Ligi. *lire.*
Ligible. *adj. liſible.*
Ligitime. *adj. legitime.*
Ligno. *f. ligne.*
Ligno qués entre doües autros
  lignos. *f. entre ligne.*
Ligno , terme de peſcadou. *f.*
  ligne.
Lignoto. *f. Linote.*
Lignou. *m. ligneül , ou fil gros ,*
  ou chegros.
Ligueto , faire ligueto. *alécher,*
  ou faire venir l'eau à la bou-
  che.
Lila , flous. *m. Lilac , ou lilas.*
Limaillo , terme de Sarrahie.
  f. Limaille.
Limaſſo. *m. Limaçon , ou Li-*
  maſſon.
Limaſſo ſenſo ctuveou. *m. Li-*

mas , *ou limace.*
Limber. *m. léſard.*
Limita, *limiter.*
Limo , frui. *m. citron.*
Limo per lima. *f. Lime.*
Limoun , frui. *m. Limon.*
Gros limoun qu'a gaire de jus.
  m. Poncire.
Limoun , terme de Charron.
  m. limon.
Limounado. *f. limonade.*
Limounado facho eme d'A-
  rangi. *f. Orengeade.*
Limounie , aubre. *m. citronier.*
Limounie, terme de Carretie.
  m. limonier.
Lin. *m. lin , la terre ou vient le*
  lin , s'apelle une liniere.
Lin que n'es pas encaro fiella.
  lin grege.
Lindo , terme d'eſpaſie. *fem.*
  Olinde.
Linge. *m. linge , le marchand*
  qui vend le linge , s'apelle le lin-
  ger.
Linge. *adj. gréle.*
Lingiero , terme de mounjos.
  f. lingere.
Lingiero per la Coumunien.
  f. Nape de Communion.
Lingoumbau , peiſſoun. *maſc.*
  Homard.
Linſou. *m. drap , ou linſeul. Ce*
  dernier ne ſe dit qu'à des choſes
  qui regardent nos SS. myſteres.
Linſou lava ſenſo liciou. *drap*
  relavé.
Lintau. *m. linteau. Remarquez*
  que les Provençaux confondent
  ordinairement le mot de ſeüill

avec celui de linteau ; & cé-
pendant il y a une grande di-
ference, car le seüil est une pie-
ce de bois, ou de pierre qui est
au bas de la porte, & qui la
traverse, & le linteau est une
piece de bois qui sert à fermer
le haut d'une croisée, ou d'une
porte sur ses piez droits. Re-
marquez encore qu'on confond
le terme de seüil de la porte
avec celui de pas de la porte.Ce
dernier difere du seuil, en ce
qu'il est une pierre qu'on met
au bas d'une porte, & qu'elle
avauce au-delà du nud du mur,
en maniere de marche.

Lioura de p:ros. *peser de poires.*

Lioureillo. *f. livrée.*

Liouro. *f. livre.*

Lipa *lécher.*

Lipado. *f. lipée.*

Liquour. *f. liqueur.*

Lis. *adj. Poli, polie, ou uni, unie, ou lisse.*

Lisa. *lisser.*

Liseuro. *f. lisseure.*

Lisiero. *f. lisiere.*

Lisoir per lou papie, ou per leis dandellos. *f. lissoire.*

Lisoir, terme de Charron. *m. lisoir.*

Lissiou. *f. lessive.*

Lisso, terme de Courdie. *fem. lice.*

Lisso d'üno Villo. *f. lice d'une Ville.*

Lisson. *f. leçon.*

Listcou per faire un plafon·
∎ *feminin jointive.*

Listcou per metre sur uno poüerto, ou fenestro. *masc. linteau.*

Listcou per lou foun d'un liech. *f. Goberges.*

Listo. *f. liste.*

Litiero. *f. litiere.*

Locho, peissoun. *f. loche.*

Lojo d'uno bastido per metre à couver leis Araires, leis Carretos &c. *m. chartil, ou appentis, ou angar, ou hau-gart, asp. l'h.*

Loir. *m. loir. Petit animal qui semble un rat, qui vit dans les creux des arbres, & qui dort durant tout l'hiver, à ce que disent les naturalis-tes.*

Lon. *adj. long, longue.*

A la longo. *à la longue, ou à la continuë.*

Juga eis longos. *joüer à coupe-tête, ou à la poste.*

Lonjo d'uno brido. *f. Réne.*

Lonjo, terme de Bouchie. *f. longe.*

Lou, Animau. *m. loup. pron. lou. Le loup hurle, le lieu où il se repause pendant le jour, s'apelle le linteau.*

Lou peissoun. *m. loup.*

Lou, maladie. *m. loup.*

Loubatoun. *m. louveteau, & en terme de chasse, Cheau.*

Loubeto, terme de Sarrahie. *crapaudine, ou Coüete, ou Grenoüille.*

Loubeto, terme de foundeur.

m. Poallier.

Loubo. f. louve.

La laubo a fa feis loubatons. la louve a louveté.

Loucha. luter.

Louchaire. m. luteur,

Loucho. f. lute.

Louga. louer.

Louga mai. Relouer.

Louga un Veiffeou, terme de marino. Fréter nn Vaiffeau, ou afreter.

Lougagi. m louage.

Lougagi d'un Veiffeou. mafc. Fret, ou fretement d'un Vaiffeau, ou afretement, ou noliffement.

Lougaire. m. locataire. On le dit anffi d'une femme.

Lougaire de Vuiffeou. m. freteur, ou afreteur.

Lougatari. m. locataire. On le dit auffi d'une femme.

Lougi. f. Hôtelerie.

Marri lougi. m. bouchon, ou cabaret borgne.

Lougiquo. f. logique.

Louja. loger.

Loujable. logeable.

Loujamen. m. logement.

Loumbri. ver de terre.

Loungagno, mo injuriou. m. longis.

Loungour. f. longueur.

Loungour d'uno peffo d'eftofo. f. moifon.

Lour. adj. lourd, lourde.

Lourdau. adj. lourdaut, lourdaude.

Louriou. m. loriot. Oifeau de

plumage verd jaunâtre, de race de pic verd, & de la groffeur d'un Merle, il eft friand des Cerifes, & des Guigues.

Loutarie. fem. loterie.

Lucian. m. lucien.

Lucrati. adj. lucratif, pron. f. lucrative.

Luec. m. lieu.

Luego. f. Place.

En luego de faire aco. au lieu de faire cela.

Eftre en luego. Etre en place.

Luen, metre luen. éloigner.

Veni de luen. venir de loin.

Lume. fem. lumiere.

Faire lume. éclairer.

Faire veire leis lumes. Faire voir des chandelles, ou faire voir des étoiles en plein midy.

Luminari m. luminaire.

Luneto, terme de Sellie. fem. lunette, ou œillere. prononcez Euillere.

Luneto, terme de curatie. f. lunette.

Luneto, terme de Tourneur. fem. lunette.

Luneto de croto. m. foupirail, au p'uriel foupiraux.

Luneto de luron que leis mulaties meroun a feis Muous. f. lune.

Luno. f. Lune.

Lupi. f. loupe.

Lupius, planto. m. mufle de Veau.

Lucarno d'uno croto m. foupirail de Cave, au pl. foupiraux.

Luquateou, terme de Sarrahie. *m. loqueteau.*

Luri, animau. *f. loutre. Il y en a qui le font. m.*

Lus d'un houstau. *les êtres d'une maison.*

Lusque. *adj. louche.*

Lustre. *m. lustre.*

Lutenenso. *m. lieutenance.*

Lutenent. *m. lieutenant.*

Lutoun. *m. laiton.*

Luzerno, herbo. *f. luzerne.*

Luzerno, insecto. *m. ver luisant.*

Luzi. *luire.*

Luzi proun. *Reluire.*

Aco luzo. *cela est luisant.*

M *Feminin, f. pron. Emme.*

Macaron, terme de Varmimichiliaire. *m. Macaroni.*

Macasse. *m. Juif, au feminin Juive.*

Machino. *f. machine. Celui qui les invente s'apelle machiniste.*

Machino per passa de bla. *m. crible a pié.*

Machino, terme de Courdounie. *f. machine.*

Machinoir, terme de Courdounie. *f. machinoir.*

Macho-ferri. *m. mâchefer, ou f. merde de fer.*

Macho-mourre, terme de marino. *f. mâche-mourre.*

Machoiro. *f. machoire.*

Machoiro, terme de Fusillie. *f. machoire.*

Machoüeto. *f. Chouette, ou Chevêche. La chasse de la chouette, s'apelle la Pipée.*

Madaleno. *f. Madelaine.*

Madamisello. *f. Mademoiselle.*

Madie, terme de marino. *m. Bau.*

Madie dernier, terme de marino. *Bau de lof.*

Madrago. *fem. Madrague. Les pierres qui tiennent la Madrague s'apellent, Baudes. f.*

Madur. *adj. mur, mure.*

Frui trop madur. *fruit confit sur l'arbre.*

Madura. *murir, ou venir en maturité.*

Madureta. *f. maturité.*

Magagna. *adj. malade.*

Magagno. *f. finesse, ou ruse, ou fourberie.*

Magagnous. *adj. malin, maligne.*

Magasin. *m. Magazin.*

Magasin deis Velos. *f. voilerie.*

Magi. *adj. aîné, aînée.*

Magot, Animau. *m. Magot.*

Magot, argen. *mugot, ou magot.*

Mai, mes. *m. May.*

Mai, conjonction. *Mais.*

Mai per juga. *m. Mail.*

Un pau mai. *un peu plus.*

Toumba mai malau. *Tomber en rechute.*

Veni mai. *venir encore.*

Maignan. *m. ver à soye.*

Maignin. *m. Taillandier en fer blanc, ou ferblantier. Ce dernier*

nier *est bas*.

Feuillo de maignim. *m. fer
blanc*.

Maigre. *adj. maigre*.

Maigret. *adj. maigret, mai-
grette*.

Maigrour. *f. maigreur*.

Mailla, leis Pardigaus soun
mailla. *Les Perdraux sont mail-
lez*.

Mailleto d'un crouche. *sem.
Porte d'Agrafe*.

Maillo d'un bas. *s. Maille d'un
bas*.

Maillo per tira uno barquo.
m. Chableau, ou f. cincenelle.

Maillo, juec deis fillos au
mes de Mai. *sem. Reine*.

Maillou, terme de Vigneron.
*m. Plant de Vigne, ou avan-
tin, ou f. Croffette*.

Maillou-barba. *f. sautelle*.

Mailloüe. *m. maillot*.

Mailloüeta. *Enmailloter*.

Mailloüeta mai. *Renmailloter*.

Majour. *adj. majeur, majeure*.

Majourita. *m. Majorité*.

Maire. *Mere*.

Maire de teta. *Mere-Nourrice,
ou maman teton. Ce dernier est
enfantin*.

Maire siouvo, arbriffeou. *m.
chévre-feuille*.

Majurano. *f. Marjolaine*.

Majurano fero. *m. Origan*.

Malancoulie. *f. melancolie*.

Malau. *adj. Malade. Le linge
qu'on met sous un malade
qui fait tout sous lui, s'apelle
f. alese, ou élese*.

Estre toujour malau. *Eire mal
sain, ou avoir toujours quelque fer qui loche. Ce dernier
est bas*.

Que demando malau que sa-
nita. *Faut-il demander à un
malade s'il veut santé*.

Malautie. *f. maladie*.

Malautiou. *maladif, maladive*.

Malencontre. *m. malheur, ou
malencontre. Ce dernier est bas*.

Malici. *f. malice*.

Maliciou. *adj. malicieux, mali-
cieuse*.

Maliganfo. *f. maligance, ou m.
Miquemac*.

Malingre. *adj. malingre*.

Malo. *f. mâle. Celui qui les fait
s'apelle le maletier. Le cheval
qui porte la mâle, se nomme
le malier*.

Malopefto. *Malepefte*.

Maloun. *m. carreau, prononcez
Carro*.

Malonna. *Carreler*.

Malouna mai. *Recarreler*.

Malounagi. *m. Carrelage, ou f.
carrelure*.

Malounaire. *m. Carreleur*.

Malu d'un chivau, d'un Aze,
&c. *f. Hanche, asp. l'h*.

Chivau malau dau malu per
ave fa de gros efforts. *Cheval épointé*.

Malvefie. *m. malvoifie*.

Malurous. *adj. malheureux, mal-
heureufe*.

Leis malhurous sont toujours.
deffous. *A cheval maigre
vont les mouches*.

C ce

Mama, terme enfantin. *Maman.*

Mamau, terme enfantin. m. *Bobo.*

Mamelo d'uno fremo. f. *Mamele.*

Mamelo d'uno sello. f. *Mamele.*

Mameloun d'un goufe. m. *mamelon d'un gond.*

Mameou d'uno fremo. m. *mamelon, ou chucheron, ou tetin, ou bout de mamele, ou bouton.*

Mameou d'uno Vaquo, d'uno Cabro, &c. m. *Traion,* ou f. *tette, ou tete.*

Mamie. f. *mamie.*

Mamour. m. *mámour.*

Man. f. *main. Les deux mains unies ensemble, & plaines de farine, de terre, &c. s'apellent une jointée de farine, de terre &c.*

Teni uno terro à sa man. *jouir d'une terre par ses mains.*

Home que coupo de pan deis doües mans adj. *ambidextre.*

Piqua deis mans de joyo. *aplaudir.*

Metre leis mans eis couftas, en se querelan. *Faire le pot à deux anses.*

Man, terme de jugadous deis cartos. *main, ou levée.*

Faire toutos leis mans en jugan. *Faire vole, ou volte, & quand on le joue, & qu'on ne fait pas une main, on dit faire la devole, ou virevole. La rentrée est ce que l'on prend*

dans le talon, aprés avoir écarté. Le port se dit de ce qu'on reserve, aprés avoir écarté quelques Cartes. L'écart se dit des cartes qu'on écarte.

Faire doües mans, terme de jugaire de boulos. *Porter les deux.*

Juga à la man caudo. *jouer à frape-main, ou au comptant.*

Bouto qu'aven a man. *Tonneau que nous avons en vuidange.*

Man de caroffo. fem. *main de Caroffe.*

Manado. f. *mataffe.*

Mancha. *enmancher.*

Manche. m. *manche.*

Manche d'uno halabardo, ou d'un pinceou. fem. *Hampe, asp. l'h.*

Manche dou Timoun d'un Veiffcou. m. *Heaume, asp. l'h.*

Manche. adj. *manchot, manchote.*

Mancheto. f. *manchette.*

Mancho d'un habi. f. *manche d'un habit.*

Mancho per faire coula l'aigo d'un Veiffcou. f. *Maugeres, ou Mauges.*

Mancho d'Hipoucrat. f. *choffe d'Hipocrat.*

Mancho de peou per teni cau leis mans. m. *manchon.*

Mounchoun de tello. m. *bouts de manches, ou poignets, ou manches poftiches.*

Manda quauqu'un. *envoyer quelqu'un.*

Mandaire, terme de Fournie.

Masculin mandataire.

Mandatic deis entarramens. *m. Semonneur.*

Mandri d'uno campano. *m. Tortillon.*

Mandrin, terme de Sarrahie, & de Tourneur. *m. mandrin.*

Manducable. *adj. mangeable.*

Manechau. *m. Maréchal , au pluriel , maréchaux.*

Manege. *m. manége.*

Maneja. *manier.*

Maneja. *m. maniement , ou maniment , ou manier.*

Caulo que fe pau maneja. *adj. chofe palpable , ou maniable.*

Manejamen. *m. maniement , ou maniment.*

Maneillo. *f. anfe.*

Maneillo d'uno entravo. *m. entravon.*

Maneillo d'un crouche. *f. porte d'Agrafe.*

Maneillo d'un cofre. *m. portant.*

Maneillo d'un'efcudelo. *fem. Oreille , ou m. Orillon.*

Maneillo , juec. *m. hoc , afp. l'h.*

Maneillo , carto. *f. manille.*

Maneto , terme de Baillo. *fem. Menote.*

Maneto per leis prefcunies. *fem. manicles , ou menotes.*

Manja *manger.*

Manja defpereou. *manger de foi-méme.*

Manja poulidomen en fantaumejan. *Pinocher , ou épinocher , ou chipoter.*

La tefto , leis mans , &c. me manjoun. *la téte , les mains me demangent.*

Manja tout fon ben imprudenmen. *Gafpiller fon bien , ou le diffiper. Le dernier eft le meilleur.*

Manja tout ce que l'on di en parlan. *bredouiller.*

Manja uno letro. *élider , ou manger une létre.*

Lou manja de l'home. *mafc. manger.*

Lou manja de la Bicho. *mafc. viandis.*

Lou manja dau Senglie. *fem. mangeure , pron. manjúre. Remarquez que par mangeure , on eptant parler du grain , de la faine , ou du gland. Car quand le Sanglier , ou le Loup font de creux dans la terre , pour chercher des racines , avec le bout de leur nez , on dit boutis. m.*

Ay proun manja begu, terme de jugadou. *j'avoue ne le pas favoir.* †

Manjable. *adj. mangeable.*

Maniacre. *adj. maniaque.*

Manjadou d'uno gabi. *m. auget.*

Manjaire. *adj. mangeur , mangeufe.*

Manjaire d'home. *adj. Antropophage.*

Manjaillo. *f. mangeaille.*

Manjanfo. *f. vermine.*

Maniclo , terme de Courdounie. *f. manique ou m. gantelet.*

Maniero. *Feminin. maniere , ou*

façon , *ou forte.*

Manjogoulado , douna uno manjogoulado. *Faire pleurer.*

Manipulo. *m. manipule.*

Manivello, terme de Charron. *f. manivelle.*

Manno , drogo. *f. manne.*

Manobro , terme de masson. *m. maneuvre , ou aide à maçon , ou goujat.*

Manobro , terme de marino. *f. maneuvre.*

Manoto , terme enfantin. *fem. menotte.*

Manouflo. *m. manchon.*

Manoun de clau. *m. trousseau de clefs.*

Manoun de brouquetos. *f. bote d'alumetes.*

Manoun d'aumarinos. *f. gerbe d'osier , ou bote.*

Manqua. *manquer.*

Manqua classo. *S'absenter de la classe.*

Ce n'en manquo de ren. *Peu s'en faut.*

Manteneire, terme de juec. *m. croupier.*

Manteni. *maintenir.*

Manteou. *m. manteau.*

Manteou d'uno poüerto. *masc. vantail, au pluriel vanteaux, ou manteau batant.*

Manuello , terme de masson. *f. Pince.*

Manuello d'un Timoun. *fem. manuelle.*

Manuguero , planto. *m. Calamens.*

Mappomondo. *f. mapemonde.*

Maqua leis hueils a quauqu'un *pocher les yeux a quelqu'un.*

Maqua un bras. *meurtrir un bras*

Maqua de frui. *cotir , ou meurtrir , ou heudrir du fruit.*

Frui maqua. *adj. fruit entiché, entichée, ou coti , cotie , ou meurtri , meurtrie.*

Frui maqua per la grelo , ou per lou bec deis Ausseous. *adj. fruit cauterisé, cauterisée.*

Maquaduro d'un pe. *f. meurtrissure , ou foulure d'un pié.*

Maquaduro d'un frui. *f. cotissure d'un fruit.*

Maquarelagi. *m. Maquerelage.*

Maquareou. *adj. Maquereau, Maquerelle.*

Maquignon. *m. Maquignon, on courtier. Ce dernier ne se dit que quand les chevaux ne sont pas à luy.*

Maquo-muou, planto; *f. jacée.*

Mar. *f. Mer. Un homme qui est acoutumé à la Mer s'apelle, un homme emmariné , ou qui à le pié marin.*

Mar nom d'home. *m. Marc , pron. Mar.*

Mar per pesa. *m. Marc , pron. Mar.*

Marbra. *marbrer.*

Marbra , terme de Reliaire. *jasper ou marbrer , & quand il y a d'or , on dit , antiquer , pron. antiKé*

Boües marbra. *bois madré.*

Marbre. *m. marbre. On apelle bloc de marbre , une piece de marbre*

marbre telle qu'elle sort de la carriere, & à laquelle l'ouvrier n'a encore donné aucune forme.

Pilie couver de marbre. adj. *Pilier incrusté, incrustée. Son verbe est, incruster, & son subs. incrustation. f.*

Marbriero. f. *carriere de marbre.*

Marc, per pesa. m. *marc. pron. mar.*

Marca. *marquer.*

Marca, terme de Bourreou. *Fleurdeliser, ou flétrir, ou marquer.*

Marca leis peiros per leis metre plus facilomen à seis plassos. *établir les pierres.*

Marca. m. *marché.*

Achata a boüen marca. *acheter à bon marché, ou à vil prix.*

Marcaire. m. *marqueur.*

Marcaire dou papie marca. m. *Timbreur.*

Marcaire deis Canounges. m. *piqueur.*

Marcha. *marcher, pron. marché,*

Marcha. m. *marcher, ou f. démarche.*

Marchan. m. *Marchand.*

Marchan de Lojo. *Marchand en magasin, ou marchand grossier.*

Marchan groussie. *épicier, ou Droguiste.*

Marchanda. *marchander.*

Marchando. f. *marchande.*

Marchandot. m. *mercerot.*

Marchien. m. *melchior.*

Marcho, terme de Tourneur. f. *marche.*

Marcho-courin, terme de masson. m. *Corbeau, ou apui.*

Marcho-pe. m. *marche-pié.*

Grand marcho pe, que leis gens de qualita metoun din uno chambro, per releva lou liech. f. *Estrade, prononcez l'f.*

Marchuan. m. *melchior.*

Marcuriado, terme dou Palai. f. *mercuriale.*

Marcuriado, herbo. f. *mercuriale.*

Mardaillo. f. *merdaille.*

Mardaslie. adj. *merdeux, merdeuse.*

Mardous. adj. *merdeux merdeuse, ou breneux, breneuse.*

Marevillos. m. *pois nains.*

Marfoundre. *morfondre.*

Terro marfoundudo. *Terre usée.*

Margarideto. m. *Margerite, ou paquette, ou paquerette.*

Margaridie. f. *Camomille sauvage.*

Margarido. f. *Margerite.*

Marge. f. *marge.*

Margoto. f. *marquote, ou marcote.*

Margoto de Vigno entado per transplanta. m. *entenay.*

Margoüillo, Ausseou. m. *Castagneux.* †

Margouta. *marquoter, ou marcoter.*

Margoutoun. f. *Margot, ou*

Goton , ou Goto.

Marguo per metre de vin din uno bouto. *f. chante-pleure.*

Mari. *m. Epoux , ou mari.*

Mariagi. *m. mariage.*

Mariarmo , herbo. *m. hysope sauvage.*

Marida. *marier. L'état d'un homme qui est marié à plusieurs femmes en même tems s'apelle la Poligamie.*

Maridadoüiro. *adj. Nubile , ou mariable.*

Marie. *f.. marie.*

Marin , ven. *m. marin , ou sud, ou vent de midy.*

Marina. *mariner.*

Marinado. *f. marinade.*

Marinie. *m. marinier.*

Marino. *f. marine.*

Marjo. *f. marge.*

Marle , terme de masson. *m. creneau , ou merlet.*

Marlus , peissoun. *m. Merlan.*

Marlusso. *f. Merluche. Les parties de la Merluche sont la crete , l'entre deux , le Flanchet, & la queuë.*

Marmaillo. *f. marmaille , ou merdaille.*

Marmailloun. *m. Noïau.*

Marmelado. *f. marmelade.*

Marmitoun. *m. marmiton , ou fouillon. On dit une fouillon , en parlan d'une fille.*

Picho marmitoun. *m. Galopin.*

Marmoutia. *marmoter, ou gronder , ou grommelier , ou grommeler.*

Marmoutia tout foule. *Barbo-*

ter , ou marmoter.

Marmouse. *m. marmot , ou marmouset.*

Marqua. *voyez* marca.

Marquetagi. *f. marqueterie.*

Marquis. *m. Marquis.*

Marquo. *f. marque.*

Marquo d'uno taillo. *f. Hoche, afp l'h. ou coche.*

Marquo que resto fur la gauto , quand l'on a fa un gros beifa à quauqu'un. *m. fuçon.*

Marquo blanquo qu'es au fron d'un chivau. *f. étoile , ou pelote.*

Marquo que resto au fou, quand un home ou uno besti lia marcha. *m. vestige.*

Marquo que fa uno Luri en caminan. *f. marche.*

Marquo que fa uno Bicho en caminan. *f. voye.*

Marquo que fan touto forto de besti de caffo en caminan. *f. Piste.*

Marrela. *Chamarrer.*

Marrelo . juec. *f. merelle.*

Marri , repenten. *adj marri , marrie.*

Marri , n'estre pas boüen. *adj. mauvais , mauvaise , ou méchant , méchante.*

Lou marri d'un aubre. *masc. Fretin d'un arbre.*

Marrido besti , mo injuriou. *f. male bête.*

Marroto. *m. caprice , ou fem quinte , ou marote.*

Marrouquin. *m. Marroquin.*

Marfoüin. *m. marfoüin , ou*

Porceau de mer.

Martagon, planto. *m. martagon.*

Martegue, Villo. *m. martigue.Pomey dit martegues, mais du Val ,Sanson , la Croix , & Tillemon dans leurs cartes Geographiques disent martigue.*

Martele. *m. martelet.*

Marteou. *m. marteau.Le trou ou on met le manche, s'apelle l'œil. Le côte qui est oposé à la téte , se nomme la Pane du marteau.*

Marteou taillan , terme de masson. *f. Smille.*

Marteou testu. *m. tétu.*

Gros marteou per batre l'or. *gros pisre.*

Marteou d'uno campano. *m. batant ou marteau.*

Marteou d'uno poüerto. *m. heurtoir , asp. l'h. ou marteau.*

Ave marteou en testo. *avcir martel en téte.*

Martir. *m. martir.*

Martiri. *m. martyre.*

Martre , animau. *f. martre , ou marte.*

Marveillo. *f. merveille.*

Marveillous. *adj. merveilleux, merveilleuse.*

Marvesie. *f. malvoisie.*

Marüeto. *f. marionnette.*

Mas. *f. grange.*

Mas. *adj. magicien magicienne.*

Mascara. *noircir.*

Se mascara lou visagi. *Se barbouiller , ou se noircir le visage.*

Mascara eme de fun. *enfumer.*

Mascara eme de Carboun. *Charbonner.*

Mascarado. *f. mascarade.*

Mascaraduro. *f. noircisseure.*

Mascarie. *f. magie.*

Mascle. *m. mále.*

Mascle , terme de Sarrahie. *f. Ancre.*

Maseto d'un Tambour. *f. baguette.*

Maseto , mo injuriou. *fem. masette , ou mazette.*

Masqua , se masqua. *Se masquer.*

Masquo. *m. masque.*

Masquo de velous. *m. loup, ou masque.*

Vieillo masquo , mo injuriou. *f. Sorciere.*

Massa lou Carbe. *Feiller le Chanvre , ou Tiller.*

Massapan. *f. boîte.*

Massaquan , terme de masson. *f. blocaille , ou m. blocage.*

Massaquanarie, terme de masson. *m. Remplage , ou remplissage.*

Massi. *adj. massif , massive.*

Masso de boües. *m. maillet.*

Masso d'un Escultcur. *f. masse.*

Masso deis gipieros. *f. bate.*

Masso d'un paradou , ou d'un moulin de papie. *masc. martinet.*

asso de cher que san leis fremos quauquo fes en s'achouchan. *f. mole , ou masse de chair.*

Masson , terme de Courdie.

m. Sabot.

Masson , Artisan. *m. maçon.*

Massopen. *m. massepain.*

Massoquan. *Voyez* massaquan.

Massouna. *maçonner.*

Massounagi. *m. maçonnage.*

Massounarie. *f. maçonnerie.*

Massuguo , planto. *m. Ciste ,
ou Cistus.*

Mastega. *macher. Son subst. est la
mastification.*

Mastegaire. *adj. macheur , ma-
cheuse.*

Mastic. *m. mastic.*

Mastica. *mastiquer.*

Mastin. *m. matin.*

Mastina. *mâtiner.*

Mastrigna. *Patiner. ou patrouiller , ou tâtiner.*

Mastro. *f. mais , ou may , ou m.
Paîtrin , ou f. Huche , asp. l'h.*

Mastroüya. *Voyez* mastrigna.

Matabla , estre matabla. *avoir
un coup sur l'aîle , ou avoir
quelque fer qui loche.*

Matalas. *m. matelas.*

Matalas de plumos. *m. Lit de
Plume.*

Matalassie. *m. matelassier.*

Matalassuro d'un carrosso. *f.
custode d'un carosse.*

Matalo. *matelot.*

Matériau. *m. materiau.*

Materiou. *adj. materiel , mate-
rielle.*

Matin. *Le matin.*

Matinado. *f. matinée.*

Matinie. *adj. matineux , mati-
neuse , ou matinal , matinale.*

Matois, fin matois. *rusé matois.*

Matras, terme d'argentie. *m.
matras.*

Matras , mo injuriou. *adj. mal-
adroit , maladroite.*

Matricari , planto. *f. matricaire,
ou espargoutte , ou maronne.*

Mau. *m. mal , au pluriel maux.*

Mau de la terro. *f. epilepsie, ou
haut mal , asp. l'h. ou mal ca-
duc.*

Mau de terro. *m. Scorbut , ou
mal de terre.*

Mau que ven à la boüquo per
ave begu din un veire mau
propre. *f. Bube.*

Maucounten. *adj. mécontent ,
mécontente.*

Mau d'hui , flous. *m. Pavot
sauvage , ou coquelicot , ou
Ponceau , ou Pavot rouge.*

Maudisenso. *f. médisance.*

Maudissien. *f. malediction.*

Maüententiauna. *adj. malin-
tentionné , malintentionnée.*

Maufa. *adj. malfait , malfaite.*

Maugra. *malgré.*

Mauhouneste. *adj. malhonnete.*

Maume. *m. mahomet.*

Maunie. *m. meunier.*

Mauparado. *m. malheur , pron.
maleur.*

Maurelleto , herbo. *f. morelle.*

Mauri. *m. maur.*

Maurigo. *f. morille.*

Maurigoulo. *f. morille.*

Maurre. *remuer.*

Maurre lou garach. *casser la
terre , ou faire la cassaille.*

Mausencòntre. *f. malencontre.*

Mausencoües. *m. mal au cœur.*

Maussean.

Mauſſean. *adj. malſeant , malſeante.*

Mauto d'Aulivos. *m. marc d'Olives , pron. mar.*

Mautraire. *tirer peine.*

Mautrata. *maltraiter.*

Mauvis. *m. mauvis. Oiſeau gros comme un Pigeon qui ſe plait à voler ſur les eaux.*

Mauvo. *f. mauve.*

Mauvo blanquo. *f. Guimauve.*

Mecaniquo. *adj. mécanique, ou mechanique , pron. mécanique.*

Mechan. *adj. méchant méchante.*

Mechanceta. *f. méchanceté.*

Mecheron. *m. lamperon.*

Mechanto , pourta ſoun capeou à la mechanto. *Porter ſon chapeau en godet.*

Mecho. *f. méche.*

Mecho d'eſcarpido , terme de Cirurgien. *f. tente.*

Brula de mecho. *naqueter.*

Medecin. *m. Medecin.*

Medecino. *f. médecine.*

Medecino deis Auſſeous, *fem. Cure des Oiſeaux.*

Mediocre. *adj. médiocre.*

Medita. *méditer.*

Meditacien. *f. méditation.*

Megie. *m. metayer , ou admodiateur. Il ne faut pas prononcer le premier d.*

Mejan. *adj. moyen , moyenne.*

Pan mejan. *pain bis-blanc , ou pain jaunet.*

Mejano , terme de Bouchie. *m. Caron.*

Mejano , terme de marino. *m. artimon.*

Meil. *m. miliet , ou millet.*

Meina leis vellos. *Amener les voiles.*

Meinagi. *m. ménage.*

Faire un meinagi nouveou. *S'emmenager.*

Meinagie. *m. ménager.*

Meinagiero. *f. ménagere.*

Meinaja. *ménager.*

Meiraſtro. *f. Maratre , ou belle Mere.*

Meirino. *f. Marreine.*

Meiſſemin. *m. Maximin.*

Meiſſoun. *f. moiſſon.*

Meiſſouna. *moiſſonner , ou ſcier le blé.*

Meiſſounie. *m. moiſſonneur , ou ſcieur de blé.*

Mela. *méler , ou mélanger.*

Melancouli. *adj. mélancolique.*

Melancoulie. *f. mélancolie.*

Melangi. *m. mélange.*

Mele , Aubre. *f. méleze.*

Meleto , peiſſoun. *f. melete.*

Meleto, terme de Bouchiero. *f. Mulette quand c'eſt pour les Veaux ; mais pour les Bœufs, on dit franche mule , & pour les Moutons , on l'apelle la caillette.*

Melilo , planto. *m. Mélilot.*

Meloun. *m. Mélon.*

Melouniero. *f. mélonniere.*

Membre. *m. Membre.*

Memori, papie. *m. Mémoire.*

La memori. *La Mémoire.*

Mena. *mener.*

Mena aquelenfan delà. *emmenez cet enfant.*

Menado, terme de Bouhie. *f. ſaiſon.*

E e e

Menaſſa. *menacer.*

Menaſſa , terme de jugadous au voulan , ou a la paumo. *faillir.*

Mendonourado. *f. amande honorable.*

Meneſteirau. *m. artiſan.*

Menoun. *m. Bouc châtré.*

Fraire menoun. *m. Cordelier , ou frere mineur.*

Mens. *adj. moindre.*

Un pau mens. *un peu moins.*

Mentaſtre. *f. menihe ſauvage , ou mentaſtre.*

Mento. *f. mente , pron. mante , ou m. baume.*

Mentoun. *m. menton.*

Mentoune, terme de Sarrahie. *m. mantonnet.*

Mentouniero, terme deis Damos. *f. mentonniere.*

Menu. *adj. menu , menuë , ou délié , ou deliée.*

Menuguetto , planto. *m. Origan.*

Menuſa. *amenuiſer.*

Meou. *m. Miel.*

Mercuriau. *f. Mercurialle.*

Merdo d'home , de chin , de cat , de galino &c. *f. merde.*

Merdo deis maignans. *f. litiere, ou crote.*

Merdo deis chivaus, de muous, d'Aze , d'Auſſeous , & de Reinatds. *f. fiente.*

Merdo deis chins de Caſſo. *f. immondices.*

Merdo deis Luris. *f. épreinte.*

Merdo deis Senglies , deis Loups , & deis beſtis Ne-

gros. *f. laiſſées. Pour les Loups on peut dire auſſi fumées. Remarquez qu'on dit fumées formées , quand elles ſont rondes, fumées en troches , quand elles ont de pointes. Et fumées en plateaux , quand elles ſont plates.*

Merdo deis Auſſeous de Proyo. *Emeut.*

Merdo de Buou. *f. Bouſe.*

Merdo deis Lapins, deis Lebres , deis Cabros , deis moutouns &c. *f. crote , ou m. Repaire.*

Merdo deis Bichos, deis Dains, & deis dindouletos. *f. Fumées , ou m. Plateau. Remarquez que quand les fumées des Cerfs ſont jaunes, on les apelle dorée f. Et quand elles ſont à demi formées , torches , fem.*

Merdo de mouſquo. *f. chieure de mouche.*

Merdo ſequo , & meſſo en poudro. *f. Poudrette.*

Merdo de Couguou que ven eis Aubres. *f. Glu , ou Gomme.*

Merdous. *adj. breneux , breneuſe , ou merdeux , merdeuſe.*

Meridiano. *f. méridienne.*

Merindolo. *f. ſalade de menuës herbes.*

Merinjano. *fem. melongene , ou mayenne.*

Meriquo. *f. Amerique. Ses Habitans ſe nomment , Americains.*

Merita. *mériter.*

Merle. *m. Merle. Le Merle fi-*
fle.

Merſo , terme de jugadou eis
cartos. *f. couleur.*

Mes. *un mois.*

Mes' deis fremos. *m. mois , ou*
ordinaires , ou f. fleurs.

Mes , terme d'eſcolo. *m. mois.*

Meſcla. *mélanger , ou méler.*

Meſclo. *m. Meteil. Remarquez*
que quand il y a deux tiers de
froment contre un tiers de Se-
gle on dit , paſſe-méteil.

Meſfiſa. *méfier.*

Meſfiſen *adj. méfiant , méfian-*
te , ou mécréant , mécreante.

Meſfiſenci. *f. méfiance.*

Meſoun de Villo. *m. Hôtel de*
Ville , ou maiſon de Ville.

Meſpres. *m. mepris.*

Meſpreſa quauqu'un. *injurier*
quelqu'un.

Meſpreſa , pourta pas de reſpect. *mépriſer.*

Meſquin. *m. Meſquin.*

Meſſagi. *m. meſſage.*

Meſſo. *f. Meſſe.*

Meſſo deis Damos. *Meſſe muſ-*
quée.

La grando meſſo. *La grand*
Meſſe.

Meſſo d'un'Acouchado eme
ſeis ceremounies. *f. relevail-*
les.

Per un Capelan leiſſon pas de
canta la meſſo. *Pour un*
Moine l'Abeïe ne faut pas, ou
pour un Moine on ne laiſſe pas
de faire un Abé.

Meſſonjo. *m. menſonge , ou f.*
menterie , *pron. marſonge , &*
manterie.

Meſſonjo deis oung.os. *m. men-*
ſonge.

Dire de meſſonjos. *mentir.*

Meſſoungie. *adj. menteur , men-*
teuſe , ou menſonger , menſon-
gere. Ce dernier n'eſt que pour
la Poëſie.

Meſſugo , planto. *m. Ciſte.*

Meſteirau. *m. artiſan.*

Meſtie. *m. métier.*

Juga eis meſtics. *jouer à métier*
devine.

Fa touro ſorto de meſtie , &
encaro pau pas vioure. *Il*
eſt de tous métiers , & ſi , il
ne peut vivre.

Meſtre. *m. maître.*

Meſtre d'aiſſo. *m. maître de*
hache , aſp. l'h.

Meſtre d'armo qu'apren à ſe batre à l'eſpaſo. *Maître en fait*
d'armes , ou maître d'armes ,
ou maître d'eſcrime.

Meſtre velie , terme de marino. *m. voilier , ou trevier.*

Meſtre de palo, terme de Boulangie. *m. mitron.*

Paſſa meſtre. *Se faire paſſer*
maître.

A paſſa meſtre. *Il eſt paſſé*
maître.

Meſtreſſo. *f. maîtreſſe.*

Meſtriſo. *f. maîtriſe.*

Meſura. *meſurer.*

Meſura uno terro. *arpenter une*
terre.

Meſura lou foun d'uno Ri-
biero. *Sonder une Riviere.*

Meſuragi. *m. meſurage.*

Meſuragi d'uno terro. *m. Ar-
pentage.*

Meſuraire. *m. meſureur , au f.
meſureuſe.*

Meſuro. *f. meſure.*

Faire boüenno meſuro , terme de marchan. *donner un
bon évent.*

Meſuro per prendre meſuro
de ſoulies. *m. compas.*

Meſuro per veire ſi lou trau
que l'on fa per planta un
aubre a la proufoundour
que fau &c. *f. jauge.*

Metau. *m. métal , ou métail, au
pluriel metaux.*

Metre. *mettre.*

Metre quauquoren din la teſto
per l'aprendre. *inculquer quelque choſe.*

Metre touto la Villo ſur quauqu'un. *ameuter , ou ſoulever
toute la Ville ſur quelqu'un.*

Metre lou ſeou. *apoſer le ſeau.*

Metre mai lou ſeou. *reapoſer le
ſeau.*

Miaula. *miauler.*

Miaula nen. *m. miaulement.*

Micoulau. *m. Nicolas.*

Mie. *adj. demi , demie.*

Mie-camin. *f. mi-chemin.*

Mie-chavous. *f. mi-Aouſt. pron.
Mi-Ou.*

Mie-chouro. *f. demi-heure.*

Mie-jour. *m. midy.*

Mie-jour, ven. *m. ſud, ou midi.*

Mie-ſoulie. *m. entreſole , ou f.
ſoüpente.*

Riban, ou eſtofo de ſedo ,

mie uſa. *Ruban avachi. Son
verbe eſt avachir.*

Douna uno terro a miejo.
*donner une terre a moitié , ou
ámodiation , ou a moiſon , ou
amodier une terre.*

A miejo cambo. *à mi-jambe.*

Miejo dougeno. *f. demi-douzai-
ne.*

Miejo-liouro. *f, demi-livre.*

Miejo-nue. *m. minuit.*

Mies. *mieux.*

Mignaturo. *f. miniature , pron.
mignature.*

Mignon. *m. mignon , au f. mig-
nonne.*

Migoun, ſenti lou migoun.
ſentir le faguenas.

Milan. *m. milan , ou f. eſcoufle.*
Le cri du milan eſt huir.

Mileime. *m. milléſime.*

Miliaſſo. *f. Milliaſſe.*

Milien. *m. milion.*

Milieme. *adj. miliéme.*

Milieme. *m. miliéme.*

Milo. *adj. Mil, ou mile. Dans
la ſuputation ordinaire des années,quand mile eſt ſuivi d'un ,
ou de pluſieurs autres nombres,
on met toujours mil. Ainſi on
écrit , l'an mil ſept cens , &
non pas l'an mile ſept cens.*

Mince. *adj. mince.*

Miniſtre d'un Rei. *m. Miniſtre.
Le premier miniſtre des Turcs
s'apelle , grand Viſir. En Perſe
on le nomme Atamadaulet , &
a Siam Barcalon.*

Mino. *f. mine.*

Teni ſa mino. *Se compoſer , ou
tenir*

nir ſa mine.

Ave la mino d'ave ſa quauquoren. *Porter la mine d'a-
voir fait quelque choſe , ou
avoir la mine d'avoir fait ,
&c. Remarquez que le premier
ne ſe dit qu'en mauvaiſe part.*

Mino , terme enfantin per
crida lou cat. *m. minon , ou
f. minette.*

Minour. *adj. mineur , mineure.*

Minourita. *f. minorité.*

Minuta , terme de Noutari.
minuter.

Mio , terme enfantin. *f. mié.*

Miou. *mien , mienne.*

Miougranie. *m. Grenadier. La
fleur du Grenadier s'apelle Cy-
tinus , ou Cytine , & celle du
ſauvage Balauſtium. m.*

Miougrano. *f. Grenade.*

Miougrano , maladie. *f. Mi-
graine.*

Miqueou. *m. Michel.*

Faire ſan Miqueou , terme
d'enfan. *Faire l'école buiſſon-
niere , ou faire une eſcapade.*

Mira. *mirer , ou viſer.*

Mira un Canoun. *afûter un
Canon , ou pointer , ou mirer.*

Miracle. *m. miracle.*

Miraculous. *adj. miraculeux ,
miraculeuſe.*

Miraïa , ſe miraïa. *ſe mirer.*

Mirau *m. miroir.*

Mirau deis Damos , au burleſque. *m. Conſeiller muet.*

Miro , terme de Fuſillie. *m.
Guidon , ou f. viſiere , ou mire.*

Tira un home de miro. *dé-*

concerter un homme.

Miſerere , maladie. *m. miſerere.*

Miſeri. *ſ. miſere.*

Miſericordi *f. miſericorde.*

Milo , terme de jugadou.
*m. Enjeu. Enjeu eſt ce qu'on
met au jeu en commençant à
jouer pour être pris par celui
qui gagnera. Mais ſi par le
mot de milo en entend parler
de l'argent qu'on eſt convenu
de metre au jeu toutes les fois
qu'on rebat les cartes , il faudra dire la paſſe.*

Miſſau. *m. Miſſel , ou Meſſel.*

Miſſiaunaire. *m. miſſionaire.*

Miſteri. *m. miſtere.*

Miſtoüe , faire la miſtoüe.
*minauder , ou faire de minau-
deries , pron. minôdé , minôde-
ries.*

Miſtrau , ven. *m. Nord-Oueſt.*

Mita. *ſ. moitié.*

La mita de la mita d'uno poumo. *m. quartier.*

Mitan. *m. milieu.*

Lou mitan de la Caremo. *La
mi-Carême.*

Mitija. *mitiger.*

Mito , eſpeſſo de gan. *f. mi-
taine , ou moufle.*

Mitoucho , faire la Santo mitoucho. *Faire la ſainte Nitouche.*

Mitouna lou poutagi. *mitou-
ner le potage.*

Mitouna un home. *dorloter ,
ou dodiner. Il ſe dit ordinairement de ſoi-même. Se dodiner ,
ou ſe dorloter , ou ſe délicater.*

Mitraillo , terme de Canounie. *f. mitraille.*

Mitro. *f. mitre. Les deux pen-
tans qui font derriere la mitre ,
s'apellent le Fanon.*

Mo. *m. mot , mot d'une filabe ,
adj. monofylabe , mot de deux
filabes , adj. diffylabe , mot de
trois filabes , trifylabe, & tous
les autres qui en ont d'avantage , Polyfylabe.*

Lou mo qués au bou d'un
caïer , & que fervo eis Re-
liaires , per trouba l'autre
caïer que deou fuivre , s'a-
pelle la Reclame.

Moble. *m. meuble.*

Modo. *f. mode.*

Cadun fe foüeito à fa modo.
*Chacun fe fait foücter à fa
guife , ou à fa mode.*

Molo , eftofo. *f. moire.*

Mor d'eftoc. *m. mords d'Etau ,
ou machoires d'étau.*

Morne. *adj. morne.*

Morfo. *f. amorce , ou m. Pulverin.*

Mortuorum , terme de palai.
*m. Extrait mortuaire. Le li-
vre ou on prend les Extraits
mortuaires s'apelle Regitre obi-
tuaire.*

Mot. *Voyez* mo.

Moüalo deis oües. *f. moile, ou
mouele , ou moele des Os.*

Leis moüalos de la tefto. *La
cervelle.*

Mouca. *moucher.*

Mouca mai. *Remoucher.*

Eftre mouca. *adj. Etre furpris ,
furprife , ou étonné , étonnée.*

Se mouca de quauqu'un. *Se
moquer de quelqu'un.*

Moucadou. *m. mouchoir.*

Moucadou dau darrie. *mouchoir
de derriere , ou torche-cu.*

Moucaire de Candelo. *adj.
moucheur , moucheufe de Chande-
les.*

Moucaire d'home. *adj. mo-
queur , moqueufe.*

Mouceou. *m. morceau.*

Mouceou d'Adan. *m. Neud
de la gorge, ou morceau d'Adan.*

Mouceou de Sang , de Lach,
de coüelo , &c. Cailla. *m.
Grumeau , ou cailiot.*

Mouceou empouifouna , que
leis Paftres metoun din uno
terro , ounte leis moutouns
de feis enemis van manja.
f. Gobe.

Ay agu mon houftau per un
mouceou de pan. *j'ai eu ma
maifon pour une piece de pain.*

Moucheto. *f. mouchettes. Le
porte-mouchettes eft l'étui ou on
les met.*

Moucheto dou fuec. *Feminin
Pincettes.*

Moucheto , terme de fuftie.
f. mouchette.

Moucheto , terme de maffon.
m. Chas.

Moucheto per teni la befoig-
no deis argenties. *m. mollets.*

Mouchon de Candelo. *mafc.
Binet , ou bout de Chandelle.*

Moucilla. *mordre.*

Moucilla. *adj. mordu , morduë.*

Moudele. *m. modelle.*

Moudele, terme d'Esculteur, & de Pintre. *f. Esquisse. Son verbe est esquisser, pron. l'f.*

Moudele d'un Veisseou. *masc. Gabarit, ou calibre, ou modele ou f. Serse.*

Moudera. *moderer, ou temperer.*

Moudeste. *adj. modeste.*

Moudourre. *adj. bourru, bourruë.*

Moüeil. *adj. mol, mole. Ce mot devant une consonne fait mou au masculin.*

Faire veni moüeil. *Ramolir.*

Deveni trop moüeil, en parlan dau Cuer, terme de Courdounic. *S'avachir.*

Moüele. *m. moule.*

Moüele per faire de neoulos. *m. Gôfrier, ou fer aux gôfres.*

Moüele per faire de Lingos. *f. Lingotiere.*

Moüele, terme de mar. *masc. môle.*

Moüelo *Voyez* moualo.

La moüer. *f. mort.*

Moüer embauma, & desseca. *f. momie, ou mumie.*

Moüer. *adj. mort, morte.*

Moüer de fan. *m. meurt de fain.*

Moüerde. *mordre.*

Uno Ser, un Escourpien &c. m'a mourdu. *Un serpent, un Scorpion m'a piqué.*

Moüestro. *f. montre.*

Moüestro de pocho. *montre de Poche.*

Moüestro de Souleou. *m. Cadran au Soleil. La science qui enseigne à faire les Cadrans s'apele la Gnomonique, ou Horlogiographie.*

Moüestro de pocho que souano. *montre sonante.*

Moüestro, terme de marchan. *f. montre.*

Moüfletos, terme de Vitric. *f. mousfettes ou attelles.*

Moufo. *Voyez* mousso.

Moüi. *Voyez* moüeil.

Moüien. *m. moyen, ou f. voye.*

Per voüestre moüien. *par vôtre entre mise.*

Mouignon sur lou nas. *m. casse-museau.*

Mouille. *f. Epouse, ou femme, pron. famme.*

Mouine. *m. moine.*

Mouine per teni leis pes cau. *f. Demoiselle.*

Mouilo. *m. moise, pron. mouise.*

Mouillalo. *m. coufin.*

Mouilleou, terme de matalo. *f. traine.*

Mouilloun. *m. Ange, ou moucheron.*

Moulas. *adj. molasse.*

Moule, terme d'argentie. *m. molets.*

Moule. *adj. molet, molette.*

Moule, peisson. *m. Goujon.*

Mouledo de pan. *f. mie de pain.*

Mouleto d'un Liar. *f. fiole.*

Mouleto d'un Escritori. *m. Cornet, ou ancrier.*

Mouleton, estofo. *m. moleton.*

Moulin d'aigo. *m. moulin à eau.*

Le lançoir est la pèle qui arrête l'eau du Moulin ; on la leve quand on veut le faire moudre.

Moulin de ven. *m. moulin à vent.*

Moulin d'oli. *masc. moulin à huile.*

Moulin de papie. *f. Papeterie.*

Mouline, terme de Vitrie. *m. moulinet.*

Mouline de Carto, que fan leis enfans, eme un bastoun. *m. Moulinet.*

Faire lou mouline, en tournan detras un bastoun drech. *Pirouetter, ou faire la pirouette.*

Mouline que fa l'aigo. *m. tournoïement, ou tournoïment.*

L'ar fa de moulines. *L'ar tournoïe.*

Moulo dou Vinaigre. *f. bouteille au vinaigre.*

Mouloun. *m. Tas, ou monceau, ou amas.*

Picho mouloun de fen. *f. veillote.*

Moulouga, terme de Palai. *Homologuer.*

Mouluo. *f. moruë.*

Moumen. *m. moment.*

Plesir d'un moumen. *Plaisir momentanée, ou d'un moment.*

Mounde. *m. monde.*

Mounedie. *m. Monoyeur.*

Mounedo. *f. Monoye. La Monoye qui n'est pas encore marquée, s'apelle un flan. Le tour de petis grains relevez en bosse*

au bord des monoves, s'apelle le Grenetis ; & l'inscription se nomme la Legende.

Mouneftie. *m. monastere, ou Couvent.*

Moünino. *m. Singe.*

Grosso moünino. *m. magot, prov. mago.*

Pichoto mounino. *m. Sagovin.*

Fumelo d'uno mounino. *f. Guenon. Ordinairement en France, on apelle les gros Singes, Singes. Et les petis males, ou femelles Guenon.*

Mounjo. *f. Religieuse.*

Monjoio. *f. mont-joye, ou petite montagne.*

Mouno, terme de jugaire de boulos. *f. faute.*

Mounstre. *m. monstre.*

Mounta. *monter.*

Moun à chivau senso sello. *monter un cheval à dos, ou à dos nud, ou à nud, ou à cru, ou à poil.*

Mountagno. *f. montagne, ou m. mont.*

Mountagno que gieto de fuec. *m. Volcan de feu.*

Mountagno que gieto d'aigo. *m. Volcan d'eau.*

Mountiero, sorte de boune. *m. Tapabor.*

Mourdan, terme de Sellie. *m. mordant.*

Mourden per teni uno cournicho de gi. *m. fenton.*

Mourdiduro. *f. morsure.*

Mouren. *adj. mourant mourante.*

Mourcno.

Moureno, maladie. *f. hémor-roïdes.*

Moureno, peiſſon. *f. murene.*

Mourefquo. *f. mafquarade.*

Mourfiou, terme de Taillan-die. *m. morfil.*

Mourgues, Villo. *monaco, & felon quelques Auteurs on peut dire auſſi mourgues.*

Mouri. *mourir.*

Mouricau. *adj. moricaud, mori-caude.*

Mourillos, eſpeſſo de bouli-goulo. *f. morilles.*

Mourimen de coüer, que ven faure de forſo. *m. Eva-nouiſſement, ou f. défaillançe de cœur.*

Mourimen de couer, que ven d'uno vioulento paſſien. *f. Pámoiſon. Son verbe eſt pá-mer.*

Mourou. *m. more, au feminin moreſſe, ou moreſque.*

Mourraillon, terme de Sarra-hie. *m. moraillon.*

Mourraillos, terme de mane-chau. *f. morailles.*

Mourrau *m. moreau.*

Metre lou pe din lou mour-rau. *S'enchevétrer, ou ſe blou-fer, ou ſe belouſer.*

Mourre. *m. viſage.*

Mourre de pouer. *m. Groin, ou Groüin.*

Mourre de pouer, herbo. *Cou-drille.* †

Faire lou mourre à quauqu'un per ſe mouca d'eou. *Faire le cu de poule à quelqu'un, ou*

faire la mouë à quelqu'un.

Faire de mourre. *bouder, ou gronder.*

Mourre de Buou. *m. mufle.*

Mourre d'un Senglier. *maſc. Groin. Le bout du Groin du Sanglier s'apelle le boutoir.*

Mourre, terme da maſſon. *m. égout.*

Mourre de Teoulle, terme de maſſon *m. Pureau.*

Que s'en frete lou mourre. *Il n'a qu'à s'en torcher le bec.*

Mourro, juec. *f. mourre.*

Mourron, planto. *m. mouron.*

Mourſa. *amorcer.*

Mourtalita. *f. mortalité.*

Mourtau. *adj. mortel, mortelle.*

Mourteilo, terme de Fuſtie. *f. mortaiſe, ou mortoiſe.*

Mourtie per triſſa de Sau. *m. mortier.*

Mourtie de boueſc. *m. égrugeoir.*

Mourtie d'un Preſiden. *m. mor-tier.*

Mourtie per baſti. *m. mortier.*

Mourtie mela eme de bri. *m. Badigeon. Son verbe eſt Ba-digeonner.*

Mourtie fa de terro graſſo, eme de fen, ou de paillo, per faire uno cabano, ou un jas. *m. torchis.*

Mourtie fa eme de malons brifas. *m. repous.*

Lou mourtie ſento toujour l'ai het. *Le mortier ſent toujours les Aulx, ou la caque ſent toujours les Harengs.*

Mourtifica. *mortifier.*

Mourtifica la viando. *mortifier la viande.*

Mourtifica proun la viando. *faisander la viande.*

Mourtificacien. f. *mortification.*

Mourvede, aubre. *petit cédre, ou Oxicedre.*

Mourveliero. m. *Naseau.*

Mourvelous. adj. *morveux, morveuse.*

Mourvenc, aubre. m. *Cédre.*

Mourueou. f. *morve. Quand elle est bien cuite on dit morveau.* m.

Faire remouta lou mourveou per leis narrinos. *Renifler.*

Mourvo. f. *morve.*

Mous dou vin. m. *mout, pron. mou.*

Mous d'uno candello. m. *Lumignon, ou moucheron. Remarquez que quand il est coupé de la Chandéle; il se nomme la moucheure.*

Mousclau. m. *Hameçon. Ce qu'on met au bout de l'Hameçon pour prendre les poissons, s'apelle Amorce f. ou Apât. m. Son verbe est apâter.*

Mousclo d'un fus. *Remarquez qu'en France les fuseaux ont à leur bout un cran, ou une coche; & qu'on n'use point de mousclo. quelques Religieuses l'apellent une taye.* †

Mouse. *traire, ou tirer.*

Mouseto, terme de Recoule. f. *mozette, ou* m. *chaperon.*

Mousi. adj. *moisi, moiste, ou chanci, chancie.*

Se mousi. *Se moisir, ou se chancir.*

Mousiduro. f. *moisissure, ou chancissure.*

Mousque. m. *mousquet. pr. l's*

Mousque, mo injuriou. adj. *dépiteux, dépiteuse.*

Mousqueta, chivau mousqueta. adj. *Cheval moucheté, ou truite, ou tavelé.*

Mousquetado. f. *mousquetade, pron. l's*

Mousquetelo. m. *Mousquetaire, pron. l's.*

Mousqueton. m. *Mousqueton, pron. l's.*

Mousquo. f. *mouche.*

Mousquo babouino. m. *Taon, pron. Ton.*

Prendre la mousquo. *prendre la mouche.*

Mousselino. f. *Mousseline.*

Moussi. m. *Page, ou mouce, ou mousse.*

Mousso. f. *mousse.*

Mousso que ven sur leis peiros, & leis Roucas deis mountagnos. f. *Orseille.*

Mousso de la mar qu'est eis Rouquas, & eis clauvissos. f. *Coraline.*

Moussouiro. m. *Pot à traire.*

Moussu. m. *Monsieur.*

Moustacho. f. *Moustache.*

Moustardic. m. *Moutardier, ou* f. *boite à Moutarde.*

Moustardo. f. *moutarde.*

Moustelo. f. *Belette.*

Moustous. adj. *Gluant, Gluante, ou visqueux, visqueuse.*

Moustra. *montrer.*

Moutas de Froumagi. *Grosse
  piece de fromage.*

Moutas de Sang , de Cailla ,
  & de Couelo. *m. Grumeau
  de Sang , de Cole &c.*

Moute. *m. Motet.*

Mouti. *m. motif.*

Mouto. *Voyez* mauto.

Mouto. *f. mote.*

Mouto , terme de Curatie. *f.
  mote à brûler , ou mote , ou
  tourbe.*

Moutoun. *m. Mouton.*

Lou moutoun crido. *Le mouton béle. Son subf. s'apelle le
  bélement. La premiere filabe de
  ce mot eft longue.*

Moutoun , terme de Charron.
  m. Mouton.

Moutoun , terme de maffon.
  Etançon.

Mouvamen. *m. mouvement, ou
  remúment.*

Mouze. *Traire , ou tirer le lait.*

Mubla. *meubler.*

Mublamen. *m. ameublement.*

Muda. *changer.*

Muda un enfan , terme de
  nourriffo. *Remuer un enfant.*

Muda leis maignans. *muer les
  vers à Soye.*

Leis maignans foun à la premiero mudo. *Les vers à
  Soye font à la premiere muë.*

Mudaillo. *f. Médaille. Le tour
  de petis grains relevez en boffe , au bord des medailles, s'a-
  pelle , le Grenetis. On dit une
  médaille frufte , quand on ne
  peut pas en lire la Legende, ou*

en connoitre la figure. *On le
  dit auffi des Pierres. On dit une
  incufe , quand la médaille a en
  creux la tete, qui eft en boffe
  de l'autre côté.*

Mudo. *f. muë.*

Muelo. *f. Mule.*

Muge , flous. *m. Muguet.*

Mugue jaune. *f. Jonquille de
  bois , ou m. Narciffe de bois.*

Mujou , peiffon. *m. Muge.*

Mujou de Ribiero. *m. Muge ,
  ou Meunier.*

Mulatie. *m. muletier , ou meffager.*

Mulo. *f. Mule.*

Multiplica. *multiplier.*

Muou. *m. Mulet.*

Muraya. *murer.*

Murayo *f. muraille , ou m. mur.*

Murayo meftreffo. *gros mur.*

Mureto d'un priva. *f. devan-
  ture de privé.*

Murmura. *murmurer.*

Murmuraire. *m. murmurateur.*

Mus. *m. Mufque , ou Mufc.*

Mufaragno. *f. Mufaragne , ou
  mufette , ou mufet. Petite bête
  dont la morfure eft venimeufe,
  qu'on trouve à la campagne ,
  qui eft comme un petit Rat , ou
  une Taupe ; cet animal fait
  mourir les Chats , & on tient
  qu'il creve les Bœufs s'ils paf-
  fent deffus , il eft de couleur de
  Belette , il a le mufeau long ,
  & pointu , la queuë fort menuë.*

Mufca. *m. Mufcat.*

Mufca. *mufquer.*

Muscado. *f. muscade. Son arbre
s'apelle un Muscardier.*

Muscardin. *m. Muscadin , ou
f. dragée.*

Musclau. *Voyez* mousclau.

Muscle, terme de Cirurgien.
m. muscle.

Muscle, peissoun. *m. ouf. moute , ou moucle.*

Museliero , terme de Sellie. *f.
muselière.*

Museto. *f. musete.*

Mut. *adj. muet , muette.*

Mutando , terme de Capou-
chin. *f. mutande.*

Mutin. *adj. mutin , mutine.*

Feminin N. pron.
Enne.

Na. *adj. né, née.*

Na de differen-
to espesso, ou
Nacien. *adj.*
métif, métive , ou mulat ,
mulate. *Voyez* espesso.

Nabo. *adj. nabot , nabote.*

Nacien. *f. Nation.*

Nacro. *f. Nacre.*

Nado , à la nado. *à la nage.*

Naïa, faire naïa lou Carbe.
Rouir le Chanvre.

Naïf. *adj. naïf , naïve , prononcez l'f.*

Nais per lou Carbe. *m. Rutoir
pour le Chanvre.*

Naïsse. *naître , pron. nêtre.*

Enfan que fa que de naïsse.
Enfan nouveau né.

Naïveta. *f. naïveté.*

Nane. *m. nain , pron. nein.*

Naneto. *f. naine , pron. neine.*

Nanoun. *f. Nanon , ou nanete,
ou Anne.*

Napo de taulo , d'auta , de
coumunien , &c. *f. Nape de
table , &c.*

Napo à la Venissieno. *f. Nape
damassée , ou ouvrée.*

Narra. *Narrer.*

Narra *m. Narré.*

Narrino d'un home. *f. narine
d'un homme.*

Narrino dei animau. *m. nazeau
d'un animal.*

Nas. *m. Nez.*

Nas pounchu, & courba. *Nez
Aquilin. Remarquez que les
deux cartilages , qui sont aux
côtez du Nez, & qui forment
les Narines , s'apellent aîles ,
f. ou ailerons m.*

Parla dou nas. *Nasiller.*

Parlaire dou nas. *adj. Nasilleur,
nasilleuse , ou nazillard , ou
nazard.*

Home que lou nas li sento.
adj. Punais , punaise.

Ave lou nas tapa, & poude
pas se mouca. *Etre enchifre-
né. Son subst. est apellé enchi-
frenement. m.*

Nasquo , planto. *espece de Ciste.*

Nato. *f. nate.*

Nato cuberto de tello per metre eis fenestros. *m. Paillas-
son, ou f. Store.*

Natureou. *m. naturel.*

Tableou fa au natureou. *Tableau fait d'après nature,ou fait
sur le naturel. Voyez* pinta.

Nau.

Nau. *m. Navire.*

Naveou. *m. Naveau, ou Na-*
vet.

Naveto. *f. Navette.*

Naufragi. *m. Naufrag e.*

Naviga. *Naviguer, ou navi-*
ger. La science qui aprend à
naviger s'apelle l'Hydrogra-
phie.

Navigacien. *f. Navigation, ou*
Hyfliodromie.

Navigaire. *m. Navigateur.*

Nautre. *Nous.*

Nebla, frui, ou flous nebla.
adj brouillé, brouillée.

Neblo. *m. brouillard.*

Nebou. *m. Neveu.*

Nec. *adj. étonné, étonnée, ou*
penaud, penaude, ou décon-
certé, deconcertée.

Neceffari. *adj néceffaire.*

Neceffari. *Voyez priva.*

Neceffita. *f. neceffité.*

Neda. *Nager.*

Neda en arriero, terme de
marino. *Sier. L'endroit pro-*
pre pour nager s'apelle un na-
geoir.

Nedaire. *m. nageur, au f. na-*
geufe.

Nedo per aprendre a neda. *f.*
nageoire.

Vin que nedo fur l'aigo. *Vin*
qui furnage.

Nef d'un'Eglifo. *f. Nef d'une*
Eglife, pron. l'f.

Nefo. *f. nuë, ou nuée.*

Nega un crime. *nier, ou defa-*
vouer un crime.

Se nega din uno Ribiero. *Se*

noyer, *pron. nëier.*

Nega. *adj. nëié, nëiée.*

Nagable. *adj. Reniable. Il n'eft*
guere en ufage qu'en cette phra-
fe Proverbiale, tous vilains
cas font reniables.

Negligenci. *f. negligence.*

Neglija. *negliger.*

Negochin. *m. ácon, ou f. touë.*

Negoci. *m. Négoce, ou trafic.*

Negoucia. *Négocier, ou trafi-*
quer.

Negouciaire. *m. Négociateur,*
ou Négociant. Le premier eft
pour de grandes afaires, com-
me mariages, ventes d'Ofices,
&c. Et le dernier pour de mar-
chandife.

Negre. *adj. noir, noire.*

Lou negre m'agrado. *Le noir*
me plait.

Lou negre d'un mourou. *f.*
noirceur d'un More.

Megre, terme de blafon. *m.*
Sable.

Neice. *naître, pron. nêtre.*

Neicenci. *f. naiffance.*

Nejo. *f. nege.*

Neoulo. *f. gofre, ou gauffre. Le*
fer dont on fe fert pour les fai-
re s'apelle un gofrier.

Ner. *m. nerf.*

Nerto, planto. *m. mirte.*

Nervi de Buou. *mafc. nerf de*
Bæuf.

Nervi qués deffus lou coüeil
d'un Buou. *m. tirant.*

Nefpie, aubre. *m. néflier.*

Nefpo. *f. néfle.*

Neffo. *f. niéce.*

Hhh

Nestou *m. cresson alenois, ou nasturce, ou nasitort.*

Net *adj. net, nette.*

Sieto, plat net. *assiette, plat blanc, blanche.*

Neteja. *netteïer.*

Neteja mai. *Renetteïer.*

Neteja un aubre. *émonder, ou élaguer, ou égayer un arbre.*

Neteja uno gabi, & l'y metre deque manja, & beoure per un Aussrou. *Pancer un Oiseau.*

Neteja uno plago d'un home. *bassiner une, &c.*

Neteja uno plago d'un chivau. *étuver une, &c.*

Neteja seis soulies. *décroter ses souliez.*

Neteja uno Dindo, un Pijoun, &c. per leis faire coüire. *Efondrer, ou vuider, ou habiller une Poule Dinde, &c.*

Neteja de peissoun per lou coüire. *vuider, ou habiller, ou efondrer du poisson.*

Neteja la chamineillo. *Ramonner la cheminée.*

Neteta. *f. netteté.*

Netissi. *f. netteté, ou propreté.*

Niado. *f. nichée.*

Niado de garri. *f. portée de Rats.*

Niais. *adj. niais, niaise.*

Niau d'un galinie. *m. Nicheu, ou nieu.* †

Nicho. *f. niche.*

Niello. *f. nielle.*

Niero. *f. Puce. On dit morsures*

ou piqures de Puces en parlant des taches noires qu'elles font sur le corps.

Nicouleto. *f. luette.*

Nigau. *m. nigaud.*

Nigaudo. *f. nigaude.*

Nimfo. *f. nymphe.*

Nimfo, herbo. *f. nymphe, ou blanc d'eau, ou m. nenufar.*

Ninoyo. *f. niaise.*

Niou. *m. nuage, ou f. nuë, ou nuée.*

Lou ten se fa niou. *Le tems s'obscurcit.*

Nis. *m. nid, pron. ni.*

Nis deis Aussrous de proyo, & principalamen de l'autour. *f. aire. On-dit airer, ou marteler, pour dire faire leurs nids.*

Nisa. *nicher.*

Nisado. *f. nichée.*

Nisado de garri. *f. portée de Rats.*

Nivela. *niveler.*

Nivelaire. *m. niveleur.*

Niucou. *m. niveau.*

Noble. *m. Noble.*

Noli, terme de marino. *m. fret, ou nolis, ou naulage.*

Nominati. *m. nominatif, pr. l'f.*

Nono, faire nono. *Faire dodo. pron. brievement.*

Nose. *f. noix.*

La peou que separo leis darnos d'uno nose, s'apello *un zest de noix.*

Nose muscado. *f. muscade, ou noix muscade.*

Nose d'un tourno brocho. *f. fusée de tournebroche.*

Nofe d'un gigot. *f. noix d'une éclanche.*

Noto. *f. note.*

Noto un pàu longuo fur un libre. *f. Annotation.*

Nou. *neuf. pron. l'f.*

Nou. *adj. neuf, neuve, pron. l'f.*

Habilla de nou. *habiller de neuf.*

Rebafti de nou. *Rebatir à neuf.*

Noüarci, terme de Courdounie. *m. noir de fumée, ou noir à noircir.*

Noüaffos. *f. nôces.*

Habi deis noüaffos. *habit nuptial, au plur. habits nuptiaux.*

Noubleffo. *f. nobleffe.*

Nouchie. *m. nocher, ou contremaître, ou pilote. Le dernier eft le meilleur.*

Nouciado. *f. Anonciation.*

Pero de la nouciado. *Pere fervite.*

Noüere. *f. belle-fille.*

Noüeftro. *nôtre.*

Noüeyo. *Voyez* nofe.

Nouguie. *m. noïer.*

Novi. *adj. nouveau marié, nouvelle mariée, ou marié, mariée.*

Noüiro. *f. noife, ou querelle, pr. Krelle.*

Noum. *m. nom, pron. non.*

Fau noum. *m. Sobriquet.*

Noum en chifro. *m. chifre, ou mopogramme.*

Çaufo que n'a ges de noum. *adj. anonyme.*

Nouma. *nommer, ou apeller.*

Noumaire à un Benefici. *m.*

prefantateur à un Bénéfice.

Noumbra. *rombrer.*

Se pou pas noumbra. *Il eft innombrable.*

Noumbre. *m. nombre.*

Noumbrous. *adj. nombreux, nombreufe.*

Noumpareillo. *f. nompareille.*

Nounantiéme. *Quatre - vingt dixiéme.*

Nounanto. *Quatre vingt dix.*

Nounciacien de la Santo Vierjo. *f. Anonciation de la Sainte Vierge.*

Noünna, peiffoun. *m. nonnat.*

Novo. *f. Fable, ou m. Conte.*

Noura. *m. honoré.*

Nourado. *f. honorée.*

Nourri. *nourrir.*

Nourrimen. *f. nourriture.*

Nourrimen, terme de fajofremo. *m. arriere - faix, ou fecondes, ou fecondines. En parlant d'une Vache, on dit la délivre.*

Nourriffen. *adj. nourriffant, nourriffante, ou nutritif, nutritive. Ce dernier ne fe dit que dans le dogmatique.*

Nourrituro. *f. nourritnre.*

Nous. *m. neud, pron. neu.*

Nous courren. *Las coulant, ou neud coulant.*

Baftoun tout plen de nous. *bâton noüeux, ou raboteux.*

Nous d'uno ficho, terme de Sarrahie. *m. neud.*

Noufa. *noüer.*

Noura. *noter.*

Noutable. *adj. notable.*

Nourari. *m. Notaire.*

Nouve, festo. *m. Noël, pr. Noüel.*

Nouve, canson. *m. Noël, pr. Noüel.*

Nouvello. *f. nouvelle.*

Nouvello, terme de boutie. *f. genisse.*

Nouvellun, terme de Jardinie. *f. poussé.*

Nouvembre. *m. novembre.*

Nouveou. *adj. nouveau, ou moderne, ou recent.*

Nouveouta. *f. nouveauté.*

Nouvici. *m. novice, au fem. on dit une novice.*

Nouvicia. *m. noviciat.*

Noüvieme. *adj. neuviéme.*

Nouvo. *fable.*

Nuagi. *m. nuage.*

Nuagi qués din l'urino. *f, nubecule.*

Nuanso, terme de Tapissie. *f. nuance.*

Nuech. *f. nuit, ou obcurité.*

Passa touto la nuech à faire quauquoren. *Passer toute la nuit, ou toute la nuittée à faire quelque chose.*

Nus. *adj. nud, nue. pron. nu, au Masculin.*

Masculin O.

Oblata, terme de l'Egliso. *f. Oferte.*

Obro, avec d'obro. *avoir des afaires.*

Aquo es uno boüen'obro. *cela est une bonne œuvre.*

Home boüen à tout obro. *Homme qui est au poil, & à la Plume.*

Douna un'obro à uno terro. *Donner un labour.*

Douna la premieao obro à uno terro. *jacherer.*

Douna la secoundo obro. *Biner.*

Douna la trousiemo obro. *Tiercer, ou Terser.*

Oc. *Ouy.*

Ocre. *f. Ocre.*

Ofertoiro. *m. Ofertoire. Si par Ofertoire vous entendez parler de l'Ofre que fait le Prêtre du Pain & du Vin, dites fem. Oferte.*

Ofrando. *f. Ofrande.*

Ofro. *f. Ofre.*

Ofro d'uno Chasublo. *masc. Orfroi d'une Chasuble.*

Oly. *f. Huille. Voyez holi.*

Opera. *m. Opera, au pluriel, Opera sans s.*

Opiato. *f. Opiate, ou m. opiat.*

Or. *m. Or. ceux qui cherchent l'or dans les mines s'apelle Arpailleurs. L'Or est ductile. C'est à-dire qu'on peut l'étendre avec le marteau.*

Ordi. *f. Orge.*

Pela d'ordi. *monder d'orge. On dit Orge mondé.*

Ordre. *m. Ordre.*

Douna ordre. *Pourvoir, ou donner ordre.*

Orfrayo. *f. Orfraye. Voyez aussi seou.*

Orgue. *f. Orgue.*

Orgue.

Orgue d'aigo. *Orgue hydrauli-*
que. Remarquez que cette peti-
te porte déliée, & brisee, qui
couvre les tuyaux de l'Orgue
d'un' Eglise par dehors, quand
on est quelque tems sans joüer,
se nomme le volet. La Tourelle
ce sont plusieurs tuyaux ensem-
ble au milieu, & aux côtez
de la montre de l'Orgue, qui
de la maniere qu'ils sont po-
sez, forment comme une tour.
Le Cabinet est ce qui soutient,
& qui est comme l'etui des tu-
yaux, la soupape est un petit
morceau de bois, qui sert à
boucher, & à déboucher les
gravures du sommier, afin
de porter le vent aux tuyaux.
Le sommier est la base, & le
fondement de l'Orgue. Le Re-
gître, sont les bâtons qu'on ti-
re pour faire joüer les diferens
jeux. Le porte-vent est un ca-
nal de bois bien fermé, par
lequel le vent des souflets est
porté dans le sommier.

Orle. *m. Ourlet.*

Orso, *terme de marino.* **au**
plus prés.

Ortografa. *Ortographier.*

Ortografo. *f. Orthographe.*

Olcicrat. *m. Oxycrat.*

Oubli. *f. Oublie. Remarquez*
qu'il y a un autre espece d'ou-
blie, qu'on apelle métier, ou
Cornet de métier, 'ou cornet de
petit métier.

Oubliaire. *m. Oublieur, ou ou-*
blieux.

Oubragi. *m. Ouvrage, Voyez*
ouvragi.

Oubran, jour oubran. *jour ou-*
vrable, ou ouvrier.

Oubrie. *m. ouvrier.*

Ove, terme de Jardinie. *fem.*
Pierrée.

Oües. *m. Os.*

Oües dau davan de la cambo.
f. greve.

Leis oües deis Moüers. *m. Os-*
semens.

Picho mouceou d'oües que
ven d'uno fracturo d'un
bras, ou d'uno cambo,&c.
f. Esquille, pron. l'f.

Oufici. *m. Ofice.*

Aqueou que fa l'oufici sa semano, terme de Religious.
adj. Semainier, semainiere, ou
hebdomadier, hebdomadiere.

Oufici, luec ounte manjoun
leis Varlés. *f. Ofice.*

Ouficia. *Oficier, pron. ce mot*
en quatre silabes.

Ouficie. *m. oficier, pron. en*
trois silabes.

Oufrando. *f. ofrande.*

Oufri. *ofrir.*

Oüide, ou oüire, terme de
masson. *f. Pierrée.*

Oulado de caules. *f. potée de*
choux.

Oulame. *f. faucille.*

Oulioro. *m. pot à huile, ou*
huilier.

Vigno a oulicro. *Il n'y en a*
point en France.

Oulo. *f. marmite, ou m. Pot.*

Oumbragi. *m. ombrage.*

Oumbrajous. *adj. ombrageux, ombrageuse.*

Oumbrino, peiſſon. *f. maigue.*

Oumbro. *f. ombre.*

Oumbro, peiſſon. *ombre. Vous trouverez ce mot dans le Dictionnaire de Pomey.*

Oumbro, jüec. *m. hombre, ou ombre.*

Terro d'oumbro. *Terre d'ombre.*

Oume, Aubre. *m. orme.*

Picho oume. *m. ormeau, un lieu planté d'ormes s'apelle ormoye. f.*

Ouncien. *f. onction.*

Ouncle. *m. oncle.*

Oundo. *f. onde.*

Tafetas, ou Riban ounda à la Calandro. *Ruban tabisé.*

Ounerous. *adj. onereux, onereuse.*

Oungle d'un libre. *m. onglet d'un livre.*

Ounglo. *m. ongle.*

Ounglo d'un Cat, d'un Ours, d'un Lien, d'un Tigre, d'un Griffon, & deis Auſſeous de Rapinos. *f. Grife.*

Ounglo d'un'Aiglo. *m. crochets.*

Groſſoounglo qués detras la cambo d'un gau. *m. ergot, ou argot.*

Ounglo pleno de craſſo. *ongle de velours.*

Pouncho d'un'eſpino, ou mouceou de boues, ou de paillo que ſe meto din l'ounglo, & que fa mau.

Feminin écharde.

Ounſo. *f. once.*

Ounſo dau de. *m. neud, prou. neu, ou article, ou f. jointure.*

Ouracle. *m. oracle.*

Ouratour. *m. orateur.*

Ourdi, terme de Teiſſeran. *ourdir.*

Ourdias. *m. gruau d'orge.*

Ourdidou, terme de Teiſſeran. *m. ourdiſſoir.*

Ourdinacien. *f. ordination.*

Ourdinari. *adj. ordinaire.*

Ourdinari deis letros. *f. poſte ou m. ordinaire.*

Ourdinari, libre. *m. Bref.*

Ourdinari, mau. *m. ordinaires ou mois, ou f. fleurs.*

Ourdouna. *ordonner.*

Ourdounanſo. *f. ordonnance.*

Ourfelin. *m. orphelin.*

Ourfelino. *f. orpheline.*

Ourgeau, terme de marino. *m. Heaume, aſp. l'b.*

Ourigan planto. *m. origan.*

Ouriginau. *m. original, au pluriel originaux, ou archetype, pron. arquetipe.*

Ouriginau. *adj. originel, originelle.*

Ourinau. *m. Pot de chambre, ou pot à piſſer.*

Ourinau de veire que n'esque per piſſa. *m. urinal.*

Ourla. *ourler.*

Ourle. *m. ourlet.*

Ourle, terme de Vitrie. *maſ. ourlet.*

Ourna. *orner.*

Ournamen. *m. ornement.*

Ours, Animau. *m. ours.*

Oursin. *Voyez* Hoursin.

Ourtigo, herbo. *f. ortie.*

Ourtigo, telo. *toile grise, ou toile d'ortie.*

Ourtigo, peissoun. *m. cu d'âne ou ortie de mer.*

Ourtoulan, Ausseou. *m. ortolan.*

Ourüou. *m. Maquereau, ou poisson d'Avril.*

Ourüou, Ausseou. *m. Loriot. Voyez* Ausseou.

Ouvragi. *m, ouvrage.*

Ouvragi lassa, terme de Banastie. *ouvrage à claire voye.*

Ouvraja. *adj. ouvragé, ouvragée.*

Masculin, *P.*

Pacha. *pactiser.*

Pachau. *m. double.*

Pache. *m. pacte ou acord.*

Pachoquo, mo injuriou. *f. babillarde.*

Pacifica. *pacifier.*

Pado, Villo. *Padoüé, pron. Padou.*

Paga. *païer, pron. peïer.*

Paga troües a troües un pagamen. *païer chiquet à chiquet un payement.*

Faïte paga mai que non fau. *Rançonner.*

Pagable. *adj. païable, prononcés péable.*

Pagadou. *m. païeur; prononcez péïeur.*

D'un marri pagadou, n'en fau tira ce que l'on pou. *Il faut tirer d'une mauvaise païe ce qu'on peut. Paye veut dire païeur.*

pagamen. *m. payement, pron. païment.*

pagamen dou trabay d'un Avouca. *m. Honoraire, ou f. vacations.*

pagamen d'un artisan, ou paisan. *m. Salaire.*

pagi. *m. page.*

pagnoto. *m. Pagnote, ou poltron.*

pago. *f. paye, pron. pée.*

pago deis ouvriers. *m. Salaire, ou loyer. Celui cy est plûtôt en usage en vers qu'en prose.*

pago deis sourdas. *f. solde, ou paye.*

paillar. *m. paillard.*

paillardo. *f. Paillarde.*

paillasso. *f. paillasse.*

paillet d'un veisseou. *f. défense d'un vaisseau.*

pailliero. *m. Grenier à foin.*

paillo. *f. Paille.*

pendre en paillo. *pendre en éfigie.*

Flambeou de paillo que fan leis païsans. *m. brandon.*

paillous. *adj. couvert de paille.*

paillous, mo burlesquo. *criminel, criminelle.*

Ferri paillous, terme de Sarrahie. *fer pailleux.*

Cu es paillous que se grato. *Qui se sent morveux se mouche, ou qui se sent rogneux se grate.*

pajo. *f. page.*

paire. *m. pere.*

paire mari de la bailo. *m. nourricier, ou pere nourricier.*

paire, & maire deis Auſſeous. *mâle, & femelle.*

paire, & maire deis Auſſeous de Rapino. *m. perrons, ou pairons.*

païs. *m. pais, pron. péis.*

païs de coucagno. *pais de cocagne.*

païſagi. *m. paiſage, pron. peiſage. Celui qui les fait s'apelle un paiſagiſte.*

païſan. *m. paiſan, pron. péiſan.*

palado. *f. pélée, ou pélerée.*

palagi. *m. paleage.*

palai. *m. Palais.*

palamar. *m. Mail.*

palamidiero, terme de peſcaire. *f. combriere.*

palamido, peiſſoun. *f. pelamide.*

palanſeou. *m. panonceau.*

palaſtre, terme de Sarrahie. *m. palaſtre.*

palatino. *f. palatine.*

pale. *m. palet.*

pale lis deis Ribieros. *m. galet.*

paleiſſon. *m. échalas.*

Metre de paleiſſons. *échalaſſer.*

paleiſſon, terme de Gantie. *m. Paiſſon.*

paleiſſounomen. *m. échalaſſement.*

paleto per juga. *f. palete, ou m. batoir.*

paleto enjoulivado, & cu-

berto de pargamin, per juga au voulan. *f. timbale.*

paleto, terme de Cirurgien, & de Pintre. *f. Palette.*

paleto, terme de Sarrahie, que ſeruo per trauca de ferri eme l'arſon. *m. chevalet.*

pali. *Maſculin dais, ou poile, ou ciel.*

palo. *f. péle. Le bout large d'une péle ſe nomme le pélâtre, ſi la péle eſt de fer; car ſi elle eſt de bois, on l'apellera le plat.*

palo d'un Calici. *f. pale. Ce mot à la premiere ſilabe breve.*

palot. *m. palot, ou pié plat.*

paloumeou, terme de Charron. *m. Palonnier, ou palonneau.*

palun. *m. marais, ou marécage.*

pampo de vigno. *f. feuille de vigne. Remarquez que quand les feuilles ſe tiennent avec une branche, l'on dit un pampre.*

pan. *m. pain, pron. pein.*

pan ſegna. *m. pain beni. Ce grand linge quarré fort fin enrichi de dentelle, lequel ſert à porter les pains benits, ou à couvrir les enfans qu'on porte Batiſer, s'apelle la tavayole.*

pan de ſucre. *m. pain de ſucre.*

pan de ſaboun. *pain de ſavon.*

pan d'houſtau. *Pain de cuiſſon.*

pan terrous. *pain qui ſent la Poudre.*

Gros pan que lon fa à la campagno per leis Varlés. *Gros guillaume.*

Pan

pan bouilli. *pain cuit.*

pan de refus, terme de Boulangi. *pain rabouti.*

Coupa la crousto d'un pan eme un couteou. *chapeler du pain.*

pan blan, aubre. *m. obier.*

pan, mesuro. *m. Empan, ou pan, ou palme.*

Juga au pan. *jouer à la pate.*

pan de liech, terme de Tapissie. *m. pan de lit.*

A lou pan & lou couteou. *Il à le tems, & l'argent.*

Faire un pan mau coupa. *faire une cote mal taillée.*

panar. *adj. boiteux, boiteuse.*

panau. *f. Panal, au plur. Panaux.* † *Les petites pieces de fer de tole également éparcées sur le fond d'une panal, ou d'un boisseau, pour les tenir fermes, s'apellent goussét de Panal. m.*

pancarto. *f. pancarte.*

pandar. *m. Pendard, prononcés pandar.*

pandecousto. *f. Pentecôte, pr. Pantecôte.*

pandecousto, flous. *m. chevrefeuille.*

pandulo. *f. Pendule.*

pane. *m. Panais.*

paneïre, ounte leis pichos enfans, mettoun son gousta, & son libre, quand van à l'escolo. *m. cofin.*

paneou, terme de Sellie, de Fustie, & de Vitrie. *m. Paneau.*

paneou d'un'estolo. *m. fanon.*

paneou, terme de marino. *f. Empenele.*

panetoun, terme de Sarrahie. *m. Paneton.*

panicau. *m. Panicaut, ou chardon roulant.*

panie. *m. panier.*

panie bessoun. *paniers jumeaux.*

Un plen panie. *Une panerée, ou un plein panier.*

panisso. *f. graine de canarie sauvage, ou m. panicum, ou panis.*

panlego. *espece de violette.*

pano, estofo. *f. pane.*

pano d'un marteou. *f. Pane d'un marteau.*

panoucho. *f. piece de mauvais linge.*

panoucho per faire de papie. *m. chifon.*

panoucho, mo injuriou. *fem. guempe.*

panouchoum, per faire coüire lou lieume. *m. noüet.*

panouchoun dou tineou de la bugado. *m. pissot.*

panouchous. *adj. habillé de vieux haillons.*

panso d'un home. *m. ventre d'un homme.*

panso d'uno besti. *f. pance d'une bête.*

panso, frui. *m. raisins secs, ou raisins de caisse, ou raisins de cabat.*

pantaïa. *songer.*

pantalon. *m. pantalon.*

pantalounado. *f. pantalounade.*

panto, terme de Tapiſſic. *f.*
pante.

pantouflo enjoulivado. *Fem.*
Mule.

pantouflo ſimplo. *f. pantoufle.*

Metre ſeis ſoulies en pantouflo. *éculer ſes ſouliers, ou metre*
ſes ſouliers en pantoufle.

papa, terme enfantin. *papa.*

paparri. *eſpece de Grenadier ſau-*
vage.

paparudo, herbo. *f. Morgeli-*
ne.

papelino. *f. Papeline.*

papie. *m. papier.*

papie foüeil. *m. Papier gris, ou*
papier brouillard.

papie marqua. *m. papier Tim-*
bré.

papie marbra. *Papier marbré.*
Celui qui le marbre s'apelle
un dominotier, ou marbreur.

papie grouſſie. *Papier vanant.*

papie trauquilla per un deſſen.
m. Poncis.

Faire vira de mouceous de
papie en leis gitan de la feneſtro. *Faire pirouetter du pa-*
pier.

papioto. *f. Papillote.*

papoſigo, terme de marino.
m. Perroquet.

papogay. *m. Papegay.*

papou. *m. Pape, ou Souverain*
Pontife.

papou deis Tuers. *m. Muphti,*
ou Muſti, ou Mouphti.

papou deis Sarraſins. *m. Caly-*
phe.

papou deis Negres. *m. Chitome,*
ou Chitombe.

par, ma par. *ma part.*

Ay tan agu per ma par. *J'ay*
tant eu pour ma cote-part.

Ay paga ma par. *J'ay payé mon*
écot.

De par en par. *de part en part.*

Coupa un pan en doües pars.
couper un pain en deux parties.

Ma par, terme d'enfans quand
atroboun quauquoren. *J'y*
retiens part.

Juga a par, ou non. *joüer à*
pair, & non pair, ou joüeur à
pair, ou a non, ou joüer à pair
& non.

par devan, terme de Noutari. *devant.*

para, terme de Manechau.
parer.

para, terme de Selie. *Ravaler.*

para, terme de Reliaire. *parer.*

para lou faudau. *Tendre le Ta-*
blier.

para un'Egliſo. *orner, ou parer*
ou ajuſter une Egliſe.

para un mau. *éviter, ou parer*
ou empécher un mal.

parabandoun, terme de Charron. *f. Ridelle.*

paradou. *m. moulin à foulon, ou*
f. foulerie.

paraire. *m. foulon.*

parafra, terme de Palai. *Pa-*
raſrer.

parafro, terme de palai. *fem.*
parafe.

paramen de priva. *f. devantu-*
re de privé.

paran, terme de marino. *m.*

Palan.

paranlelo. *adj. parallele. On dit aussi une parallele. Quand paranlelo est pris pour comparaison il faut le faire m.*

paratido. *m. Orillon, ou fem. parotide.*

paraulo. *fem. parole, un discours qui n'est rempli que de paroles, & n'a rien de solide s'apelle un verbiage ou une crême foüetée.*

paraulos salos. *paroles sales, ou f. gueulée.*

paraulo. *Voyez* espeli.

parbuou. *Parbleu, ou parbieu.*

pardigau. *m. Perdreau.*

pardoun. *m. Pardon. Le pardon qu'un Souverain acorde à ses Sujets pour avoir pris les armes contre luy, s'apelle Amniftie, fem. pron. l'm.*

pardouna. *pardonner.*

pardris. *f. Perdrix. Le mâle, en terme de Fauconnerie, s'apelle un Garron. Le bruit que font les Perdrix avec les aîles, quand elles partent d'un endroit, s'apelle Bourrir, les Perdrix bourrent. Le tems de leur acoublement, se nomme la pariade.*

La pardris canto. *La Perdrix cacabe.*

pardu. *adj. perdu, perduë.*

pare. *f. muraille, ou m. mur.*

pare facho de coüdes eme de terro grasso, de fen, ou de paillo. *f. bauge.*

pareisse. *paroître.*

paren. *m. parent.*

parenta. *f. parenté.*

parentagi. *m. parentage, ou f. parenté. Le dernier est le meilleur.*

parento. *f. parente.*

pareou de gans, de bas, de soulies, &c. *f. paire de gans. &c.*

pareou de Buous, de pijouns, de poumos, de peros, &c. *f. Couple. Voyez* pijouns.

paressous. *adj. paresseux, paresseuse, ou négligent, négligente.*

parfe. *adj. parfait, parfaite,*

pero parfe d'un Coulegi. *Pere Préfet d'un Colége.*

parfun. *m. Parfum, pro. parfun.*

parfuma. *Parfumer.*

pargamentie. *m. Parcheminier.*

pargamin. *m. Parchemin. L'ouvrier qui le travaille s'apelle un Parcheminier. La herse, est cette sorte de grand Chassis avec des chevilles, sur lequel on étend le Parchemin en cosse, pour le raturer. Le sommier est cette peau de Veau, qui est atachée avec de cloux sur la herse, & sur laquelle, on étend la peau de Parchemin. Le racloir est un instrument pour le racler. La bodruche est le Parchemin dont se servent les bateurs d'Or.*

pargue. *m. Parc.*

pargueta. *parquer.*

paria. *parier.*

pariagi. *m. Pari.*

pariaire. *m. Parieur.*

pariatis. *m. Paréatis.*

parie. *adj. égal , égale , ou sem-blable , ou pareil , pareille.*

N'estre pas parie. *étre inégal.*

parieta. *f. parieté.*

paris , jüec de paris. *m. jeu des merelles à cloche-pié.*

parla. *Parler. On dit parler nar-quois , pour dire parler un cer-tain langage qui n'est entendu que de ceux qui sont d'intelli-gence ensemble pour tromper quelqu'un. On dit chucheter quand on parle bas à quelqu'un en presence d'autres personnes dont on ne peut pas être en-tendu. Ceux qui font cette ac-tion sont apellez chucheteurs , chucheteuses. adj.*

Home que parlo de l'estou-mac , & que semblo que sa vois vengue de luen. *adj. Gastrilogue.*

parlamen. *m. Parlement. Re-marquez qu'on l'apelle Chambre Imperiale en Allemagne : Rote en Italie : Conseil en Espagne : Senat en Savoye : & Divan en Turquie.*

paromen de peiro , terme de masson. *m. parement de pierre.*

paromen de priva. *f. devan-ture de privé.*

paromousquo deis chivaus. *f. émouchette , ou volettes , ou m. émouchoir.*

paropies d'un poüen. *m. Para-pet , ou Gardefou.*

paropies d'uno fenestro , ter-me de masson. *m. apui , ou acoudoir. Remarquez que quand*

l'acoudoir est embrasé pour re-garder plus facilement , on dit acoudoir alegé.

parosouleou. *m Parasol , & non pas Parapluïe , quoyqu'on s'en serve en tems de pluïe.*

parpailloun. *m. Papillon. Il y a une espece de Papillon gris , & rond , fait comme une punaise , qui ronge les feuilles des ar-bres , & principalement des Poiriers , qu'on apelle un Tigre.*

parpello. *f. Paupiere , prononcés pópiere.*

Farma souven leis parpellos. *Siller , ou clignoter.*

parrapatapan. *Patapatapan.*

parrasino. *f. Résine , ou poix-résine.*

parrie. *m. Pierrier.*

parriero , terme de Foundeur. *f. Perriere.*

parron , terme de masson. *m. Perron.*

parroqui. *f. parroisse.*

parrouque. *m. peroquet.*

parrouque que n'es pas plus gros qu'un Merle. *f. perri-que. Le peroquet , & la perri-que causent , ou caquetent.*

parrousien. *adj. paroissien , pa-roissienne.*

parruquie. *m. perruquier.*

parruquo. *f. perruque.*

Marrido parruquo. *f. Teignasse.*

parsounagi. *m. personnage , pron. perçonnage.*

persouneou. *adj. personnel , per-sonnelle.*

parsonno. *f. personne.*

partagi.

partagi. *m. partage.*

partaja. *partager.*

Se partaja quauquoren. *Se dé-partir, ou se partager quelque chose.*

Causo partajado , en doües partidos egales , mai de dif-ferentos coulours. *chose mi-partie.*

partego. *f. perche.*

partenci, terme de marino. *f. partance , ou m. partement.*

partesano. *f. pertuisanne.*

parti uno pero , uno poumo , &c. *partager , ou partir une poire , &c.*

parti per Marseillo. *partir pour Marseille.*

parti. *m. parti.*

participa. *participer.*

particularita, faite de particu-larita. *faire de partialité.*

partido de jüec. *f. partie de jeu,*

partidou , terme de bouchie. *m. couperet.*

partus , Villo. *m. pertuis.*

parun , terme de Reliaire. *f. parures.*

pas , terme de jugadous eis cartos. *f. passe, ou je passe, ou je dis passe.*

La pas. *La paix.*

pas , herbo. *f. Patience , ou pa-relle.*

Lou pas d'un home. *Le pas d'un homme.*

pas d'ano, terme d'espasie. *m. pas d'âne.*

pasquau. *adj. Pascal , pascale, au*

pluriel *pascals , & non pas pas-caux.*

pasquie. *m. Escourgeon en verd, pron. l'f. ou f. Orge en verd, ou m. fourrage.*

pasquo. *f. Pâque. Quelques fois masculin , comme à Pâque pro-chain , passé , ou sera venu.*

pasquo deis Turcs. *Beiran.*

passa. *passer.*

passa mestre. *Se faire passer maî-tre.*

A passa mestre. *Il est passé maître.*

Houstau que passo de par on par. *maison qui perce dans deux ruës.*

passa de bestiari , ou de mar-chandiso din uno Villo senso s'aresta. *Passer débout dans une Ville de Bestiaux, ou de marchandise.*

passa de branquos d'aubre leis unos din leis autros. *Enla-cer , ou entrelasser de branches d'arbre.*

passa l'aguillo , un chapele , &c. *enfiler l'éguille , &c.*

passa lou bla. *monder le blé.*

Lou passa. *le passé.*

L'aigo à passa meis habis. *l'eau a percé mes habits.*

La beauta, leis ans , leis flous passoun. *La beauté , les ans, les fleurs passent , ou se passent.*

passa, terme per coucha un chin. *ález.*

Veire , peiro , &c. ounte la clarta passo de par en par. *adj. verre , pierre &c. transf-*

L L l

parent , ou *Diaphane.*

passable. *adj. passable , ou tolérable.*

passado , terme de caminaire, & de manege. *f. passade.*

passado , terme de parruquie. *f. passée.*

Ay demoura uno boüeno passado emeou. *j'ai demeuré long tems avec lui.*

passagi. *m. passage.*

passagi , mo injuriou. *méchante béte.*

passagie. *adj passant , passante , ou passager , passagere.*

Faire passeja un chivau. *passager un cheval.*

passeriero. *m. pot à moineau.*

passeron. *m. moineau. Il y a une espece de moineau fou des Noyers , qui ne fait que fretiller sur l'arbre , bequetant les noix, qu'on apelle un friquet.*

passi , se passi. *Se flétrir , ou se faner.*

passiduro. *f. flétrissure.*

Un passien. *un patient , pron. patiant.*

Uno passien. *une passion.*

passiouna. *passionner , ou desirer.*

passo , terme de mail , & de billar. *f. passe.*

passo-drech. *m. passe-droit.*

passo-man. *m. passement.*

passomantie. *m. passementier , ou rubanier.*

passo-partou. *m. passe-par tout.*

passo-por. *m. passe-port.*

passo por , terme de Tailleur. *m. passe-poil.*

passores. *gare l'eau l'a bas.*

passoten. *m. passe-tems.*

passoüiro. *f. passoire, ou couloire.*

passo-voulan. *m. passe-volant.*

pasta. *paîtrir.*

pasta lou mourtie. *raboter, ou corroyer le mortier.*

Es son pero tou pasta. *Il est son pere tout craché.*

pastenargo. *f. pâtenade , au m. panais.*

pastenargo fero. *panais sauvage.*

pasteou d'uno sarraillo. *masc. péne d'une serrure.*

pasteou de Nose. *m. marc de noix.*

pastequo. *f. pâteque ou m. vua-een , ou Melon d'eau.*

pasticie. *m. pâticier , ou pâtissier.*

pasticie , mo injuriou. *m. porte-paquet.*

pastiillo. *f. pastille.*

pastis. *m. pâté.*

pastis au pot. *m. pâté au pot, ou hoche pot , asp. l'h.*

pastisserie. *f. pâtisserie.*

pastisserie , mo injuriou. *m. raport.*

pasto. *f. pâte.*

pasto de Coudons. *f. mive de coing.*

pasto facho eme de Buerri, & a tros droguos per engreissa leis Capouns. *m. pâton.*

pasto facho eme de reprin, per engreissa la voulayo. *f. patée.*

pasto , terme de Courdounie.

Feminin *páte.*

pasto-mourtie, terme de maſſon. *m. Rabot, ou f. gâche.*

paſtouillous. *adj pâteux, pâteuſe.*

paſtourelo, ſorte de coumedie. *f. Paſtorale.*

paſtous. *adj. pâteux, pâteuſe.*

paſtre. *m. Berger. Le morceau empoiſonné que les Bergers metent à une terre, où les Moutons de leurs enemis vont manger, s'apelle la Gobe.*

paſtrillon. *m. Petit Berger, ou paſtoureau. Ce dernier n'eſt en uſage que dans les Noëls.*

paſtroüilla. *patroüiller, ou patiner.*

paſturgagi. *m. pácage, ou paturage.*

paſturo. *f. pâture, ou m. fourrage.*

pata, terme d'eſcrivan. *poncer.*

patanteino. *f. prétantaine.*

patapatapan. *patapatapan.*

pataquelo. *f. tape ſur le cu, ou claque.*

patarasſo. *f. guenille, ou masc. haillon. aſp. l'h.*

pataraſſo, mo injuriou. *fem. guenipe.*

patata au ſou. *patatra par terre.*

pate. *adj. lambin, lambine.*

pateleto d'un' Eſtolo. *m. Fanon.*

pateleto deis brayos, terme de Tailleur. *f. pate.*

pater d'un Chapele. *m. Pater, ou pate nôtre. Celui qui les fait ſe nomme un patenôtrier. On le dit auſſi de celui qui fait les*

moules de Boutons.

pateteja *Lambiner.*

pati. *ſoufrir, ou patir.*

pati per faire manja lou beſtiari. *m. pâtis.*

patin. *m. patin.*

Beila patin. *baiſer le baboüin.*

pato per faire de papie. *maſc. chijon.*

pato per freta leis mobles d'un houſtau. *m. torchon.*

pato, terme de maſſon. *Fem. pate.*

pato de guerindoun. *f. pate de gueridon.*

pato, terme d'eſcrivan. *Fem. Ponce.*

pato d'uno caloto de fillo. *f. viſagere de bonnet.*

pato de rayo d'uno rodo. *f. Pate.*

Faire de patos, terme de Charron. *empater des rayes.*

pato d un Animau. *f. pate d'un animal.*

pato deis Auſſeous de Fauconnerie. *f. main. On le dit auſſi du Peroquet.*

pato deis Auſſeous de Rapino. *f. ſerres, ou liaiſon.*

pato cuelo. *f. Tape ſur le cu, ou claque.*

patois. *m. patois.*

paton, terme de Courdounie. *m. pâton.*

patoüilla. *patiner, ou patrouiller, ou tâtiner.*

patoüillaire. *m. pâtineur.*

patoüillaire, mo injuriou. *ravaudeur.*

patoüillo. *f. patroüille , ou m. Guet.*

patras. *Révérend Pere.*

patres. *m. Chapelet.*

patriquos , faire de patriquos. *changeotter.*

Faire de pariquos , mo injuriou. *métre la diffension.*

patroun. *m. patron.*

pau nom d'home. *m. Paul.*

pau à pau. *peu à peu , ou petit à petit.*

planta un pau. *planter un pieu.*

planta vous un pau. *arrétez vous un peu.*

pau per douna vauto à un Veiffeou. *corps mort.*

pavaillon. *m. Pavillon.*

pavefado. *f. pavefade , ou m. paviers.*

pauferri. *f. pince.*

paume de la (man. *f. paume, pron. póme.*

paume d'un gan. *f. empaumure d'un gant.*

paumelo d'uno pouerto , ou d'uno feneftro. *f. paumelle, ou penture d'une feneire.*

paumelo , terme de congreaire. *f. pomelle.*

paumo. *f. paume.*

Juga à la paumo tout foule. *peloter , ou ploter , pron. ploté.*

Meftre de jüec de paumo. *m. paumier , ou maître de jeu de paume , ou tripotier. Ce dernier eft bas.*

Courre apres fa paumo. *courir aprés fon éteuf , pron. éteu.*

paumoulo. , b. a. *f. paumelle.*

pavon. *m. pan. Sa femelle eft apellée Panne , ou panache, ou paneße. Ses petis s'apellent panaux, m.*

paure. *adj. Pauvre.*

pauret. *adj. Pauvret, pauvrette.*

paureta. *f. Pauvreté.*

paurous. *adj. peureux , peureufe.*

paufa. *pofer.*

Se paufa. *S'arrêter.*

paufa lou fceou. *apofer le feau.*

paufa mai lou fceou. *reapofer le Seau.*

Aigo paufado , vin paufa. *eau raffife , vin raffis.*

paufagi d'uno poüerto, d'uno Sarraillo , &c. *f. pofe , ou m. pofage d'une porte , &c.*

paufo. *f. paufe , pron. pofé.*

pauffo doü bla. *f. balle.*

pauffous. *adj. Poudreux , poudreufe.*

pautillo , terme de Bouticari. *Cataplafme.*

pauva. *Repofer.*

pauvo. *m. Repos.*

pe. *m. Pié.*

pe blan , terme de manechau. *f. Balfane.*

pe de davan d'un chivau , en terme de manege. *f. main.*

pe d'eftay. *pié d'eftal , au pluriel pié deftaux. On apelle piedouche. m. un petit pié d'eftal qui fert de foütien à un bufte , ou à que'que petite figure en boffe.*

Teni pe. *Tenir pié , ou tenir jeu, ou pieter.*

Marcha de quatre pes. *marcher à quatres pates.*

Faire

Faire lou pe. *Faire la réveren-*
ce. Quand cette réverence est
faite d'une maniere baſſe &
ſervile. On dit faire le pié de
Veau.

A pecouque. *à clochepié.*

A pe ferme. *de pié ferme.*

A plan pe. *de plein pié.*

A pe jus. *à joints piez.*

Faire un pe de poüerc à quauqu'un. *joüer un mauvais tour*
à quelqu'un.

pe de poüerc, terme de Carretie. *m. Cric.*

pe drech de l'entremuillo. *m.*
Trémion.

pe drech, terme de maſſon.
f. jambe de force.

pe drech entre doües feneſtros , ou doües poüertos.
m. Trumeau.

pe d'ano , terme de Selie. *m.*
pas d'âne.

pe de cat , herbo. *m. pié de*
chat.

pe de Candelie. *f. pâte du flam-*
beau.

pe de la rodo d'un Coutelie.
f. chaiſe de roüe.

pebra. *poivrer.*

pebre. *m. poivre. Son arbre ,*
s'apelle un poivrier.

pebre d'ay. *f. Sarriete.*

pebrie. *m. poivrier, ou f. boi-*
te à poivre.

pebrie, aubre. *Agnus caſtus.*

pebroun. *m. poivre dinde , ou*
de guinée , ou de breſil , ou co-
rail de jardin.

pec. *adj. pec , pecque.*

peca. *pécher.*

peca. *m péché.*

pecadou. *m. pécheur , au fem.*
pécherſſe.

pecatillo. *f. pécadille.*

pecegui. *f. péche.*

pecegui madelanen. *f. péche*
Magdelaine.

pecegui. *m. pécher.*

peceguie, terme de marino.
m. Peroquet du beau pré.

pechie. *m. Pot à boire.*

Lou coüeil d'un pechie. *fem.*
gorge.

pecoro. *f. pécore.*

pecou de touto ſorto de frui,
& de flous. *f. queuë.*

pecou de liech. *f. Colonne de*
lit.

pecou d'un veire. *m. pié. Le*
large du pié ſe nomme la pate.

pecoulo. *f. crote.*

pecouye , figo que fa lou pecouye. *Figue confite ſur l'ar-*
bre par le Soleil.

pecuniou. *adj. pécunieux , pé-*
cunieuſe.

pedan. *m. pédant , ou pedago-*
gue.

pedas d'eſtofo. *m lange , ou f.*
couverture.

pedas de tello. *f. couche.*

pedaſſa uno camiſo. *Rapiecer,*
ou rapiéceter , ou rapetaſſer
une chemiſe.

pego. *f. Poix.*

Ave leis mans plenos de pego. *avoir les mains poiſſées.*

pegoun. *m. Flambeau, ou flam-*
beau de poix.

M m m

pegoun fach de vieillo gumo. *m. tourteau.*

pegoun que n'es que de paillo. *m. brandon.*

pegous. *adj. poiffé, poiffée.*

pegous, mo injuriou. *adj. importun, importune.*

pei. *m. Poiffon.*

pei efpafo. *m. efpadon.*

peillon, terme de Manechau. *f. découpure.*

peilourie. *m. chauderonnier, ou chaudronnier.*

peilourie que n'a ges de boutigo, & que va per Villo, & Villagi. *m. drovineur. Le fac de fes outils fe nomme la drovine.*

peirar. *f. Pierre à feu, ou à fufil.*

peiraftre. *m. paratre, ou beaupere.*

peirau. *adj. paternel, paternelle.*

peire. *m. Pierre.*

peireto, juga à la peireto. *joüer à la pierrete.*

peiriero. *f. carriere.*

peiriero de marbre. *f. carriere de marbre.*

peirin. *m. Parrein.*

peiro. *f. Pierre.*

peiro de moulin. *f. meule de moulin.*

peiro lifo, & plato deis Ribieros. *m. galet.*

peiro d'atendo. *f. table d'atente, ou Pierre d'atente, ou harpes, afpirez l'h.*

peiro d'atendo per d'armos, ou per de tefto d'Angi, &c. *m. boffage.*

peiro paftoüillo. *m. moïlon, ou moellon, ou mouélon.*

peiro paftoüillo, touto trauquiado. *f. meuliere.*

peiro d amoula. *f. Pierre à aiguifer.*

peiro toquo, terme d'Argentie. *Pierre de touche.*

peiro novo, terme de maffon. *Pierre verte.*

peiro qu'eft dins la tefto deis Grapaus. *m. borax.*

peiro precioufo qu'eft dins la tefto deis grapaus. *Feminin crapaudine.*

peiro qu'es eis cantons deis carrieros, & deis poüertos couchieros. *f. borne.*

peiro qu'a de figuros naturelomen. *m. camaïeu.*

peiro que fe trobo din lou ventre deis pichotos dindouletos. *f. chelonite.*

peiro que fa doües faffados. *Pierre parpaigne. On dit qu'elle fait parpin.*

peiro de fuec per faire de fours *m. Liais.*

peiro per 'amoula leis daillos. *f. dalle.*

peiro per lava din leis coufinos. *f. dalle.*

peiro fauffo d'un anneou. *m. vericle, ou diamant de vericle.*

peiro de fiella, terme de Curatie. *f. quioffe.*

La peiro toumbo toujour au clapie. *qui chapon mange, chaton lui vient.*

Jüec que fe fa en gitan de

peiros fur la furfaffo de l'aigo , en li fafen faire de bons. *Faire des ricochets.*

peirolo. *f. chaudiere.*

peirou. *m. chauderon , ou chaudron. L'oreille du chaudron eſt ce petit cercle de fer , qui eſt au haut d'un chaudron dans lequel l'anſe eſt mobile.*

peirou , terme d'enfans , en gitan quauquoren din l'aigo. *m. rond , ou cerceau.*

Lou peirou maſcaro la ſartan. *La pele ſe moque du fourgon.*

peiroule. *Petit chodron.*

peiroulie. *Voyez* peilourie.

peiſſayo. *m. Fretin , ou f. blanchaille.*

peiſſe. *métre le morceau dans la bouche , ou apâter.*

peiſſoun. *m. Poiſſon.*

peiſſoun voulan. *m. Milan.*

peiſſoun qu'a de lach. *Poiſſon laité.*

peiſſoun qu'a d'huous. *Poiſſon œuvé.*

Leis peiſſons an fa ſeis pichos. *Les Poiſſons ont freyé. Mais de la Balene , il faut dire qu'elle a fait ſon baleinon.*

peiſſoun d'uno grouſſour extraordinari. *adj. Poiſſon cetacée.*

peiſſoun qu'a de cauquillo, ou de duros eſcaillos. *adj. Poiſſon teſtacée pron. l'ſ.*

pichos peiſſouns per pupla un Eſtan. *m. peuple , ou alevin ou norrain , ou f. fillette.*

Metre de pichos peiſſouns din

un eſtan per lou pupla. *aluiner uɩ etang.*

Home , ou animau que viou que de peiſſoun. *aaj. Ichthyophage.*

Lendrech d'un peiſſoun dounte reſpiro. *m. event.*

peiſſounerie. *f. poiſſonnerie.*

peiſſounie. *m. chaſſe-marée.*

peiſſouniere. *f. Poiſſonniere.*

peiſſouniero per coüire lou peiſſoun. *f. poiſſonniere.*

peiſſounous. *adj. poiſſonneux , poiſſonneuſe , ou empoiſſonné , empoiſſonnee.*

peitrau. *m. poitral , ou poitrail , au pluriel poitrails.*

peitrino d'home , de Buou , de Veudeou , de Mauton, &c. *f. poitrine.*

peitrino d'un Senglie. *m. bourbelier.*

peitrino d'uno Bicho. *f. Hampe. aſp. l'h.*

pela. *Peler.*

pela un aubre. *écorcer un arbre.*

pelado , maladie. *f, pelade , ou alopecie.*

pelado , terme de marchan. *m. drapeau.*

pelado , terme de curatie. *fem. avalies.*

Teſto pelado. *tête chauve.*

pelau de ris. *m. Pilau. Vous trouverez ce mot dans le Dictionnaire des rimes de Richelet.*

pelechon que ven procho deis ounglos. *f. envie.*

pelechon qu'es au bou d'uno plumo. *f. Barbe.*

Tira leis pelechons que foun au bou d'uno plumo. *ébarber une plume.*

pelerin. *m. Pélerin. Son colet s'apelle le Coletin.*

pelerinagi. *m. pélerinage.*

pelican. *m. pélican.*

pelissie. *m. Peletier, ou fourreur.*

pelo d'un Calici. *f. pâle.*

pelo, terme de Sarrahie. *m. péne.*

pelo per caufa uno chambro. *m. poele, ou poile.*

pelo denie. *m. raque-denaſe, ou raque-denare.*

pelous. *adj. velu, veluë.*

pelouta. *peloter, pron. ploté.*

pelucho. *f. peluche.*

pelugno de pero, poumo, &c. *f. peleure, pron. plûre.*

pena. *peiner.*

penacho. *m. panache, ou bouquet de Plumes.*

penacho, terme de Sarrahie. *m. Couronnement.*

penden d'aureillos. *m. pendant d'oreille.*

penden de criſtai que pendo à un luſtre, à un Candelie, &c. *f. Pendeloque.*

pendoula. *pendiller. pron. pandillé.*

Habi pendoulie. *adj. habit barlong, barlongue.*

pendre. *pendre.*

pendre en paillo. *Pendre en éfigie, ou éfigier.*

pendre en l'air. *Suſpendre.*

pendre de cher à un croc. *acrocher de la viande.*

pendre din un'Egliſo de croſſos, de cadenos, de fuſious, &c. *apendre, de croſſes, &c.*

pene, maladie. *m. Panaris, ou f. paronychie.*

peneca. *Sommeiller.*

peneton, terme de Sarrahie. *m. paneton.*

penetra. *pénétrer.*

penitenci. *f. penitence.*

peno. *f. peine.*

peno, terme de bouchie. *fem. pâne.*

penoun, terme de marino. *f. vergue.*

penſa. *penſer. pron. panſé.*

penſa uno plago. *pancer une plaïe, ou penſer.*

penſado. *f. penſée, pr. panſée.*

penſado, flous. *f. pensée.*

penſagi d'uno plago. *m. pancement.*

penſamen. *m. ſoin, ou penſement.*

penſatiou. *adj. penſif, penſive.*

penſien. *f. penſion, pron. panſion. On apelle penſion viagere, certaine ſomme d'argent qu'on reçoit annuellement pendant toute ſa vie.*

penſien, houſtau ounce lon manjo. *f. penſion, pr. panſion.*

pento. *f. pante.*

La peou d'uno beſti. *f. peau, pron. Po. Cette peau dont on fait les évantails, & les gans des Dames s'apelle, m. Canepin. Celle d'un Cerf & des autres bêtes fauves s'apelle la Nape.*

peou d'uno poumo , d'uno pero , d'uno pruno , &c. *f. pelure , pron. plure.*

peou deis agruettos, deis agi de rafin , &c. *f. peau.*

peou que cüerbe tous leis grignons d'uno pero, d'uno poumo, ou d'un coudoun. *f. capfule.*

Groffo peou d'un Arangi, d'uno Limo , d'un Melon, &c. *f. écorce.*

peou deis boutouns de touto forto de flous , & principalomen de la rofo. *mafculin Hymen.*

peou dou boutoun d'uno ginouflado. *f. alveole.*

Lou peou de la tefto. *m. Cheveux. On dit cheveux plats , quand ils ne font pas frifez.*

peou de la barbo. *m. Poil.*

peou fouletin. *m. Poil folet.*

peou deis parpellos. *m. Cil.*

L'i auray dau peou. *Je lui aurai le Poil.*

peoucour , infecto. *m. morpion.*

pepido *f. pépie.*

pepidouns. *m. Poux.*

pequo , man pequo. *Main gourde.*

per ana. *pour áler.*

per lou may. *tout au plus.*

per you n'en faray ren. *quant à moi je n'en fairai rien.*

Eftre per tout. *être par tout.*

perfevera. *perfeverer, prononcés perceveré.*

percho , peiffoun. *f. perche.*

perdre. *Perdre, Cheval, Bœuf, &c. perdu , dont on ne fçait pas le maître. Cheval , Bœuf, &c. épave. adj.*

Se perdre de camin. *s'égarer.*

percou, you pereou. *moi auffi.*

percvous. *adj. pareffeux , pareffeufe.*

perfourfa. *parforcer.*

peri. *périr.*

perie d'uno galino , d'un auffeou , &c. *m. géfier. prononcés géfié.*

perie deis Auffeous de proyo *f. mulette.*

perier. *m. Perier. Oifeau de la couleur , & grandeur d'une Aloüete commune.*

periero. *m. Poirier.*

perlo. *f. Perle.*

pero. *f. poire. On dit poire graveleufe , quand elle a de pierres.*

pero de boüen creftian. *mafc. bon-crétien.*

pero blanqueto. *f. blanquette.*

pero mufcado. *f. mufcadelle.*

perque. *pourquoy.*

perfecucien. *f. perfecution.*

perfecuta. *perfecuter.*

perfuada. *perfuader.*

perto. *f. perte.*

perto de femenfo , maladie. *f. gornée.*

purucie. *m. poirier fauvage.*

pervencho, planto. *f. pervenche.*

perus. *f. Poire fauvage , ou poire détranguillon.*

pes. *m. poids.*

pes ounte pefoun lou peiffoun

au pourtau de la Villo. *m. bureau d'entrée du poisson.*

pesa. *peser.*

pesado. *f. pesée.*

pesadou. *m. peseur.*

pesan , maladie. *m. cochemar.*

pesantour. *f. pesanteur.*

pesca. *pêcher.*

pescadou. *m. pêcheur.*

pescaire. *m. pêcheur.*

pescarie. *f. Poissonnerie.*

pesciris. *f. peseuse.*

pescou. *m. pène.* †

pesquie. *m. Reservoir.*

pesquo. *f. pêche.*

pessa uno nose. *casser une noix.*

pessa de pan. *couper du pain.*

pessin d'home. *f. urine, & rarement. m. pissat.*

pessin de besti. *m. pissat.*

pesso. *f. piece.*

pesso de lard. *f. flèche de lard. La corde dont on la pend s'apelle le pendoir.*

pesso traversiero d'uno campano. *m. Mouton.*

Son habi va tout en pessos. *Son habit est tout en lambeaux.*

Vau à noüestro pesso. *je vay à nôtre piece.*

pessos repourtados. *f. Piéces de raport , ou ouvrage de marquetterie , ou ouvrage de pieces raportées.*

pesso-aulivo, Ausseou. *m. grosbec.*

pessu. *f. pincée.*

pessu d'herbo , &c. *f. pincée , en terme d'Apoticaire , on dit un pugille.*

pessuga. *pincer. La marque qui reste sur la main , ou sur le bras , ou sur le pie , &c. quand on vous a pincé , s'apelle un pinçon.*

pestifera. *adj. pestiferé , pestiferée.*

pesto. *f. Peste.*

pet. *m. pet.*

peta. *peter.*

Faire peta un foüeil , ou uno froundo. *Faire claquer un foüet , ou une fronde.*

Faire peta leis oües. *Faire craquer , ou claquer les os.*

La glasso de la Ribiero a peta. *La Riviere a débaclé. Son subs. est la débacle.*

petadou , terme d'enfan. *fem. canoniere , ou caloniere.*

petaire. *m. peteur.*

Vieil petaire , mo injuriou. *vieux penard.*

petangoulo, juec. *Pet en-gueule.*

petarelo. *f. peteuse.*

petarrado. *f. petarade.*

petarras. *m. broc.*

petarras , terme de marino. *m. galebans , ou galaubans , ou galans.*

peteja *petiller , ou étinceler.*

Lou Laurie petejo din lou füec. *Le laurier claquete , ou petille dans le feu.*

petelin. *m. térébinthe.*

petenvia. *adj. refrogné , refrognée.*

petin , planto *Epithin.* †

peto de Cabro , de garri , de Maignans , &c. *f. crote.*

peto de chivau, d'aze, &c.
f. *fiente.*

peton, terme de nourriffo.
m. peton.

petoüe, Auffeou. *m. roitelet.*

petoulie. *m. gîte.*

petroli, holi de petroli. *mafc.*
petrole , *ou f. huile de petrole.*

petugo, Auffeou. *f. Hupe, afp.*
l'h. La Hupe pupule.

pevou. *m. pou.*

pevou revengu , mo injuriou.
gueux revêtu.

pevoüillino que ven eis aubres , eis plantos, & eis herbos. *m. puceron.*

pevoüillous. *adj. poüilleux ,*
pouilleufe.

peze. *m. pois.*

piado d'un home , & deis
befti. *m. veftige, ou pas.*

piado deis befti de caffo. *fem.*
Pifte.

piado deis befti mourdantos
coumo deis Senglies. *Fem.*
trace.

piado deis Bichos. *f. voye, ou*
erres.

piado deis Luris. *f. marche.*

piagi , bureou. *m. Péage. Le*
droit qu'on Paye s'apelle auffi
Péage, ou paffage ; & celui
qui l'exige fe nomme péager.

piagi , voulerie. *m. Pillage.*

piagie. *m. Péager.*

piagno , terme de deftreniare.
m. Marc. pron. Mar.

piaftro , mounedo. *f. piaftre.*

piaftro , cracha. *m. Phlegme, ou*
Flegme. Quand il eft mélé avec

du pus , on dit un Flégme pu-
rulent.

piauta. *Pépier. Il fe dit des*
moineaux. Mais pour les pouf-
fins des Poules, on dit piailler ,
ou pialler.

piautamen deis poulos. *Fem.*
piaillerie , ou piallerie.

piauto. *Voyez* piado.

piboulo. *m. peuplier noir , ou*
tremble.

pic. *m. Pic. pron. le c.*

pic. *m. Pic , ou pic-vert , ou lo-*
riot. Oifeau qui à le bec long ,
& dur , qui perce l'écorce des
arbres , il y en a de plufieurs
fortes. Voyez Auffeou.

pica. *Voyez* piqua.

pichot. *adj. petit , petite.*
Faire plus pichot. *apetiffer.*

pichoulino , Aulivo à la pichoulino. *Olive à la picholine.*

pichoun *adj. petit , petite.*

pichouneta d'un baftoun. *f.*
petiteffe.

pichouneta d'agi. *m. bas âge.*

picolo. *f. Houë, afp. l'h. La marre*
eft une efpece de houë.

picoto , terme de paftre. *m.*
claveau, ou tas , ou f. clave-
lée.

picoucin. *f. Hache d'arme , afp.*
l'h.

picoule , terme de Sarrahie.
m. picolet.

picouta. *picoter.*

picouta. *adj. tacheté , ou mar-*
queté , ou picoté.

picoutin. *m. picotin.*

pie-drech , terme de maffon

Masculin pié droit.

piello per abcoura leis bestis, & qu'es ordinarimen proche leis pous. *m. l'umbre, ou f. auge de pierre.*

pienchi. *m. peigne. Les parties d'un peigne sont le champ, les dens, le dos, & les oreilles. Le champ est le milieu du peigne d'où sortent les dens de chaque côté, les dens n'ont pas besoin d'explication. Les oreilles sont les deux grosses dens qui sont aux extremitez qui conservent les autres, & le dos se dit du champ, quand il n'a de dens que d'un côté.*

pienchi d'un Teisseran. *masc. peigne, ou f. lame.*

pienchi, terme de Courdie. *m. Seran.*

pienchi per degroussa, terme de Courdie. *m. ébouchoir.*

pierro. *m. pierrot.*

pies d'uno fremo. *f. gorge d'une femme.*

pies, terme de bouchiero. *f. poitrine.*

pies d'un Senglies. *m. bourbelier de Sanglier.*

pies d'uno Bicho. *f. Hampe, asp. l'h.*

piessos que leis fremos metoun sur lou cor. *Feminin piece ou busquiere.*

pieta vertu. *f. Pieté. On dit, mont de pieté.*

pieta, coumpacien. *f. Pitié. On dit Nôtre-Dame de Pitié.*

pieton. *m. pieton, ou fantacin.*

pietous. *adj. pitoyable.*

pietra. *piétiner.*

pietre. *adj. Pietre, ou chetif, chetive.*

pieucelagi. *m. Pucelage.*

pieucelo. *f. pucéle.*

pieuceou. *m. Puceau.*

pifre. *adj. pifre, pifresse.*

pigna. *peigner.*

pigna lou canebe, terme de courdie. *Habiller le chanvre.*

pigna a revers de peou. *peigner à rebrousse poil.*

pignatello. *m. phlégme, ou flégme.*

pigno. *Voyez pienchi.*

pigno de pin. *f. pomme de pin. Elle est composée de beaucoup d'écailles.*

pignoir. *m. peignoir, pron. peignoi.*

pignon. *m. pignon.*

pignoula. *m. pignolat.*

pijoun. *m. Pigeon, pr. Pijon.*

pijoun patu. *Pigeon patu.*

picho pijoun. *m. Pigeoneau, pron. Pijonno.*

Lou pijoun crido. *Lé Pigeon rocoule, ou caracoule. Remarquez, que quand on parle de deux Pigeons vivans, on dit une paire de Pigeons, mais quand on parle de les manger, on dit une couple de Pigeons.*

pijounie. *m. colombier, ou coulombier.*

pijounie qu'es dessus un houstau, uno bastido, &c. *masc. volet, ou Pigeonier, ou Fem. fuye.*

pilie.

pilie. *m. pilier.*

pilla. *piller.*

pillagi. *m. pillage.*

pillar. *m. gueux. Pillar , eſt un terme François qui veut dire un homme qui aime a piller. Mais les Provençaux (Par pillar) entendent parler d'un gueux.*

pillo , faire pillo. *faire capture.*

pillo-pillo , terme per agaſſa un chin contre quauqu'un. *pille, chou pille.*

pilo. *Voyez piello.*

piloun. *m. Pilier.*

piloun de peiro qu'es din uno pare. *f. jambe de force.*

piluro. *f. pilule.*

Se pimparra. *Se panader.*

Eſtre pimparra. *Être atifé, atifée, ou pimpant , pimpante.*

pimpilleto per leis Agnus Dei. *f. paillete.*

pimpinello , herbo. *f. pimprenelle.*

pin , aubre. *m. pin.*

pincelie , terme de Pintre. *m. Pincelier.*

pinceou. *m. Pinceau. Son manche ſe nomme la Hampe.*

pinceou per daura leis paſtis. *m. doroir.*

pincetos. *f. pincettes.*

pinchina. *peigner.*

pinchina a reves de peou. *peigner à rebrouſſe poil.*

pinchina lou carbe , terme de Courdic. *Habiller le chanvre.*

pinchina , eſtofo. *m. burat.*

pinchinie , artiſan. *m. peignier.*

pinchinie , mo injuriou. *maſc. biberon , ou ivrogne.*

pindaliſa. *pindariſer.*

pindaliſaire. *m. pindariſeur.*

pinedo. *f. Forét de Pins , pron. longue la derniere ſilabe de Forét.*

pinſo , terme de manechau. *f. pince.*

pinſo d'uno campano. *f. pince d'une cloche.*

pinta. *peindre.*

pinta un home tout entie , & de ſa grandour. *Peindre en grand. Remarquez , qu'on dit peindre d'aprés nature , mais c'eſt quand le Portrait eſt fait ſur la perſonne même qu'il repreſente. On dit auſſi peindre d'aprés Raphaël, pour dire qu'on a copié ſur un Original fait par Raphaël.*

pinta d'uno coulour ſoulidamen. *Peinturer.*

pinta de ver. *Verdir.*

Saubre pinta ſur lou veire. *Savoir l'aprét des couleurs. L'ouvrier s'apelle apréteur.*

pinta de gris. *griſailler.*

pinta de rouge. *Rougir.*

Telo pintado. *Toile peinte , ou imprimée.*

pintouleja. *adj. peinturé , peinturée.*

Dourguo , favo , &c. pintoulejado. *adj. bariolé , bariolée.*

pintre. *m. Peintre.*

pinturo. *f. peinturé.*

piou-piou toujour viou. *un pot félé dure long-tems.*

pious. *adj. pieux , pieuse.*

pipado. *f. poupée,*

pipado maïourado. *m. poupard, ou maillot.*

pipado que lon a souven à un de. *f. poupée , ou m. doigtier.*

pipo. *f. Pipe.*

piqua un home. *fraper ou bátre un homme.*

piqua uno poüerto. *heurter, ou cogner ou fraper. Remarquez qu'on dit cogner quand on frape fort.*

piqua de pebre , terme de manege. *piquer en latin.*

piqua un Aze per lou faire marcha. *Toucher un Ane.*

piqua deis pes. *batre des piez , ou trépigner.*

piqua un cor de fremo. *piquer un corps de jupe.*

Se piqua d'un affron. *Se piquer d'un áfront.*

piquaduro. *f. piqueure , ou piquúre.*

piquet de la farino. *m. droit d'entrée de la farine. Le Bureau d'entrée de la Farine est le lieu ou on la pese.*

piquo , carto. *m. pique.*

piquo , armo. *f, pique. Celui qui enseigne à jouer de la pique s'apelle , maítre de hautes armes. Le milieu de la pique se nomme le fort de la pique.*

piquo , coulero. *f. pique.*

piquot deis dantellos. *m. piquot.*

piramido. *f. Piramide.*

piramido redouno. *m. cône.*

pissa. *pisser ou uriner , ou faire*

---

de l'eau.

pissa souven & en pichoto quantita. *pissoter.*

pissa en haut. *Rejaillir , ou jaillir.*

Luec destina per pissa. *m. pissoir , ou f. pissotiere.*

La difficulta de pissa s'apello. *f. dysurie.*

Fiui, ou herbo que fa pissa. *adj. fruit , herbe , aperitif, aperitive.*

pissadou. *m. Pot de chambre , ou pot à pisser.*

pissadou de veire que n'es que per pissa. *m. urinal.*

pissaire. *m. pisseur.*

pissarelo. *f. pisseuse.*

pissin d'home. *f. urine , & rarement , m. pissat.*

pissin de besti. *m. pissat.*

pisso au liech , mo injuriou. *adj. pissenlit.*

pisso au liech , herbo. *masc. pissenlit , ou dent de Lion, ou dent de chien , ou groüin de Porc.*

pissocan. *m. potiron.*

pisso caudo. *f. chaude-pisse , ou gonorrhée.*

pisso-chin , mau que ven au bou dau de. *mal d'avanture.*

pistacho. *f. pistache. Son arbre s'apelle un pistachier.*

pisto. *f. piste , à l'égard des Cerfs , on dit la voye, & à l'egard des bétes mordantes comme des Sangliers , on dit les traces.*

pistolo. *f. Pistole.*

piftoulе. *m. piftolet.*

pita. *picoter , ou bequeter.*

pita d'efpereou. *manger de foy même.*

pitanfo. *f. portion , ou pitance.*

pitoun , terme de Sarrahie. *m. piton.*

picho pitoun quarra per teni leis formos de vitro deis Eglifos. *f. nille.*

pitouyable. *adj. pitoyable.*

pitra. *piétiner.*

piveou. *m. pivot.*

Gros piveou per de poüertos couchieros, de rodos de moulin , &c. *m. toürillon.*

pivo d'uno pienchi. *f. dent d'un peigne.*

pivoino , Auffeou. *f. pivoine.*

pivoino , planto. *f. pivoine , ou rofe de Nôtre-Dame.*

placeto. *f. petite place.*

placeto qu'es davan la poüerto d'un'Eglifo. *m. parvis.*

plaga , faire lou plaga. *contre faire un peu le malade.*

plagne. *plaindre.*

plago. *f. plaie.*

plainto , terme de maffon. *m. Patin.*

plaire. *plaire.*

plan , terme de maffon. *mafc. plan , ou épure.*

Ana plan. *marcher doucement.*

païs plan. *adj. plain , plaine.*

planaduro , terme de Charron *f. planure.*

planchan. *m. pleinchant.*

planchie. *m. plancher.*

plano. *f. plaine.*

plano , terme de Charron. *f. plane.*

plano que noun fe fego , ni fe labouro , ounte lou beftiari va manja , en terme de caffo, s'apello. *une Varenne.*

planfon. *m. plançon , ou plantard.*

planta. *planter.*

planta un pau. *ficher , ou planter un pieu.*

planta un Imagi eme un claveou. *atacher une image avec un clou, ou planter.*

Se planta. *s'arréter.*

plantagi. *m. plantage.*

plantagi , planto. *m. plantain de marets.*

plantie, terme de vigneron. *jeune plant , ou nouveau plant.*

planto. *f. plante.*

plantun de lachugo, de Caule , &c. *m. plant de laituë, etc.*

plaquo d'argen. *f. plaque d'argent.*

plaquo d'argen deis houros. *m. coin d'argent , ou f. plaque d'argent.*

plaquo d'efpafo, de fufiou , de parruquo. *plaque.*

plaquocin , terme de Vitric. *m. plaquefein.*

plaffa. *placer.*

plaffo. *f. place.*

plaffo per bafti un houftau. *m. emplacement , ou f. place.*

Faire plaffo neto , terme de maffon. *décombrer.*

plaſſo ounte dous camins a-
boutiſſoun. *place biviare, ou
f. bivoye.*

plaſſo ounte tres camins a-
boutiſſoun. *place triviaire.*

plat. *adj. plat, plate, ou uni,
unie.*

plat. *m. plat.*

plat baſſin. *m. baſſin.*

plat de barbo. *m. baſſin à barbe. Le trou ou on met le cou
s'apelle la gorge.*

Gros plat de terro. *f. terrine.*

plat de veire, terme de Vitrie.
plat de verre.

plate. *m. petit plat.*

platino. *f. platine.*

platino per tapa leis traus
d'un Veiſſeou. *m. pelardeaux.*

platino de lar per coüeire leis
Auſſeous. *f. barde.*

Metre de platino eis auſſeous.
barder les oiſeaux.

plato, terme de Sarrahie. *fem.
Tole.*

Ana courre la plato. *aler à la
courſe du prix.* †

plato bando d'un canoun. *f.
plate-bande.*

plato-fourmo. *f. plate-forme.*

ple. *m. pli.*

Ave de ples à ſoun habi, à
ſoun coule, &c. *Avoir ſon
colet, ſon habit froiſſé, &c.*

ple qu'es au bou d'un fuillet.
f. oreille.

ple que l'on fa ſur ſou linge,
terme de couturiero. *f. pince.*

plega. *plier.*

plega d'argen au bou de ſon

mouchoir eme un nous.
*noüer de l'argent dans un coin
de ſon mouchoir.*

plega uno gumo en roun.
louer un cable.

plega uno branquo d'un aubre. *fléchir, ou plier une branche d'un arbre.*

Branquo d'aubre que plego
d'eſperclo. *branche qui s'ava-
chit.*

Saumie que plego. *Poutre qui
arque.*

pleideja. *plaider.*

pleidejaire. *m. plaideur.*

pleidejaire, mo injuriou. *m.
proceſſif, ou plaideur.*

pleidejairis. *f. plaideuſe.*

pleidejairis, mo injuriou. *f.
proceſſive, ou plaideuſe.*

plen. *adj. plein, pleine, ou rempli, remplie.*

Cato, Chino, & autro beſti,
pleno. *adj. Chate, Chienne,
&c. pleine. Mais à l'égard
des femmes, on dit enceinte,
ou groſſe d'enfant, ou groſſe.*

Eſtre plen, ave proun manja.
Etre raſſaſié.

plento. *f. plainte.*

pleſi. *m. plaiſir, ou f. joye.*

pleti. *Que vous plait il.*

pli. *m. pli.*

pli plat per faire redon lou
coüil d'un coule, ou d'uno
mancheto. *fem. pince. Voyez
ple.*

plioir, terme de Reliaire. *m.
plioir. pron. plioi.*

pliſſa. *pliſſer.*

pliſſa

plissa eme de gros plis de tello empesado. *gauderonner. On dit gauderonner de manchettes.*

plissa un habi eme de fiou double. *baguer un habit.*

plo d'un'Eglifo. *m. tronc, pron. tron.*

plon. *m. plomb, pron. plon.*

plon reglo, terme de maffon. *m. Renard, ou plomb.*

A plon. *à plomb.*

ploumba. *plomber.*

ploura. *pleurer.*

plouraire. *m. pleureur, ou pleurard. Le dernier eft injurieux, au fem. pleureufe, ou pleurarde. Le dernier eft injurieux.*

plou'irc. *pleuvoir.*

plouirous. *adj. pluvieux pluvieufe.*

plours. *m. pleurs.*

plüiejo. *f. pluye.*

Groffo plüiejo que fa incontinen un tourren *f. avalaifon.*

pichote plüiejo frejo, & dangeiroufo per leis grans. *fem. bruine.*

pichoro plüiejo, ou nuagi de pau de durado. *f. brouée.*

pichoto plüiejo foudeno, & de pau de durado. *f. guilée.*

pluga. *Voyez* cluga.

pluma un Auffeou. *plumer, ou deplumer un Oifeau. Le dernier eft bas.*

pluma uno poumo, uno pero, &c. *Peler une Pomme, une Poire, &c.*

Leis Galinos, leis Auffeous

plumoun. *Les Poules, les Oifeaux muent.*

Faire paffa lou pluma à un Auffeou, per artifici. *Formuer un Oifeau.*

plumachou que leis plumacies pendoun devan feis bouigos. *m. buhots, pron. Luo.*

plumado d'ancro. *f. plumée d'ancre.*

plumagi. *m. plumage, en fauconnerie, pennage.*

plumaffeou, terme de Cirurgien. *m. plumaffeau.*

plumau qu'es fur la tefto deis galinos. *f. hupe, ou houpe, afp. l'h.*

plume. *m. plumet.*

plumo. *f. Plume. Les Plumes d'Oïe peintes qui fervent d'étalage & de montre fur les boutiques des Plumaciers font apellez buhos, pron. buo. m.*

pichotos plumos d'un Auffeou. *m. duvet.*

plumo fequado au fuec. *Plume holandée.*

Marchan de plumos. *m. Plumaffier.*

Marchando de plumos. *Fem. Plumaffiere.*

plurefi. *f. pleuréfie.*

plus boüen. *adj. meilleur.*

plus marri. *adj. Pire.*

pluvie, Auffeou. *m. pluvier.*

pocho. *f. poche.*

pocho graffo, mo injuriou. *gaupe, ou falope.*

pocho dou bufc, terme de fremo. *f. bufquiere.*

Habi que fa de pochos. *Habit qui fait de poches.*

poin. *m. point.*

polipodo, planto. *m. Polypode, ou Polyot.*

politric, planto. *m. Polytric.*

pombroyo, planto. *fem. pate d'Oye.*

pople. *m. peuple.*

pople gouverna per Diou soule. *fem. Theocratie. Son adj. Theocratique.*

pople gouverna per un Rei. *f. Monarchie. Son adj. Monarchique.*

pople gouverna per un picho noumbre de personnos. *f. Oligarchie. Son adj. Oligarchique.*

pople gouverna per leis principaus d'un Etat, siegue per sa Noublesso, siegue per sa proubita. *f. aristocratie. Son adj. Aristocratique.*

pople gouverna per eou meme. *f. democratique.*

pople gouverna per la populasso, au prejudici deis bouïens bourgeois. *f. Ochlocratie.*

pople ounte chacun gouverno. *f. Anarchie. Son adj. Anarchique.*

populasso. *f. populace.*

portocolo d'un Noutari. *masc. Protocole.*

poste. *f. poste.*

pot de counfituro. *m. pot à confiture.*

pot pourri, terme de cousinie.

Pot pourri,

La pou. *La peur, ou crainte, ou aprehension.*

Faire pou. *épouvanter.*

Lou crida de la machoüeto fa pou. *Le cri de la choüette est lugubre.*

poüa. *puiser.*

poüadoüiro per l'holi. *m. plongeon.* †

poüaire. *m. seau.*

poüaire d'uno rode perfaire. mounta l'aigo. *m. godet.*

Lou poüaire va tan au pous que li resto. *tant va la cruche à l'eau qu'elle se câsse.*

pouce. *m. Pouce. Le pouce est aussi une mesure geometrique, douze pouces font le pié de Roy, & six piez font la toise.*

pouciou. *m. toit, ou étable à pourceau.*

poucis, terme d'escrivan. *f. ponce.*

pouciva, terme d'escrivan. *poncer.*

pouda la vigno. *Tailler la vigne.*

poudadoüiro. *f. Serpéte.*

Grosso poudadoüiro. *f. Serpe.*

poude. *pouvoir.*

poude. *m. pouvoir.*

poudra. *poudrer.*

poudro. *f. poudre.*

poudro trisso per moursa. *m. Pulverin, ou poulverin.*

poüe de vin. *m. pot de vin.*

poüeiri. *adj. pourri, pourrie.*

poüen d'uno Ribiero. *m. pont d'une Riviere.*

poüen d'un Veisseou. *m. pont*

*ou tillac. Ce dernier eſt ordinai-
rement le plus haut.*

poüer d'uno lettro. *m. port
d'une lettre.*

poüerc animau. *m. Pourceau ,
ou Porc. On ſe ſert du dernier
dans le ſtile ſoutenu.*

poüerc que n'es pas creſta. *m.
verrat. La joue d'un Pourceau
s'apelle la bajoue.*

poüerc Senglie. *Voyez* Senglie.

Es coumo un poüerc à l'en-
gray. *Il eſt comme un Porc à
l'Auge.*

poüerc que l'on fa en Eſcri-
ven. *m. pâté.*

pouerge. *donner.*

pouerquo , mo injuriou per
uno fremo. *f. Porque.*

pouerri. *m. porreau , ou poireau.*

pouerri fer. *f. Vigne porrette, ou
porreau ſauvage.*

pouertarie. *f. porterie.*

pouerto. *f. porte.*

La grando pouerto d'un'Egliſo. *m. portail , au pluriel por-
tails d'une Egliſe.*

pouerto de ferri , facho en
cledo , per leis pourtau deis
Villos. *f. Herſe, aſp. l'b. ou
Sarrazine.*

pouerto aſſieto. *m. Porte-aſ-
ſiete ; ou colier de More.*

pouerto colo d'un Noutari. *m.
Protocole.*

pouerto en teſto. *m. caſgue, ou
pot en téte.*

pouerto eſtriou , terme de
Sellie. *m. porte-étrier.*

pouerto fai. *m. crocheteur , ou*

porte-faix.

pouerto foun, terme de brouquie. *f. barre.*

pouerto fuillo. *m. porte-feuille.*

pouerto manteou , eſtaquo.
m. tour de cou.

pouerto manteou , valiſo. *m.
porte-manteau.*

pouerto mourtie , terme de
maſſon. *m. Oiſeau.*

pouerto-peſſo, terme de courdounie. *m. porte - piece , ou
emporte-piece.*

pouerto tret , terme de Sellie.
m. porte-trait.

pouerto viſto. *f. Lunette d'a-
proche. Les lignes qui ſont ſur
les tuyaux pour l'apointer, s'a-
pellent le repere.*

pouerto viſto double per regarda eme leis dous hueils.
m. Binocle.

pouerto vitro , terme de vitrie. *m. Flaux.*

pouerto vois. *f. Sarbatane , ou
Sarbacane , ou trompe.*

poues. *f. planche , ou m. ais.*

poues per ly metre de libres,
ou quauquoren autre deſſus.
f. tablette.

poues per pourta leis pitan-
ſos au Refetoir deis Religious. *m. portoir.*

poues per pourta de mourtie.
m. Oiſeau.

poues traucado d'un priva. *f.
Lunette d'un Privé.*

poues per farma la pouerto
d'uno boutigo. *f. fermeture.*

poueto. *m. Poëte , pron. Pouéte.*

Quand on parle d'une femme, on dit Poetesse.

picho poucto. *m. Poetereau.*

Marri poucto. *m. Rimailleur.*

pougau. *f. grosse anguille.*

pouïa. *Voyez* pouilla.

pouja, terme de marino. *arriver.*

pouignado. *f. poignée.*

pouignado de paillo per freta un chivau. *m. bouchon de paille pour bouchonner un cheval.*

pouignado d'un pistoule. *sem. poignée de pistolet.*

pouigne. *piquer.*

pouigneduro. *f. piquûre.*

povignet. *m. poignet, ou pognet.*

pouilla. *pouiller, ou injurier. Le dernier est le meilleur.*

pouillo. *f. pouille ou injure. Le dernier est le meilleur.*

pouin d'aguillo. *m. point d'éguille.*

pouin de perlos, terme de couturiero. *f. pomette.*

pouin d'interrogacien. *Point interrogant. L'observation de métre bien les points à un livre s'apelle, la ponctuation. Son verbe est ponctuer.*

pouinta un canoun. *pointer un canon.*

pouinto. *f. dentelle.*

pouinto a trassa, terme de Sarrahie. *f. pointe à tracer.*

pouïon. *m. Poison.*

pouison. *m. poison.*

poulahie. *m. poulailler, ou poulalier.*

poulardo. *f. Poularde.*

poule. *m. Poulet.*

poule qu'es encaro eme la galino. *m. Poussin.*

Lou poule piauto. *Le Poulet piaille.*

poulidamen. *doucement.*

Marcha poulidamen. *marcher lentement, ou pas à pas, ou doucement.*

pouliginero. *m. Polichinel.*

poulin d'uno Cavalo. *m. Poulain.*

poulin d'uno Saumo. *m. ânon.*

poulin, maladie. *m. Poulain.*

poulinasso. *f. merde de Poule.*

poulino. *. pouliche, ou pouline.*

poulisso. *f. police.*

poulissoiro, terme de coutelie. *f. Polissoire.*

poulitiquo. *f. politique.*

poulitiquo. *adj. politique.*

poulo. *f. Poule.*

poulo d'aigo. *Poule d'eau, ou mouette, ou falcorde, ou foulque, ou diable.*

pouloumar. *f. ficelle.*

poulounes. *adj. Polonois, pron. Polonais.*

pouma. *Pommer, pron. Pomer.*

poumado. *f. Pommade, pron. pomade.*

poumele, faire lou poumele. *Faire le cu de poules avec les doigts.*

poumeou d'un'espaso, ou d'uno sello. *m. pommeau, pron. pomeau.*

poumeto, frui. *f. Poirete.* †
L'arbre qui porte les poiretes s'apelle

s'apelle *Aubépine, ou épine blan-*
che f. ou aubépin. m.

poumiero. *m. Pommier, pron.*
Pomier.

poumiero bouissarenquo. *m.*
Pommier sauvage.

poumiero de paradis. *f. Aubé-*
pine, ou épine blanche, ou m.
aubépin. La pommeraye est
un lieu planté de pommiers.

poumo. *f. Pomme, pron. Pome.*

poumo bouissarenquo. *Fem.*
Pomme sauvage.

poumo reineto. *Pomme Reinet-*
te, pron. Renette. La peau
qui couvre tous les pepins d'une
pomme ou poire, s'apelle la cap-
sule.

Cura uno poumo eme la
pouncho d'un couteou per
tira lou marri. *Cerner une*
pomme.

poumo d'uno poüerto. *masc.*
Bouton, ou f. pomme.

poumpo, *m. gâteau. La piece*
de gâteau que l'on donne aux
pauvres, quand on fait les
Rois, s'apelle, la part à
Dieu.

poumpo d'holi. *Gâteau huilé.*†

poün de la man. *m. poing. pron.*
poin.

poun d'aguillo. *m. point d'é-*
guille.

pouna. *bien boire.*

pouncha un Canounge. *pi-*
quer un Chanoine.

pounchaire deis Canounges.
m. piqueur.

pounchau, *terme deis grou-*

lie. *m. bout de soulier.*

pouncheira uno muraillo. *éta-*
ïer, pron. éteïé.

pounchie, terme de masson.
fem. étaïe, pron. étée, ou m.
pointal.

pounchie per teni un Veisseou. quand lou fan. *masc.*
acords, ou étais.

poüncho d'un couteou. *fem.*
pointe d'un couteau.

poüncho d'un clouchie. *fem.*
éguille, ou pointe d'un clocher.

poüncho d'un marteou. *fem.*
pâne d'un marteau.

pouncho d'acie, terme de vitrie. *f. pointe d'acier.*

pouncho que leis fremos metoun sur la testo. *masc. cou-*
vre-chef.

pounchoun qués eis espinos,
eis aubros, & eis herbos.
m. piquant.

pounchoun per sousteni uno
muraillo. *m. étançon, ou f.*
étaïe, pron. étée.

pounchouna quauquoren afin
que siegue ferme, & que
non boulegue. *étançonne*
quelque chose.

pounchu. *adj. pointu, pointuë,*
ou aigu, aiguë.

pouncirado. *f. poncirade, ou*
mélisse, ou citronée, ou herbe
de Citron.

poüinen. *m. Occident, ou Ouest,*
ou Ponant.

poüinentes. *adj. Ponantin, ou*
ponantois.

pounson. *m. poinçon.*

pounſon per coüiſa leis Damos. *f. aiguille de tête , ou
m. poinçon.*

pount d'aguillo. *Voyez* poun.

pounte. *m. petit pont , ou ponceau.*

pounte , terme de courdounie. *m. talon. Voyez* taloun.

pounte d'un Violon. *m. chevalet.*

pounte , terme d'arquebuſier.
f. ſouzarde.

pounte , terme de vitrie. *m.
Tenons.*

poüntuer. *adj. ponctuel, pon-
ctuelle , ou exact , exacte.*

poupeto, terme de Tourneur.
f. poupée.

poupeto, terme enfantin. *f.
ſoupe.*

poupitre. *m. pupître , ou lutrin.*

poupitre que metoun ſur-l'auta. *m. porte-miſſel.*

poupo d'un Veiſſeou. *f. poupe
d'un Vaiſſeau.*

poupo d'un home, d'uno beſti , & dau frui. *f. poulpe , ou
pulpe.*

poupo d'un Buou , terme de
Bouchie. *m. Trumeau ; il ſé
diviſe en trois parties , la premiere du côté du pié , ſe nomme le crochet , ou la croſſe , le
milieu , s'apelle la roüelle de
Trumeau , & la derniere ſe
nomme le morceau duTrumeau.*

poupon. *m. Poupon.*

poupre , peiſſoun. *m. polype, ou
poulpe.*

poupu. *adj. charnu , charnuë.*

pourceleno , ſorto d'arenō. *f.
Pozzolane , ou m. Pouzzol.*

pourceleno , ſorto do tarraillo. *f. Porcelaine.*

pourcien. *f. portion.*

pourcien, terme de Refectoir.
f. pitance , ou portion.

pourcien cordialo. *f. potion
cordiale.*

pourfiro , terme de pintre. *m.
profil.*

pourfiro , peiro. *m. porphyre.*

pourmon. *m. poulmon , pron.
Poumon.*

pourpre , maladie. *m. pourpre.*

pourpre, peiſſoun. *Voyez* poupre.

pourque. *Cochon. Quand il tête,
on dit Cochon de lait , (& pour
rire) Goret.*

pourque de San Antoni. *fem.
Cloporte , ou m. porcelet , ou
pourcelet.*

pourqueja. *commencer à meu-
rir.*

pourquetie. *m. charcutier. Sa
femme , charcutiere.*

pourquie. *m. porcher.*

pourquiero. *f. porchere.*

pourraquo , planto. *f. aſphode-
le , ou aprodille.*

pourres , terme de manechau.
mules traverſieres.

pourretos. *maſc. plants de pour-
reaux.*

pourri. *pourrir.*

pourriduro. *f. pourriture.*

pourriduro d'uno poües. *fem.
malandre d'un ais.*

pourta. *porter.*

pourtado de canoun. *f. portée de canon.*

pourtagi. *m. portage.*

pourtau. *f. porte de Ville.*

pourteur. *m. porteur.*

pourtie. *m. portier.*

pourtie de la preson. *m. Geolier, pron. Jolié, ou Concierge. Son valet s'apelle Guichetier. m.*

pourtiero. *f. Portiere.*

pourtiero d'uno caroſſo. *fem. Portiere. Le mantelet d'un Caroſſe eſt le cuir, qui s'abat ſur les portieres, pour defendre de la pluye, ou du vent, & qu'on releve pendant le beau tems.*

pourtiſſeou d'uno poüerto. *m. Guichet.*

pourtre. *m. Portrait.*

pourtron. *adj. Poltron, ou lâche.*

pous. *m. Puits.*

pous ſenſo carelo. *puits à bras.*

pous, terme de Medecin. *m. pous, ou pouls.*

pouſſa. *pouſſer.*

pouſſado. *f. pouſſée.*

pouſſaſſo, mo injuriou. *fem. tetaſſe.*

pouſſecien. *f. poſſeſſion.*

pouſſeda. *poſſeder.*

pouſſible. *adj. poſſible.*

pouſſiero. *f. Pouſſiere, ou poudre.*

Rendre leis metaus & leis mineraus en pouſſiero. *calciner les mineraux & les metaux. Son ſubſ. f. calcination.*

pouſſò d'uno fremo, d'uno Baleno. *m. teton, ou f. mamele.*

pouſſo d'uno Vaquo, d'uno Fedo, & d'uno Cabro. *m. pis.*

pouſſo d'uno Trüeio, d'uno Cato, d'uno Chino. *f. tête.*

pouſſo dun'Ourſo, & autre animau mourden, en terme de caſſo. *f. poupe.*

pouſſo d'uno Vaquo & d'uno Trüyo preparado per manja. *f. tetine.*

Se pouſta. *Se poſter.*

pouſtemo. *m. Pus.*

Gità la pouſtemo. *ſupurer.*

Herbo que fa ſourti la pouſtemo. *Herbe ſupurative.*

pouſterita. *f. poſterité.*

pouſtillo. *f. apoſtille, ou maſc. Poſtcrit.*

Faire de pouſtillo. *apoſtiller.*

pouſtillon. *m. Poſtillon.*

pouſtula. *poſtuler.*

pouſtulan. *adj. Poſtulant, poſtulante.*

pouſtulan per un Ouffici. *m. Récipiendaire.*

pouſturo. *f. Poſture.*

poutagi. *m. Potage. Celui qui mange volontiers le Potage s'apelle ſoupier, ſoupiere; adj. Ce qui reſte au fond d'un plat de potage, & qu'on a peine de tirer avec la cuilier, à cauſe qu'il a trop mitonné, s'apelle le gratin.*

poutagie d'uno couſino. *maſc. Potager.*

poutargo. *f. Boutargue.*

poutarras. *m. broc.*

poutela. *adj. potelé, potelée.*

poutenci per leis criminels. *f.*
Potence, *ou m. Gibet.*

poutenci per leis malaus. *f.*
Potence, *ou croffe.*

pouteo, terme de Foundeur.
f. Potée.

poutias. *adj. Homme qui n'a pas
inventé la poudre.*

poutie. *m. Potier.*

poutingoun. *m. Renoüeur*, *ou
bailleur, ce der eft bas.*

poutoun. *m. baifer.*

Se poutringa. *fe droguer.*

poutroy. *adj. niais*, *niaife.*

pouturo, terme de jardinie.
f. bouture.

pra. *m. Pré.*

picho pra. *m. Préau.*

Eftendre, & vira l'herbo d'un
pra coupa. *Faner l'herbe.*

pra bataillie d'ais. *f. voirie.*

praderie. *f. Prérie. C'eft un bon
revenu que les bois*, *que les
Prez*, *cela vient fans mains
mettre.*

prebandie. *m. Prebendé.*

prebando. *f. prébende.*

prebouilli. *parboüillir.*

prebouiffe, aubre. *Petit boux*,
ou houffon, *ou fragon. ou boüis
piquant.*

precatori deis amos. *m. Pur-
gatoire.*

precatori de terro. *m. Couvet.*

precauciauna. *Précautionner*,
pron. precocionné.

preces, terme de breviaire.
f. Prieres.

precetour. *m. Précepteur.*

precha. *Prêcher.*

precheur. *adj. Dominicain*, *ou
Precheur*, *ou Jacobin.*

preciou. *adj. Pretieux*, *pretieu-
fe*, *pron. précieux.*

predeftina. *Prédeftiner.*

precurou. *m. Procureur.*

predicatour. *m. Prédicateur.*

predire. *prédire.*

prefa. *m. prix-fait.*

prefon. *adj. profond*, *profondé.*

prega. *prier.*

prego-diou. *m. Prié-Dieu*, *ou
prie-Dieu.*

Au pregon. *au profond.*

prejudici. *m. préjudice.*

prejuja. *m. préjugé.*

prelounga. *diferer.*

prelounga, terme de coun-
greaire. *crépir.*

premeirouge. *adj. hatif*, *hati-
ve. ou précoce*, *ou prematuré*,
prematurée.

premena. *promener.*

premenado. *f. promenade.*

premiffien. *f. permiffion.*

Si l'on li douno permiffien
d'au long d'au de, n'en prendra d'au long d'au bras. *Si
on lui en donne un pouce*, *il en
prendra grand comme le bras.*

prendre. *prendre.*

prendre per foüerfo uno fremo. *violer*, *ou prendre à force
une femme.*

prendre tout d'un co em'ef-
fort. *faifir.*

preneire. *adj. preneur.*

prenouftiqua. *pronoftiquer.*

prepara. *preparer.*

prepau. *m. propos.*

prepoin

prepoin. *m. pourpoint.*

Tira a brulo prepoin. *Tirer à
brûle pourpoint, ou à bout portant.*

prepouficien. *f. prépoficion,
pron. prepoficion.*

pres, lou pres. *Le Prix.*

Eftre prés à faire fon deve. *adj
Etre prêt, prête.*

Eftre pres prefounie. *adj. Etre
pris, prifonnier.*

Eftre pres de l'Eglifo. *Etre prés,
ou proche de l'Eglife.*

prefagi. *m. préfage, ou pronoftic.*

presbitero de l'Eglifo. *m. chan-
cel, ou chanceau.*

prefcrioure. *prefcrire. Chofe qui
ne peut pas prefcrire, chofe im-
prefcriptible.*

prefen. *m. prefent.*

prefen que lon douno a uno
perfouno, que nous à fa
fairo uno boüenno afaire.
f. paragante, ou pot de vin.

prefenta. *préfenter.*

prefentaire, terme de Juftici
Eclefiaftiquo. *m. préfentateur.*

prefida. *préfider.*

prefiden au mourtie. *m. Pre-
fident au Mortier.*

prefo. *f. prife.*

prefon. *f. Prifon. Le lieu qui eft
entre les deux portes de la Prifon, s'apelle la morgue. Le
droit, que l'on paye au Geolier, (pron. joliê) pour l'entrée, & pour la fortie, fe
nomme, le Geolage, prononⁱ
cez jolage.*

prefouncien. *f. préfomption.*

prefounie. *m. Prifonnier.*

prefounie, terme de Sarrahie.
m. Goujon.

prefouniero. *f. prifonniere.*

prefque. *prefque, pron. l'f.*

prefqu'illo. *f. Prefqu'isle, ou pe-
ninfule, ou cherfonefe, pron.
Kerfonefe.*

preffa. *preffer.*

preffentimen. *m. preffentiment*

preffo. *f. preffe, ou foule.*

preffo, terme d'Imprimeur. *f.
Preffe. Elle eft compofée de jumelles, de fommier, d'étançons,
d'une tablette, d'un barreau,
d'un arbre, ou vis, d'une boite, d'une platine, du chevalet,
& de ce qu'on apelle le train
de Preffe. Les jumelles font de
groffes pieces de bois à chaque
côtez de la preffe. L'étançon
eft un apui qui tient les chofes
fermes, & en état. Le fommier
eft une piece de bois, ou tient
l'Ecroüe. L'Ecroüe eft un trou
dans lequel tourne une vis, la
vis, ou arbre eft cette piece de
bois qui tourne dans l'Ecroüe.
La tablette eft un petit ais pour
maintenir la boire de la vis de
la preffe. La boite eft un morceau de bois qui eft en forme
d'arc, & qui par dedans eft
garni de fer blanc, pour faire
tourner le Rouleau. Le barreau
eft un morceau de fer, qui tient
dans l'arbre, qui a un manche
de bois, & qui fert à ferrer les
formes. La platine eft un morceau de fer, ou de fonte quarr̃*

qui est ataché à la boite, &
qui pose sur le timpan lorsqu'on
Imprime. Le Chevalet est un
morceau de bois, qui porte le
Timpan. Le Rouleau est l'endroit ou est atachée la corde
pour en faire mouvoir le train.
Le Timpan est une feuille de
Parchemin bandée sur un chassis de bois. Le cofre est un bois
ou est enchassé le marbre. Le
train de presse est le cofre, le
marbre, le Timpan, le Chevalet, le Rouleau, & le pié
de presse.

Metre à la presso un'estofo.
Catir une étofe.
pressupousa. presuposer.
presta d'argen. prêter, prononcez prété de l'argent.
Lou Marrouquin presto. Le
Marroquin prête.
presta. m. prêter.
presta sermen. prêter serment.
prestagi de sermen. f. prestation
de serment, pron. l'f.
prestaire. m. prêteur.
prestanso. f. prestance, pron.
l'f.
prestarelo. f. prêteuse.
prestoule. m. prestolé, ou Capelan.
presura. m. mettre eu présure.
presuro. f. présure. La vessie, ou
est la présure, aux Veaux, s'a-
pelle la mulette, aux Bœufs, la
franche mule, & aux Moutons,
la Caillette.
pretandanto, terme de mounjo. f. aspirante, ou prétendante.

pretenden. m. Prétendant.
pretendre. prétendre.
provauta. f. Prevoté.
preveire. prévoir.
prevengu. adj. prévenu, pré-
venuë.
previlegi. m. Privilege.
prevos. m. Prevot.
primie. adj. Premier, première.
prin. Fiou prin, fil délié.
Home prin. Homme grêle, au
propre. au Burlesque, on
dit homme délicat.
principau. adj. principal, princi-
pale.
printen. m. Printems, ou Renou-
veau. Ce dernier est bas.
priou, Capelan qu'a un prioura. m. Prieur.
priou de quauquo Counfrerie.
m. Marguilier.
prioura. m. Prieuré.
pris. m. prix.
priva. priver.
Lou priva. Les Lieux, ou le
Privé, ou le retrait, ou f. ai-
sances, ou commoditez de la
maison.
paramen de priva, terme de
Masson. f. devanture.
Trau dou priva. f. Lunette.
Mau que leis privas fan veni
eis jouëines escoubihies. m.
plomb.
privilegi. m. privilége.
privilegia. adj. privilegié, pri-
vilegiée.
proche. proche.
pron. adj. pront, pronte.
pron. assez.

prone. *m. Prône.*

propre. *adj. propre.*

Rendre propre un gabino, uno chambro, un houftau, &c. *aproprier un Cabinet, une chambre, une maifon, &c.*

Eftre propre en linge fale. *Etre curieux en linge fale.*

Beoure de vin dau propre. *boire de vin de fon cru, ou de fon propre.*

prorata. *à proportion, ou au* prorata. *m. Ce mot eft purement latin & vient de prorata parte.*

proubable. *adj. probable.*

proubacien. *f. probation.*

prouce. *m. Procez. Remarquez qu'on dit qu'un procez à paffé du bonnet, pour dire que tous les Juges ont été du même avis: & qu'il a paffé à fleur de corde, pour dire, qu'il s'en eft peu falu que les avis n'ayent été partagez.*

prouceda. *proceder.*

prouceda. *m. procédé.*

prouceduro. *f. procedure.*

prouchen. *prochain.*

proucura. *procurer.*

proucuro. *f. procuration.*

proucurour. *m. Procureur.*

proudiga. *prodiguer.*

proudigi. *m. prodige.*

proudiguo. *m. prodigue.*

prouduire. *produire.*

proüe d'un Veiffeou. *f. proüe d'un Vaiffeau.*

proufana. *profaner.*

proufanaire. *m. profaneur, ou profanateur.*

proufe. *adj. profès, profeffe.*

pafla proute. *Faire profeffion.*

proufecien d'un Religiou. *f. profeffion d'un Religieux.*

proufecien de la fefto de Diou. *f. proceffion de la Féte-Dieu.*

proufeffour. *m. profeffeur.*

proufetifa. *profetifer, ou prophétifer.*

proufeto. *m. profete, ou prophéte au f. prophéteffe.*

proufi. *m. profit, ou gain.*

Faire de pichos proufis. *Grimeliner.*

proufita. *profiter.*

proufitable. *adj. profitable.*

prougre. *m. progrez.*

proüje. *m. Projet.*

proumena. *promener.*

proumenado. *f. promenade.*

proumenadou. *m. promenoir.*

proumeffo. *f. promeffe.*

proumeteire. *m. prometteur. Ce mot eft injurieux.*

proumeteiris. *f. premetteufe. Ce mot eft injurieux.*

proumetre. *promettre.*

proumoutour. *m. promoteur.*

proun. *affez.*

Eroun proun. *Ils étoient plufieurs, ou ils étoient beaucoup.*

proun. *adj. prompt, prompte.*

prouna. *prôner.*

prounounfa. *prononcer.*

prounounfo. *f. prononciation.*

prounouftiqua. *pronoftiquer.*

prounouftiquaire. *m. pronoftiqueur.*

prounouftiquo. *m. pronoftic.*

provo. *f. preuve.*

Miejo-provo. *f. semi-preuve.*

proupourciauna. *proportionner.*

à proupourcien. *à proportion.*

paga à proupourcien. *payer au prorata, ou à proportion.*

proupousa. *proposer.*

proupousicien. *f. proposition, pron. proposicion.*

proupreta. *f. propreté.*

prouprieta. *f. proprieté.*

prouprietaire. *adj. proprietaire.*

prouspera. *prosperer.*

prousperita. *f. prosperité.*

prousterna. *prosterner.*

proustitua. *prostituer.*

proutectour. *protecteur.*

prouteja. *proteger.*

proutesta. *protester.*

proutestacien. *f. protestation.*

prouva. *prouver.*

prouvensau. *adj. provençal, provençale.*

prouvenso. *f. provence.*

prouverbi. *m. proverbe.*

prouveto. *f. éprouvete.*

prouvi. *pourvoir.*

prouvidensi. *f. providence.*

prouvimen d'uno fremo en coucho, & de l'enfan na. *f. Layette.*

prouvinciau. *m. provincial, au pluriel provinciaux.*

prouvinso. *f. province.*

prouvisien. *f. provision.*

prouvoü your. *m. pourvoïeur.*

prouvouqua. *provoquer.*

prudenci. *f. prudence.*

prud'home. *m. prud'homme.*

pruisso. *f. presse.*

pruniero. *m. prunier. Un lieu planté de pruniers, s'apelle prunelaye.*

pruno. *f. prune.*

pruno pardigouno. *m. perdigon, ou prune de perdigon.*

pruno sequo. *m. pruneau.*

publi. *m. public.*

publi. *adj. public, publique.*

publica. *publier.*

pude, aco pude. *cela put, au pluriel ils puent.*

pudemie. *f. puanteur.*

puden. *adj. puant, puante.*

pudentour. *f. puanteur.*

pudour. *f. pudeur.*

puer. *adj. pur, pure.*

puique. *puisque, pr. l'f*

puissenso. *f. puissance.*

pulegi, planto. *m. pulege, ou pouliot, ou pillolet.*

puleou. *plutôt.*

punaiso. *f. punaise.*

puni. *punir.*

punicien. *f. punition.*

pupla. *peupler.*

pupu, ausseou. *f. hupe, asp. l'h.*

pur. *adj. pur, pure.*

pureta. *f. pureté.*

purga. *purger.*

purga un Ausseou de casso. *Elimer, ou curer, ou vuider un Oiseau.*

purgo. *f. Purgation.*

purgo per leis Ausseous. *sem. Cure.*

purifica. *Purifier.*

pus. *m. pus.*

Faire sourti lou pus d'uno plago. *Faire supurer une Playe.*

putanie.

putanie. *m. putaffier.*

puto. *f. putain , ou garce , ou goume , ou gourgandine.*

Masculin Q.

Qu. *qui, qu'elle.*

Quadre. *masc. quadre , pron. cadre.*

Qualifica. *qualifier , pron. Kalifié.*

Qualita. *f. Qualité.*

Quan. *quand.*

Quanquan. *m. Quanquan, pron. Cancan.*

Quantequan. *incontinent.*

Quantieme. *adj. quantiéme.*

Quaranteno. *f. quarantaine.*

Quarra. *m. Quarré.*

Quarra. *adj. Quarré , quarrée.*

Quatra un faumie. *Equarrir une Poutre.*

Quart. *m. Quart , pron. Kart.*

Quart , terme de deftreignaire. *m. Marc , pron. Mar.*

Quart de rond , terme de Fuftie. *Quart de rond.*

Quarteiron d'efplingo. *masc. Quarteron , pron. Carteron d'épingles.*

quarteiron de viando. *m. quarteron de viande.*

Quartie , terme de Courdounie , de Sellie , de bouchie , &c. *m. Quartier, pron. Cartié.*

In quarto. *m. In quarto.*

Quafi. *Quafi , ou prefque , prononcez l'f.*

Quatorge. *Quatorze.*

Quatorgeno. *f. Quatorzaine.*

Quatorgieme. *adj. Quatorziéme.*

Quatre. *Quatre.*

Quatre fés autant. *au quadruple.*

De quatre en quatre ans, *adj. Quatriennal , ou Quadriennal.*

Quatruplo, mounedo. *masc. Quadruple , ou quatruple.*

Quauqu'un. *quelqu'un , au fem. quelqu'une.*

Que vivo. *Qui vive.*

Lia pas de que manja. *Il n'y a pas de quoy manger.*

Quechiero , faire de quechiero a quauqu'un. *Recevoir favorablement quelqu'un.*

Quei dou Rofe. *m. Quai , pron. Kai du Rône.*

Queireler , herbo. *m. Stoechas.*

queiron. *m. Quartier de Pierre, ou Pierre de quartier.*

Queiffeto de Dàmo. *f. caffete d'une Dame.*

Queiffeto d'un Mercier. *Fem. Bâte d'un Mercier.*

Queiffon d'un cofre ou d'uno quaiffo. *m. Chetron.*

Queiffoun d'uno Caroffo. *m. Cofre d'un Caroffe.*

Queitivie. *f. vilenie.*

Quenouilleto, terme de Foundeur. *f. Quenouillette.*

Querela. *quereller, pron. Krelé.*

Querelaire. *adj. querelleur , querelleufe , pron. Kreleux.*

Quereto. *f. querelle , prononcez Krelle.*

Pichoro quereto entre gens de l'houftau. *f. Kioté.*

Querre, ana querre. *aler que-*
rir, pron. Keri.

Questien de Filousoufie. *fem.*
question, pron. kestion.

Questien, suplici. *f. question*,
ou torture.

Quicha. *Presser , ou pincer.*

Quichaduro. *f. meurtrissure.*

Quiche d'uno fenestro. *fem.*
Tergette.

Quiche d'uno fenestro que se
farmo despereou, en la poussan. *m. Loqueteau.*

Quiela, lou Lapin quielo. *Le*
Lapin clapit , ou glapit.

Quielamen. *m. Glapissement.*

Quieras, terme de Charron.
fem. Teriere , ou Tariere. Les
Charpentiers le font masculin.

Se quilla. *Se nicher, ou se per-*
cher , ou se jucher.

Quillo. *f. quille, pron. kille.*

Quillo , terme de Gantie. *fem.*
quille.

Quin. *quel , quelle.*

Quina. *m. quinquina , prononcés*
kinkina.

Quinge. *quinze, pron. kense.*

Quingenado. *fem. quinzaine ,*
pron. kinzaine.

Quingeno. *f. quinzaine , pron.*
kinzaine.

Quingieme. *adj. quinzième.*

Quinquaillo. *f. Clincaille , ou*
quincaille , ou mitraille.

Quinquiaire. *m. quincaillier, ou*
clinqualier. Ce dernier est bas.

Quinquinelo. *fem. banqueroute.*
　Remarquez que les Proven-
çaux par quinquinelle , enten-

dent parler de la banqueroute.
Mais en France quinquinelle dit
quelque chose de plus. C'étoit un
terme de cinq ans qu'on donnoit
à un debiteur pour payer ; &
quand le terme étoit expiré ; si
le debiteur ne satisfaisoit pas ses
Créanciers , on l'exposoit à cu
nud sur une pierre, & cette cé-
remonie s'apelloit quinquinelle.

Quinson. *m. Pinçon , pronon-*
cez Pinson. Sa femelle s'apelle
une Pinçonne.

Lou quinson canto. *Le Pin-*
çon fringote.

Quintau. *m. quintal , prononcés*
kintal , au pluriel quintaux.

Quintessenso. *f. quintessence ;*
pron. kintessence.

Quintino. *f. cantine , ou cave.*

Quista. *quéter , pron. keté.*

Quisto. *f. quête.*

Quistoun. *m. quéteur , pron.*
kéteur.

Quistouno. *f. quéteuse , pron.*
kéteuse.

Quita quauqu'un. *Laisser, ou*
quitter quelqu'un.

quita uno soumo d'argen à
son debitour. *quiter une som-*
me d'argent.

Quitanso. *f. quitance, ou aquit.*

Quitarro. *f. Guitarre.*

Quitarro deis pichos enfans ,
que metoun à la bouquo. *f.*
trompe.

Quiti. *adj. quite.*

Quitran. *m. Goudron , ou qui-*
tran.

Quitrana. *Goudronner.*

Quoto. *fem. côte-part.*
Quoüe. *f. queue.*
Quoüe deis Aufleous de Fau-
counerie. *m. Balai.*
Qoüe de Chivau , Enfeigno
deis Tuers. *f. queuë de Che-*
val , ou m. Toug.
Auffa la quoüe à uno Damo.
Porter la queuë à une Dame.

Feminin R.
Rabaïa. *Ramaf-*
fer.
Rabaffo. *f. Tru-*
fle , ou Trufe.
Rabilla. *Rabiller*
ou racommoder.
Rabillagi. *m. rabillage.*
Rable d'un Lapin. *m. Rable.*
Rabo , planto. *f. Rave.*
Rabo boutiflo. *Rave cordée.*
Rabot , terme de Fuftie. *m.*
Rabot. Son bois s'apelle le fût ,
pron. fû.
Rabouta uno poües. *blanchir ,*
ou raboter un ais.
Raca. *vomir.*
Racado , terme de deftreig-
niaire. *m. Marc , pron. Mar.*
Racaduro d'un home. *m. dé-*
gobillis.
Racagis , terme de marino.
f. Racages.
Racaillo. *f. Racaille.*
Racambole. *f. Rocambole.*
Race. *m. Son fec.*
Racheta. *racheter.*
Racien. *f. Ration , à la mari-*
ne , on dit raifon.
Racino. *f. Racine.*

Radaffo , terme de marino. *f.*
Vadroüille , ou m. Fauber.
Raden , terme de maffon. *f.*
harpes , afp. l'h.
Radeou. *m. Radeau.*
Rado , terme de marino. *f.*
Rade.
Rafatayo. *m. Fretin , ou rebut.*
Rafeou. *m. Raphaël.*
Rafina l'Or , l'Argen , lou
Sucre , &c. *afiner, ou rafiner,*
en chimie. On dit Rectifier.
Rafinagi. *m. Rafinage.*
Ragi *f. rage , ou colere , ou*
fureur.
Rai , terme de Charron. *m.*
rais , ou raïon.
Raja. *couler.*
Lou barquiou rajo deis bors.
Le baffin regorge.
Raïa uno letro. *raïer , pron.*
rëïé.
Eftofo raïado. *Etofe raïée , pr.*
rëïée.
Railla quauqu'un. *railler quel-*
qu'un.
Raillaire. *m. railleur.*
Raillarelo. *f. railleufe.*
Raillarie. *f. raillerie.*
Rainet , planto. *petite jouba-*
be.
Raïon. *m. raïon , pron. rëïon.*
Raïon de la Luno. *m. rais.*
Raïon qu'es à la tefto d'un
San. *f. Aureole , ou m. raion de*
gloire.
Raïon , terme de Charron. *m.*
raïon , ou rais. Le premier eft le
meilleur.
Rajou , terme de maunio

masc. *Fuseau.*

Raïouna. *Rayonner.*

Raisso. *f. Ondée.*

Raissolo, terme de pescadou. *m. Marquesec.*

Rajusta. *rajuster.*

Rama, terme de marino. *ramer.*

Rama de Peze. *ramer de Pois. Le bois dont on se sert pour ramer les Pois, s'apelle la rame.*

Ramado per estre à l'oumbro. *f. feuillée.*

Ramagi. *m. ramage.*

Ramena. *remener, ou ramener.*

Rameou. *m. rameau.*

Rameou per vendre de vin. *bouchon de taverne.*

Ramie. *m. ramier.*

Picho ramie. *m. ramereau.*

Ramillo. *f. ramille.*

Ramo d'uno Galero. *f. rame. Le plat de la rame, & qui est dehors, est apellé la palée, & le manche est ce que le rameur tient à la main.*

Bello ramo pau talins. *belle pochette & rien dedans, ou belle montre & peu de raport.*

Ramo de papie. *f. rame de Papier.*

Ramocouniou, planto. *f. Asperges sauvages.*

Ramo deis tinos, planto. *f. Asperges sauvages.*

Rampau. *m. rameau.*

Rampela, terme de jugadou. *envier, ou renvier.*

Rampeou, terme de jugadou. *renvi, ou envi.*

Rampeou, terme de cassaire. *m. apellant.*

Rampli. *remplir, ou emplir.*

Rampo. *f. crampe, ou goute-crampe.*

Rampo d'escalie. *f. rampe d'escalier.*

Rampouchou, planto. *Fem. raiponse sauvage.*

Ranchie, terme de Charron. *f. ranche.*

Ranci. *adj. rance.*

Se ranci. *rancir.*

Ranciduro. *f. rancissure.*

Se rancura. *Voyez rencura.*

Ranja. *ranger, ou arranger.*

Ranja de gaveous. *Entasser, ou arranger de fagots de sarment.*

Ransvers, terme d'escrivan. *m. revers.*

Rapeguïou, planto. *f. garence.*

Rapide. *adj. rapide.*

Rapidita. *f. rapidité.*

Rapuga. *grapiller.*

Rapugaire. *m. grapilleur, au f. grapilleuse.*

Rapugo. *m. grapillon.*

Raqueto. *f. raquette, Son bois s'apelle le fût, pron. fu.*

Raqueto cuberto de pargamin per juga au voulan. *f. Timbale.*

Raquo. *m. marc, pron. mar.*

Rare. *adj. rare.*

Rareta. *f. rareté.*

Ras. *adj. ras, rasé.*

Ras de terro. *rez-terre.*

Rasa. *raser.*

Rasa un peirou, &c. terme de peilourie. *lanter ou lenter un* un Chauderon.

Rafado de vin. f. rafadé.

Rafaduro. f. rafure.

Rafaduro d'un Peirou, terme de peilourie. f. lanture de chauderon.

Rafcla. Racler, ou ratiffer, ou raturer.

Rafcla lou davan d'un houftau per lou faire pareiffe nou. Regratter le devant d'une maifon.

Rafcla la chamineillo. ramoner la cheminee.

Rafcla un baftoun. Polir un bâton.

Rafcladuro. f. raclure, ou ratiffure.

Rafcladuro, terme de Curatie. m. furpoint.

Rafcle, Auffeou. m. râle aquatique.

Rafcle d'un fufiou. f. baguette. L'endroit ou on met la baguette s'apelle le canal.

Rafcle, terme de Peiroulie. f. paroire.

Rafclo d'un rafclo chamineillo. f. ratiffoire.

Rafclo chamineillo. m. ramoneur.

Rafibus, terme populari. Rafibus.

Rafin. Remarquez qu'au lieu de dire, donne moi un Raifin, il faut dire, donne moi une grape de raifin, au contraire vous direz, les raifins font meurs, & non pas les grapes de raifins font meures. Vous direz

auffi je fuis logé au raifin, & non pas à la grape de raifin.

Rafinet. efpece de joubarbe.

Rafoir per faire la barbo. m. rafoir.

Rafoir, efpeffo de tapifferie. m. Réfeau.

Rafou. m. rafoir.

Rafplo. f. ratiffoire.

Rafplo de la maftro. m. coupepate.

Rafplo d'un Veiffeou. f. racle d'un vaiffeau.

Rafplo, terme d'efculteur. f. rape.

Rafplo per neteja uno bouto. m. racloir.

Rafquas. adj. tignoux, tigneufe, ou teigneux.

Sembla un rafquas. Etre bretaude.

Rafquo. fem. tigne, ou teigne, ou rache.

Raffe. m. Son fec.

Raffo. fem. race.

Tira de raffo. chaffer de race.

Faire raffo. faire place.

Se faire faire raffo. percer.

Raftela. râteler.

Raftelado. f. râtelée.

Raftelie. m. râtelier.

Raftelie de dens. f. denture, ou m. dentier.

Raftelie qu'es deffus lou taulie d'un Bouchie. f. tringle.

Raftelie per efcoula l'eftat d'uno coufino. m. égoutoir, ou heriffon, afp. l'h.

Rafteou. m. rateau; prononcez rato.

Rasteou qu'a de dens deis dous coustas. *m. fauchet.*

Rasteou d'uno Sarraillo. *m. rateau de serrure.*

Rasteou de Mouton. *m. quarré de Mouton, ou haut côté de Mouton.*

Rastoubla. *ne faire point de jachere.*

Rastouble. *m. Chaume.*

Deraba lou rastouble. *Chaumer.*

Rata. *ronger.*

Ratafia. *m. ratafia. ou f. hypotheque.*

Rataillons. *f. brouilleries, ou retailles.*

Ratasouiro, mo injuriou. *m. faineant.*

Rateirou, aussecou. *m. martinet.*

Ratie, aussecou. *fem. Crecerelle, ou Creſſerelle.*

Ratiero. *f. ratiere, ou souriciere. L'ouvrier qui les fait s'apelle le Layettier.*

Ratif. *adj. rétif, rétive.*

Ratino. *f. ratine.*

Rato, animau. *f. Souris.*

Pichoto rato. *m. souriceau.*

Rato courto. *m. Mulot.*

Rato de l'home. *f. rate.*

Rato penado. *f. chauve-souris, ou rate-pennade.*

Rau. *adj. enroüé, enroüée.*

Faire veni rau. *Enroüer. Son substantif est enroüement. m. ou enroüeure. f.*

Faire paſſa lou rau. *Desenroüer.*

Rava sur quauquoren. *rever sur quelque chose.*

Rava estan malau. *Etre en délire, ou en réverie, ou réver.*

Rava uno bouto. *Sonder, ou jauger un Tonneau.*

Ravagi, faire de ravagi. *faire du ravage, ou du desordre.*

Ravagi d'uno bouto. *m. jaugeage, ou f. jauge.*

Ravaire. *adj. réveur, réveuse.*

Ravaire de boutos. *m. jaugeur. L'instrument dont on se sert, s'apelle la jauge.*

Ravala, terme de maſſon. *ravaler.*

Ravan, terme de courdie. *m. pignon.*

Ravarie. *f. réverie, ou m. délire.*

Rauba. *dérober, ou voler.*

Rauba sinomen. *Escamoter. pron. l'ſ.*

Rauba en faſen de pichot proufis secres & injustes. *Griveler.*

Raubo de Palai. *f. robe.*

Raubo de fremo. *f. jupe, ou robe.*

Raubo deis paisannos. *f. côte, ou robe.*

Raubo de deſſous deis pailannos. *m. cotron, ou coteron.*

Ravi. *ravir.*

Raviſſomen. *m. raviſſement.*

Raume. *m. rûme.*

Rauquo, ave la vois rauquo. *avoir la voix rauque, ou être enroüé.*

Reajourna. *reajourner.*

Realita. *f. réalité.*

Reassieja. *rassieger.*
Reassigna. *reassigner.*
Reassura. *rassurer.*
Reatrapa. *ratraper, ou avoir de nouveau.*
Reatrapa. *ratraper, ou tromper de nouveau.*
Reavala. *ravaler.*
Reave. *ravoir.*
Reaussa. *rehausser.*
Rebagna. *remouiller.*
Reballe. *adj. courtaud, courtaude, ou trapu, trapuë, ou trape, ou ramassé, ramassée.*
Rebateja. *rebatisser.*
Rebatre d'uno soumo. *rabatre une somme.*
Rebatre quauqu'un. *rebatre quelqu'un.*
Rebatre, terme de Tailleur. *rabatre.*
Rebeca. *raisonner, ou se rebequer contre quelqu'un.*
Rebecaire. *adj. raisonneur, raisonneuse.*
Rebeisa. *rebaiser.*
Rebeissa. *rebaisser.*
Rebeissa, terme de curatie. *égoger.*
Rebenda. *rebander.*
Rebon. *m. contre-coup.*
Rebor. *m. rebord.*
Rebouca, terme de masson. *Enduire.*
Rebouca à peiro visto. *hourder, asp. l'h.*
Reboucamen. *m. enduit.*
Reboucamen à peiro visto. *m. hourdage, asp. l'h.*
Reboussetiaire. *m. tripier.*

Rebouleto. *f. pance, ou m. double, ou herbier, ou gras double.*
Rebounda, peiro que reboundo. *Pierre qui rebondit, ou rejaillit.*
Rebourda. *réborder.*
De rebous. *à contre poil, ou à rebours.*
Rebouta seis botos. *reboter.*
Rebouta quauquoren. *remettre quelque chose.*
Rebouteilla. *rentoner le vin.*
Reboutouna. *reboutonner.*
Rebroüa. *rabroüer.*
Rebrouado. *f. rebufade.*
Rebrounda un aubre. *émonder ou égayer, ou élaguer, ou detoupillonner un arbre.*
Rebuta. *rebuter.*
Recala, terme de fustie. *recaler.*
Recalada. *repaver.*
Recaliou. *f. cendre chaude.*
Recaliva. *tomber en rechute.*
Recampa. *amasser, ou ramasser.*
Recampo peto. *m. Gadouard, ou vuidangeur.*
recarga. *recharger.*
recassa quauquoren. *atraper quelque chose.*
recassa quauqu'un. *redresser, ou recevoir quelqu'un.*
recativa. *voyez requatia.*
recava. *recruser, ou refouir.*
recaufa. *rechaufer.*
recauqua. *refouler.*
recauquet. *m. réveillon.*
recauquilla. *recoquiller.*
recaussa. *rechausser.*

recebedoüiro, terme de vendumi. *f. tinette.*

recebre. *recevoir.*

recerqua. *rechercher.*

recerquo. *f. recherche.*

rechapla. *rehacher.*

rechauchoun. *m. réveillon, ou*
Medianoche. *Richelet le fait fem.*
& dit Medianoché.

recita. *reciter.*

reclavela. *recloüer.*

reclaure. *biner.*

reclaüre. *m. binement.*

recor. *m. recors, ou pousse-cu.*

recorto, *f. récolte.*

recoubra. *recouvrer.*

recuire. *recuire.*

peilloun que recouit. *poisson*
qui pique.

recoula. *recoler.*

recoule, religiou. *m. recolet.*

recoumanda. *recommander.*

recoumandacien. *f. recomman-*
dation.

recoumensa. *recommanser.*

recoumoudi. *racommoder, pron.*
racommodé.

recoumouda lou fuec. *ratiser*
le feu.

recoumpensa. *recompenser.*

recoumpenso. *f. recompense.*

recouncilia. *reconcilier.*

recounciliacien. *f. reconciliation.*

recoüincissen. *adj. reconnoissant,*
reconnoissante.

recouneissenso. *f. réconnoissance.*

recoüinoüisse. *reconnoître.*

recounta. *reconter.*

recounvida. *reinviter.*

secour, avé recour. *recourir, ou*

avoir recours.

recourdura. *recoudre.*

recreacien. *f. recreation.*

recreisse. *recroître.*

recroucheta. *ragrafer.*

recuilli. *recueillir.*

recula. *reculer.*

reculon, ana de reculon. *aler*
à reculons, ou retrograder.

recurbi. *recouvrir.*

redable, terme de fournie. *m.*
rable, ou fourgon.

redailla. *refaucher.*

redansa. *redanser.*

redaura. *redorer.*

rede. *adj. roide, pron. redé.*

rendre rede. *roidir, prononcez*
redi.

redebana. *redevider.*

redefaire. *redefaire.*

redevenso. *f. redevance.*

rediable, terme de fournie.
m. rable, ou fourgon.

rediable, terme de croto. *m.*
rabot.

redicule. *adj. ridicule.*

rediculita. *m. ridicule, ou fem.*
ridiculité. Le premier est le meil-
leur.

redima. *redimer.*

redire. *redire.*

redon. *adj. rond, ronde.*

redoubla. *redoubler.*

redoüerto. *fem. hard, ou hart,*
ou hare, asp. l'h. Le dernier est
le meilleur. La hare du bois
floté, s'apelle rouelle, ou riorte,
fem.

redouna. *redoner.*

redour. *Feminin roideur; pron.*
redeur.

'redeur, ou vitesse.

Redraïa. recribler.

Redreissa. redresser.

Redreissoir, terme de Poutie. m. redressoir.

Redurbi. rouvrir.

Reel. adj. réel, réele.

Rendre réel. réaliser.

Reembala. rembaler.

Reembarqua. rembarquer.

Reembourssa. rembourser.

Reembrassa. rembrasser.

Reencadena. renchener.

Reencheri. rencherir.

Reencouraja. rencourager.

Se reendourmi. se rendormir.

Se reenfla. Se renfler, ou s'enfler de nouveau.

Reengaja. rengager, ou engager de nouveau.

Reestaqua. ratacher.

Reestudia. rétudier.

Refarma. renfermer.

Refetoüar. m. Réfectoir, ou Réfectoire, pron. l'r final de Réfectoir.

Refetoüar deis varles deis Fuillans. fem. Malegouverne.

Refetourie. m. réfectorier.

Refetouriero. f. Réfectoriaire.

Reflouri. refleurir.

Refoüire. refoüir.

Refouloir, terme de Canonnie. R. refouloir.

Refoundre. refondre.

Refourja. reforger.

Refourma. reformer.

Refreja. refroidir, ou froidir.

Refresqua. Rafraîchir, pron. rafréchi.

Refresqua un veire. fringuer un verre.

Refresqua de Linsous. rélaver de draps.

Refresqua de linge, ou d'estofo, quand souerto dou saboun, ou dou lissiou. éguéer, ou gâcher, ou guéer du linge, ou d'étofe.

Refresqua de fiou, ou de sedo. qu'a boüilli eme de saboun, terme de Tenchurie. dégorger du linge.

Refresqua lou tail d'un aubre. ragréer un arbre.

Remedi que refresquo. adj. Réfrigeratif, réfrigerative, ou réfrigerant, réfrigerante.

Herbo que refresquo. adj. rafraichissant, rafraîchissante.

Refugia. refugier.

Refusa. refuser.

Refusa de faire quauquoren à quauqu'un. éconduire quelqu'un.

Regagna. regagner.

Regala. régaler.

Regale. m. régal, ou régale.

Regalissi. f. réglisse, ou reguelisse.

Regalissi blan, ou negre, per lou rume. m. suc de reglisse.

Regarda. regarder.

Regarda soulidamen de traver. Loucher.

Regarda quauqu'un fixomen, & de traver. Lorgner quelqu'un.

Regarda quauqu'un au visagi. envisager, ou regarder

V v v

quelqu'un.

Regen de Philousouphie. *m. Professeur, ou Regent.*

Regeton. *m. rejetton, ou jet, ou bourgeon.*

Leva leis regetons d'uno vigno, ou d'un aubre. *ébourgeonner la vigne, ou un arbre.*

Regiſtra. *enregiſtrer.*

Regiſtre. *m. regître.*

Regita. *rejetter.*

Regla. *regler.*

Reglado per ſouſteni quauquoren, terme de fuſtie. *m. Taſſeau.*

Regle per eſcrioure drech. *f. tranſparence, ou fauſſe régle.*

Regle que va eme la pato. *m. poncis.*

Reglo. *fem. régle.*

Reglos, maladie deis fillos. *m. mois, ou ordinaires, ou f. fleurs.*

Reglo a plon, terme de maſſon. *m. Renard.*

Reglomen. *m. Reglement.*

Rego. *f. raïe, pron. rée, ou ligne.*

Regos naturelos que ſoun ſur lou papie. *f. vergeure, pron. verjure.*

Rego dou viſagi. *fem. ride.*

Rego ouverto que ſeparo leis ſauquos. *f. déraïure.*

Regos que ſoun eis caches per faire coünouiſſe leis coulours deis armos. *fem. hachure, aſp. l'h.*

Rego que fan leis caroſſos, ou leis carretos per leis ca-

mins. *fem. orniere.*

Rego que fa un Veiſſeou en marchan ſur l'aigo. *m. ſillage, ou bouage, ou houache.*

Rego d'uno poüerto, d'uno feneſtro, d'uno muraillo. *f. fante.*

Rego que ven ſur la terro, à cauſo de la ſecareſſo. *f. crevaſſe.*

Rego quo ven ſur lou cuou d'un enfan per ave eſta trop foüeita. *m. ſion.*

Regoli. *f. frairie, ou carrouſſe.*

Faire de regoli. *Se rigoler.*

Regolo. *fem. rigole, ou maſe. ruiſſeau.*

Regolo de la tauliſſo. *Fem. goutiere.*

Regoula. *rouler.*

Regoulamen. *m. roulement.*

Regounfla. *regonfler.*

La ribiero regounflo. *La riviere refluä, ou regonfle.*

Regous. *m. ragoût.*

Regous fa eme de viandos que ſoun reſtados d'un rapas. *m. Salmigondis.*

Regous fa de pluſier reſto de diferentos viandos. *f. galimafrée.*

Regrandi. *ragrandir.*

Regre. *m. regret.*

Regreja, terme de maſſon. *ragréer.*

Regreta. *regretter.*

Reguigna. *ruer, ou regimber.*

Reguignado. *f. ruade.*

reguignairo. *m. rueur; ou fem. rueuſe.*

reguigneou. *f. riblette.*

regularita. *f. regularité.*

rehabilita. *rehabiliter.*

Se rehabilla. *Se rhabiller.*

rei. *m. Roi, en Tartarie Cham,
en Perse Sophi, & en l'Arabie
Cacique.*

rei de caillo, Aufleou. *masc.
râle.*

rejala. *regeler.*

reifoüer. *m. raifort.*

reigna. *regner.*

reigne. *m. regne.*

reillo d'un araire. *masc. Soc de
charruë.*

reimprima. *reimprimer, ou rim-
primer.*

reinar. *m. Renard. Sa femelle,
Renarde. Son cris, s'apelle le
glapissement. Son verbe est
glapir. Les petis d'un Renard
en terme de chasse, s'apellent
les Cheaux. Le trou où ils se retire s'apelle, la taniere, ou la
Renardiere; & l'entrée de la
Taniere se nomme la Mere.*

reinar, juec. *m. Renard.*

reinar, terme de fountanie. *f.
queuë de Renard.*

reineto. *f. raine verte, ou grenouille verte, ou m. graisset.*

reino. *f. reine.*

reinterrouja. *reinterroger.*

reintra. *rentrer.*

rejolo, terme de caretie. *fem.
Esse.*

rejougne uno chambro. *arranger une chambre.*

rejougne un habit. *Serrer, ou
enfermer un habit.*

rejoüi. *rejouir.*

rejouicenso *f. rejouissance.*

rejouni. *rajeunir.*

reire poin. *m. arriere-point.*

reire gran pere. *m. bisaieul.*

reire lesoun. *arriere-saison, ou
fin de l'autonne.*

rejuni. *rajeunir.*

relansa. *relancer.*

relanti. *ralentir.*

relarga. *rélargir.*

relava. *relaver.*

relega. *réleguer.*

releice. *m. relief.*

reles. *m. relais.*

releva. *relever.*

releva, terme de manechau.
m. rassis.

reliaire. *m. relieur.*

religaturo. *f. reliûre.*

religi. *retire.*

religien. *f. religion.*

religiou. *m. Religieux.*

espesso de religioux Tuers. *m.
dervis, ou derviche.*

religiouse. *f. Religieuse.*

relique. *f. Relique.*

reliquero. *m. reliquaire, prom.
reliKere.*

relogi. *f. Horloge.*

relogi qu'a lou repli. *f. horloge à repetition.*

relogi d'aigo. *f. Clepsydre.*

Lou tita que fa lou relogi.
La vibration.

reloüga. *relouer.*

relougiaire. *m. horloger, ou hor-
logeur.*

relusi. *reluire, ou briller.*

remaillouta. *remmailloter, pros*

noncez ranmailloter.

remalouna. *recarreler.*

remaneja. *remanier.*

remarcia. *remercier.*

remerciamen. *m. remerciment.*

remarida. *remarier.*

remarquà. *remarquer.*

remarquo. *f. remarque.*

remaftega. *remacher.*

remedi. *m. remède.*

Metre remedi. *remédier.*

remedia. *remédier.*

remefura. *remefurer.*

remetre. *remettre.*

remetre un'affaire à un mes. *proroger une afaire d'un mois, ou la remettre à un mois.*

remetre lou feou. *reapofer le feau.*

remifo. *f. remife.*

remo, terme de maffon. *fem. echaffes.*

remorfo, terme de maffon. *f. retraite. ou m. rélais.*

remouli. *ramolir.*

remouliffen. *adj. ramolitif, ramolitive.*

remouftra. *remontrer.*

remouftranfo. *f. remontrance.*

remounta. *remonter.*

remouqua un veiffeou. *remorguer, ou remorquer, ou touer. Le dernier fe fait avec le cabeftan.*

remouquagi. *m. ouage.*

remplega. *remplier.*

remubla. *remeubler.*

remuda un aubre. *transplanter un arbre.*

remuda un enfan, terme de

nouriffo. *remuer un enfant.*

remuda, terme de manechau. *m. raffis.*

remuïa. *tremper.*

Faire remuïa de marluffo. *faire détremper de la Merluche.*

ren. *rien.*

Faire ren. *étre oifif, au f. oifive.*

Lou ren. *Le rang, pron. ran.*

Un ren d'aubres. *une rangée d'arbres.*

ren per rama. *f. rame. Voyez ramo.*

rena. *groigner, ou gronder, ou marmonner.*

Faire que rena. *réchigner, pron. rechinié, ou grogner.*

La pipo reno. *La pipe râle.*

Lou ventre ly reno. *Le ventre luy grouille.*

renaire. *adj. groigneur, groigneufe, ou grondeur, grondeufe, ou rechigné, rechignee.*

renaiffe. *renaître.*

renardiero, febo renardiero! *Oignon remonté.* †

Se rencura. *Se plaindre.*

rencuro. *f. rancune.*

rendo-vous. *m. rendez-vous.*

rendre. *rendre.*

rene per la femano fanto. *f. crecerelle, ou creffele.*

renega. *renier.*

renega. *m. Renegat.*

renegaire. *m. renieur.*

reneteja. *renetteïer.*

renfourfa. *renforcer.*

renglavo. *f. ringlave.*

renguiero de pan. *f. rangée de pain.*

renguiero

Renguiero de chambros. *Fem.* *enfilade de chambres.*

Renoües. *m. Graillon, ou relief, ou fem. desserte.*

Renouma. *adj. renommé, rénommée.*

Renoumado. *f. renommée.*

Renoun. *m. renom.*

Renounculo. *f. renoncule.*

Renounía. *renoncer.*

Renounfa de piquo , ou de flous. *renoncer à piqué, ou à trefle.*

Renounfamen au mounde. *m. renoncement.*

Renounfamen à uno charjo. *fem. renonciation.*

Renounfamen , terme de jugaire eis cartos. *f. renonce.*

Renoufa. *renoüer, ou noüer de nouveau.*

Renouvela. *renouveller.*

Rens , leis rens. *Les reins.*

Renta. *renter.*

Rentie d'uno terro , ou d'uno baftido. *m. Fermier d'une terre, &c.*

Rentie d'un houftau. *m. Locataire d'une maifon.*

Rento. *f. rente.*

Repaga. *repayer, pron. repéier.*

Repaquéta. *rempaquéter.*

Repara. *reparer.*

Reparacien. *fem. réparation.*

Repareiffe. *reparoître.*

Repas. *m. repas.*

Repas , ounte l'on fer la viando , & lou ftui tout enfemble. *m. ambigu.*

Repas gras , que l'on fa apres

miejo nuech , entre un jour maigre , & l'autre gras, coumo la nuech dau diffato au Dimenche. *m. Medianoche. Et felon Richelet , feminin.*

Repas ounte chacun pouerto quauquoren per manja. *joindre fes bibres. Il faut joindre nos bibres.*

Repas fale , & vounte leis viandos fount mau apreftados. *m. Gargotage.*

Repas que l'on fa faire eis chins, & eis auffeous apres la caffo. *f. curée.*

Repaffa. *repaffer.*

Repafta. *repaîtrir.*

Se repatia. *fe ravoir.*

Se repatia eme fon enemi. *Se repatrier avec fon énemi.*

Repau. *repos.*

Repaufa. *repofer.*

Leiffa repaufa uno liquour afin que vengue plus claro. *Laiffer repofer une liqueur afin qu'elle s'épure.*

Repaufoir, terme de maffon. *m. paillier, ou repos.*

Se repenti. *Se repentir.*

Repepia. *radoter.*

Repepia en fafen quauquoren. *rechigner, pron. rechiné.*

Repepiaire. *adj. radoteur, radoteufe.*

Repepiaire en fafen quauquoren. *adj. rechigné, rechignée.*

Repefca. *repêcher.*

Repeta. *repeter.*

Repetiero. *f. revendeufe, ou regratiere.*

Repinchina. *repeigner.*

Repinta. *repeindre.*

Repiqua. *refraper.*

Replaſſa. *remplaſſer.*

Reple. *adj. replet, replete.*

Replega. *replier.*

Repli. *m. repli.*

Repli, relogi qu'a lou repli. *f. Horloge à repetition.*

Reploüre. *replœuvoir.*

Repluma, l'auſſeou replumo. *L'Oiſeau muë de nouveau, ou replume.*

Repouda. *retailler la vigne.*

Repourta un libre. *reporter, ou raporter un Livre.*

Repourta un ſecre. *redire, ou raporter un ſecret.*

Repourtie. *m. raporteur, ou porte-paquet.*

Repouſſa. *repouſſer.*

Repouſſadou, terme de brouquie. *m. chaſſoir.*

Repouſſadou, terme d.Eſculteur. *m. repouſſoir.*

Reprendre. *reprendre.*

Reprin. *m. ſon gras, ou f. recoupe.*

Reproche. *m. reproche.*

Reprouba. *reprouver.*

Reproubacien. *f. reprobation.*

Reproucha. *reprocher.*

Reprouduire. *reprodaire.*

Repugna. *repugner.*

Reputacien. *f. reputation.*

Se requatia. *ſe raquiter, ou ſe remplumer.*

Requauquilla ſon capeou. *recoquiller ſon chapeau.*

Requeſto. *f. requéte.*

Se requita au juec. *Se raquiter, ou ſe remplumer.*

Reriquero. *m. Reliquaire, pron. ReliKére.*

Res de ſebo, &c. *f. glane d'oignons, &c.*

Reſcapa. *réchaper.*

Reſcaufa. *réchaufer.*

Reſclanti. *reſonner, ou retentir.*

Reſclantiſſomen. *m. retentiſſement.*

Reſclavo. *f. Ecluſe.*

Reſclauvado. *f. Ecluſée.*

Reſcontra. *rencontrer.*

Reſcontre. *f. rencontre, ou ocurrence.*

Reſcontre, terme de deſtilaire. *f. rencontré.*

Ay agu un boüen reſcontre, en achetan aqueou chivau. *J'ai eu une bonne rencontre, ou une bonne trouvaille, en achetant ce cheval.*

Reſcountra. *rencontrer.*

Reſcrioure. *récrire.*

Reſerva. *reſerver.*

Reſerva. *adj. reſervé, reſervée.*

Reſigna. *reſigner.*

Reſiſta. *reſiſter.*

Reſiſtenſo. *f. reſiſtence.*

Reſon. *f. raiſon.*

A reſon. *Sur le piè, ou à raiſon.*

Reſoulu. *adj. réſolu, réſaluë.*

Reſoulucien. *Fem. réſolution.*

Reſouna. *raiſonner, ou diſcourir.*

Reſouna. *réſonner, ou retentir.*

Reſounamen d'un home. *raiſonnement.*

Reſounamen d'un bru. *maſc.*

retentissement.

Respecta. *respecter.*

Respira, *respirer. La difficulté de respirer se nomme la Dyspnée. La Dyspnée a trois degrez, sçavoir la courte haleine, l'asme, ou asthme, & l'orthopnée.*

Poude pas respira per ave trop courru. *être essoufflé, essouflée.*

Respira apres ave trop courru. *haleter.*

Resplandi. *resplandir.*

Resplani de boües. *corroïer de bois.*

Respouendre. *répondre.*

Respouenso. *f. réponse, ou repartie, où replique.*

Resquilla. *glisser.*

resquillado. *f. glissade.*

resquillanto per resquilla. *fem. glissoire.*

ressaluda. *resaluer.*

ressamena. *rensemencer, ou resemer, ou remblaver. Ce dernier est bas.*

ressarqua. *rechercher, ou refouiller.*

ressau. *m. sursaut.*

ressau dou souleou. *f. réverberation du Soleil.*

ressauda. *ressouder.*

ressauna. *resaigner.*

ressauta. *faire un sursaut.*

ressenti. *ressentir.*

ressor. *m. ressort.*

chanja de ressor à uno farraillo. *changer les gardes d'une serrure.*

ressourso. *f. ressource.*

resta. *rester.*

resta eicy. *demeurer, ou rester icy.*

restabli. *rétablir.*

restanquo. *f. digue.*

restaura. *restaurer, ou reparer.*

restaura per manja. *m. restaurant.*

restaura per un ensansoir. *m. Storax.*

Aco me restauro. *cela me vivifie.*

restitua. *restituer.*

resto. *m. reste.*

resto de pan, & de cher d'un repas. *m. relief de cuisine, ou desserte, ou graillon.*

resto de vin de plusieurs fiolos, mela ensemble. *masc. ripopé.*

restreigne. *restreindre, pron. l'se ou rétrecir.*

restudia. *rétudier.*

retable. *m. rétable.*

retaillon. *f. retailles, ou brouilleries.*

retapa. *reboucher.*

retapamen. *m. rebouchement.*

retarda. *retarder.*

retardomen. *m. retardement.*

retasta. *rétâter.*

retaxa. *retaxer.*

reteigne. *reteindre.*

retengudo. *f. retenuë.*

reteni. *retenir.*

La vigno a retengu. *La vigne a noüé.*

retira. *retirer.*

retira. *adj. retiré, retirée.*

La telo se retiro. *La toile se*

resserre, ou se retire:
Lou Pargamin se retiro proche dou suec. *Le Parchemin se retire ou se recroqueville. Il se dit aussi d'un ver, quand on le foule avec le pié. Il se dit encore des feuilles des arbres, & des fleurs, quand elles se sechent.*

retirado. *f. retirée.*
retirado deis lebres. *masc. gîte.* Voyez retreto.
retiramen, terme de masson. *m, fruit.*
retouca. *retoucher.*
retouesse. *retordre.*
retoumba. *retomber.*
retoumba de vin. *transvaser du vin.*
retoumbe. *m garou.*
retour. *m, retour.*
retour d'uno Capelo. *masc. Recteur.*
retouriquo. *f. Rétorique.*
retourna. *retourner, ou rebrousser chemin.*
retrauca. *repercer.*
retrempa. *retremper.*
retrempa. *replonger.*
retreto, terme de devoucien. *m. exercices spirituels, au f, Retraite.*
retreto d'un Loup. *f. déchaussures.*
retreto d'un Senglie. *f. bauge, ou m. fort.*
retreto deis Lebres. *m. gîte, ou f. forme, ou meute, ou muette.*
retreto deis bichos. *f. meute, ou muette.*

retreto deis bestis sauvages, & faroujos. *f. taniere.*
retrouba. *retrouver.*
revartega. *trousser.*
revartega mai. *retrousser.*
reveilla. *éveiller, ou reveiller.*
reveilla. *m. réveil.*
reveillo matin. *m. réveil, ou reveil-matin. Celui qui a le reveil-matin, s'apelle le réveilleur.*
reveire. *revoir.*
revendaire. *m. Revendeur.*
revendaire de tableous, & de caulos curiousos. *masc. Brocanteur.*
revendeiris. *f. revendeuse, ou regratiere.*
revendeiris, que vende touto sorto de peissons sala, &c. *f. Harengere, asp. l'h.*
revendeiris de cher de poüer, boudin, &c. *Charcutiere.*
revendre. *revendre.*
revenenci. *f. révenance.*
revenge. *f. revenche.*
Senso revenge. *Sans revenche, ou à coupe-cu,*
revengu. *adj. revenu, revenuë.*
revengu. *m. revenu.*
reveni. *revenir.*
reveni uno dindo. *refaire une Poule Dinde, ou la flamber, ou la revenir.*
revenja. *revencher.*
reverbera. *réverberer.*
reverberacien. *f. reverberation.*
reves, terme de jugaire au Voulan, & à la Paumo. *m, arriere-main.*

Toumba de reves. *tomber à la renverse.*

Revessa. *renverser.*

Revesso penoun , terme de marino. *f. cargue-boûlines.*

Revesti. *revétir.*

Reviouda. *ressusciter , & au burlesque ravigoter.*

Revioure. *revivre.*

Revioure , terme de segaire. *m. regain.*

Revira. *retourner.*

Reviro meinagi. *m. remu-menage.*

Reviro menu , planto. *masc. dompte venin, ou asclepias.*

Revisa. *raviser.*

Revis. *adj. reveu , reveue.*

Reviscoula. *ravigoter.*

Revoï , es encaro revoï. *Il a encore de la vigueur.*

Revoïra. *couper , ou racler le Blé.*

Revoïro per revoïra. *f. racloire ou radoire.*

Revoulun. *m. tourbillon.*

Revoulun , terme de marino. *m. revolin.*

Revourta. *revolter.*

Riado. *f. risée.*

Rialo. *f. Réale.*

riallo. *f. risée.*

Rias , terme de pescadou. *m. épervier. Les cordes qui le serrent s'apellent les nerfs.*

Riau. *m. ruisseau.*

Riban. *ruban.*

Riban pounso. *Ruban ponceau.*

Ribantie. *m. Rubanier.*

Ribas , terme de Jardinie.

Feminin costiere.

Ribiero. *f. Riviere. L'endroit ou deux rivieres se joignent, s'apelle le conflant ; mais s'ils sont deux fleuves , on les nommera le confluent. Les hommes qui tirent un Bateau sur une Riviere , s'apellent les haleurs , asp. l'h. Le petit bruit que font les rivieres en coulant, se nomme le gazoüillis , ou gazoüillement.*

La glasso de la ribiero a peta. *La riviere a debaclé. Son subst. est la debacle.*

Ribla. *river.*

Ribluro. *f. riveure.*

Ribo. *m. bord , ou f. extremité, ou rive.*

Ribo taïado. *f. berge.*

Riche. *adj. Riche.*

Ridello d'uno carreto. *f. ridele d'une charette.*

Rideou. *m. rideau.*

Ridicule. *Voyez* redicule.

Riero , terme de Noutari. *arriere.*

Risla , terme de Tailleur de peiro. *riper.*

Rislar , terme de Tailleur de peiro. *f. ripe , ou m. gratoir.*

Rislar , terme d'Esculteur. *m. Rislard.*

Rigau , ausseou. *f. rouge-gorge.*

Rigaudon. *m. Rigodon.*

Rigour. *f. rigueur.*

Riguigneou. *f. riblette.*

Rima. *rimer.*

Se rima. *Se brûler.*

Rima que se ten au foun d'un

plat , ou d'uno casseto. *m.*
gratin.

Rimaire. *m. rimeur.*

Rin. *Voyez* rasin.

Rinocero , animau. *m. Rhi-*
nocerot. Son cri , s'apelle masc.
Baret.

Rire. *rire.*

Rire coumo un esglaria. *rire à*
gorge déployée.

Rire a demi per se mouqua de
quauqu'un. *ricaner.*

Estofo que ris. *étofe meure.*

Ris. *m. Ris.*

Ris , gran. *m. ris.*

Riseire. *m. rieur , au f. rieuse.*

Riseire à demi per se mouqua
de quauqu'un. *adj. ricaneur ,*
ricaneuse.

Risen. *m. riant , au f. riante.*

Risqua. *risquer.*

Riva , terme de Sarrahie. *Ri-*
ver.

Rivagi. *m. rivage , ou f. rive.*

Rivau. *m. rival , au pluriel ri-*
vaux.

Riveuro, terme de Sarrahie.
f. riveure.

Ro. *m. Rot , ou soupir de Ba-*
chus , pron. Bacus.

Rocambolo. *f. Rocambole , ou*
échalote d'Espagne.

Rodo. *f. Roue. On dit enrayer*
de roües , quand on passe une
piece de bois entre deux roües
d'un Carosse , ou qu'on les enlie
avec une corde , pour empêcher
qu'elles ne roulent , & comme
cela retarder leur mouvement à
la décente d'une montagne.

rodo per faire mounta l'aigo
coumo sount aqueilles de
Lilo. *f. roüe hydraulique , ou*
-roüe à godets.

rodo per faire vira l'aste. *m.*
tourne-broche.

rodo de fourtuno. *f. roüe de*
fortune , ou m. tourniquet.

rodo de proüe , terme de marino. *f. étrave.*

rodo de poupo , terme de marino. *m. étambord.*

rodo-mountado. *f. rode-mon-*
tade.

role. *masc. rôle.*

rose. *m. Rône.*

roso. *f. rose. Le jauno qui est au*
milieu d'une Rose s'apelle an-
thera , f. & le blanc qui est
au bout des feuilles d'une rose,
se nomme onglet , m. La peau
qui envelope le bouton , s'apel-
le hymen. m.

roso roujo. *rose de provin.*

roso de paramen , terme de
masson. *f. épaufrure.*

rosso. *f. rosse , ou harideüe , asp.*
l'h.

rossoli. *m. rossolis.*

roto , peissoun. *f. truye. Vous*
trouverez ce mot dans le Dictio-
naire de Pomey.

roüa. *roüer , ou rompre.*

roüacho, terme de curatie. *f.*
Tanée.

roüado. *f. gelée.*

roüalo. *m. coquelicot.*

roüalo jauno. *m. pavot cornu.*

roüber. *m. Robert.*

roubin. *m. robin.*

roubine. *m. robinet.*

roubuste. *adj. robuste.*

roucas. *Voyez* rouquas.

rouchoir, terme d'argentie. *m. rochoir.*

rouda. *rouler.*

rouda senso necessita. *roder.*

roudaire. *m. rodeur.*

roude , terme de maunie. *m. rouet.*

roudie que fa de rodos. *masc. Charron.*

roudou , planto. *espece de sumac.*

rouëiga. *ronger.*

rouëiga un trouës de pan duer. *grignoter du pain.*

rouëigaduro deis garis , deis arnos , &c. *f. mangeure.*

rouge. *adj. rouge.*

rouge , coulour. *m. rouge.*

rouge , terme de blason. *f. gueules.*

rouge , aufseou. *m. rouge.*

rouge de cero beouten espero. *rouge au soir , & blanc au matin , c'est la journée du Pelerin.*

rouge , peissoun. *m. rouget.*

rougi. *rougir.*

rougino, terme de Cirurgien. *f. rugine.*

rougna. *rogner , ou racourcir.*

rougna un manteou , uno raubo, la quoüe , ou leis aureillos d'un chivau. *acourcir , ou écourter un manteau , une robe , &c.*

rougnaduro. *f. rognure.*

rougnaduro d'estan, terme de

Poutie *f. rature, ou nompareille.*

rougnaduro deis mounedos. *f. Cisailles.*

rougno. *f. gâle.*

rougno fino. *f. rogne.*

rougno d'un chivau. *f. Malandres.*

rougnon *m. rognon.*

rougnon d'uno Bicho. *masc. Dintier.*

rougnous. *adj. galeux , galeuse.*

rouguesons. *f. les rogations.*

roüjastre. *adj. rougeâtre.*

rouïau. *adj. roïal , roïale.*

rouïaume. *m. roïaume.*

roüiga. *Voyez* rouëiga.

roüigneto , terme de manchau. *Feminin renette.*

roüignuro , terme de Fustie. *f. renure.*

roüil dou ferri. *f. rouille du fer.*

roüil que lou souleou fa veni au bla. *f. Nielle.*

roüil , terme de Sarrahie. *m. rouet.*

Estre roüillous. *avoir la rouille.*

roüina. *ruiner.*

roüino. *f. ruine.*

roujour. *f. rougeur.*

rouito dau visagi. *m. vermillon du visage.*

roula de papie. *rouler du papier.*

roulagi. *m. roulage.*

Faire un autre roulagi, terme de Carrerie. *Quarter.*

roulan. *m. roland.*

roulanos. *f. groseilles rouges.*

roule. *m. rôle.*

Juga son roule. *jouer son rôle.*

rouleou per se lava leis mans.

f. touaille. Le bois rond qui soutient la touaille, s'apelle le rouleau.

rouleou de riban, terme de marchan. *m. rouleau de ruban.*

rouleou de sauduro, terme de poutie. *m. treillis.*

roulon, terme de charron. *m. roulon.*

rouman. *m. roman.*

roumaniou. *m. romarin.*

roumaniou couniou. *f. asperges sauvages.*

roumano. *f. Romaine, ou. m. peson, ou crochet.*

roumavagi. *m. apport.*

roumen. *adj. romain, romaine.*

roumi. *f. ronce.*

roumiou. *adj. Pélerin, Pélerine. Le colet des Pélerins s'apelle le Coletin.*

Fau roumiou, mo injuriou. *sainte nitouche, ou adj. cagot, cagote.*

Roumo. *Rome.*

roumpaduro d'un bras. *fém. rupture d'un bras.*

roumpamen de testo. *m. rompement de tête.*

roumpe-cuou. *m. brise-cu.*

roumpre. *rompre.*

roumpre un veire, uno campano, &c. *casser un verre; une cloche, &c.*

roumpre de papie, un habit, uno camiso, &c. *déchirer du papier, un habit, &c.*

roumpre busqueto. *rompre la paille, ou le fétu.*

roun. *m. rond.*

Habi que n'es pas roun. *adj. barlong, barlongue.*

roun, peissoun. *m. turbot.*

picho roun. *m. turbotin.*

roundelo. *f. rouele.*

roundeou per metre leis pastis. *m. rondeau.*

roundeou per leis achis. *masc. hachoir, asp. l'h.*

roundeou, pesso de poüeta. *m. rondeau.*

roundo, terme deis sourdas. *f. ronde.*

roundo, terme de magistra. *f. chevauchee.*

roundour. *f. rondeur.*

rounfla. *ronfler.*

rounflaire. *m. ronfleu.*

rounflamen. *m. ronflement.*

rounflarelo. *f. ronfleuse.*

rouquas. *rocher, ou oc, pron. le c. ou f. roche. La mousse qui vient sur les rochers s'apelle Orseille. f.*

rouquas escarpa lou long de la mar, ou d'uno ribiero. *f. escore, ou falaise.*

rouque, terme d'Egliso. *m. rochet.*

rouque de roumiou. *m. Coletin.*

rouque per debana. *m. rochet.*

rouqueto. *f. roquette.*

roure. *m. roure, ou rouvre, ou drille.*

rous. *adj. roux, rousse.*

rous, terme de blason. *m. Or.*

pan rous coumo l'or. *Pain bien rissolé.*

veni rous. *roussir.*

coulour

Coulour que tiro sur lou rous. *adj. couleur fauve.*

Rousa. *adj. Rosat.*

Rousastre. *adj. rousseâtre.*

Rousero. *m. rosaire.*

Rouseto d'un esperon. *fem. Molete.*

Rouseto per tapa un trau au linge. *f. rosette.*

Rouseto d'un rasoir, ou d'un couteou. *f. rosete.*

Rouseto per metre din un Candelie. *f. Bobéche, ou méche.*

Rousie. *m. Rosier. Une terre plantée de rosiers, s'apelle une roseraye.*

Rousseto. *f. Rossete. Petit Oiseau brun semé de plusieurs petites taches, qui a le bec pointu & noirâtre, les jambes & les piez blancs.*

Roussi uno Dindo. *rissoler, ou roussir.*

Roussignou. *m. Rossignol.*

Lou Roussignou canto. *Le Rossignol gringote.*

Rousslin d'Espinar. *épinars roussis.* †

Roussuros. *f. rousseurs.*

Rousti. *rôtir.*

Rousti. *m. rôti, ou rôt.*

Roustido. *f. rotie.*

Roustido eme de froumagi estendu dessus. *m. Ramequin.*

Roustido eme de buerri dessus. *f. beurrée.*

Routa. *rêter, ou faire de rots.*

Routie. *m. routier, ou gruyer. Le premier est le meilleur.*

Routino. *f. roûtine.*

Routo, terme de sourda. *f. route.*

Routo, terme de Labouraire. *f. Novale.*

Routurie. *adj. roturier, roturiere.*

Rouvaire. *f. Forest de chénes blancs.*

Ru. *m. raisiné. Les Apoticaires l'apellent Sapa. m.*

Counfituro au ru. *Confiture au raisiné, ou m. raisiné.*

Rubarbo. *f. rubarbe.*

Rubi, planto. *f. Garence.*

Rubicoun. *adj. rubicond.*

Rubisso, planto. *Adonis.* †

Rude. *adj. rude.*

Boues rude au maneja. *Bois grumeleux.*

Rudo, planto. *f. Ruë.*

Rudour. *f. rudesse.*

Ruelo. *m. Pavot sauvage, ou coquelicot.*

Ruestro, terme de Fustie. *f. Late.*

Ruisso, aussecon. *f. buse.*

Rume. *m. rûme.*

Rumina. *ruminer. En vénérie, on dit que le Cerf fait le ronge, quand il rumine.*

Rusa. *adj. rusé, rusée.*

Rusca, terme de curatie. *fem. tanée.*

Ruso. *f. ruse.*

Rusquo d'un Peiro. *m. boursin d'une Pierre.*

Rusquo deis aubres. *f. écorce. Le tan se fait avec d'écorce de jeunes chênes, mise en poudre.*

Rustre. *adj. Rustre.*

Feminis S. prononcez Esse.

Sabat. *m. Sabat.*

Sabato. *m. soulié, ou soulier.*

Sabino, aubre. *f. sabine, ou m. savinier.*

sablie. *m. sable.*

sablie d'aigo. *f. Clepsydre.*

sablie d'un veisseou. *f. empoulette.*

sabo. *m. Sabot.* L'artisan qui fait les Sabots se nomme le sabotier.

Aubre qu'es en sabo. *arbre en Séve.*

sabon. *m. savon.*

sabord d'un veisseou. *m. Sabord.*

sabot, terme de manechau. *m. Sabot.*

sabouillon. *m. ail, ou oignon sauvage.*

saboula. *m. plant d'oignons.*

sabouna. *savonner.*

sabounagi. *m. savonnage.*

sabouneto. *f. savonnette.*

sabounie. *m. savonnier.*

sabouniero. *f. savonniere.*

sabouniero ounte fan lou saboun. *f. savonnerie.*

sabour. *f. saveur.*

saboura. *savourer.*

sabouramen. *m. savourement.*

sabourous. *adj. savoureux, savoureuse.*

sabourun per lou poutagi. *m. savouret.*

sabourut. *adj. vanteur, ou arrogant.*

sabre. *m. Sabre.*

sac. *m. sac.*

sac lemensie, terme de Labouraire. *m. semoir.*

sacocho, toute sorte de sacocho, que l'on mete sur un chivau, s'apello *une fauconniere.*

sacra. *sacrer.*

sacra. *m. pain sacré.*

sacramen. *m. Sacrement.*

sacramentau. *ad. sacramental, sacramentale, ou sacramentel, sacramentelle.*

sacrestan. *m. Sacristain.*

sacrestano. *f. sacristine, ou sacristaine.*

sacrestie. *f. sacristie, ou revestiaire.*

sacret. *m. sacret. Voyez aussi ceou.*

sacretari. *m. Sécretaire.*

sacrifica. *sacrifier.*

sacrifici. *m. sacrifice.*

sacrilegi. *m. sacrilege.*

sacrilegi, home qu'a fa de sacrilegis. *m. sacrilege, & non pas sacrilegue.*

sacro. *m. sacre. Voyez aussi ceou.*

sadou. *adj. soûl, soûle, pron. sou, soule.*

A son sadou. *à son soul, pron. sou, & voyez ventrado.*

sadoula. *soûler, ou rassassier. Remarquez que le premier est pour ceux qui mangent trop, & le dernier, pour ceux qui ne mangent que ce qu'il faut.*

se pou pas sadoula. *Il est insatiable.*

safran. *m. safran.*

safran baſtar. *ſaſran bâtard.*

ſâfranſer d'autouno. *m. tuë-chien, ou f. colchique.*

ſafre. *m. ſafre.*

ſagan. *m. grand bruit.*

ſagata. *poignarder.*

ſagaton de vigno. *m. bour-geon de vigne.*

ſagi. *adj. ſage.*

ſagno. *f. maſſe, ou mache.*

ſaillen de tauliſſo. *f. ſeveron-de, ou ſubgronde.*

ſaïn. *m. ſain.*

ſaïn, terme de charron. *m. vieux oing.*

ſaïo., terme d'argentie. *maſc. ſaïe.*

ſajofremo. *f. acoucheuſe, ou ſage-femme, au pluriel, ſage-femmes, ou matronne.*

ſala. *ſaler. Le tems de ſaler, s'a-pelle la ſalaiſon.*

ſaladie. *m. ſaladier à manger de la ſalade.*

ſalado. *f. ſalade.*

ſalado menudo. *ſalade de me-nuës herbes.*

ſaladon, coulour. *m. celadon.*

ſaladuro, manja de ſaladuro. *manger de la ſaline.*

ſaladuro, qualita que la ſau douno eis viandos. *f. ſalure.*

ſalagi. *m. ſalage.*

ſalamando, animau. *f, ſala-mandre, ou ſalemandre.*

ſalari. *m. ſalaire.*

ſale. *adj. ſale.*

Ave lou vilâgi, ou leis mans ſalos. *être craſſeux, craſſeuſe.*

ſaleta. *f. ſaleté.*

ſalicot. *m. Kali.*

ſalido, terme de maſſon. *f. ſallie, ou avance.*

ſalier, terme de couſino. *m. ſaloir, ou f. ſauniere.*

ſaliero. *f. ſaliere. Sa partie ſu-perieure s'apelle le ſaleron.*

ſalin. *m. grenier à ſel. Quand on, met du ſel nouveau ſur du vieux cela s'apelle, abouquer. Son ſubſ. eſt apellé abouquement m.*

ſalin ounte ſe fa la ſau. *Fem. ſalines, ou ſaunerie.*

ſaliver. *m. meſaule.*

ſalo. *f. ſale.*

La grando ſalo. *La grand ſale.*

ſalon. *f. ſalette. Remarquez que ſalon eſt un mot François, & veut dire une grand ſale.*

ſalope. *adj. ſalope.*

ſalu, terme de devoucien. *m. ſalut.*

ſalu, terme de reſpect, & d'amitié. *m. ſalut, ou f. ſa-luade.*

ſalu de canons, ou de mouſ-ques. *f. ſalve.*

Boüenno ſalu ly ſiegue. *Je ne lui porte point envie.*

ſaluda. *ſaluer.*

ſalve. *m. Salvé.*

ſalve que l'on canto tous leis ſoüars dins leis parroiſſos. *m. Salut.*

ſaluro. *voyez ſaladuro.*

ſalutari. *adj. ſalutaire.*

ſambec, terme de caſſaire d'arre. *m. apellant.*

ſambequic. *m. ſureau.*

ſambequicſer, ou picho ſambequie. *f. Teble.*

famena. *Enfemencer, ou femer. Le fac ou on met le blé pour femer, s'apelle le femoir.*

famenaire. *m. femeur.*

famenteri. *m. Cimetiere.*

fanari. *Saint Nazaire.*

fandalo. *f. fandale. Celui qui les fait s'apelle un fandalier.*

fandan, vieillo fandan. *vieille fempiternelle, ou vieille médaille.*

fandebara. *f. tromperie, ou baraterie, ou m. barat.*

Lou fang, d'un home, d'un animau, &c. *m. fang.*

fang eftravaga. *fang extravasé*

De fang fre. *de fang froid, ou de gayete de cœur*

fanguin. *adj. fanguin fanguine.*

fanguino, planto. *f. fanguine.*

faniclo, planto. *m. faniclet.*

fanfoiro, terme de charron. *f. faffoire.*

fanfuo, infecto. *f. fanfuë.*

fant. *adj. Saint, Sainte.*

fanta. *f. fanté.*

fanteta. *f. Sainteté.*

fantifica. *fantifier.*

fantificetur. *f. colere.*

fantolino. *f. fantoline, ou garde-robe, ou petit Ciprés.*

fantoun, *petit Saint.*

fantoun deis Tuers. *m. fanton.*

fapin. *m. fapin.*

Foures de fapin. *f. fapiniere.*

faquado. *f. fachée.*

faque. *m. fachet.*

faque que leis vouyajours pouestoun eftaqua à feis ef

palos. *m. Canapfa.*

faque deis paftres, per pourta fon pan. *f. paneriere.*

faque per leis houros deis damos. *m. fac aux heures.*

farcello, auffcou. *f. Sarcelle, ou Cercelle, ou Cercerelle.*

farci, terme de Tailleur. *rentraire.*

farciduro, terme de Tailleur. *f. rentraiture.*

fardino. *f. Sardine. Il y a une efpece de Sardine, qu'on apelle Celerin. m.*

farge, terme de Tailleur. *m. Surjet.*

fargeta, terme de Tailleur. *Surjetter.*

fargeto. *f. Sargette.*

fargeto, terme de Religiou. *f. Sergette, ou Tunique.*

farjan deis fourdas. *maf. Sergent.*

farjo. *f. Serge.*

farmoun. *m. Sermon.*

farpenteou. *m. Serpenteau.*

farpoulo, planto. *Masculin. ferpolet.*

farqua. *chercher, ou fouiller. Son fubf. eft cherche f.*

farqua lou gibic, terme de caffaire. *quéter. fon fubf. eft la quéte.*

farquopous. *m. croc de puits.*

farra. *ferrer.*

farra uno pouerto. *fermer une porte.*

farra mai. *refferrer.*

farra leis dens de coulero. *grincer les deux.*

farra uno poües eme la ferro.
fier un ais. *Voyez* ferra.

fartabie. *m. ferrurier.*

farrai dou gran Tuer. *m. fer-
rail, au pluriel farrails.*

farraillo. *f. ferrure.*

farraillo deis coffres que fe
fermoun, quand lou cabuf-
fcou ly toumbo deffus. *houf-
fettes.*

farraillo que fe duerbo deis
dous couftas. *adj. ferrure be-
narde. Celle qui ne s'ouvre que
d'un côté, fe nomme ferrure
Treffiere.*

farraillo que fe farmo a dous
tours. *ferrure qui ferme à double tour.*

farraire. *Voyez* ferraire.

farramen de coüer. *m. ferre-
ment de cœur.*

farrafino. *f. farrazine, ou herfe,
afp. l'h.*

farrillo, terme de Fuftie. *fem.
fcieure, ou fieure.*

fartan. *f. Poîle.*

fartan caftagniero. *Poile à
cuire de Chateignes.*

fartis, terme de marino. *mafc.
haubans, afp. l'h. ou auban.*

farvantin. *adj. Obfervantin.*

farvelo. *f. cervelle.*

farveou. *m. cerveau.*

farveou d'uno campano. *m.
cerveau d'une cloche.*

farveou, mo iniuriou. *adj. écervelé, écervelée.*

farvi. *fervir.*

farvi un'Eglifo. *defervir une
Eglifo.*

farvici. *m. fervice.*

farviciable. *adj. ferviable, ou
oficieux, oficieufe.*

farviciau. *f. garde.*

farvieto. *f. ferviete.*

farvieto à la Veniffieno. *ferviette damaffée, ou ouvrée.*

farvieto que metoun fur uno
gourbeillo per douna lou
pan figna din leis Eglifos.
f. Tavaïole.

farvitour. *m. ferviteur.*

faffo, terme de Batelie, & de
Revendeiris. *f. écope, ou m.
écoup.*

fatin. *m. fatin.*

fatina. *fatiner.*

fatisfaccien. *f. fatisfaction.*

fatisfaire. *fatisfaire.*

fau per manja. *m. fel. Celui
qui le fait s'apelle un fau-
nier.*

fau de veitriero. *fel de verre, ou
fil de verre, ou f. axonge de
verre.*

fau que l'on fa en fautan. *m.
faut.*

fau que l'on fa din uno calecho. *m. cahot.*

mounta à uno charjo tout
d'un fau. *monter à une charge de plein faut.*

faubre. *favoir.*

faubre pas ce que l'on fe pef-
quo. *radoter.*

fauciffie. *m. charcutier.*

fauciffo. *fem. fauciffe, prom. fo-
ciffe.*

fauciffot. *m. fauciffon.*

fauda. *fouder.*

A a a

saudo, herbo. f. *soude.*

sauduro. f. *soudure.*

saven. adj. *savant, savante.*

saven confusible. m. *savantas.*

saumado de rasin, &c. *charge de raïsins, &c.*

Aigo saumastro, terme de marino. *eau saumache.*

saume. m. *Pseaume, prononcez Saume.*

Leis sept saumes. *Les pseaumes Penitentiaux.*

saumie. f. *Poutre.*

picho saumie. m. *sommier. Voyez* soumie.

saumo. f. *ânesse.*

La saumo a fa son poulin. *L'anesse a annoné, ou a mis bas. Son petit s'apelle un ânon.*

saumon. m. *saumon. Sa femelle s'apelle un Bæcard, selon plusieurs Auteurs.*

saumon, terme d'argentie, & de poutie. m. *saumon.*

saumoulo, terme de Varmichiliaire. f. *femoule.*

saumouna. adj. *saumonné, saumonnée.*

saumuro. f. *saumure.*

sauna. *saigner, pron. seigné.*

saunado. f. *saignée.*

saunaire. m. *saigneur.*

saunamen. m. *saignement.*

saunie. *Voyez* saunado.

sauno garri. *espece de chiendent.*

saunous. adj. *sanglant, sanglante, ou saigneux, saigneuse.*

saunous que coüelo lou sang. *adj. saignant, saignante.*

savournin. m. *saturnin.*

saupetriero. f. *salpetriere.*

saupetro. m. *salpétre.*

saupignago. m. *jusquiame, hanne bane.*

saupiqua. *saupoudrer.*

saupre. *savoir.*

sauprefado. m. *cervelas.*

saupuden, planto. f. *yeble.*

sauquo, terme de labouraire. m. *sillon.*

saurro, terme de veirie, & de sabounie. f. *soude.*

saufe. m. *saule. Une terre toute plantée de saules, s'apelle une saussaïe, pron. sossée.*

saussa. *sausser, ou saucer.*

sausso. f. *sausse, pron. soce. Le petit plat ou on met de sausse, s'apelle la sauciere.*

sausso qu'es trop salado, ou pebrado s'apello, un saupiquet.

sauta. *sauter.*

sauta un vala. *franchir un ruisseau.*

Faire que sauta din uno calecho. *cahoter.*

sautaire. *sauteur.*

sautaire, peisson. f. *civade.*

sautarelo, animau. f. *sauterelle.*

sautarelo, terme de raulissaire. f. *faîtiere.*

sautarelo, terme de fustie. f. *sauterelle.*

sauteja. *sauteler, ou sautiller.*

sauteja din uno calecho. *cahoter dans une caleche.*

sautie. m. *Pseautier, pron. sautier.*

sautilla. *Voyez* sauteja.

saurimbanquo. m. *saltimbanqui.*

ſauto, terme d'Egliſo. *f. abſo-*
lution , ou abſoute.

ſautoulamo , planto. *f. Chon-*
drille.

ſauva. *ſauver.*

ſauva quauquoren a quau-
qu'un. *conſerver quelqué choſe*
à quelqu'un.

ſauvageun , aubre. *m. ſauva-*
geon.

ſauvageun. *adj. ſauvagin , ſau-*
vagine. Ce poulet a le goût ſau-
vagin.

ſenti lou ſauvageun. *ſentir la*
ſauvagine.

ſauvagi. *adj. ſauvage.*

ſauvaire. *m. ſauveur.*

ſauvi , planto. *f. ſauge.*

ſaxifraio , aubriſſeou. *f. ſaxi-*
frage , ou chaſſe-pierre.

ſcandale. *m. ſcandale.*

ſcandaliſa. *ſcandaliſer.*

ſcandalous. *adj. ſcandaleux ,*
ſcandaleuſe.

ſcapoulari. *m. ſcapulaire.*

ſcavillos. *m. jaſmin jaune.*

ſcioure , planto. *m. pié de gri-*
fon.

ſclafa un ſoufle. *donner , ou*
apliquer un ſouflet.

ſcroupulo. *m. ſcrupule.*

ſcroupulous. *adj. ſcrupuleux ,*
ſcrupuleuſe.

Se. *f. ſoif , pron. comme il eſt*
écrit.

ſebaſtian. *m. ſebaſtien.*

ſebenqua leis ſouquos. *ébour-*
geonner , ou châtrer , ou ébour-
jonner les ſouches.

Sebeto. *f. ciboule. Les plus pe-*

tites s'apellent Ciboulettes *f.*

Sebo. *m. Oignon , ou Ognon.*

ſebo griado. *Oignon germé.*

ſeboula. *m. plant d'oignons.*

ſec. *adj. ſec , pron. le c. ſéche ,*
ou aride.

pare à peiro ſecquo. *murailles*
à pierres ſéches.

ſeca. *ſécher.*

ſeça de linge au fuec. *haler du*
linge , aſp. l'h.

ſeca quauqu'un, mo injuriou.
importuner , ou tarabuſter quel-
qu'un.

ſecadou, terme de parfumour.
m. ſéchoir , pron. ſéchoi.

ſecadou , mo injuriou. *adj.*
importun , importune.

ſecareſſo. *f. ſéchereſſe.*

ſeçou. *m. ſecours.*

ſecre. *m. ſecret , pron. le c. com-*
me un g.

ſecre per cacha quauquoren.
f. cache , ou m. ſecret.

ſedicien. *f. ſedition.*

ſedo. *f. ſoïe. Remarquez que la*
ſoïe , telle qu'elle ſort de deſſus
le Cocon , ſans étre filée , s'a-
pelle ſoïe grege.

ſedo , terme de courdounie,
& de pourquie. f. ſoïe.

ſega lou pra. *faucher le pré.*

ſegagi. *m. fauchage.*

ſegaire. *m. faucheur.*

ſege. *ſéze.*

ſegieme. *adj. ſéziéme.*

ſe ſegna. *Faire le ſigne de la*
Croix.

ſe ſegna à un papie. *ſe ſigner ,*
pron. ſiné.

segne. *Voyez* signe.

Noüeſtre Segne. *Nôtre seigneur.*

segnour. *m. seigneur. Le droit qu'ont certains seigneurs de métre des bétes chevalines ; & vaches aux prez de leurs sujets, & méme avant que les prez soient fauchez, s'apelle le fautrage.*

La ſegnouro d'un vilagi. *La Dame d'un vilage.*

segoun. *second, seconde, pron. le c. comme un ç.*

segounda. *seconder.*

segue. *m. ségle.*

seguer. *adj. seur, seure, ne pron. pas l'é.*

seguer, adverbo. *seurement.*

segui. *suivre.*

següi eme viteſſo. *poursuivre.*

seguraire. *m. aſſeureur.*

seguramen. *seurement.*

seillo. *m. sourcil, pron. sourci.*

boulega leis seillos. *sourciller.*

sela un chivau. *seller un cheval. La premiere sillabe eſt breve.*

sela de letros. *seller de létres. La premiere sillabe eſt longue.*

selera. *adj. sélerat, sélerate. L'action d'un sélerat s'apelle la sélerateſſe.*

selie que fa de sellos. *m. sellier.*

selie per leis boutos. *m. célier.*

sello d'un chivau. *f. selle.*

mounta à chivau senso sello. *monter à cheval à nud, ou à poil, ou à cru, ou à dos, ou à dos nud, pron. nu.*

sello per s'aſſeta. *f. selle.*

sello d'un calafar. *f. selle.*

sello, terme de baſtie. *m. fûſt à bât, pron. fû.*

selon, villo. *salon.*

selon, propoſicien. *selon.*

semano. *f. semaine, pron. seméne.*

Religion qu'es de semano. *adj. semainier, semainiere.*

sembla. *sembler.*

sembla quauqu'un. *reſſembler à quelqu'un.*

semblable. *adj. semblable.*

semela de soulies. *carreler des souliez.*

semela de bas. *garnir de bas.*

semelagi de soulie. *f. carrelure de souliez.*

semelagi de bas. *f. garniture de bas.*

semelo. *f. semelle.*

metre de semelos nouvellos à de soulies. *carreler, ou reſſemeler, ou remonter des souliez.*

semencie, terme de Bouhie. *m. semoir.*

semenſo. *f. semence.*

semenſo, tem de samena. *f. semailles.*

semi-double. *m. semi-double.*

sempiternelo, mo injuriou. *f. sempiternelle.*

sen, lou sen d'un home. *m. sein.*

Lou sen d'uno fremo. *f. gorge, ou m. sein.*

Lou sen per reſouna. *m. sens, pron. sans.*

Lou sen per signa un papie. *m. seing, ou f. signature.*

senblan. *m. blanc - signé, ou blanc.*

blanc-seing. *Ce dernier ne plaît
pas à tout le monde ; mais
puisque le Dictionnaire de l'A-
cademie Françoise le met , il
sera mon garant.*

senatour. *m. sénateur.*

sene, planto. *m. séné.*

senequie. *adj. gaûcher, gaûchere.*

senequie que se servo deis
doües mans. *adj. ambidextre.*

man senequo. *main gauche.*

senespien. *f. rougeole.*

senesson , planto. *m. seneçon.*

sengla un chivau. *sangler un
cheval.*

Lou ven senglo lou visagi.
*Le vent cingle le visage. On
dit encore, cingler, ou singler
un coup de fouet par le visage.
On lui a cinglé le visage d'un
coup de houssine.*

senglie. *m. Sanglier. Quand il
est jeune , on l'apelle marcas-
sin , lorsqu'il a un an , on le
nomme béte de compagnie ,
à deux ans , ragot , à trois
ans , on l'apelle Sanglier a son
tiers an , à quatre ans ; Sanglier en son quart an , à cinq
ans , il est dit un mire , à six
ans , il est grand Sanglier ; à
sept ans , on l'apelle grand
vieux Sanglier. Sa femelle est
nommée une Laye. Ses testicu-
les sont apellez Luites. Sa téte
s'apelle une bure asp. l'h. Les
os de derriere les jambes, proche
les piez sont apellez gardes. Le
lieu ou il se repose se nomme la
Bauge , ou le lit , ou le fort,*

*Son groüin s'apelle le boutoir.
Sa poitrine se nomme le bour-
lier. Sa graisse s'apelle saïn,
On dit en parlant du sanglier ,
vermeiller , quand il cherche de
vers en terre avec son boutoir,
& ces lieux , ou il fouille , s'a-
pellent le boutis. On dit herbeiller
quand il broute. On dit muloter,
quand il foüille les endroits ,
ou les mulots cachent leurs
glands , & leurs blez ; &
fouger , quand il arrache les
racines des fougeres ; ce qu'il leve avec le boutoir , s'apelle la
fouge ; & les fosses qu'il fait
pour cela, affouchies. L'endroit
ou il se vautre , se nomme le
foüil. L'équipage qu'il faut pour
courre le Sanglier , s'apelle le
vautrait.*

Lou senglie crido. *Le Sanglier
grumele.*

senglo. *f. sangle.*

senglo d'uno brindo , & causo semblablo. *f. bretelle.*

senglon. *f. bande d'un enfant en
maillot.*

senigrec , planto. *m. fenugrec.*

senigrecfer. *m. fenugrec sauvage.*

senisson , planto. *m. seneçon.*

sensa. *adj. sensé , sensee.*

sensible. *adj. sensible.*

senso eou. *sans luy.*

Estudia sept houros senso cessa. *étudier sept heures d'arrache
pié.*

sentenci. *f. sentence.*

senteno d'un veisseou. *Fem.*

Sentine d'un Vaisseau.

senti. *sentir.*

senti mau. *püer, ou sentir mal.*

Leis pes sentoun a quauqu'un. *Il sent icy le pié de messager, où il sent l'escafignon, pron. l's.*

Flous, ou herbo que sento boüen. *adj. Fleur, ou herbe odoriferant, odoriferante.*

senti uno Flous. *Flairer, ou sentir une fleur.*

Lou mourtie sento toujour l'ailhet. *La caque sent toujours le harang, ou le mortier sent toujours les aulx.*

marrido sentido. *Mechante odeur.*

ave sentido de quauquoren. *avoir pressentiment de &c.*

sentimen. *m. sentiment.*

sentinello d'Infanterie. *f. sentinelle.*

sentinello de Cavalerie. *fem. Vedette.*

sentour. *f. senteur, ou odeur.*

sentour marrido. *f. puanteur.*

marrido sentour que soüerto deis pes. *m. escafignon.*

marrido sentour deis espitaus. *m. Faguenas, ou faguena.*

seou per cacheta. *m. seau.*

Candelo de seou. *chandele de süif.*

seoucla lou bla. *sarcler le blé.*

seoucla leis souquos. *ébourgeonner les souches, ou ébourjonner.*

seoucla leis artichaus. *Oeilletonner les Artichaux.*

seoucla uno bouto. *Voyez ceoucla.*

seoucleiris. *f. sarcluse.*

separa. *separer.*

separacien. *f. separation.*

sepo d'un aubre. *f. Souche d'un arbre.*

sequestra. *Sequestrer.*

sequestre. *m. Sequestre.*

ser. *m. Serpent.*

La ser crido. *Le serpent sifle.*

servoulanto. *m. serf volant, pron. servolant.*

seren, aufseou. *m. serin, sa femelle s'apelle serine, ou serin femelle.*

Lou seren que toumbo lou soir. *m. Serein.*

seren. *adj. serein, seréine.*

serena. *serener. Vous trouverez ce mot dans le Dictionnaire de Pomey.*

serenado. *f. serenade.*

serenga, flous. *seringa.* †

Faire serenga de sebos. *roussir des Oignons à l'huile, ou au beurre.*

serenita. *f. sérénité.*

sereno, animau. *f. sirene.*

serento, aubre. *f. pesse, ou m. pignet, ou garipot.*

setiou. *adj. sérieux, sérieuse.*

seromen. *m. serment.*

serpantino, *f. serpantaire, ou serpentine.*

serpanto, liech per leis garsons de boutiquos. *f. soupente.*

serpoule, planto. *m. serpolet.*

serquo poüinto, terme de sarrahie. *m. cherche-fiche, ou cherche-point.*

serra un laumie. *sier une poutre. Les bans qui soutiennent en l'air*

la poutre s'apellent baudets, ou
-hours, ou treteaux m. quand on
-parle des pierres, on dit fier, ou
   moyer.
ferragi. m. fiage.
ferraire. m. fieur.
ferro f. fie.
fervici. m. fervice.
ferviciau. f. garde.
fervo d'uno foüen. m. regard
   d'une fontaine.
fefido. f. faifie.
fefon. f. faifon.
fefteirado. f. fepterée.
feftie. m. fétier.
fet. fept, pron. fet.
fet arpos, herbo: m. fer de cheval.
Leis fet Saumes. Les Pfaumes
   Penitentiaux.
fetanto. foixante dix.
fetantrion. m. Nord, ou Septen-
   trion.
fetembre. m. Septembre.
feti. m. fiege.
fetie. m. Septre.
fette de Bacchus. m. Thyrfe.
feverita. f. feverité.
fexe. m. Séxe.
fiatiquo. f. fciatique.
fidre. m. fidre, ou cidre.
fie. foit, pron. comme il eft écrit.
fiegue. foit, prov. comme il eft écrit
fieis. fix.
fieiffauteno. f. foixantaine.
fiçiffanto. foixante.
fieto. f. affiette.
fieto neto. affiette blanche.
fife. pardonnez moy, ou ouy.
figna. Voyez fegna.

figualie. m. fignet, ou tourne-
   feuillet, le premier eft le meilleur.
fignaturo. f. fignature, ou m.
   feing.
fignau. m. fignal, au pluriel fig-
   naux.
fignau que leis maffons metoun per averti de paffa luen
   deis houftaus. f. defenfe.
fignau qués fur lou cor deis
   homes. m. figne - ou f. envie
   de femme groffe.
fignau per marqua leis ef-
   cueils f. balife.
fignau per faubre ounte foun
   leis ancros din la mar. fem.
   bouée. ou m. gaviteau, ou boirin. La corde pour l'atacher s'a-
   pelle un Oirin.
figne. m. figne.
fignegran. m. bonhomme.
figne d'home. m. œufs de Pâque.
fignour. Voyez fegnour.
fignouriau. adj. Seigneurial, Sei-
   gneuriale.
fignourie. f. Seigneurie.
filabo. f. filabe, mot d'une filabe, monofylabe, mot de deux
   filabes, dyffylabe, mot de trois
   filabes, triffylabe, & quand il
   y en a davantage, on dit poli-
   filabe.
filenci. m. filence.
fimian, noum d'home. m.
   Simeon.
fimounfo. f. lifiere.
fimple. adj. fimple.
fimplicita. f. fimplicité.

sincere. adj. *sincere.*
sincerita. f. *sincerité.*
sinso. f. *méche.*
sintaci. m. *syntaxe.*
siou. adj. *sien, sienne.*
A'quo es siou. *cela est à lui.*
siro. m. *Sirop,* pron. Siro.
siro, ven. m. *Sud-Est.*
sivequo. f. *bise.*
sobre. adj. *sobre.*
sosi, peissoun. masc. *Able, ou ablette.*
soï, terme de curatie. masc. *Chevrotin.*
soïo. *peu m'importe.*
soïo. *Voyez* sedo.
soir. m. *soir.*
solo, peissoun. f. *sole.*
solo, terme de manechau. f. *Sole.*
solo batudo, terme de manechau. f. *solbature.*
solo, terme de massoun. m. *verrin.*
solo per fourtifica un mas de veisseou. m. *Clamp, ou gaburon, ou* f. *gemelle, ou jumelle, ou Sole.*
son d'uno campano. m. *son d'une cloche.*
songi. m. *songe, ou réve.*
soou. *Voyez* sou.
sophas. m. *sopha, ou canapé.*
sor. m. *sort.*
sordo deis sourdas. f. *solde.*
sorto. f. *forte.*
sou mounedo. m. *sol* pron. sou.
Coucha au sou. *coucher à terre.*
sou d'uno chambro. f. *aire d'une chambre.*

soüar. m. *soir.*
soubassomen, terme de tapissie, & de masson. m. *soubassement.*
soubra. *rester.*
soubrescot, terme de lougis. m. *sur écot.*
soubresemano. f. *sursemaine.*
soubrieta. f. *sobrieté.*
soubro. m. *reste.*
A'quo es de soubro. *cela est superflu.*
souci. m. *souci.*
souci, flous. m. *souci.*
soucia. *soucier.*
soucieta. f. *société.*
soucoupo. f. *sou-coupe.*
soüen. m. *sommeil.*
souerbiero. m. *sorbier, ou cormier.*
soüerbo. f. *sorbe, ou corme.*
soüerre. f. *sœur,* pron. *seur.*
soufla. *soufler.*
soufla uno candelo. *éteindre ou soufler une chandéle.*
souflaire. m. *soufleur.*
souflaire deis narrinos en dourmen. m. *ronfleur.*
soufle. m. *souflet.*
soufleta. *soufleter.*
soufletaire. m. *soufleteur.*
soufluro, terme de Foundeur. f. *soufleure.*
soufri. *soufrir.*
souheta. *souhaiter.*
soüigna. *soigner.*
soüignous. adj. *soigneux, soigneuse.*
soüin. m. *soin.*
Ave soüin de tout. *avoir soin,*

ou pourvoir à tout.

foüina. *se plaindre toûjours.*

foüiro. *adj. paresseux, paresseu-
fe.*

foulado, *terme de masson.
m. souchet.*

foulaja. *foulager.*

foulamen. *feulement.*

foulami. *f. inflexion defagreable
de voix.*

foulannel. *adj. solannel, ou fo-
lemnel, folemnelle.*

foule. *adj. feul, feule.*

fe fouleïa. *prendre le foleil.*

Eftre fouleïa. *Etre halé, ha-
lée, ou être gâté du bâle, afp.
l'h.*

foulennita. *f. folemnité.*

foulcou. *m. soleil.*

foulcou foufcarin. *soleil pâle.*

foulcou, peiffoun. *m. soleil.*

foulcou, flous. *m. soleil.*

N'a jamai vi lou foulcou que
 per un trau. *Il n'a rien vû
que par le trou d'une bouteille.*

foulicierme. *m. folecisme.*

foulidamen. *seulement.*

foulidari. *adj. solidaire.*

foulidita. *f. solidité.*

foulie. *m. soulié, ou soulier. Les
cornes qui sont au bout d'un soulié s'apellent les quarres. f.*

vieif foulie. *f. savate.*

foulie fa eme de femelo de
 fuve. *m. Patin.*

foulie que s'es enttraveffa, tou
 de long de la femelo. *soulié
qui s'eft tourné.*

foulie que s'es entraveffa fur
 lou talon. *soulié qui s'eft écalê.*

foulie, terme de masson. *m.*
 plancher, *ou f. aire.*

foulitari. *adj. solitaire.*

foulitudo. *f. solitude.*

foullicita. *foliciter.*

foullicitacien. *f. folicitation.*

foullicitour. *m. foliciteur.*

fouloumbrous. *adj. dangereux,
ou afreux, ou m. coupe-gorge.*

foumacien. *f. sommation.*

foumbre. *adj. sombre.*

foumeilla. *sommeiller.*

foumetre. *soumettre.*

foumier, terme de tapiffie.
 m. sommier. Voyez faumie.

foumiffien. *f. soumiffion.*

foumo. *f. somme.*

foumoufta. *m. fur-moût.*

foumoufta. *faire du surmoût.*

foun. *adj. son, sa.*

founa uno campano. *sonner
une cloche.*

founa quauqu'un. *apeller quelqu'un.*

founa mai quauqu'un. *rapeller
quelqu'un.*

founa uno pichoto meffo. *tinter ou sonner la Meffe.*

founa a van. *sonner en branle,
ou à volée.*

founa l'auffeou, terme de ve-
 nerio. *reclamer l'oiseau.*

founaillo. *f. sonaille, ou sonnette.*

founaire. *m. sonneur.*

founarelo. *f. sonneuse.*

founarie. *f. sonnerie.*

founja. *songer.*

fenfo l'y founja. *par megarde.*

foupa. *souper.*

ſoupa. *m. soupé. Voyez* repas.

ſoupanto d'un caroſſo. *Fem.* ſoupente.

ſouple. *adj. ſouple.*

ſoupo. *ſ. ſoupe , ou m. potage. Le dernier eſt le meilleur.*

ſoupo de lay. *ſoupe au vin , ou ſoupe au Perroquet.*

ſoupo de pan , & de vin per leis chivaus , & per leis ays. *ſ. ſalade.*

Home qu'amo la ſoupo. *adj. Homme ſoupier , ſoupiere.*

ſoupo courto , terme de paſticie. *m. Potage d'abatis.*

ſoupra. *ſoufrer , ou enſoufrer.*

ſoupre. *m. ſoufre.*

ſouque. *En France on vend la viande à piece , &c.*

ſouque , mo injuriou. *Fem. morte-paye.*

ſouquo. *m. Cep , ou ſep de vigne , ou ſ. ſouche.*

ſour , houſtau ſour. *adj. obſcur , obſcure.*

home ſour. *adj. bomme ſour , ſourde.*

Faire lou ſour. *Fermer l'oreille.*

Contrefaire lou ſour. *Faire la ſourde oreille.*

ſourbc. *m. ſorbet.*

ſourbeireto , planto. *m. Aigremoine.*

ſourbiero. *m. ſorbier , ou cormier.*

ſourcic. *m. ſorcier.*

ſourciero. *ſ. ſorciere.*

ſourda. *m. ſoldat.*

ſourdita. *ſ. ſurdité.*

ſouris. *m. ſoûris , ou ſoûrire.*

ſourne , vois ſourno. *voix ſourde.*

ſourneto. *ſ. ſornette.*

ſourniero. *ſ. obſcurité.*

ſourro d'un veiſſeou. *m. Leſt, ou ſ. ſaorre d'un Vaiſſeau.*

metre de ſourro din un veiſſeou , *Leſter un &c.*

ſourſo. *ſ. ſource.*

ſourſon. *m. ſoupçon.*

ſourſouna. *ſoupçonner.*

ſourſounaire. *adj. ſoupçonneux ſoupçonneuſe.*

ſourti. *ſortir.*

Faire ſourti uno beſti de caſſo de ſon gito. *Forlancer une bête.*

ſourti de coucho. *relever de couche.*

Faire ſourti uno cavillo d'uno poües. *dechaſſer une cheville.*

Bouquos ſourtidos. *Levres enlevées.*

ſourtido. *ſ. ſortie.*

ſourtiduro. *ſ. tumeur.*

ſourtilegi. *m. ſortilege.*

ſouſcaire , aganta lou ſouſcaire , terme de maſſon. *évienter une pierre.*

ſous courrecien. *ſauf , le reſpect que je vous dois , ou ſauf correction , ou ſous correction.*

ſouſcricien. *fem. ſouſcription, pron. l'ſ. & le p.*

ſouſcricure. *ſouſcrire , pron. La ſeconde ſ.*

ſouſigna. *ſouſigner.*

ſouſpia. *ſoupeſer.*

ſouſpiccho , terme de jugadou eis cartos. *m. talon.*

foufpir. *m. foupir.*

foufpira. *foupirer.*

foufpriou. *m. fouprieur.*

foufpriouro. *f. fouprieure.*

foufta quauqu'un. *excufer quelqu'un.*

fe foufta. *fe mettre à couvert.*

fouftenable. *adj. foutenable.*

fouftengu. *adj. foutenu, foutenuë.*

foufteni. *foutenir.*

fouftillo, terme de Fuftie. *f. Cale.*

mettre la fouftillo, terme de Fuftie. *Caler.*

foufto, terme de manechau. *f. plate longe.*

Eftre à la foufto. *être à couvert.*

fouftracien. *f. fouftraction.*

foufventre, terme de fellie. *f. fouventriere.*

fouta. *plonger, ou faire le plongeon.*

foutaire. *m. plongeur, ou plongeon.*

foutano. *f. fotane.*

foutifo. *f. fotife.*

fouto la poüerto. *par deffous la Porte.*

Faire de foutos. *plonger, ou faire le plongeon.*

fouto barbo. *f. foubarbe.*

Juga é fouto cambo. *paffer par deffous la jambe.*

fouto gorjo, terme de Sellie. *f. fougorge.*

fouto terro. *fous terre.*

fouto terro. *adj. fouterrain,*

fouterraine.

fe fouveni. *fe fouvenir.*

Lou fouveni. *le fouvenir.*

fe pas fouveni de quauquoren. *oublier quelque chofe.*

fouventeifes. *fouvent.*

fpondilo. *m. fpondile, ou fphondile, infecte qui entre bien avant dans la terre, qui fent mal, il eft gros environ comme le petit doit, fa téte eft rouge, & fon corps blanc, il a buit piez, il ronge les racines des plantes.*

Sratuo. *f. ftatuë. Voyez* figuro.

Su, lou fu de la tefto. *Le haut de la téte.*

Lou fu deis plantos, deis viandos, deis herbos, &c. *m. fuc.*

fuagi, terme de poutie d'eftan, & de peiroulie. *masc. fuage.*

fubauma. *creuser fous terre, ou faper.*

fubeiran, *adj. fuperieur, superieure.*

fubi. *fubir.*

fubitomen. *fubitement.*

fubla. *fifler.*

fubla un mo à quauqu'un. *fuggerer, ou fifier un mot à quelqu'un.*

Leis aureillos me fubloun. *les oreilles me cornent.*

fublaire. *f. fifleur.*

fublamen. *m. fiflemene.*

fublamen d'aureillo. *m. cornement, ou m. tintement d'oreille.*

fuble. *m. fiflet.*

fuble d'efcorfo d'aubre. *masc.*
　Chalumeau.

Coupa lou fuble à quauqu'un.
　couper la gorge à quelqu'un, ou
　égorger, ou couper le fiflet.

fubourna. *suborner.*

fubournaire. *adj. suborneur,*
　suborneuse.

fubrequetout. *sur tout, ou prin-*
　cipalement.

fubreccou dau liech. *m. fond*
　de lit, ou ciel de lit.

fubre-faut. *m. subre-saut.*

fubrefcot, terme de Lougis.
　m. surécot.

fubrefémano. *f. sur-semaine.*

fuc. *Voyez fu.*

fucceta. *suçoter.*

fucita. *suciter, pron. sucité.*

fucoumba. *sacomber.*

fucra. *sucrer,*

fucra. *adj. sucré, sucrée.*

fucre. *m. sucre.*

fucre candi. *sucre Candi.*

fucre d'ordi. *sucre d'orge, ou m.*
　penides.

fucric. *m. sucrier.*

fuedois. *adj. suedois, pron. com-*
　me il eft écrit.

fueyo. *m. cloaque, ou f. foffe à*
　fumier.

fufifen. *adj. sufisant, sufisante,*
　on le peut prendre en bonne, ou
　en mauvaise part.

fufifenci. *f. sufisance.*

fufouca. *sufoquer.*

fufoucacien. *f. sufocation.*

fufro, terme de carretie. *f.*
　doffiere.

fufro d'un balt. *m. bateul.*

fuje. *m. sujet.*

fuje. *adj. sujet, sujete.*

fuillo. *Voyez fueyo.*

fujo. *f. suie.*

fumi. *f. punaise.*

fumie. *f. claye de lit.*

fuminari. *m. seminaire.*

fuminarifto. *m. seminarifte.*

funefpien. *f. Rougeole.*

fuperiou. *m. superieur.*

fuperiouro. *f. superieure.*

fupi, peiffoun. *f. seche.*

fupli un enfan. *gâter un enfant.*

fuplici. *m. suplice.*

fupor, terme de Tourneur.
　m. ventre, ou planchete.

fupourta. *f suporter.*

fupoufa. *suposer.*

fupouficien. *f. supofition.*

furceda. *succeder.*

furceffien. *f. succeffion.*

furceffour. *m. succeffeur.*

furdos, terme de fellie. *m.*
　furdos.

fureta. *f. sûreté.*

furfait, terme de Sellie. *m.*
　sur-faix.

furgentiou. *m. surgeon.*

Aigo que ven per furgentiou.
　Eau qui sourd par surgeon. Son
　verbe eft sourdre.

furjour. *m. jour ouvrier, ou jour*
　cuvrable.

furnoun. *m. surnom.*

furpanté terme de Sellie. *fem.*
　supente, ou soupente.

furpelis. *m. surplis, ou surpelis.*

furprendre. *surprendre.*

furprendre la viando en la
　　　　　　　　　　fafen

faſen couire. *havir la viande,*
   aſp. l'h.
ſurprcs. *adj. ſurpris, ſurpriſe.*
ſurpreſo. *f. ſurpriſe.*
ſurſau. *m. ſurſaut.*
ſurtout. *m. ſurtout.*
ſuſa. *ſüer.*
ſuſa proun, eſtre tou baigna.
   être en nage de ſueur, ou être
   tout en eau.
ſuſari. *m. Süaire.*
ſuſen, *adj. ſuant, ſuante.*
ſuſour. *f. ſueur.*
ſuſpendre. *ſuſpendre.*
ſuſpendu. *adj. ſuſpendu, ſuſ-*
   pendüe. On dit en droit Canon
   prêtre ſuſpens.
ſuſpia quauquoren. *ſoupeſer*
   quelque choſe.
ſuſſa. *ſucer.*
ſuſſiſta. *ſubſiſter.*
ſuſſiſtenci. *f. ſubſiſtance.*
ſuſtanſo. *f. ſubſtance.*
ſuſtanti. *m. ſubſtantif.*
ſuſtitu. *m. ſubſtitut.*
ſuſtitucien. *f. ſubſtitution.*
ſuſtracien. *f. ſoubſtraction.*
ſuve. *m. Liege.*
ſuve per neda. *f. nageoire.*
metre de ſuve à un arre. *Lie-*
   ger un filet.
Leis ſuves d'un arre. *m. pate-*
   nôtre de Liege.
ſuveni *ſubvenir.*
ſuzano. *f. ſuzanne.*
ſuzon. *f. ſuzon.*

Maſculin   T.
pron. Té.
Ta. *m. bouchon,*
   ou tampon,
Ta de bouto.
   m. bondon de
   Tonneau.
ta de bouto, mo injuriou.
   adj. ragot, ragotte.
ta, maladie. *m. tac, ou pourpre.*
   Le dernier eſt le meilleur.
taba. *m. tabac, ou petun, ou f.*
   Nicotiane, ou herbe à la Reine.
   Quand il eſt en poudre ; on l'a-
   pelle. ſeulement tabac.
tabaca. *fumer.*
tabaca, mo de rayallarie. *gar-*
   der le mulet ; ou faire le pié de
   grüe, ou gober des moûches.
tabacaire. *m. fumeur.*
tabacan. *m. tabacan.* †
tabaquiero. *f. tabatiere.*
tabaſa quauqu'un. *bátre quet-*
   qu'un.
tabaſa uno poüerto. *fraper,*
   ou cogner. Le dernier eſt lè
   meilleur.
tabernacle. *m. tabernacle.*
tabernacle, cauſo que n'en
   tapo un'autro. *f. Lunettes.*
taberouſo. *f. tubereuſe.*
cano de taberouſo. *f. tige de*
   tubereuſe.
tableou. *m. tableau.*
tableto per manja. *f. tablette.*
tableto per l'y eſcrioure. *fem.*
   tablette, ou m. agenda.
tablo deis moüers qu'es ordinarimen din leis ſacriſties.
   m. Necrologie.

taboure. *m. tabouret , ou placet.*

picho taboure per metre à la
　pourtiero d'un carosso. *masc.*
　gousset.

tacha. *tâcher , pron. la Premiere*
　silabe longue.

tacheto per pendre de rasin.
　pointe , ou clou de vitrier.

tacheto per clavela de garni-
　turos de cadieros , ou de
　liech. *f. broquette.*

Faire de tachetos , mo bur-
　lesquo. *claquer des dens.*

tafanari. *m. fessier.*

tafatas. *m. tafetas.*

tail d'uno plumo , d'un habit,
　&c. *f. taille , ou coupe d'une*
　plume , d'un habit , &c.

taillaire de boües. *m. tailloir ,*
　ou trancboir.

home tria sur lou taillaire.
　homme trié sur le volet.

taillan d'un couteou. *m. tail-*
　lant d'un couteau.

tailleur. *m. tailleur.*

tailleur de vilagi , que va tra-
　bailla din leis houstaus deis
　particuliers. *m. couturier , au*
　f. couturiere.

tailleur deis Angoustins re-
　fourmas. *m. Communautier.*

taillo. *f. taille.*

taillo sebo , animau. *m. perce-*
　oreille.

taillon. *f. piéce.*

taillon , terme de palai. *masc.*
　taillon.

talen. *m. talent , ou f. aptitude.*

talocho , mo populari. *feu.*
　talache.

taloun. *m. talon.*

marcha que deis talouns per
　badina , ou per infirmita.
　clopiner.

taloun d'un pelo , terme de
　Sarrahic. *talon d'un péne.*

talouniero , terme d'Angous-
　tin refourma. *f. talonniere.*

talus , terme de masson. *m.*
　talus.

tamarido , planto. *tanaisie, ou*
　tanaise.

tamaris , aubre. *m. tamarisc.*

tamben. *aussi.*

tambour de villo. *m. tambour.*
　Son bois s'apelle , le fut , ou
　la caisse , pron. Kesse.

tambour deis sourdas. *f caisse.*
　Les deux cordes de bouiau, qui
　sont sur la derniere peau d'u-
　ne caisse , & qui en batant la
　peau de dessus , servent à faire
　resonner la caisse , s'apellent le
　timbre. Ce nœud fait de cuir de
　Bœuf, dont on se sert pour ban-
　der une caisse , se nomme un
　tirant , la caisse est aussi apel-
　lée Tambour.

tambour de basquo. *m. tam-*
　bour de basque.

tambour de danso. *m. bedon.*
　Les cordes qui servent à bander
　un tambour s'apellent génes. f.

tambour per causa uno ca-
　milo. *m. tambour , ou chaufe-*
　chemise.

tamboureleto. *f, culbute.*

tambourin. *m. tambour.*

tambourin que va eme lou ga-
　loubet. *m. bedon.*

tambourin deis pichos enfans *m. tabourin.*

tambourina. *bâtre du tambour.*

tambourina eme lou tambourin deis pichos enfans. *tambouriner , ou tabouriner.*

tambourinaire de la villo , ou deis fourdas. *m. tambour.*

tambourinaire , mo injuriou. *tambourineur , ou tabourineur.*

tamis. *m. tamis , ou fas.*

faire vira lou tamis. *faire tourner le fas.*

tamifa. *tamifer , ou faffer.*

tan , eftre tan à tan. *étre tant à tant.*

tanaillo a ferra chivau. *fem. tricoifes.*

tandigan. *fupofons.*

tanqua uno poüerto. *barrer une porte.*

tanquado , terme de manechau. *f. folbature.*

chivau qu'a uno tanquo. *chival folbatu.*

tanquo. *f. barre.*

tanquo poüerto , jucc d'enfan. *m. dard.*

tanto. *f. tante , ou tente,*

tapa. *boucher.*

tapa uno bouto eme fon ta. *bondonner , ou boucher un tonneau.*

tapa ben leis regos de la poüerto , & de la feneftro d'uno chambro. *calfeutrer une chambre.*

tapa un foufle à quauqu'un. *apliquer un fouflet à quelqu'un.*

tapagi. *m. carillon.*

taperie. *m. caprier , ou capier.*

tapero. *f. capre , ou cape. Le premier eft le plus ufité.*

tapi , terme de maffon. *Fem. bauge.*

tapie. *m. étapier.*

tapis. *m. tapis.*

tapiffa. *tandre la tapifferie , ou tapiffer.*

tapiffarie. *f. tapifferie. Il y a une bordure , & le tableau en une tapifferie.*

tapiflie. *m. tapiffier.*

tapo , terme de fourda. *fem. etape.*

tapouna uno chambro , &c. *boucher ou calfeutrer une chambre.*

tapouna uno bouto , &c. *tamponner , ou boucher un tonneau.*

taqua. *tacher. La premiere filabe eft breve.*

taquan. *adj. taquin , taquine , ou pince-maille. Ce dernier eft bas.*

taquanarie. *f. taquinerie.*

taquo. *f. tache. La premiere filabe eft breve.*

taquo à l'hueil. *f. taye.*

tar. *tard.*

tara, home tara. *adj. verreux , verreufe.*

fruit tara. *adj. fruit verreux , verreufe.*

poüas , tarado. *adj. vermoulu, vermouluë, ou moliné , molinee.*

tarabufta. *tarabufter.*

taranto , animau. *f. tarantule , ou tarantole.*

tararigno, animau. *feminin Araignée*

tararigno, telo *f. toile d'araignée.*

tararo, mo burlesquo. *tarare.*

tarau, terme de sarrahie. *m. tarau.*

tarauda, terme de sarrahie. *tarauder.*

taravelo. *tarriere, ou teriere. Le dernier est le meilleur.*

pichoto taravelo. *m. laceret.*

tarda. *tarder.*

targeto, terme de farrahie. *f. tergette.*

targo. *m. bouclier, ou f. targe.*

Juga à la targo. *jouer à la joute, ou jouter.*

tari. *tarir, ou épuiser.*

tarifo. *m. tarif.*

tarin. *m. tarin, ou terin. Oiseau de cage, qui chante fort bien. Il a le plumage gris, jaune, tirant sur le verd, avec une petite tache sur la tête.*

tarmina. *terminer.*

tarnau. *m. treseau, ou gros, & selon les Medecins, f. dragme Le treseau est la huitieme partie d'une once, il pese trois deniers; & le denier 24. grains de sorte que le Treseau pese 72 grains & l'once 576 grains.*

tarni. *ternir, ou flétrir.*

tarni. *adj. terni, ternie.*

taro. *f. tare.*

taro, terme de pesaire. *fem. tare.*

taro, terme d'argentie. *Fem. tare.*

tarrabas. *m. Tarrabat, ou fem. cresseile.*

tarradou. *m. territoire.*

tarrallie. *m. Faïancier, ou potier de terre.*

tarraillo. *f. faïance, ou poterie de terre.*

tarraillon. *m. terrassier.*

tarraire. *m, terroir. Remarquez que si par le mot de tarraire vous entendez parler dou tarradou. Il faudra dire le territoire, & non pas le terroir.*

tarrassa. *terrasser.*

tarrasso. *f. terrasse.*

tarrasso, terme de poutie de terro. *m. terrain.*

tarrible. *adj. terrible.*

tarrie d'escritori. *m. poudrier.*

tarrour. *f. terreur.*

tartano. *f. Tartane, ou m. traversier.*

tarticro. *f. tourtiere.*

tarto. *f. Tarte.*

tartonraire, planto. *m. garou.*

tartugo. *f. Tortuë.*

tarza. *tarder.*

tas, terme d'argentie. *m. tas.*

tassa leis danreos. *aseurer, ou aforer, ou taxer les denrées.*

tasso deis danreos. *m. taux, ou f. taxe.*

tasso per beoure. *f. tasse.*

tasseou. *f. emplatre. Les Medecins le font masc.*

tasseou, terme de sarrahie. *m. tasseau.*

tasseou regla, terme de peiroulie. *m. juage.*

tasta. *tâter.*

tafta lou poutagi. *goûter , ou tâter le potage.*

taftamen. *m. tact.*

taftovin. *m. fiphon.*

tato , terme enfantin. *m. dada.*

tau. *adj. tel , telle.*

tavan. *m. bourdon.*

tavan mardous. *m. foüille-merde , ou fcarabée.*

taverno. *f. taverne.*

taulado , terme de cabaretie. *m. écot.*

tauleja. *tenir table.*

taulie. *m. établi.*

taulie d'un Bouchie. *m. étal , ou étau.*

tauliero. *f. tuilerie.*

tauliero deis malouns. *f. briqueterie. Celui qui fait , & qui vend, la brique fe nomme briquetier.*

taulifo. *m. toit.*

Lou bou de la taulifo que parei à la catriero , s'apello. *La fubgronde , ou feveronde.*

Lou boües que fouften lou bou de la taulifo , s'apello. *chanlate. f.*

taulo. *f. table. Tenir le haut bout d'une table , c'eft y avoir la place la plus honorable.*

taulo , terme de cabaretie. *m. écot.*

taulo , terme de maffon. *fem. planche.*

taulo d'un envan de taulifo. *f. chanlate.*

taulo de febos. *f. planche , ou couche d'oignons.*

Aqueou que meto taulo paguo mai que tous. *Celui qui*

donne le defruttu , paye plus que tous.

taurra d'amendos. *torrefir, ou rôtir des amandes.*

tauteno. *f. taute.*

Tebi. *adj. tiéde.*

Deveni tebi. *tiéder.*

rendre tebi. *atiéder.*

teigitur. *m. canon.*

teigne. *teindre.*

tein d'uno fremo. *m. teint d'une femme.*

teing. *adj. teint , teinte.*

fe teifa. *fe taire.*

teifferan. *m. tifferand.*

teiffoun , animau. *m. teffon, ou taiffon , ou bléreau.*

teiffuro , terme de teifferan. *fem. tiffure.*

teleto. *f. toilette.*

telitapofto , juga à telitapofto. *joüer au combien.*

telo. *f. toile.*

telo crufo. *toile jaune , & fi elle n'a jamais été moüillée , on dira cruë.*

telo d'houftau. *toile de ménage*

temerari. *adj. temeraire.*

temerita. *f. témérité.*

temo. *m. Téme.*

temouigna. *témoigner.*

temouignagi. *m. témoignage.*

temoüin. *m. témoin. Quoy qu'il foit un homme , ou une femme.*

tempera. *temperer.*

tempefta. *tempéter.*

tempefto. *f. tempéte. ou m. orage.*

tempie, la plueyo a fa tempie. *La terre eft abreuvée par la pluye.*

temple deis camifars. *m. tem-ple.*

temple deis indiens , & idoulatres d'Orian. *m. pagode.*

temple de la tefto. *f. temple, ou tempe.*

tempouriou , terme de Bouhie. *f. faifon.*

rempourifa. *temporifer.*

tempouro. *m. quatre-tems.*

tencho. *f. ancre , ou encre.*

tenchura. *teindre.*

tenchurie. *m. teinturier.*

tenchuro. *f. teinture.*

tendillieiro , terme de fuftie. *m. amorçoir.*

tendo. *f. tente.*

tendre. *adj. tendre , pron. tandre.*

pan tendre. *pain tendre , ou frais.*

Ana tendre , terme de fournie. *áler metre fur couche.* †

tendromen. *tendrement.*

tenebros. *f. tenebres.*

tenemen. *m. tenement.*

tenen , aquo es tout tenen. *cela eft tout d'une avenuë.*

tengudo. *f. tenuë.*

teni. *tenir.*

fe teni à ce qu'un autre dira. *fe remettre à ce qu'un autre dira.*

teni damen. *obferver , ou épier, ou güeter.*

teni lou cüer , terme de curatie. *quioffer.*

tenon , terme de fufillie , & de fuftie. *m. tenon.*

tenquo , peiffon. *f. tanche.*

tens. *m. tems.*

tens cuber de plufieurs pichos nious clars, & feparas. *tems pommelé.*

tenta. *tenter , pron. tanté.*

tentacien. *f. tentation.*

tentaire. *m. tentateur.*

tento , terme de Cirurgien. *f. tente.*

teoule. *f. tuile. Celui qui les fait fe nomme le Tuilier. Les dernieres tuiles d'un toit , qui pareffent à la rue , s'apelle l'égout. m.*

terebentino. *f. terebenthine.*

tereliotintin , mo populari. *tinrelintintin,*

teriaquo. *f. Teriaque.*

tetin , auffeou. *m. terin.*

terme. *m. terme.*

terme deis camins. *m. terme , ou f. borne , ou limites.*

terrie d'efcritori. *m. Poudrier.*

terrillo dau carboun. *m. pouffier*

terro. *f. terre.*

Aubre qu'es en terro. *arbre en pleine terre.*

La terro fe fendo à caufo dou cau. *La terre fe crevaffe par la chaleur.*

terro graveloufo que coumenfo à fe petrifia. *m. Tuf.*

terro boulegado d'un coufta , & d'autre. *Terre jectiffe.*

terrous. *adj. Poudreux , poudreufe.*

chambro fouto terro. *chambre fóuterraine.*

tefa. *tendre.*

teſo, terme de Coulegi. *Fem.*
Theſe.

teſta. *teſter, pron. l'ſ.*

teſtamen. *m. Teſtament, pron.*
l'ſ.

teſtamen tout eſcrit, & ſigna
de la man dou teſtaire. *adj.*
teſtament olographe, ou holo-
graphe.

teſtar. *adj. têtu, têtuë.*

teſtiero dou liech. *m. doſſier du*
lit.

teſtiero d'uno brido. *f. têtiere.*

teſto. *f. téte.*

home que poüerto la teſto
toüerto. *m. Torticolis. La té-*
te d'un cerf, d'un dain, d'un
chevreuil en vénérie, ſeparée de
la béte, s'apelle le maſſacre, &
celle d'un Sanglier, d'un Ours,
d'un Loup, & autres bétes
mordentes, comme auſſi d'un
ſaumon, & d'un Brochet, ſe
nomme la hure, aſp. l'h.

teſto negro, auſſeou. *m. ver-*
montant.

teſto d'aze, peiſſoun. *m. té-*
tard.

teſto verdo, mo injuriou. *téte*
verte.

teſton marcha de teſton. *mar-*
cher à tátons, ou tátonner.

Ligi de teſton. *lire à tátons, ou*
heſiter.

teſton que l'on douno ſur la
teſto de quauqu'un eme lou
de farina. *f. croquignole.*

teſtouneja. *tátonner.*

teta. *téter, ou tirer.*

Faire teta doües boulos, ter-

 me de jugadous. *àler à l'apui*
de la boule.

tetarelo per beoure la limounado. *m. Siphon, ou Chalu-*
meau.

tete. *f. mamelle, ou m. teton.*

thuriferero. *m. turifere.*

tian. *f. terrine.*

tiarro. *f. tiare.*

tiatre. *m. téátre.*

tiblado. *f. trüellée.*

tiblo, terme de maſſon. *Fem.*
trüelle.

tiblo, terme de ploumbie. *f.*
Plane.

tiblo brecado. *f. trüelle bretée.*

tic, terme de manechau. *m.*
tic.

tie. *f. torche, en latin tæda.*

tiero d'aubres, &c. *f. file, ou*
rangée, ou enfilade d'arbres.

tierſo, terme de jugadou de
palamar. *f. tierce.*

tigno deis mans. *f. engelure.*

tigno deis pes. *f. mule, ou en-*
gelure.

tigre. *m. tigre. Sa femelle, ti-*
greſſe.

tigre. *m. tigre, inſecte mouche-*
té, qui vient au deſſous des
feuilles des arbres, & princi-
palement des Poiriers, il eſt gris,
& vole en plein midy.

tijo d'uno clau. *f. tige d'une*
Clef.

tillac d'un veiſſeou. *m. tillac*
d'un vaiſſeau.

tillet, terme de Procurour.
f. étiquette.

tillo, aubre. *m. tillot, ou til-*

leul. *L'écorce d'un jeune tillot s'apelle la tille , un lieu planté des tillots , se nomme un tillet.*

timbalo. f. *timbale.*

timide. adj. *timide , ou aprehensif.*

timidita. f. *timidité.*

timoun , terme de charron. m. *timon. Le cheval qui est au timon , s'apelle le timonier.*

timoun d'un veisseou. m. *gouvernail , ou timon. Les anneaux qui portent le gouvernail , & au pluriel les gouvernaux , se nomment les femmelles , & les fers qui entrent dans ces anneaux , s'apellent les mâles.*

tinado. f. *cuvée.*

tineou de bugado. masc. *cuvier.*

metre de linge din lou tineou. *encuver du linge. L'action d'encuver s'apelle encuvement. m.*

tineou , terme de pelletie. m. *m. confit.*

tineou , terme de cartounie. f. *auge.*

tino. f. *cuve. La tonnelerie est le lieu , ou sont les cuves.*

tinta uno campano. *tinter une cloche.*

Faire tinta uno pistolo. *faire sonner une Pistole.*

tintamarro. m. *tintamarre.*

tintin. m. *tintin.*

tiou adj. *tien , tienne.*

tiquetto , terme de Proucurous. f. *étiquette.*

tira. *tirer.*

Aprendre à tira l'espaso. *aprendre à faire des armes. Le maître qui aprend à faire des armes, s'apelle le maître d'armes, ou maître d'escrime , ou maître en fait d'armes.*

tira leis herbos d'un parterro, leis peous, l'hueil, leis dens &c. *arracher les herbes , &c.*

tira d'aigo. *puiser de l'eau.*

tira uno flecho. *décocher une fleche.*

tirado , terme de vouyajour. f. *traitte , ou tire.*

tiradou. m. *tiroir, pron. tiroï, ou f. Layette.*

tiragi. m. *tirage.*

tiraire. m. *tireur , au fem. tireuse.*

tiran. m. *tiran.*

tiran , terme de sarrahie, & de Courdounie. m. *tirant.*

tirannisa. *tiranniser.*

tirannita. f. *tiranie.*

tirassa. *trainer.*

se tirassa din la fanguo. *Se vautrer , pron. vôtré.*

tirassado , mo injuriou. fem. *garce.*

tirasseto , planto. f. *renouée, ou herbe à cent nœuds.*

Autro espesso de tirasseto. fem. *turquette , ou herbe des Turcs.*

tirassiero de poudro. f. *trainée de poudre.*

tirassiero que fa un veisseou din l'aigo. m. *sillage , ou hoüage , ou houache.*

tirasso. *Voyez tirasseto.*

tirasson. m. *Polisson.*

tiro,

tiro , terme de vouyajour. *f.
tire , ou traitte.*

tiro-bourro. *m. tire-bourre.*

tiro-bouton. *m. tire-bouton.*

tirofoun , terme de brouquie.
m. tire-fond.

tiro-lardon. *m. croque-lardon.*

tiro-larigot. *m. tire-larigot.*

tiro-ligno. *m. tire-ligne.*

tiro-meleto. *m. hapelopin , afp.
l'h.*

tirope. *m. tire-pié.*

Juga à tiropeou. *jouer à gri-
bouillette.*

tiro-plon , terme de vitrie. *m.
tire-plomb.*

tis , terme de pefcaire. *m. tramail.*

tifano. *f. tifanne.*

tifano facho eme de pan rouf-
ti. *f. eau panée.*

tifi. *f. l'htifie.*

tifounie , terme de farrahie ,
& de manechau. *m. tifonnier,
ou f. pallette.*

tita que fa un relogi. *f. vibration.*

tite. *f. poupée.*

titou d'un i *m. point.*

titou qués fur une letre. *mafc.
titre.*

tobiol , terme de Capouchin.
f. malette.

tocofan. *m. Toctfin , ou f. alar-
me.*

ton de vois. *m. ton de voix.*

parla toujour d'un meme ton
fenfo infleccien. *faire une
monotomie.*

toni. *m. antoine.*

topo , terme de jugadous.
Tope.

tor. *m. tort.*

tou. *adj. tout , toute.*

toüaillo. *f. nape.*

touca. *toucher.*

touca un chin qu'es esta
mourdu d'un chin gasta.
flátrer , ou flatrir un chien.

touca lou coüer. *émouvoir , ou
toucher le cœur.*

Lou touca. *Le toucher , ou le
tact.*

houstaus que fe tocoun. *fem.
maifons contigues.*

Faire touca leis veires à taulo.
choquer les verres.

toüer, *adj. tortu , tortuë. On dit
un clou tortu , ou crocku.*

toüero , animau. *f. chenille. Le
nid des chenilles , fe nomme , un
bouchon.*

toüero , planto. *m. napel , ou
napellus.*

toüerquo. *tortillon.* +

toüerquo que leis fremos metoun fur la testo *m. tortillon.*

toüerquo man. *effuimain , ou
f. ferviete à laver les mains.*

toüerquoman deis facrifties ,
& deis refetoirs qu'es pendu
à un battoun. *f. toüaille.*

toüerquo pinceou. *m. torche-
pinceau.*

toües , fiou toües. *fil tors.*

toüeffe. *tordre , ou tortiller.*

toulera. *tolérer.*

toulerable. *adj. tolérable.*

toulipan. *f. tulipe.*

toulipan fer. *Bofuel.* +

toulon. *Tolon*, *ou Toulon.*

touloufo. *Tolofe*, *ou touloufe.*

toumas. *m. tômas.*

toumba. *tomber.*

Faire toumba quauqu'un, & li faire faire la tamboureleto *culbuter quelqu'un.*

toumbado. *f. chute.*

toumbado d'un cabri, terme de Bouchie. *f. Iffues*, *ou m. abatis.*

toumbareou. *m. tombereau*, *pron. tonbero.*

toumbeou. *m. tombeau*, *pron. tombo*, *ou fepulere.*

toumbeou deis mouchetos. *m. porte-mouchettes.*

toumbo. *m. Caveau*, *ou fem. Cave ou fepulture.*

Lou bar, que farmo la toumbo, s'apello. *f. tombe.*

toumbo, ou toumbeou, qués per hounoura un home, quoyque l'y fiegue jamai efta entarra. *m. Cenotaphe*, *ou vain tombeau.*

toume. *m. Thomas.*

toumo. *f. toume. Vous trouverez ce mot dans le Dictionnaire de Pomey.*

toun, peiffon. *m. ton. Les petis tons*, *qui n'ont pas un pié de grandeur*, *font apellez Limaire*, *m. & qnand ils ne fortent que de l'oeuf*, *on les nomme cordille.*

toünairo, terme de pefcaire. *f. Thonnaire*, *ou combriere.*

toundaire *m. tondeur.*

toundeur de napo. *m. écorni-*

fleur, ou parafite, *ou piqueur d'efcabelle*, *ou tondeur de nape.*

toundre. *tondre.*

toundre la testo à quauqu'un. *rafer la tête à quelqu'un.*

Lou ten de toundre l'ave. *La tonte des Moutons. On le dit auffi de l'action. Et felon Richelet*, *l'action est auffi apellée tonture.*

toundu. *adj. ras*, *rafé*, *ou tondu*, *tondüe.*

tounceto. *f. antoinete.*

tounino. *f. tonnine.*

tounfuro. *f. tonfure.*

toupa. *tauper*, *ou toper.*

toupe, terme de Parruquie. *m. tour.*

toupin. *m. pot de terre à cuire.*

toupino. *m. pot de terre.*

tour. *m. tour.*

tour, terme de pafticie. *mafc. tour.*

tour de coüeil d'un manteou. *m. tour de cou d'un manteau.*

tour de gorjo deis Damos. *f. tetonniere.*

tour, terme de ribantie. *m. roüet.*

tour per fiella. *m. roüet.*

Leis tours, & countours, que fa uno Ribiero. *f. Sinuofitez. On dit le cours finueux de la Durance.*

touranjo. *adj. toürangeau*, *tourangelle.*

tourbion. *m. tourbillon.*

tourca. *torcher*, *ou netteier.*

Se tourca leis mans. *effuïer fes*

mains.

tourdre. *f. grive.*

tourdre rouge. *m. mauvis.*

touret , terme de fellic. *mafc.*
   touret.

tourmenta. *tourmenter.*

tourmentino. *f. tormentille, ou*
   heptaphylton.

tourna. *tourner.*

vin tourna. *vin tourné , ou*
   pouſſé.

tourne d'un brique. *m. touret.*

tourneja. *travailler au tour, ou*
   tourner au tour.

tourneja , terme de poutie
   de terro. *refrayer.*

tourneja, faire pluſiers tours.
   tournoyer , pron. tourneïe.

tourneur. *m. tourneur.*

tournique , terme de farrahie.
   m. tourniquet.

tourno gan , terme de gantie. *m. bâton à gans.*

tourno gaucho , terme de farrahie. *m. tourne à gauche.*

tournofol. *m. tournefol.*

tournoven. *m. paravent. Ses*
   chaſſis s'apellent les feuilles de
   paravent.

tournoven d'Egliſo , qu'es de
   boües. *m. tambour , ou por-*
   che de menuiſerie.

tourre. *f. tour.*

tourren. *m. torrent.*

tourriero. *f. touriere.*

tourtarelo. *f. tourterelle. On dit*
   que la tourterelle gemit, Son
   petit s'apelle un tourtereau.

tourteirieros , terme de carretie. *f. lieüre.*

tourtiero. *f. tourtiere.*

tourtilla. *tortiller.*

tourtis. *f. boucle d'oreille.*

tourto. *f. tourte.*

tourtoun. *f. galette , ou foüaſſe ,*
   ou fouace.

tous. *f. toux , ou quinte.*

touſſi. *touſſer.*

toutaro. *tout à l'heure.*

Enfan toutaro na. *enfant nou-*
   veau né.

toutefcas es jour. *à peine il eſt*
   jour.

tra . terme de carretie. *mafc.*
   trait.

trabai. *m. travail , au pluriel*
   travaux.

Un trabai continuel fatiguo.
   Un travail continu fatigue.

trabailla. *travailler.*

trabailla la terro. *cultiver la*
   terre , ou travailler la terre.

trabaillaire. *m. travailleur.*

tracheou de lano. *f. Quenouil-*
   lée de laine. †

trachi. *prendre ſes forces , ou ſe*
   ravoir.

tradicien. *f. tradition.*

trafi. *m. trafic.*

Faire de pichos trafi. *grimeli-*
   ner.

trafiqua. *trafiquer , ou commer-*
   cer.

trafiquaire. *m. trafiquant , ou*
   trafiqueur. Le premier eſt le
   meilleur.

tragoun , herbo. *m. eſtragon ,*
   pron. l'ſ. ou tragon.

trahi. *trahir.*

traillo d'uno barquo. *f. corde ,*

ou *Cordelle.*

traitre. *adj. traitre, traitesse.*
trama. *tramer, ou trémer.*
trambla. *trembler.*
trambla de poou, *fremir de peur.*
tramblaire. *masc. trembleur, ou craintif.*
tramblamen. *m. tremblement.*
tramblamen de poou. *masc. fremissement de peur.*
tramo. *f. trame, ou tréme.*
tramountin. *adj. ultramontain, ou tramontain.*
trampela. *transir.*
tranchado. *f. trenchée.*
tranchan. *m. tranchant, ou trenchant.*
tranche, te rme de Courdounie. *m. tranchet.*
tranche, terme de vigneron. *f. Serpe.*
Picho tranche, terme de vigneron. *f. Serpete.*
trancho de meloun. *f. côte, ou tranche de melon.*
tranchofilo, terme de reliai re, & de Courdounie. *fem. tranchefile.*
trancholar, terme de coutelie. *tranche-lard.*
tranquilita. *f. tranquilité.*
transi. *transir.*
transija. *transiger.*
transplanta. *transplanter.*
trantran. *m. trantran.*
trapadou, terme de masson. *m. pailliers, ou repos.*
trapeja. *fouler.*
trapo. *f. trape.*
trapo. *adj. trapu, trapuë, ou*

trape.
trassa un Tableou. *tracer un Tableau.*
trassa, terme de vouyajour. *marcher vite.*
trasso. *f. trace.*
trata. *traiter.*
trata mau seis inferiours. *rudoyer ses inferieurs, prononcez rudeyé.*
trata. *m. traité.*
trataire. *ad.. traiteur, traiteuse.*
trau. *m. trou.*
trau per metre un manche à uno Crous, à uno Picolo, à un'cissado, &c. *douille.*
trau de cau. *m. bassin, ou fem. fosse à chaux.*
trau dau coupe de la testo. *f. fosse au chignon.*
trau ounte l'on passo leis barros de l'arguc. *f. amolettes.*
trau que l'on fa dins leis plat bords d'un veisseou. *Feminin Amure.*
trau d'un poutagie. *m. réchaut.*
trau d'un pous. *f. gueule d'un Puits.*
trau deis gengivos ounte soun leis dens. *f. alveole.*
trau de baudron, terme de masson. *trou de boulin.*
trau deis bresquos deis abeillos. *f. cellule, ou alveole.*
Juga au trau. *jouer à la boulette.*
Juga au trau de Madamo. *jouer au trou-madame.*
trau deis fournigos. *fem. fourmilliere.*

trau ounre s'efcoundoun leis Luris. *Catiches.*

trau deis grandos garenos , ounte fe retiro touto forto de gibie. *m. Halots.*

trau per planta un aubre. *f. tranchée , ou trou , ou creux.*

trau deis darbous. *f. taupiniere.*

trau deis pares , per faire coula l'aigo d'uno terro. *f. ventouje , ou barbacane.*

trau deis veiffeous , per faire coula l'aigo. *m. dalot , ou daillon , ou dalon , ou orgue.*

trau que douno de jour à uno croto. *m. joupirail , au pluriel joupiraux.*

trau per leis Pigeons , din un l'ijounie. *m. boulin.*

trau qu'es eis froumagis , & au pan. *m. Oeil , au pluriel yeux.*

trau que foun eis carrieros , fauto d'eftre ben caladados. *f. Flache.*

trau d'un canoun , ounte metoun la morfo. *f. lumiere.*

trau per faire coula lou mourtie clar dins leis joints deis peiros. *m. Godet.*

trau d'un moüele , ounte fan paffa l'eftan foundu. *m. jet.*

trau de la taniero d'un Reinard. *f. Mere.*

trau d'un marteou , d'un eftau , d'uno peiro de moulin. *m. Oeil.*

trau qu'es eis peros , eis poumos , eis coudons , &c & qu'es aupoufa au pecou. *m. Oeuil , ou nombril.*

trau ounte la Lapino fa feis pichos. *f. rabouilliere , ou rabouillere , ou m. catteroles.*

trau d'un priva. *f. lunette d'un Privé.*

trau que fa la galino din la terro per pita. *m. grat. Voyez fouleou.*

trauca. *trouer ou percer.*

trauca gras lou ferri d'un chivau. *étamper gras.*

trauca maigre lou ferri d'un chivau. *étamper maigre.*

trauco peirou , planto. *Mafc. tribule.*

traverfa. *traverfer.*

traverfie d'uno poüerto de ferri. *f. decharge.*

traverfo. *f. traverfe.*

traverfo , terme de fuftie. *m. travers , ou f. traverfe.*

de travers. *de travers.*

traveffo que foun dins leis villos. *f. ruelle.*

traveffo que paffo pas. *mafc. cu de fac.*

traveto. *f. folive.*

pichoto traveto. *m. foliveau.*

tre. *Voyez* tret.

treboula. *troubler.*

treboula. *adj. troublé , troublée.*

trebuque , gabi. *m, trebuchet.*

trebuque per pefa la mounedo. *m. trebuchet.*

trebuque de countoir. *f. bafcule de contoir , ou bacule. Richelet jait ce mot mafculin.*

trecas. *m. tracas.*

treccaffa. *tracaffer.*

trecoula. *trépasser , ou mourir.*

treflo , carto.*m. trefle.*

trege. *treze.*

tregieme. *adj. trézieme.*

treillas. *f. tonnelle , ou tonne.*

treilliero.*f. vigne sauvage.*

treillo. *f. treille.*

trelis , telo. *m. treillis.*

trelis d'aran. *treillis de fil d'ar-*
chal.

trelis , terme d'argentie. *fem.*
cage.

tremoula. *trembloter.*

Lou souleou tremoun. *Le So-*
leil couchant.

tremountano. *m. Nord , ou f.*
bise , ou tramontane.

se rremoussa. *se tremousser.*

trempa. *tremper , pron. trampé.*

trempamen dau pan din lou
vin. *m. trempement.*

trempamen que l'on fa din
l'aigo. *f. immersion , ou masc.*
trempement.

trempo. *f. piquette , ou piscanti-*
ne , ou trempe , ou dépense , ou
buvande , ou boite , pron. brie-
vement le dernier.

trempo , terme de coutelie.
f. trempe.

trentenari de messos. *m. tren-*
tain de messes.

trepan. *m. trépan.*

trepana. *trépaner.*

trepassa. *trépasser.*

trepointo, terme de courdounie. *f. trépointe.*

trepouigne de soulies. *piquer*
de souliers.

trepoun , terme de courdou-

nic. *f. piquûre.*

tres. *trois.*

tres , villo. *trez.* †

trescillo , terme de charron.
f. treseille.

tresieme. *adj. troisieme.*

tresor. *m. tresor.*

tresquin , terme de Fustie. *m.*
trusquin.

tressaire. *m. carrier.*

tresso , terme de parruquie. *f.*
trece.

tret , terme de Sellie. *m. trait.*

tret , terme d'escrivan. *m. Ca-*
deau , ou trait.

tret de charjo , terme de masson. *m. tas de charge.*

se trevira. *s'épouvanter , ou s'é-*
fraïer.

treviromen. *f. épouvante , ou*
m. éfroi.

tria. *trier , ou choisir.*

tria leis herbos , lou lioume ,
&c. *éplucher , ou trier , les her-*
bes , &c.

triaclo.*f. teriaque.*

triagi. *m. triage.*

triangle. *m. triangle.*

triangle , herbo. *m. souchet.*

triboule , terme d'argentie.*m.*
triboulet.

tribu. *m. tribut. Le tribut que*
les Chrétiens payent au Grand
Seigneur , s'apelle le carache, ou
charag.

tribunau. *m. tribunal , au plu-*
riel Tribunaux.

tribuno.*f. Tribune.*

tribuno à jalousie.*f. écoute,*

tricoulo. *Femininchaussette , ou*

Masculin bas à étrier.

trienfle, terme de jugadous de cartos. *f. triomphe, ou tourne.*

trignon. *m. Carillon.*

souna trignoun. *Carillonner. Celui qui Carillonne, s'apelle le Carillonneur.*

trin. *m. train.*

trin, terme de Charron. *m. m. train.*

trinca. *trinquer.*

tringleto, terme de Vitrie. *f. tringlettes.*

trinque, terme de marino. *f. misaine, ou m. trinquet.*

trioule. *m. trefle, ou triolet.*

trioumpha *triompher.*

trioumfaire. *m. triomphateur.*

trioumfe. *m. triomphe.*

trioumfe, terme de jugadous eis cartos. *fem. triomphe, ou tourne.*

triparie. *f. triperie.*

tripiero. *f. tripiere.*

tripla. *tripler.*

tripo. *f. tripe, ou m. Boïau.*

toutos leis tripos ensemble. *f. tripaille, ou entrailles, ou brouailles.*

tripo de velous, estofo. *Fem. tripe, ou tripe de velours.*

tripouli, villo *m. Tripoli.*

tripouli, terro. *m. tripoli.*

escura eme de tripouli. *tripolir.*

triquetra. *m. triquetrac, ou trictrac. L'Ouvrier qui les fait, s'apelle un tablettier.*

trissa touto sorto de causo.

Piler.

trissa de droguos. *pulverifer, ou triturer.*

trissa de sucre, de sau, &c. eme un couteou, ou eme un marteou. *égruger du sucre, du sel, &c.*

trisson. *m. Pilon.*

triste. *adj. triste.*

triumvira. *m. triumvirat.*

tron. *m. tonnerre.*

tronc. *m. trône.*

troquo. *m' tarabat, ou f. crecelle.*

trosso, terme de marino. *f. f. trosse.*

troü. *trop.*

trouba. *trouver.*

troubla. *troubler.*

trouble. *adj. trouble.*

troucho. *f. omelette.*

troucho facho eme de lar. *f. Riblette, ou omelette au lard.*

troucho, peisson. *f. truite.*

trouchoman. *m. Truchement.*

troües de pan. *f. piece de pain ou bribe, ou m. chanteau.*

gros troües de pan. *m. Quignon, pron. Kinion en deux silabes.*

paga troües a troües. *paier chiquet, à chiquet.*

troües de tarraillo roumpudo. *m. tesson, ou tét de pot cassé.*

troües de teoule. *m. tuilot, ou tuileau.*

troües de boües. *f. piéce de bois.*

troües de boues dau fuec un pan brula. *m. tison.*

troües de cailla, ou de sang

cailla , ou de coüello. *masc. grumeau de sang , &c. ou caillebot , ou caillot.*

troües de paſtis. *f. tranche de pâté.*

troües d'eſpaſo, de lanſo, de piquo, de ſaumon, d'Alauſo , d'Anguiello , de brouche , d'eſcarpo , de ſauſſiſſo , de boudin , &c. *m. tronçon.*

roumpre un baſtoun en doües troües. *rompre un bâton en deux parties.*

trougno. *f. trogne.*

troumenta. *tourmenter.*

troumpa. *tromper.*

troumpa au juec. *tromper , ou tricher , ou faire des tricheries.*

troumpaire. *adj. trompeur , trompeuſe.*

rroumparie. *f. tromperie , ou ſupercherie.*

troumpeirou. *f. morille.*

troumpeta uno cauſo perdudo. *trompeter,*

troumpeta per ſe diverti. *ſonner de la trompette.*

troumpetaire. *m. trompete.*

troumpeto. *fem. trompette. Le Cordon qui ſert à pendre la trompette au cou , s'apelle le Bandereau. La Banderole eſt ce qui eſt fait comme une baniere.*

troumpo eſpeſſo de nuagi. *m. Echillon, ou f. trompe.*

troumpo , juec d'enfan. *fem. trompe.*

troumpo lourdau. *f. hape lourde , aſp. l'h.*

trouna. *tonner.*

troun d'aubre. *m. tronc , pron. Tron.*

troun de boües per metre au fuec. *f. bûche de bois, & quand elle eſt ronde , on dit un rondin.*

troun. d'un'Egliſo. *m. tronc d'une Egliſe.*

troupeou. *m. troupeau.*

troupie , peiſſon. *f. torpille.*

troupo. *f. troupe.*

troupo de pardrix. *f. compagnie de Perdrix , on le dit auſſi des bétes noires. Mais des bétes fauves , on dit la harde , ou le harpail , aſp. l'h.*

troupo d'auſſeous de fauconnerie. *f. harde , aſp. l'h.*

trouqua. *troquer.*

trouſieme. *adj. troiſieme.*

trouſſa lou bras. *tordre le bras.*

trouſſa uno clau. *fauſſer une clef.*

trouſſeou, terme de foundeur. *m. trouſſeau.*

trouſſo. *f. trouſſe.*

trouſſo , terme de Barbie. *f. trouſſe.*

trouſſo de teleto. *f. trouſſe , ou m. quarré de toïlette.*

trouſſoquin , terme de ſellie. *m. trouſſequin.*

trouſſo cuou. *m. porte-épée.*

trouſſo quoüe. *m. trouſſe queüe.*

truan. *adj. truand , truande.*

trüeil. *f. auge , ou m. cuvier à fouler les raiſins.*

truejo. *f. truie. La truïe à fait ſes petis, ou elle a cochonné.*

vieillo ,

vieillo, & graſſo truejo. *Fem.*
coche.

truejo, peiſſon. *f. truye. Vous*
trouverez ce mot dans le Dic-
tionnaire de Pomey,

ſe trufa de quauqu'un. *ſe mo-*
quer de quelqu'un.

ſenſo ſe trufa. *ſans rire.*

trufo. *f. moquerie.*

truito, peiſſoun. *f. truite.*

trule. *m. boudin.*

boufo trule. *m. ſoufleur de bou-*
din.

gros trule, mo injuriou. *maſc.*
Magot.

tu. *Vous, & dans le familier toi.*

tua. *tuer.*

tuadou. *f. tuerie, ou m. échau-*
doir.

tuba. *fumer.*

tuba. *enfuir.*

tubancou. *f. chaumiere, ou hute,*
aſp. l'h. ou m. taudis.

tuer. *adj. Turc, Turque, ou Tur-*
queſſe.

Lou papou deis Tuers. *Maſc.*
Moufti, ou Muphti.

Lou Rei deis Tuers. *Le Grand*
Seigneur.

Fedo tuerquo. *Brebis Brebai-*
gne.

tuniquo. *f. tunique.*

turban. *m. turban.*

turbentino. *f. terebentine.*

turifurero. *m. turifere.*

turioun, terme de foundeur.
m. ourillon.

turlipina. *turlupiner.*

turta quauqu'un. *pouſſer quel-*
qu'un.

turta de la teſto ſur quauquoren. *donner de la tête ſur quel-*
que choſe, ou heurter, ou cho-
per.

turta d'au pe contro quauquoren. *heurter, ou choper*
contre quelque choſe.

mautons que ſe turtoun eme
la teſto. *Moutons qui ſe do-*
guent, ou coſſent. Son infinitif
eſt coſſer.

turtado. *f. pouſſée.*

turtado dau pe, en caminan.
m. heurt.

tuſſeire. *adj. touſſeur, touſſeu-*
ſe.

tuſſi. *touſſer.*

tuſſilagi, herbo. *m. pas d'ane.*

tuſſomen. *f. toux.*

tuteja. *tutayer, ou tutoyer, pron.*
tuteyé, ou tutaié.

tutour. *m. tuteur, au feminin*
tutrice.

tuve, terme de maſſon. *fem.*
meuliere.

tuviero, terme de manechau.
f. tuyere.

tuy, aubre. *m. if.*

tuzello. *f. touzelle.*

tza. *tendre.*

Maſculin *V.*
Vabre. *feminin*
ravine.
Vacacien. *f.*
vacation.
Vacanſos deis
eſcoulies. *f. vacances, ou jour*
de congé.

Vacanſos dou Palai. *Feminin*

Vacations.

vagabon. adj. *vagabond, vagabonde.*

vago. f. *vague, ou houle.*

vai, faire lou vai, & lou ven. *aler & venir.*

vaillen. adj. *vaillant, vaillante.*

vaillen. m. *vaillant, ou tout le bien.*

vala. m. *ruisseau.*

vala qu'uno pluejo fa din uno terro. m. *ravin, ou f. ravine, ou fondriere.*

valado. f. *valée.*

vale. *valoir.*

valentinian. m. *valentinien.*

valerian. m. *valerien.*

valeriano, planto. f. *valeriane, ou valerienne.*

valinie, arbrisseou. f. *viorne.*

valiso. f. *valise.*

valon. m. *valon.*

valour. f. *valeur.*

vana. *vaner.*

vanelo. *poltron, ou lâche.*

vaneou. m. *vaneau, ou dix & huit, on l'apelle dix-&-huit, parce qu'il exprime ce mot en chantant.*

vanita. f. *vanité.*

vano. m. *Lodier, ou loudier, ou f. contre-pointe.*

Faire vano. *Faire l'école buissonniere, ou faire une escapade.*

vanta. *vanter, ou loüer.*

se vanta. *se vanter, ou se glorifier.*

vantaire. adj. *vanteur, vanteuse.*

vantarie. f. *vanterie.*

vantoir per se venta. m. ou f. *évantail, ou éventail, au pluriel éventails.*

vantoir per venta lou fuec. m. *éventoir.*

vapour. f. *vapeur.*

vaqueto. f. *genisse, ou taure.*

vaquo. f. *vache.*

La vaquo à fa son picho. *La vache a véelé, ou a mis bas*

Joüeino vaquo que n'a pas encaro pourta. f. *genisse, ou taure.*

vaquo qu'a uno ba no roum pudo. f. *dagorne. Celui qui a soin de garder les Vaches, s'apelle adj. vacher, vachere.*

vaquo sauvajo. m. *guaheux.*

vaquos, roujour que ven eis cambos per s'estre trop caufa. m. *maquereaux.*

varaire, planto. m. *ellebore blanc.*

varbalisa. *verbaliser.*

varde. m. *Verdet ~~que~~ ou verd de*

vardoun. m. *Verdier. Il y a un Oiseau apellé verdier à la sonnette, qui a la téte verte, les côtez des yeux jaunes, l'échine & les aîles d'une couleur, qui tient du rouge; la queuë a quelque chose du gris, & du verd.*

vargougno. f. *honte, asp. l'h.*

Lou souleou me fa vargougno. *Le soleil m'éblouit les yeux.*

vargougnous. adj. *honteux, honteuse.*

vargueto. m. *peson, ou crochet.*

varguetiaire. *m. balancier.*

varlaco, planto. *m. boüillon-*
blanc.

varle. *m. valet.*

varle d'eftable. *valet d'écurie,*
ou d'étable.

varle deis maunies, que va
querre lou bla eis houftaus.
m. chaffe-mulet.

varle, terme de fuftie. *mafc.*
valet.

varle de mirau. *mafc. valet de*
miroir.

varlopo, terme de fuftie. *f.*
varlope.

varmeou. *graine d'écarlate, ou*
m. vermillon.

varmicheli. *m. varmicelles, ou*
vermicelli, ou vitelots.

varon. *f. rougeurs.*

varrou. *m. verrou.*

varrouplat. *verrouplat.*

vartigi. *m. vertige.*

vartigo. *m. vertigo, pron. brie-*
vement.

vartu. *f. vertu.*

vartus. *adj. vertueux, vertu-*
euse.

varveno, planto. *f. verveine.*

vafe. *m. vafe.*

vafe de ginouflados. *m. Pot*
d'Oeillets.

vaflau. *mafc. vaffal, au pluriel*
vaffaux.

vaurian. *m. vaurien.*

vautegeyris, terme de brouquie. *f. doloire.*

vauteya, terme de brouquie.
doler.

vauto, terme de vendumi.

mafc. voyage.

vautour. *mafc. vautour. Voyez*
aufleou.

vautre. *Vous.*

ubri. *adj yvre.*

ubria. *adj. yvre.*

ubriago, mo injuriou que
lon di a uno fremo de ballo
coundicien. *f. chocaillon.*

ubriago, herbo. *f. fumeterre.*

uce d'uno bouto. *En France*
les tonneaux n'ont point d'uce,
ainfi c'eft a nous à leur donner le
nom.

vedeno, mot injuriou. *Fem.*
Bedaine.

vedeou. *m. veau, pron. Vô.*

vedeou que rodo la nuech
tout lou long dau rofe. *fem.*
Drague.

veeufagi. *m. Veuvage, ou f.*
viduité.

veeufe. *adj. veuf, veuve.*

vejaire, faire vejaire. *faire fem-*
blant.

veici. *voici.*

veilla. *veiller.*

veilla. *f. Veille.*

veillado. *f. veillée.*

veilladou, terme de cour-
dounie. *m. veilloir.*

veillo d'uno fefto. *f. veille; ou*
Vigile.

veire. *voir.*

veire fi lia proun d'aigo din la
ribiero. *fonder la Riviere.*

veire un objet d'un'autro coulour que non es pas, à caufo
d'un trop grand lume, que
l'on a vis. *avoir la berlue.*

Aquo se pou veire. *cela est visible.*

Aquo se pou pas veire. *cela est invisible, ou imperceptible.*

veire. *m. verre, (ringuer un verre, c'est l'agiter, & le remuer en jetant de l'eau dessus, pour achever de le rendre net. Tenir quelque tems un verre à la main avant que de boire, & cependant chanter & plaisanter, cela s'apelle cajoler son vin.*

veire per metre devant un tableou, ou uno moüestro de pocho, &c. f. verriere, ou vitre.

troües de veire fach en triangle. *m. prisme, pron. l'f.*

veire brula. *verre casilleux. Remarquez que le verre est transparent, ou diaphane, & que le fer est opaque.*

veirie, home que fa de veire. *m. Verrier.*

veirie, instrumen per sarra leis veires. *m. Verrier.*

veiriero. *f. Verrerie. Le grand creuset, ou l'on fait fondre la matiere, dont on fait le verre, s'apelle le padelin, & la verge de fer percée d'un bout à l'autre comme un tuyau ou l'on soufle, se nomme une Canne.*

veirolo. *f. verole.*

veirolo deis fe los. *m. claveau ou tac, ou f. clavelée.*

veiron, peisson. *m. veron, ou vairon.*

veisseou. *m. Vaisseau.*

La tirassiero que fa un veisseou din l'aigo, s'apello *le sillage, ou boüage, ou boüache.*

Lou moudele d'un veisseou. *m. Gabarit, ou calibre, ou modele, ou f. Serse.*

Lou branlomen d'un veisseou de la poupo à la proüe. *m. tangage. Son verbe est tanguer.*

veisseou, espesso de bouto. *m. foudre.*

vele d'un calici. *f. Pale. Ce mot a la premiere silabe bréve.*

velie, mestre velie. *m. voilier, ou trevier.*

velin. *m. Velin.*

velo. *f. Voile.*

velo de gabi, terme de mar. *m. hunier, asp. l'h.*

velo que l'on meto sur un bateou per se tapa lou souleou, ou la pluejo. *f. bane.*

Juec de velos, terme de marino. *m. jet de voile.*

magasin deis velos. *feminin voilerie.*

velous, estofo. *m. velours.*

home velous. *adj. Velu, veluë.*

ven. *m. vent, pron. van.*

picho ven dous. *m. zephir, ou zephire.*

ven coulis. *vent coulis.*

vendeire. *adj. vendeur, vendeuse. Ce dernier mot est pour celle, qui vend des denrées. Mais quand c'est pour celle qui vend des heritages, des charges, &c. on dit, venderesse.*

vendre.

vendre, *vendre, pron. vandre.*
Ce qu'on vend est apellé, *ve-nal, venale. adj.*

vendre trop chier. *survendre.*

vendudo. *f. vente, pron. vante.*

vendumi. *f. vendange, pron. vandange.*

grosse vendumi. *f. pleine vendange.*

vendumia. *vendanger, pron. vandangé.*

vendumiaire. *adj. vendangeur, vendangeuse.*

venerable. *adj. venerable.*

veneracien. *f. veneration.*

vénérie. *f. Vénérie.*

venesi, servieto à la venesi. *serviette damassée ou serviete ouvrée.*

vengenci. *f. vengeance, pron. vanjance*

vengudo. *f. venuë.*

veni. *venir.*

Lou veni. *le venir.*

Faire veni la fan. *exciter, ou provoquer la faim.*

Faire veni l'ausseou, terme de venerie. *reclamer l'oiseau.*

veni sagi, saven, &c. *devenir sage &c.*

venja. *venger, pron. vangé.*

veno. *f. veine, ou véne.*

veno d'ailhet. *f. gousse d'ail.*

veno dau bouesc. *f. veine, ou madreure, ou madrûre.*

veno dau ferri. *f. decoupure.*

venous. *adj. veineux, veineuse.*

venta. *venter, pron. vanté, ou faire du vent.*

se venta quan lon a cau.

s'éventer.

venta lou bla eme lou dray. *cribler le blé.*

vento. *f. vente, pron. vante.*

ventous. *adj. venteux, venteuse.*

ventouso. *f. ventouse.*

Douna de ventouso. *apliquer des ventouses, ou ventouser.*

ventrado. *en parlant des bétes. On dit, ventrée, pron. van-trée, ou portée. Mais en parlant des femmes, on dit, même grossesse.*

ventrado d'uno trüejo. *Fem. cochonnée.*

N'ay pres uno ventrado. *j'en ai mangé mon soul, pron. sou, & même à l'exemple de quelques bons écrivains on ne sairoit pas mal de l'écrire comme on le prononce ; c'est là le sentiment de Richelet.*

ventre. *m. ventre, pron. vantre.*

ventre d'uno bouto, ou autro eysino. *m. bouge.*

ventresquo d'un toun. *f. poitrine.*

venturi, nom de fillo. *f. victoire.*

veousagi. *m. veuvage. ou fem. viduité.*

veouse. *adj. veuf, veuve.*

ver. *adj. verd, verte.*

veni ver. *verdir, ou verdoyer.*

faire ver. *verdir.*

Juga au ver. *jouer au verd, ou prendre quelqu'un sans verd.*

ver, terme de blason. *masc. Sinople.*

vin ver. *vin verd , ou revéche , ou verdaud.*

verai. *m. vrai. Il est aussi adj. vrai , vraïe.*

verdastre. *adj. verdâtre.*

verdoun. *Voyez* vardoun.

verdour. *f. verdeur.*

verduro. *f. verdure.*

vergadou , terme de pasticie. *m. bouffoir , pron. bouffoi.*

vergie. *m. verger.*

verglas. *m. verglas. Son verbe est verglacer.*

vergougno. *f. honte , asp. l'h. Voyez ,* vargougno.

vergo. *f. verge.*

vergo , terme de teisseran. *f. verge.*

vergo , terme de candeliaire. *f. broche.*

vergo per cassa à la machoueto. *m. Gluau.*

verifica. *verifier.*

verin d'un home. *f. rage d'un homme.*

verin d'uno planto. *m. venin d'une plante.*

Animau verinous. *adj. animal venimeux , venimeuse.*

planto verinouso. *adj. veneneux , veneneuse.*

verita. *f. verité.*

verjus. *m. Verjus.*

verme. *m. Ver.*

picho verme. *m. vermisseau.*

vermes que venoun au foundamen d'un malau. *Masc. ascarides.*

vermes deis froumagis , & deis favos. *f. mite.*

Leis vermes boulegoun din lou froumagi , ou din uno carougnado. *Les vers grouillent dans le fromage , ou &c.*

verme, grano. *m. vermillon , ou graine d'écarlate. Quand le Sanglier cherche des vers dans la terre , & la poule dans le fumier , on dit qu'ils vermillent, ou vermeillent. Mais du blereau, on dit qu'ils vermillonne.*

vermenous. , frui vermenous. *adj. fruit verreux , verreuse.* Aubre , ou poües vermenous. *adj. arbre vermoulu , vermouluë , ou mouliné , moulinée. Son verbe est, vermouler. Son subs. vermoulure f.*

vermillon. *m. vermillon , ou f. graine d'écarlate.*

vermino. *f. vermine.*

vernis. *m. verni , ou vernis.*

vernissa. *vernir , ou vernisser.*

verre, animau. *m. verrat.*

verse d'un libre. *m. verset d'un livre.*

vertoulen , terme de pescadou. *f. Nasse , ou m. vervèu.*

verveno , planto. *f. verveine.*

vesin. *adj. voisin, voisine.*

estre vilina. *étre envoisiné , envoisinée.*

vesinagi. *m. voisinage.*

vespre , lou vespre. *Le soir.*

vespros. *f. vépres.*

vessilon, terme de manechau. *m. vessigon.*

vesso dau bla. *f. vesse , ou vece du blé.*

veſſos feros. *f. arouſſes.*

veſſo de Loup. *f. veſſe de Loup.*

veſti. *vétir.*

veſti. *adj. vêtu; vétuë.*

veſtiaire, terme de Religiou non reſourma. *m. reveſtiaire, ou veſtiaire*

veſto. *f. veſte.*

vetaqui. *voila.*

veteran. *m. véteran.*

veto. *m. ruban de fil.*

veu. *m. vœu,* pron. *veu.*

veudeou. *voyez* **vedeou.**

viagi. *m. voïage.*

viando cuecho ſur leis carbons ſenſo grillo. *f. carbonnade.*

viando cuecho ſur la grillo. *f. charbonnée, ou grillade.*

viando cruſo. *viande cruë. On dit auſſi viande cruſe, mais alors on entend parler desviandes qu'on mange par friandiſe, & qui ne raſſaſient pas, comme ſont les cornets de métier, les petis choux, la créme ſoüettée, &c.*

bellos viandos. *f. veſſes.*

viatiquo. *m. viatique.*

ſe viauta. *ſe rouler, ou ſe vautrer,* pron. *vôtré.*

vibre. *m. biévre.*

vicari. *m. vicaire.*

vici. *m. vice.*

viciou. *adj. vicieux, vicieuſe.*

vidello, terme de paſticie. *f. videlle.*

vido. *f. vie.*

vieja de vin din un veire. *verſer du vin, &c.*

vieja uno bouteillo. *vuider une bouteille.*

vieil. *adj. vieux, vieille, devant une voïelle, on dit vieil, au maſc.*

ſe faire vieil. *vieillir.*

vieillar. *m. vieillard.*

vielo. *f. ville.*

vigaric. *f. viguerie.*

vigilen. *adj. vigilant, vigilante.*

vigili. *f. vigile.*

vigneto, terme de faiſeuſo de dantelo. *f. engrelure.*

vigneto d'un Libre. *f. vignete d'un livre.*

vigno. *f. vigne.*

vigno ſauvajo. *f. Lambruſque. Son fruit ſe nomme du même nom.*

vigno de mon oncle jan raubo. *vigne à mon oncle.*

vigno dau diable. *f. feugere, ou fougere.*

vigno blanco. *f. couleurée, ou colubrine, ou m. feu ardent.*

vigougno, terme de capelie. *f. vigogne.*

vigour. *f. vigeur.*

vigourous. *adj. vigoureux, vigoureuſe.*

viguie. *m. viguier.*

vija. *voyez* **vieja.**

vilagi. *m. vilage.*

vilagois. *adj. villageois, villageoiſe.*

vilajas. *m. grand vilage.*

vilandria. *tournoyer par la ville, ou ailleurs,* pron. *tourneyé.*

vilaſſo. *f. vilaſſe.*

vilen. *adj. vilain , vilaine.*

viloto. *f. villette.*

vin. *m. vin , pron. ven , au burlesque, piot m.*

vin fa eme d'aigo & de meou *m. hydromel.*

vin soulidamen tira. *vin tout nouueau tiré.*

vin que se gardo pas long tems. *vin qui est prompt à boire.*

vin deis dious. *m. Nectar.*

vin dau Rei. *vin de bouche , ou de la bouche.*

vin musca. *m. muscat.*

vin de destrech. *vin de pressoir.*

vin que n'es pas de destrech. *vin de mere goute.*

vin fa eme de poumos. *masc. Sidre , ou Cidre , ou pommé.*

vin fa eme de peros. *m. Poiré, ou cidre , ou sidre.*

vin fa eme d'ordi. *f. biere.*

pichotos causos blanquos que soun din lou vin , quand es proche de la lie. *m. gendarme.*

Ce que sente lou vin, ou qu'a la-coulour dau vin , s'apello , *vineux , vineuse , adj on dit haleine vineuse , ruban vineux.*

Aqucou qu'a souin dau vin. *m. sommelier , au feminin sommeliere.*

Aqucou qu'a de boüen vin. *adj. enviné , envinée , & non pas aviné , avinée.*

Aqueou que s'entende a cou-

nouisse lou boüen vin. *m. gourmet , au fem. gourmette. Le droit Seigneurial , qu'on paye à quelque Seigneur , afin de pouvoir vendre du vin, ou quelque autre liqueur dans son Fief, s'apelle aforage m.*

vinaigre. *m. vinaigre, pron. vinegre.*

Lia trop de vinaigre à la salado. *La salade est trop vinaigree.*

vinaigreto. *f. vinaigrette , pron. vinegrette.*

vincigrie. *m. vinaigrier , pron. vinegrié.*

vincigrie , & oulieto que se tenoun ensemble. *Fem. prétresse.*

vin-noble. *m. vig-noble.*

vint. *vingt , pron. vint.*

vinteno. *f. vingtaine , prononcés vinténe.*

violo. *m. Lampion.*

violoun d'uno Lampi. *masc. Lamperon d'une Lampe.*

viou. *adj. vif , vive , pron. l'f.*

vioula. *violer.*

vioula uno fremo. *violer , ou prendre à force une femme.*

vioula , sirop vioula. *Sirop violat.*

vioulamen. *m. violement.*

vioule. *adj. violet , violete.*

vioulen. *adj. violent , violente.*

vioulenso. *f. violence.*

viouletie. *f. violette.*

gros viouletie. *f. pervenche.*

viouleto. *f. violette.*

viouleto de plusiers coulours,

&

& senso audour. *f. pensée.*

vioulic. *m. violier.*

vioulon. *m. violon. Ce petit morceau de bois, qui est sur la table du violon, pour soutenir les
cordes, s'apelle le Chevalet. La
partie qui est au bout du manche, & qui est faite en crosse,
s'apelle le colet du violon. Cette
petite plaque qu'on plie en arc,
& qu'on met sur le chevalet,
pour empécher qu'il ne resonne
fort, se nomme la sourdine. Ce
petit morceau de bois droit,
qu'on met dans le corps du
violon directement sous le chevalet, pour fortifier le son, est
apellé l'ame du violon.*

vioulon, mo injuriou. *masc.
violon.*

vioulouna. *jouer du violon.*

vioulounaire. *m. violon.*

vioulounaire que va de poüerto en poüerto canta, &
vioulouna. *m. vielleur.*

vioure. *vivre.*

vioure ben estira. *vivoter.*

vioure apres la moüer de son
ami. *survivre à son ami.*

vioures. *m. vivres, en terme
de guerre, on dit m. victuail-
les, ou vivres.*

vipero. *f. vipére.*

vira. *tourner.*

vira uno rodo. *tourner, ou vi-
rer une roue.*

vira un habi, uno carto, &c.
retourner un habit, &c.

vira lou feuille. *tourner le feuillet.*

vira ben la moustardo din lou
mourtie. *rebroier la moutarde.*

vira lou fen au pra per lou
sequa. *faner le foin.*

vira en se tournan sur un pe.
*piroüetter. Le tour s'apelle la pi-
roüette.*

La carosso à vira dessus dessous. *Le carosse a versé.*

vire d'un fus. *m. peson d'un fuseau.*

vire fa eme uno nose, juec
d'enfan. *m. moulinet.*

vire per farma la poüerto d'un
armari, ou d'uno fenestro.
m. tourniquet.

vire, espello de baudufo de
foüei. *f. piroüette.*

virgi. *f. Vierge.*

virginita. *f. virginité.*

virgulo. *f. virgule.*

virgulo per faire teni dous
mos ensen. *m. tiret.*

virgulo que l'on meto souto
un c. per lou faire prou-
nounsa coumo un s. *Fem.
Cedille.*

virgulo que l'on meto sur uno
letro per abrivacien. *masc.
titre.*

metre de virgulos sur leis si-
labos per adverti coumo se
devoun prounounsa. *accen-
tuer.*

viro, terme de jugadou eis
cartos. *f. retourne, ou triomphe, ou tourne.*

De que viro, terme de jugadou. *de quoy est la retourne.*

viro de carreou. *il retourne de*

carreau.

virobrouquin. *masc. vireбrequin, ou vilebrequin. Son fer qui troüe, s'apelle la mécbe, & la piece de bois qui tient le fer se nomme la boite de vilebrequin.*

viro-meinagi. *m. remu-menage.*

viro-vauto. *f. vire-volte, ou m. détour.*

viroule terme de maunie. *m. chevalet.*

virouta. *tournoyer, pron. tournéyé.*

vis per prendre d'auffeous. *f. Glu. La glu se fait du fruit du guy & le guy est un arbuste qui vient sur les branches de certains arbres, comme du pommier, aubépine, chéne, &c.*

vergo pleno de vis. *m. Gluau.*

uno vis. *f. vis.*

visa. *viser.*

visado. *f. Visée.*

visado de rasin per pendre. *f. moissine.*

visagi. *m. Visage.*

visavis. *Vis-à uis, ou à l'oposite, oposite est aussi adj. On dit ma maison est oposite à la sienne. Mon jardin est oposite au sien.*

viscous. *visqueux, visqueuse, ou gluant, gluante, ou glutineux, glutineuse.*

viseto. *m. escalier, ou degré, ou f. montée.*

Faussо viseto. *escalier derobé, ou degré degagé, ou degagement.*

visi de gaveou. *m. sarment.*

Les fils qui sont aux sarments,

& qui s'atachent à d'autres sarments, s'apellent tenon m. ou urille. f.

visible. *adj. visible.*

visien. *f. vision.*

visiero. *f. visiere.*

visiero, terme de sellie. *fem. œillere.*

visita. *visiter.*

visso-lega. *m. Vice-Legat.*

visto. *f. vûë, ou veuë.*

visto, dessen. *f. visée, ou veuë.*

vite. *adj. vite.*

Ribiero que va for vite. *adj. Riviere rapide.*

vitesso. *f. vitesse.*

vitesso d'uno Ribiero. *f. rapidite d'une Riviere.*

vitori. *f. victoire.*

vitouriou. *adj. victorieux, victorieuse.*

vitra. *vitrer.*

vitragi. *m. vitrage.*

vitrie. *m. vitrier.*

vitro. *f. vitre, ou paneau.*

grando vitro d'un'Egliso. *m. vitreaux.*

viturin. *m. voiturin.*

vituro. *f. voiture.*

Dau viven. *du vivant.*

vivo, peisson. *f. vive, ou araignée de mer, ou m. dragon.*

vivos d'un chivau. *f. avives d'un cheval.*

vivouta. *vivoter.*

ulcera. *adj. ulcéré, ulcérée.*

ulceri. *m. ulcére.*

umbrino, peisson. *f. maigue.*

un. *un.*

marcha un apres un. *marcher*

un à un.

uni. *unir.*

camin que n'es pas uni. *chemin raboteux.*

univerſari, terme d'Egliſo. m. *Obit, ou aniverſaire.*

univerſita. f. *univerſité.*

voguo. f. *vogue.*

Aquo à voguo. *cela à vogue, ou à cours.*

voguo avant, terme de marino. m. *vogue. avant.*

voguo ſeme, terme de marino. f. *ácorde.*

voilo. m. *voile. Les Religieuſes apellent un velet, cette doublure blanche qu'on atache à leurs voiles.*

vois. f. *voix. La perſonne, qui en parlant, il ſemble que ſa voix vienne de loing, ſe nomme Ventriloque. adj.*

vol d'un Larron. m. *vol d'un Larron.*

vol deis deniers publics ſa per aqueou qúa l'adminiſtracien. m. *Peculat.*

vol d'un auſſeou. m. *vol d'un oiſeau.*

vol de pluſiers auſſeous enſemble. f. *volée.*

voüato. f. *Ouate. On dit d'Ouate, ou de la Ouate, ou de l'Ouate.*

voüacacien f. *vocation, pron. vocacion.*

voüeſtre. *vitre.*

vouga. *voguer.*

vougne. *oindre.*

vougneous. adj. *onctueux, onc-*

tueuſe, ou *huileux, huileuſe. Les bois qui ont de l'onctuoſité brulent facilement.*

vougnu. adj. *oint, ointe.*

vougue. m. *voguer.* †

voui. *oui.*

vouïaja. *voïager.*

vouïajaire. m. *voïageur.*

voüiello. f. *voielle.*

voula. *voler.*

voula d'un couſta à l'autre coumo leis parpailons. *voltiger.*

voulado. f. *volée.*

voulado, terme de foundeur. f. *volée.*

tira à la voulado. *tirer en volant.*

voulaïo. f. *volaille.*

voulan. m. *volant.*

Auſſeou voulan, c'eſt-à-dire, preſt à voula dou nis. adj. *dru, druë.*

voularie. f. *volerie.*

voule. *vouloir.*

voule proun d'argen. *valoir beaucoup.*

vouleïo, terme de charron. f. *volée.*

vouleur. m. *voleur.*

vouliero. f. *voliere.*

voulounta. f. *volonté.*

voulountari. m. *volontaire.*

voulountie. m. *volontiers.*

voulume. m. *volume.*

voumi. *vomir.*

envejo de voumi. f. *nauſée.*

vounge. *onze.*

Sa letre es dou voungieme. *ſa letre eſt du onze, ou du onzieme.*

& non pas de l'onze, ou de l'onzième.

vounte. ou.

vouta à une'Elecien. *voter à une Élection.*

vouta uno croto. *vouter une cave.*

vouta, terme de manechau. *vouter.*

vouto. *f. voute.*

vrai. *adj. vrai, vraie.*

Urban nom d'home. *masculin. Urbain.*

Urceri. *Voyez* Ulceri.

Uropo. *f. Europe. Ses habitans, s'apelient les Européens.*

L'us d'un houstau. *m. êtres, ou f. usance d'une maison.*

Usa. *user. Son subs. est usure, f. On dit l'usure d'un habit.*

usagi. *m. usage.*

uscla un mouchoir, & li faire un trau. *Faire un chaton à un mouchoir.* †

uscla un mouchoir en l'estiran eme lou ferri senso trau. *roussir un mouchoir.*

uscle. *m. chaton, ou f. rosette.* †

senti l'uscle. *sentir le brulé, ou le roussi.*

usufruitie. *aaj. usufrutier, usufrutiere.*

usuric. *adj. usurier, usuriere.*

usuro. *f. usure.*

usurpa. *usurper.*

utavo. *f. octave.*

Lou jour de l'utavo de la festo de Diou. *Le jour de l'Octave de la Fête-Dieu, ou la petite Fête-Dieu.*

utilita. *f. utilité.*

vuech. *huit.*

vuechieme. *adj. huitième.*

vueja uno bouto. *vuider un tonneau.*

vueja de vin à un veire. *verser du vin dans un verre.*

vucida uno bouteillo. *vuider une bouteille.*

vucida uno mancho, terme de Tailleur. *evider une manche.*

vueide per faire uno poüerto, ou uno fenestre, terme de masson. *f. baïe pour une porte, &c.*

vueide dou bouton d'uno rodo. *m. œil de roüe.*

vueiduro d'uno mancho, terme de Tailleur. *f. entournure d'une manche.*

vueje. *adj. vuide.*

Masculin Y pron. *y grec.*

Ybrougno. *m. yvrogne.*

Yero. *f. aire.*

You. *moi, ouje*

Yrou. *f. aire en gerbe.*

Masculin Z. pron. *zéde.*

Zela. *adj. zélé, zélee.*

Zelo. *m. zéle.*

Zest. *m. zest.*

Ziguezago, terme ds pelletie. *m. zigzac.*

Additions

Additions qui ont été faites pen-
dant qu'on imprimoit ce Livre.

A la fin de la Preface, ajoû-
tez , pour ce qui eſt de l'orto-
graphe , on s'eſt reglé ſur celle de Richelet non pas comme la plus ſavante , mais
comme la plus facile , & la
plus comode.

FAUCONNERIE.

Ciller , c'eſt coudre les cils,
ou paupieres d'un oiſeau de
proye afin qu'il ne voye goute , & ne ſe debate point.

Cleragre , c'eſt une maladie qui vient aux aîles,& pen-
nages des oiſeaux de proye.

Donner bonne gorgée à
l'oiſeau , c'eſt à-dire , bonne
portion du gibier qu'il a pris.

Grifer,c'eſt prendre la grife.

Hagard, Faucon qui n'a pas
été pris au nid , qui eſt diffi-
cile à aprivoiſer.

VENERIE.

Halener , c'eſt ſentir le gibier. *aſp. l'h.*

Harlou , mot dont on ſe
ſert pour exciter les chiens qui
chaſſent le Loup.

Chiens de haut nez , pour
dire , qu'ils ont l'odorat, &
le ſentiment bon.

Coifer le Sanglier. C'eſt
quand deux chiens ont pris un
ſanglier par les oreilles, chacun de ſon coté.

Comblette *ſ.* ſe dit de la
fente du pié d'un cerf.

OISEAU

Hauſſe-pié. *m. aſp. l'h.* eſpece
de ſacre qui tient ordinairement un pié en l'air.

A.

Auſſa un baſtimen, uno vouto , &c. *Exhauſſer. Son ſubſ.*
m. exhauſſement.

B.

Baloir , picho baloir. *guette-*
ron , ou guetron.

Faire barbo de paillo au boun
Diou.*Faire la gerbe de fouarre*
à Dieu.

La fremo poüerto leis brayos.
Le mari n'a point de voix en
Chapitre , ou la femme porte le
haut-de-chauſſes.

Ave boüennos bregos. *étre un*
cadet de haut apétit.

C.

Caga, en fauconnerie. *émeutir.*

Capoun ben gras. *Chapon de*
haute graiſſe.

picho capoun.*Chaponeau.*

Carougnado. *ſ. Charogne.*

Catiou. *adj. fin , fine , ou ruſé ,*
ruſée.

metre de boutos a cavale. *ger-*
ber des tonneaux.

Chambro deis habis , terme
de Capouchin. *La Commu-*
nauté de draps.

Claveou.*Celui qui fait les Cloux,*
s'apelle un cloutier.

Cofre.*celui qui fait les cofres ,*
s'apelle un cofretier.

Collaterau. *adj. colateral , cola-*
terale.

Coüerdo per tiraſſa lou Ca-

noun. *m. comblan*, ou com-
bleau.
Coulie de perlos. *m. fil de
perles*, ou Colier.
Coulouno. *grouper*, ou agrou-
per des colonnes, c'est les dif-
poser deux à deux.
Courdounie. *Le premier compagnon d'un Cordonnier, s'apelle Goret.*
Courlaterau. *adj. colateral, co-
laterale.*
Crousse de la gauto que l'on
fa en rifen, en Medecine s'a-
pello *Gelasin*.

D.

Faire la grando Damo. *Faire
la Reine gillette.*
Defauta quauqu'un. *manquer
de parole à quelqu'un.*
Passa me defoüero. *haut le
pié.*

E.

escaravay de four. *m. grillon,
ou grillet, ou grillot.*
vin, ancro, &c. espes. *vin,
ancre, &c. gras, grasse. adj.*
espeyofi. *adj. couver de vieux
haillons.*

F

se faci, à forso de manja. *Se
gorger.*
fourneiron, insecto. *Masc.
a grillon, ou grillet, ou grillot.*

G

galoupa. *On dit courre à la ge-
nette, quand on serre le cheval
des jambes retressies sans étriers.*
pichoto gayo. *f. glandule.*
gourdin. *m. gourdin.*
grosso grelo. *m. grélon.*
grille, insecto. *m. grillon, ou
grillet, ou grillot.*
gros de Tour, estofo. *m. gros
de Tours.*

H.

hachis fa de gros mouceous
de cher bouydo, eme de
Castagnos. *m. haricot, asp.
l'h.*
heiritie per benefici d'inventari. *heritier beneficiaire.*

L.

Linge. *adj. éfilé, éfilée.*

M.

moulouna. *Voyez amoulouna.*
mounstre qu'es mita home &
mita chivau. *m. centaure.*

P.

La pluejo es vengudo quan
siau esta à la lousto. *à la
bonne heure nous a pris la pluye.*
gros poule que n'es pas encaro capoun. *m. Hestoudeau, ou
hetoudeau, ou étondéau, ou he-
tudeau, Menage est pour le dernier, comme le plus usité.*

FIN.

EXTRAIT DES ARCHIVES DU PALAIS APOSTOLIQUE

RAYNIER DES COMTES D'ELCY, Referendaire de l'une & l'autre Signature de Nôtre Saint Pere LE PAPE, Vice-Legat d'Avignon; Gouverneur & Sur-Intendant General des Armes de Sa Sainteté en cet Etat. Le Reverend Pere SAUVEUR ANDRÉ PELLAS *Religieux Minime de la Ville d'Aix, Nous ayant fait representer qu'il a composé un Dictionnaire Provençal & François pour aprendre aux Provençaux la Langue Françoise, qu'il desireroit faire imprimer; mais d'autant qu'il sera obligé pour cela de faire une dépense considerable dont il ne pourroit s'indemniser s'il étoit permis à tous Libraires de contrefaire ledit Livre & en vendre & débiter des Exemplaires. Il nous a fait requerir très humblement de vouloir lui acorder le Privilege de faire imprimer ledit Dictionnaire, par tel Libraire qu'il voudra choisir, avec defenses à tous autres Marchands Libraires de le contrefaire; A CES CAUSES ayant égard à la demande du dit Reverend Pere Pellas, par ces presentes lui avons permis & permettons, ou autre ayant de luy charge de faire imprimer & reimprimer, s'il luy convient, privativement à tout autre ledit Dictionnaire Provençal & François par lui composé, avec defenses à tous autres personnes de quelque grade, qualité & condition qu'elles soient d'imprimer, vendre ni debiter dans cette Ville d'Avignon & Comté Venaissin aucun Exemplaire du dit Livre que de l'impression qu'il en fera faire sous pretexte d'augmentation, diminution, changement de nom de l'Autheur, ou autrement de quelle maniere que ce soit & c'est pendant le tems & terme de dix années, à conter du jour & datte des presentes.*

à peine de mille livres d'amendes & confiscation des Exemplaires, Preſſes, Caractéres, & autres inſtrumens qui auront ſervi auxdites impreſſions, ipſo facto encourable & aplicable deux tiers à la Reverende Chambre & un tiers audit Pere Pellas, à condition qu'il en ſera remis un Exemplaire dans nôtre Bibliotheque & un autre dans les Archives de ce Palais avant que de les expoſer en vente, Mandant & Ordonnant à tous Iuſticiers & Officiers de Sa Sainteté en cet Etat qu'ils faſſent pleinement jouir ledit P. Pellas & autres ayant de lui charge du contenu en icelle ſans qu'il lui ſoit donné aucun empechement, à peine de deſobeiſſance, Voulant auſſi que l'Extrait des preſentes étant mis au commencement ou à la fin dudit Livre ſoient cenſées pour duement intimées qu'on n'en puiſſe aléguer cauſe d'ignorance, & que foy y ſoit adjoûtée comme à l'Original. Mandant en outre & commandant à tous Courriers, Sergens & autres Officiers de N. S. P, LE PAPE de faire tous exploits requis & neceſſaires pour l'exécution des preſentes, leſquelles avons voulu & Ordonné ſortir leur plein & entier effet toutes choſes faiſant au contraire nonobſtant, auxquels avons ſuffiſament derogé & derogéons par ces Preſentes. Donné à Avignon au Palais Apoſtolique ce vingt-neuviéme May 1713.

Signé R. D'ELCY Vice-Legat.

Collationné

DE BEAUVILLARD Secretaire d'Eſtat.

✛✛✛✛✛✛✛✛✛✛✛✛✛✛✛✛✛✛✛✛✛✛✛✛✛✛✛✛✛✛✛✛✛✛

Permiſſion de Monſieur le Grand Vicaire.

Imprimatur ſi videbitur Reverendiſſimo Patri Inquiſitori,
Avenione die 3. Aprilis 1723.
J. DE FOSSERAN Vic. Generalis.

Approbation du Reverendiſſime Pere Inquiſiteur.

Imprimatur F. J. D'ALBERT Inquiſitor Generalis
Avenionenſis & comitatus Venaiſſini. I